本书获得中国社会科学院大学中央高校基本科研业务费新文科后期出版资助项目经费支持

谨以致谢！

中国社会科学院大学文库·数字媒体前沿译丛

主　编　李书藏　漆亚林

专家委员会主任　胡正荣

专家委员会委员（按姓氏笔画排序）

张树辉　殷　乐　唐绪军　黄楚新

中国社会科学院大学文库 · 数字媒体前沿译丛

如何打游戏

How To Play Video Games

大众文化中的游戏世界

主 编　〔美〕马修 · 托马斯 · 佩恩
（Matthew Thomas Payne）
〔美〕尼娜 · B. 洪特曼
（Nina B.Huntemann）

吴玥 / 译

社会科学文献出版社
SOCIAL SCIENCES ACADEMIC PRESS (CHINA)

献给我们的学生

"中国社会科学院大学文库"总序

恩格斯说："一个民族要想站在科学的最高峰，就一刻也不能没有理论思维。"人类社会每一次重大跃进，人类文明每一次重大发展，都离不开哲学社会科学的知识变革和思想先导。中国特色社会主义进入新时代，党中央提出"加快构建中国特色哲学社会科学学科体系、学术体系、话语体系"的重大论断与战略任务。可以说，新时代对哲学社会科学知识和优秀人才的需要比以往任何时候都更为迫切，建设中国特色社会主义一流文科大学的愿望也比以往任何时候都更为强烈。身处这样一个伟大时代，因应这样一种战略机遇，2017 年 5 月，中国社会科学院大学以中国社会科学院研究生院为基础正式创建。学校依托中国社会科学院建设发展，基础雄厚、实力斐然。中国社会科学院是党中央直接领导、国务院直属的中国哲学社会科学研究的最高学术机构和综合研究中心，新时期党中央对其定位是马克思主义的坚强阵地、党中央国务院重要的思想库和智囊团、中国哲学社会科学研究的最高殿堂。使命召唤担当，方向引领未来。建校以来，中国社会科学院大学聚焦"为党育人、为国育才"这一党之大计、国之大计，坚持党对高校的全面领导，坚持社会主义办学方向，坚持扎根中国大地办大学，依托社科院强大的学科优势和学术队伍优势，以大院制改革为抓手，实施研究所全面支持大学建设发展的融合战略，优进优出、一池活水，优势互补、使命共担，形成中国社会科学院办学优势与特色。学校始终把立德树人作为立身之本，把思想政治工作摆在突出位置，坚持科教融合、强化内涵发展，在人才培养、科学研究、社会服务、文化传承创新、国际交流合作等方面不断开拓创新，为争创"双一流"大学打下坚实基础，积淀了先进的发展经验，呈现出蓬勃的发展态势，成就了今天享誉国内的"社科大"品牌。"中国社会科学院大学文库"就是学校倾力打造的学术品牌，如果将学校之前的学术研究、学术出版比作一道道清澈的溪流，"中国社会科学院大学文库"的推出可谓厚积薄发、百川归海，恰逢其时、意义深远。为其作序，我深感荣幸和骄傲。

高校处于科技第一生产力、人才第一资源、创新第一动力的结合点，是新时代繁荣发展哲学社会科学，建设中国特色哲学社会科学创新体系的重要组成部分。我校建校基础中国社会科学院研究生院是我国第一所人文社会科学研究生院，是我国最高层次的哲学社会科学人才培养基地。周扬、温济泽、胡绳、江流、浦山、方克立、李铁映等一大批曾经在研究生院任职任教的名家大师，坚持运用马克思主义开展哲学社会科学的教学与研究，产出了一大批对文化积累和学科建设具有重大意义、在国内外产生重大影响、能够代表国家水准的重大研究成果，培养了一大批政治可靠、作风过硬、理论深厚、学术精湛的哲学社会科学高端人才，为我国哲学社会科学发展进行了开拓性努力。秉承这一传统，依托中国社会科学院哲学社会科学人才资源丰富、学科门类齐全、基础研究优势明显、国际学术交流活跃的优势，我校把积极推进哲学社会科学基础理论研究和创新，努力建设既体现时代精神又具有鲜明中国特色的哲学社会科学学科体系、学术体系、话语体系作为矢志不渝的追求和义不容辞的责任。以"双一流"和"新文科"建设为抓手，启动实施重大学术创新平台支持计划、创新研究项目支持计划、教育管理科学研究支持计划、科研奖励支持计划等一系列教学科研战略支持计划，全力抓好"大平台、大团队、大项目、大成果"等"四大"建设，坚持正确的政治方向、学术导向和价值取向，把政治要求、意识形态纪律作为首要标准，贯穿选题设计、科研立项、项目研究、成果运用全过程，以高度的文化自觉和坚定的文化自信，围绕重大理论和实践问题展开深入研究，不断推进知识创新、理论创新、方法创新，不断推出有思想含量、理论分量和话语质量的学术、教材和思政研究成果。"中国社会科学院大学文库"正是对这种历史底蕴和学术精神的传承与发展，更是新时代我校"双一流"建设、科学研究、教育教学改革和思政工作创新发展的集中展示与推介，是学校打造学术精品，彰显中国气派的生动实践。

"中国社会科学院大学文库"按照成果性质分为"学术研究系列""教

材系列"和"思政研究系列"三大系列,并在此分类下根据学科建设和人才培养的需求建立相应的引导主题。"学术研究系列"旨在以理论研究创新为基础,在学术命题、学术思想、学术观点、学术话语上聚焦聚力,注重高原上起高峰,推出集大成的引领性、时代性和原创性的高层次成果。"教材系列"旨在服务国家教材建设重大战略,推出适应中国特色社会主义发展要求,立足学术和教学前沿,体现社科院和社科大优势与特色,辐射本硕博各个层次,涵盖纸质和数字化等多种载体的系列课程教材。"思政研究系列"旨在聚焦重大理论问题、工作探索、实践经验等领域,推出一批思想政治教育领域具有影响力的理论和实践研究成果。文库将借助与中国社会科学出版社的战略合作,加大高层次成果的产出与传播。既突出学术研究的理论性、学术性和创新性,推出新时代哲学社会科学研究、教材编写和思政研究的最新理论成果;又注重引导围绕国家重大战略需求开展前瞻性、针对性、储备性政策研究,推出既通"天线"、又接"地气",能有效发挥思想库、智囊团作用的智库研究成果。文库坚持"方向性、开放式、高水平"的建设理念,以马克思主义为领航,严把学术出版的政治方向关、价值取向关与学术安全关、学术质量关。入选文库的作者,既有德高望重的学部委员、著名学者,又有成果丰硕、担当中坚的学术带头人,更有崭露头角的"青椒"新秀;既以我校专职教师为主体,也包括受聘学校特聘教授、岗位教师的社科院研究人员。我们力争通过文库的分批、分类持续推出,打通全方位、全领域、全要素的高水平哲学社会科学创新成果的转化与输出渠道,集中展示、持续推广、广泛传播学校科学研究、教材建设和思政工作创新发展的最新成果与精品力作,力争高原之上起高峰,以高水平的科研成果支撑高质量人才培养,服务新时代中国特色哲学社会科学"三大体系"建设。

历史表明,社会大变革的时代,一定是哲学社会科学大发展的时代。当代中国正经历着我国历史上最为广泛而深刻的社会变革,也正在进行着人类历史上最为宏大而独特的实践创新。这种前无古人的伟大实践,必将给理论创造、学术繁荣提供强大动力和广阔空间。我们深知,科学研究是永无止境的事业,学科建设与发展、理论探索和创新、人才培养及教育绝非朝夕之事，需要在接续奋斗中担当新作为、创造新辉煌。未来已来，将至已至。我校将以"中国社会科学院大学文库"建设为契机，充分发挥中国特色社会主义教育的育人优势，实施以育人育才为中心的哲学社会科学教学与研究整体发展战略，传承中国社会科学院深厚的哲学社会科学研究底蕴和40多年的研究生高端人才培养经验，秉承"笃学慎思明辨尚行"的校训精神，积极推动社科大教育与社科院科研深度融合，坚持以马克思主义为指导，坚持把论文写在大地上，坚持不忘本来、吸收外来、面向未来，深入研究和回答新时代面临的重大理论问题、重大现实问题和重大实践问题，立志做大学问、做真学问，以清醒的理论自觉、坚定的学术自信、科学的思维方法，积极为党和人民述学立论、育人育才，致力于产出高显示度、集大成的引领性、标志性原创成果，倾心于培养又红又专、德才兼备、全面发展的哲学社会科学高精尖人才，自觉担负起历史赋予的光荣使命，为推进新时代哲学社会科学教学与研究，创新中国特色、中国风骨、中国气派的哲学社会科学学科体系、学术体系、话语体系贡献社科大的一份力量。

（张政文　中国社会科学院大学党委常务副书记、校长，中国社会科学院研究生院副院长、教授、博士生导师）

数字媒体前沿译丛序言

对于我国传播学来说，今年有着特殊的意义。因为就在整整四十年前的 1982 年 11 月，中国社会科学院新闻研究所在北京召开了第一次西方传播学座谈会，这次会议后来被学界称为"第一次全国传播学研讨会"。与会者讨论并确立了中国传播学发展的"十六字方针"，即"系统了解，分析研究，批判吸收，自主创造"，既体现出中国传播学建设亟须的改革开放、兼容并包的胸怀，也表现出中国传播学领域的专家学者对学科本土化的强烈学术自觉和学术自主。1983 年 9 月，由中国社会科学院新闻研究所世界新闻研究室的研究人员执笔并最终收录十三篇介绍性文章的论文集出版，名为《传播学（简介）》，这是第一本在中国大陆出版的比较正式的传播学著作。1984 年，施拉姆与波特合著的《传播学概论》由新华出版社出版。自此之后，我国就不断涌现出传播学译著和本土著作。1999 年，北京广播学院院长刘继南教授牵头，我主要负责组织校内外学者翻译了一系列国外传播学著作，并以"高校经典教材译丛·传播学"为名，由华夏出版社出版。这套丛书成为大陆第一套成系列的传播学译丛。此后，不少高校和出版社也纷纷推出了各种译丛。

如今，传播学在世界主要国家的学科体系中都在不断地蓬勃发展，学者队伍日益壮大。尽管在世纪之交曾经有过传播学学科合法性的争论与讨论，但随着数字技术对人类社会各个领域的影响，数字媒体与传播渗透到人类社会的各个环节和流程。特别这十年来变化更大，传播活动日益交融、传播媒体与平台日益融合、传播主体日益多元化等，使得传播学的研究对象进一步复杂化，研究问题进一步多样化，研究方法进一步融合化，学科更加交叉与融合，因此，学科的边界也日益扩展。

近些年，全球传播学者对全球传播文化变迁、大数据人机交融新生态、全球媒介跨域传播新挑战和媒介资本运作新特点及其影响等全面展开研究，百花齐放，成果斐然。尤其是在国外，在短短二十多年间，有关数字化传播的研究风声水起，出版物汗牛充栋，无论是从传统的传播学理论视角，还是从新技术带来的技术革命视角，抑或哲学、政治学、社会学、历史学、经济学甚至计算机技术、大数据研究等学科的最新介入，都令人叹为观止，深感中国跻身其中的世界之日益复杂，同时五彩纷呈。

鉴于此，当我于 2021 年底调入中国社会科学院新闻与传播研究所担任所长并兼任中国社会科学院大学新闻传播学院院长之后，得知中国社会科学院大学新闻传播学院已经组织本学院现有科研骨干力量，正在开展这样一个国外著作翻译系列出版工作的时候，我认为他们在做一项很有意义的工作。学科建设从来都不是闭门造车可以完成的，学科发展与壮大更不可能是自话自说、自娱自乐可以成就的。在百年未有之大变局的关键时期，如何审视全球新地缘政治和国际传播格局中的中国并建构起我们自己新的本土化传播学自主知识体系至关重要；在争夺国际传播话语权的时候既能够与如今处于话语权顶端的欧美等发达国家顺利沟通，又能够传达出中国的真实故事和声音，更是当务之急，这些都需要我们首先了解和掌握全球数字媒体与传播的更多特点、发展轨迹及其规律。

看到中国社会科学院大学新闻传播学院的同仁在精挑细选的基础上，在数字媒体研究领域努力挖掘、广泛寻找，将国外有关数字媒体研究的最新成果进行专业的翻译并形成系列出版，将前沿新奇和有趣的思想与学术方法一一奉上，以飨新闻传播学术界和业界的同仁，我感到相当欣慰，并认为这是一个很有意义的专业化尝试。在翻译国外专业著作的工作中，新闻传播学院这支新闻传播学团队以其专业性理解和词语使用使译作更为恰当准确，能够为我们未来的相关研究和实践提供更丰富、更广泛、更深入、更实用的思路。

这个系列是个不小的工程，入选著作既包含数字游戏世界里的传播效果和影响研究，也有模因和数字文化关系的研究；既涉及新时代媒介跨国界协同管制的诸多问题，也有对进入 21 世纪以来由社交媒体主宰的新兴文化现象的思考；既有新闻在融媒体大数据时代下新生态的专业索引和诘问，也有对未来一代青少年全球文化和新媒介关系的讨论；既有媒介叙事理论在今天社交媒体、新媒体已经占据主流的时代的适应性问题，也有大数据时代名人粉丝流量和新闻传播的关系聚焦；等等。作者大多是著名大学、研究机构的著名学者，他们多年在其研究领域深耕，其著作具有较高的学术价值。著作内容丰富、形式多样。对于丛书译者而言，他们的遴选和翻译工作表现出了他们高屋建瓴的学术视野和专业素质。

风物长宜放眼量，越是需要本土化的自主知识体系建设，越需要一种国际化的考量。特别是在全球化时代，世界地缘政治变迁，世界地缘学术也在变化。中国的学术要有自信但不自负，需要进一步放大自己的声音，争取国际传播话语权，同时也需要多吸取来自国外的养分。这是一套高质量、高水准的有关数字媒体的翻译系列，在此隆重推荐，希望能给不同的读者带来不同的收获。

中国社会科学院新闻与传播研究所所长

中国社会科学院大学新闻传播学院院长

胡正荣

2022 年 8 月 16 日

目 录

游戏实践：媒介、技术与日常生活

序　言

伊桑·汤普森（Ethan Thompson）　贾森·米特尔（Jason Mittell）

　　为了避免读者困惑，作为推荐序的作者，我们想首先澄清一点：本书的书名《如何打游戏》（*How to Play Video Games*）①仅仅是一个玩笑。

　　我们之所以这样笃定，是因为本书的形式仿照了我们的《如何看电视》（*How to Watch Television*）一书。那本书的书名也是一个玩笑。也就是说，我们的书并没有教人们如何看电视（谁需要一本书来教怎么看电视呢？）。同样的，这本书也没有教你如何打电子游戏。你还是到别处去找游戏攻略、作弊码和速通视频吧。

　　本书中的每篇文章都聚焦一个具体的电子游戏。同时借鉴上述《如何看电视》的章节内容，每篇文章也提出了一条将电子游戏视为流行文化来解读的批判性路径。这两本书里汇集的文章都由非常聪颖的作者撰写，这些作者对电视和电子游戏等流行文化拥有不同寻常的看法。这些作者大部分是学者，他们通常会以 25 页以上篇幅的期刊论文或 200 多页专著的形式发表作品。这些著作往往会包含数百个引用、详细的方法论，以及围绕学术圈的内部讨论迸发的真知灼见。虽然对学者来说相互分享见解可能是件好事，但除了这些学者，还有谁愿意读这些内容呢？我们相信，对于绝大多数看电视或玩游戏的人，不管他们是某个课程的学生，还是好奇心旺盛的普通读者，只要用一种更易于大众阅读理解的风格呈现自己的想法，他们就能从我们这些媒体学者这里获得一些关于流行文化的知识。这就是这两本书的撰写目的。

---

① "video game"（视频游戏）可与 "audio game"（听觉游戏）对应，后者是指仅有听觉或触觉而非视觉感受的电子游戏。本书并未对听觉游戏展开详细讨论，同时考虑到中文表达习惯，因而书中所有的 "video game" 皆译作 "电子游戏" 或 "游戏"。——译者注

这本书不是一本游戏说明书的集合，电子游戏在多年前就不再附带详细的用户手册，而是将操作指南植入游戏的新手教程和渐进式设计中。这本书也不是一本评论集，因为从根本上来说这些作者也不是评论员。他们围绕电子游戏撰写文章并不是为了用几颗星去给电子游戏评分（无论那些电子游戏评论员会给电子游戏什么评分符号，都是为了让你决定要不要跑出家门去购买那些游戏）。相反，他们写作的目的是提供一些见解：电子游戏作为一种独特的媒介是如何运作的，人们如何通过它们来做一些事情，它们对于个人以及整个社会具有多大的意义，以及为什么它们的价值不仅仅在于"好玩"？

上述关于媒体文化的问题都是学者感兴趣的。本书聚焦一些具体的游戏，使用一些具体的方式，并且以不假定每位读者都拥有博士学位的大众化语言来写作，以一种易于理解的形式来呈现这些问题。虽然撰写这些文章的人并非评论员，但他们也不仅仅是研究者。他们被选中加入本书写作的一个重要原因是他们的写作内容非常出色。本书的形式能够为研究大众文化的学者在学术期刊论文和电子游戏评论之间开辟出一条中间地带，这个地带则有让他们变换写作风格更加通俗地分享自己见解的肥沃土壤。

回到书名中的那个"玩笑"。说实话，这只能"算是"一个玩笑。

虽然这些文章并没有明确地指导你如何玩电子游戏，但它们确实提供了不同的方式来思考作为文化的电子游戏是如何运作的，以及当你以为你只是在玩游戏时，你可能还在做些什么。因此，通过改变你对电子游戏的思考方式，以及改变你在游戏里升级时所关注的事物，这本书最终可能会改变你在未来的游戏方式。祝你玩得开心！

绪论：用于游戏研究的游戏精灵

马修·托马斯·佩恩（Matthew Thomas Payne）

尼娜·B.洪特曼（Nina B. Huntemann）

提到游戏，我们常常会联想到"玩乐"（play）[①]、"乐趣"、"快乐"等词语。但实际上，玩游戏就是心甘情愿地将挫折感带入我们的生活。这种感觉很常见。你茫然地盯着报纸周末版上的填字游戏，始终想不到那个需要填进去的单词；你重启了一场头目战，希望这次的战斗不再那么凶险；为了追寻一件难以获得的道具，你一次又一次地尝试，但总是差一点点就能跳到前方的岩脊上，因此你一次又一次地堕入深渊。场景不同，但感受是一样的。解决这些问题的方法也是一样的。事实上，一旦被惹恼了，许多人就会在互联网上寻求帮助。线上的资源非常丰富，线上百科、在线视频、攻略、操作指南，以及秘籍中神秘的按钮顺序都能帮助我们解决实体游戏（analog game）[②]和数字游戏中的种种挑战。因为我们想赢，想有始有终，所以很快就成为网络侦探。当然，一个不太友好的看法是，人们的上述行为并不能体现出他们的足智多谋，因为这些都属于作弊。本着玩乐的精神，在这里先允许我们短暂放纵一下，插入一个能够勾勒出这本文集目的的小故事。

从 1990 年开始，刘易斯·加洛布玩具公司（Lewis Galoob Toys）为家用游戏主机生产了一系列名为"游戏精灵"（Game Genie）的穿透

式设备（pass-through device），允许玩家修改存储在游戏卡带中的数据，以在游戏互动过程中获得一些优势。通常这意味着收获额外的生命，享受暂时的无敌状态，拥有强大的武器，等等。刘易斯·加洛布玩具公司在 20 世纪 90 年代初期到中期为一些流行的主机系统生产了这套精灵设备，包括任天堂娱乐系统（Nintendo Entertainment System，NES）、超级任天堂娱乐系统（Super NES）、世嘉创世纪（Sega Genesis），以及任天堂 Game Boy 和世嘉 Game Gear 掌机系统（如图 0-1）。这个精灵之所以被称为"穿透式"设备，是因为它能像任何游戏卡带一样插入主机，然后人们再将游戏卡带插在精灵的顶部。用户打开系统电源后，输入一串代码，就可暂时"修补"游戏数据，以创建一些预期的效果。这是一种相当巧妙和流行的手段，用户可以用它来修改被密封在好似黑箱一般的塑料游戏卡带中的程序。[1]

1

图 0-1　为超级任天堂娱乐系统设计的游戏精灵

　　除了额外的生命和弹药，游戏精灵还为我们带来了一个具有里程碑意义的诉讼案件：刘易斯·加洛布玩具公司起诉美国任天堂公司。任天堂指控刘易斯·加洛布玩具公司制造了一种可以更改代码的设备，由此创造了一个基于原始游戏的衍生产品，从而构成了版权侵犯。但在1992年美国第九巡回上诉法院的裁决中，法官认定受版权保护的物品的所有者可以出于个人使用目的修改这些物品，并且暂时改变和调试游戏代码是一种合法的玩乐形式。①

《如何打游戏》这本书也是一个游戏精灵，用于在游戏研究和媒介研究课程中对游戏进行分析。它旨在为读者——无论学生还是教师——提供一个分析性的穿透式设备来理解电子游戏和游戏文化。此文集标题中的"如何"是一个相当大胆的用词。然而，这本文集并不打算像攻略指南那样以指定的方式组织章节内容。"如何打游戏"在本质上更接近于"怎么看待打游戏"：书中内容是一种脑力上的刺激，而不是预先设定的解决方案。围绕游戏以及游戏的故事情节、玩乐机制、角色、创作者，使玩家感觉身临其境的技术和游戏行为，这本文集的各个章节呈现了一系列精辟易懂的思考方式。

玩乐作为反思、思考与研究电子游戏的一种手段和方法，这本文集突出了它的效用。我们将这本书构筑为一个名副其实的游戏精灵，希望这些章节能够开辟新的途径，让人们了解游戏如何以及为何会被严肃地当作研究对象。此外，我们希望本书的基本设计理念——将某个关键词与游戏名称、游戏制品或游戏行为结合在一起——能够鼓励读者破译游戏的文化密码，以评估在这种运作方式下游戏为何如此重要。

尽管游戏精灵被描述为一种作弊工具（或其商品标签所宣传的"电子游戏增强器"），但无论如何，它都不只是一款用于改变代码的设备，或者只是一种挑战了版权观念和公平竞争理念的技术。这个精灵放大了游戏互动中最突出的体验元素之一，即边界探索（boundary exploration）。当玩家寻找隐藏的道具时，当速通玩家利用软件中的技术漏洞找到更快的通关路径时，或者当黑客修改游戏以重新规划它们的外观或玩法时，他

2

---

① 由于知道任天堂并未授权，所以刘易斯·加洛布游戏公司先发制人起诉任天堂，以防止对方阻止游戏精灵的销售，继而任天堂提出诉讼。——译者注

们都在进行不同形式的边界探索。有时，这种探索是非常必要的，就像美式橄榄球中的防守端锋会在电光火石之间预判开球的时机，在没有越位的情况下提前跑动以取得防守位置上的优势①。有时，这种边界探索更具有趣味性，就像《上古卷轴5：天际》②中凶狠的龙的头颅通过纹理贴图模组（mod）被替换为著名摔跤手"猛男"（Macho man）兰迪·萨瓦格（Randy Savage）的大胡子面孔（随后，龙的吼叫声也被替换为萨瓦格标志性的"耶！"）。[2]

　　边界探索实际上就是非正式的游戏测试（也就是对于玩乐体验的测试）。此外，这些不同的行为呈现出来一个光谱，从彰显霸权实用主义的一端，玩家会做出支持游戏的根本目标和具有该思想倾向的行为③，到展露自由玩乐的另一端，玩家会做出可能颠覆或忽视游戏规则及其目标的行为。我们希望这本文集能够成为教师在探索教学方式的边界时的催化剂，鼓励那些正在制定教学大纲、设计作业、促进课堂讨论的教师，在围绕电子游戏或者通过电子游戏进行教学时，能够运用趣味性的思维方式。

　　同样，我们希望这本文集能够鼓励学生在学习电子游戏时以趣味性的方式参与进来。我们特别希望与那些出于各种原因而认为自己不是硬核玩家（gamer）、游戏玩家（game player）④的学生交流。[3]趣味性参与意味着探索、徘徊、疑惑、经常失败以及再次尝试。当学习充满趣味性的时候，困难障碍就会被重新定义为种种机会，人们可以利用这些机会尝试不同的方式、做出调整、质疑假设、评估眼前所拥有的，并思考那些难以发现的

---

① 这种行为也被认为是一种边界探索，因为球员是游走于犯规的边缘为自己获得优势的。——译者注
② 有关本书中提到的游戏的英文名称、设计方、发行方、发行时间以及平台信息可参阅"附表：游戏索引"。——译者注
③ 这种玩乐行为并没有展现出任何程度的边界探索。——译者注
④ 英语世界中，整体而言gamer与player没有太大区别，但是gamer特指长时间参与竞技性游戏（电子游戏、桌面角色扮演游戏、卡牌游戏等）的玩家，并且如绪论的注释3所述，含有一定的贬义色彩；player则是中性词语，表示普通游戏玩家。作者在本章节其余地方皆使用player；在其他章节，除非特别说明，gamer翻译为"硬核玩家"或"硬核游戏玩家"，player翻译为"玩家"或"游戏玩家"。——译者注

事物。简而言之，"玩乐即方法"意味着人们愿意在玩乐的（或充满趣味性的）空间里检验新的想法，这里允许失败，因为失败是学习制胜策略的必经之路。

　　我们希望这本文集能够激发读者的游戏精神。这个愿望部分来自我们自己的经历——无论是年轻时将游戏作为玩具并乐此不疲的时候，还是后来作为学习媒介和文化知识的学生审视游戏的社会与文化影响的时候。作为媒介与文化研究学者，我们在智识上的发展影响了我们对游戏和游戏批评的学术方向——这一批判性学术倾向也反映在本文集对于人文主义的关注上。

　　广义上讲，针对如何进行游戏研究，目前存在两种主流视角，这两种视角分别影响了学者在游戏研究中关注的问题和采用的方法。社会科学家主要关注游戏对玩家的影响。他们会问："电子游戏会给人们带来什么？"这些研究者会采用从行为学、认知学和神经心理学中借鉴的实证方法。暴力电子游戏对年轻人行为影响的研究或者评估益智游戏对老年人认知能力上的好处，都是通过社会科学的方式进行游戏研究的例子。相反，人文学家主要关注玩家如何通过借助游戏和参与游戏创造意义。他们会询问："人们会用电子游戏做些什么？"人文学家采用了一系列从人类学、哲学、政治经济学、文学和文化研究等学科汲取的解释方法。此领域中理论和研究方法进一步演进，还涵盖了平台和代码研究、游戏文化的话语分析以及游戏现场活动的民族志研究。然而这些仅仅是用来理解如何在虚拟空间中产生意义，以及如何通过玩乐行为塑造身份、叙事和社群的部分方式。读者会发现本书中的各个章节能够充分体现人文视角下游戏研究与游戏批评——无论是围绕游戏的问题、议题还是研究方式——的丰富性。

　　来自不同国家的学者，为了实现在学术上不同的重要承诺，对几十年来不同平台上的游戏对象进行分析，发出不同的学术声音，共同汇聚成多元化的评论。这或许就是一本包含了38个章节的文集的必然结果。我们试图通过将全部章节整理成4个主题单元来指导读者阅读：游戏形式上的特性、与再现（representation）①有关的议题、行业所关注的事物和围绕游戏的实践。

---

　　① representation 也被译作"表征"。——译者注

然而，鉴于我们在编辑过程中频繁地打乱这些章节的顺序，我们会是第一个承认以下事实的人：这些单元与单元之间的界限并不明确，将各个章节划分到不同单元终究是一件主观性较强的事情。然而我们并不认为这种内在的弹性是一种负担。相反，就像我们翻来覆去地调整本书章节的顺序一样，我们相信读者会根据自己的需求和兴趣来规划自己的阅读顺序。数字游戏和实体游戏之所以常常令人愉悦，正是因为它们将可自主选择的能动性移交给玩家。我们希望读者在探索这本文集的时候，能够"选择他们自己的冒险"。此外，我们从来没有考虑过策划一个经典游戏列表或者建立一个游戏研究的重点词汇表。其他人已经尝试过这些项目，例如《100 款最伟大的电子游戏系列》[4]、《调试游戏历史》[5]和《罗德里奇电子游戏研究指南》[6]。

4 相反，我们将本书章节中概念与游戏对象的整合视为辅助教学和促进对话的开始。

　　我们希望将围绕游戏与媒介研究的概念和游戏制品结合起来，继而生成一些对课堂教学有所帮助的内容。当我们刚启动这个项目时，我们就对这件事情充满信心。我们的乐观态度在很大程度上要归功于这本书的精神前作：伊桑·汤普森与贾森·米特尔编辑的《如何看电视》一书。[7]作为研究媒介的学者，我们认为那本文集作为教学工具所蕴含的广泛功能令人印象深刻。那本文集中的模块化设计使其很容易融入我们的课程大纲。此外，借助我们大学的传媒类藏品和流媒体服务，教师很容易通过电视节目对章节中的文字内容进行补充。市面上确实很少有这种学术文集，教师每周都可以使用它来给学生分配多个章节的阅读任务。然而我们还发现，学生之所以能全身心投入《如何看电视》的阅读，是因为这些文章能够清楚地展示不同的关键术语如何揭示不同类型、不同时代的电视节目中的多层复杂性（例如在叙事、文化、行业方面）。

　　然而，重复以《如何看电视》的方式进行游戏研究所面临的最大挑战之一是电子游戏本身的多变性。游戏互动①——在我们看来，它可以被理

---

① "gameplay"一词在中英文世界中都具有多种含义，例如游戏性、游戏玩法等。在本书中，按照主编的意见，该词在大部分情况下翻译为游戏互动。——译者注

解为参与玩乐的人与基于规则的游戏平台之间的动态交互——是一种需要独特的后勤保障和教学考量的特定媒介体验。首先，随着教室里学生人数的增多，游戏并不能很好地适应课堂。为十几名或几百名学生放映一部电影或电视节目非常简单，但是如果在教室里要求学生真正体验一把我们正在讨论的游戏，情况就不一样了。

其次，有的游戏玩起来只需要几分钟，而有的游戏则需要几十个小时才能精通。支撑着像《吃豆人》和《太空侵略者》这样的经典街机游戏或像《糖果传奇》和《天天过马路》这样的热门移动游戏的规则相对容易理解。与此形成鲜明对比的是策略游戏如《席德·梅尔的文明4》和沙盒游戏如《我的世界》，其中复杂的层级规则和道具制作系统会吸引玩家投入无数个小时来设计个性化的方式去管理一个国家持续上千年，或者使用基础资源设计一个坚不可摧的堡垒。

也有围绕多人竞争与协作的游戏类型。多人在线战术竞技游戏，如在电子竞技联赛中非常受欢迎的《刀塔2》和《英雄联盟》，或大型多人在线游戏，如在游戏内部包含了活跃的交易市场的《魔兽世界》和《星战前夜》，这些游戏的正常运作都是基于成千上万个玩家的线上集体活动。同样，在《绝地求生》和《堡垒之夜》这样的大逃杀游戏中，如果没有数十名玩家相互猎杀，成千上万的用户同时在流媒体网站上观看直播，游戏中就不会存在戏剧性程度不断升级的名场面。

此外，观看电影或电视等非互动媒介仅需要相对较低技术熟练度且几乎通用的技术：打开电视，在数字录像机（DVR）系统或流媒体服务网站上按下（或点击）播放按钮。虽然很多教师在陌生的教室里偶尔遇到过难以应对的视听系统，需要呼叫技术支持服务，但是相较在坐满了本科生的教室里演示像《超级食肉男孩》这样的二维（2D）平台跳跃游戏（platform game 或 platformer）①的游戏机制时的表现焦虑（performance

---

① 直译为"平台游戏"，指的是如《超级马力欧》一样的在 2D 平面上使用不同方式穿过各种障碍并向前移动的游戏。在本书中为了避免与"主机平台游戏"混淆，翻译为"平台跳跃游戏"。——译者注

anxiety）[1]，打开数字投影仪并设置正确片源时的紧张就显得微不足道了。当一个演讲者站在讲台上时，观众会认为其对所讨论的主题有一定的专业知识。然而，对于电子游戏来说，我们认为比起电影或电视，要成为游戏方面的专家，就必须具备玩电子游戏的专业知识。然而，至少对于我们其中的一个人（尼娜）来说，情况远非如此。她玩了40年游戏，仍然渴望通关一款高于"正常"难度设定的游戏。此外，即使游戏互动的技能不是问题，在大学课堂这样的严肃学习环境中，与学生一起玩游戏，尤其是与学生对战，也有可能会给既有的师生界限带来麻烦。另一位编者（马修）曾在疯狂的战斗游戏和体育游戏中与学生对决。虽然这种经历有可能会巩固并发展人际纽带，但竞争的激情也有可能会扰乱人际关系。游戏互动的确是一件令人感到头大的事情。

如果说在学生面前玩游戏的焦虑会将教师置于险象丛生的处境之中，那么对于学生来说，也会存在同样的担忧，甚至可能更加严重。当教师在课堂上播放作为教学内容的视频时，很少听到学生将"我不看电视"作为拒绝认真观看节目的理由。然而，学生为了避免拿起控制器经常迅速地宣称"我不玩游戏"。的确，在课堂上，教师只需推出一个多媒体移动支架，上面装有连接了任天堂娱乐系统或世嘉创世纪游戏主机的阴极射线管（CRT）电视[2]，就可以将那些一向精通游戏技术的学生吓得不敢说话，他们根本不敢在课堂上展现自己的游戏技能。

为了进行媒介和游戏研究玩游戏时，同样需要考虑财务和技术方面的因素。电子游戏可能非常昂贵；游戏平台及其操作系统随着时间的推移会更新；一些游戏，例如休闲类、移动类和flash游戏，如果得不到发行商的支持，有可能会消失；收集旧版设备需要越来越多的现实存储空间（以及越来越多的适配器）。简而言之，将游戏和游戏互动带入课堂存在诸多挑战。

然而，也有解决方案。基于上述原因，我们鼓励本书各章节的作者选

---

① 指由于担心某种行为无法取得预期中的效果而产生的焦虑情绪。——译者注
② 这些设备均已不再流行，属于"古董"级产品。——译者注

择易于获得的游戏进行分析。共同努力的结果是，目录中的绝大多数游戏可以在台式电脑和移动设备上运行。此外，许多游戏是免费的或价格相 6 当便宜。移动游戏可以通过 iOS 和安卓系统各自的应用商店下载并在设备上运行。本文集中所探讨的许多游戏也可以通过流行的数字分销网站获得，包括"Steam"（http://store.steampowered.com）、"Good Old Games"（https://www.gog.com）①和"itch.io"（https://itch.io）。8

当然，并不是所有的章节主题都实现了这个目标。对于那些可能会让人望而却步的游戏和游戏体验——无论是因为游戏的价格、技术准入还是玩家的游戏技能，YouTube 游戏（YouTube Gaming）和 Twitch 等流媒体网站托管了大量的"让我们一起玩"（Let's Play）视频。观看他人的玩乐并不能替代自己的虚拟探索，但它可以让好奇心强的读者产生一种代入感，对游戏的规则、机制、美术设计等有所了解。

尽管在将游戏互动融入课堂的过程中面临种种挑战，但我们坚信，无论将玩乐作为对于边界的探索、想法的反复检验、全新身份的接纳，还是叙事和魔术圈的共同教化，玩乐的教育价值都是不容忽视的。如果游戏是玩乐的引擎，那么玩乐就是一种从体验中获得的有利于终身学习的精神。《如何打游戏》这本书的主题与其说是玩电子游戏，不如说是做游戏研究。为此，我们真诚地建议读者体会一下这本文集中的游戏名称和关键词的组合，同时也可以将本书中的游戏名称与关键词进行混搭，创造新的组合。

例如，希拉·切斯通过交叉性女性主义的视角分析了《金·卡戴珊：好莱坞》，但是我们如何通过游戏化——这也是塞巴斯蒂安·德特丁关于《无尽的饼干》章节中的关键词——的视角来思考这个游戏呢，或者将马克·J.P. 沃尔夫在《生化奇兵：无限》中对于世界观构建的看法与苏拉娅·默里在《最后生还者》中对男性气质的关注进行关键词和游戏搭配的互换。人们同样可以轻松地通过男性气质的视角来审视《生化奇兵：无限》的营救叙事，同时评估后末日背景下《最后生还者》所展示的那些用

---

① 此为旧称，现为 GOG。早期，GOG 只发行年代较久的游戏，自 2012 年 3 月，它开始售卖较为新款的游戏。——译者注

于构建世界观的残酷选项。当然，并不是所有的章节都可以轻易互换。然而，如此之多的章节可以互换，这一事实凸显了这本文集含蓄地邀请读者继续创造有趣的游戏与关键词组合，并快速开始自己的游戏批评。

对于目录，也可以根据不同的目的启动"模组"。一些读者可能希望按照游戏面市的时间顺序来阅读这些章节，这个顺序突出了随着时间的推移而发生的变化，这些变化会对媒介形式、行业关注的问题及媒介文化话语产生影响。另外，我们也可以按照游戏类型重新调整目录顺序，这种方式可以揭示主流的游戏文本特性和玩乐机制如何构建我们对于游戏体验的思考。读者还可以很容易地提出本文集中根本没有探讨的其他关键词和游戏。这些章节是一个很好的开始，但还有更多适用的关键词和成千上万的电子游戏有待分析。我们的书只是一个起点。

因为虚拟现实等游戏技术已成为价格适中的消费品，游戏设计师创新了游戏类型和故事讲述的模式，独立工作室重新定义了商业上的成功，游戏用户数量持续递增，远远超出传统市场的用户规模，所以对于游戏参与而言，这是一个令人激动的时代。对于游戏研究而言，这同样也是一个令人激动的时代。

此领域极具活力的现状一定程度上体现在迅速面市的系列丛书和文集上，它们将游戏研究推向了新的方向。这些项目持续关注特定的游戏、设计师、技术、文化史和游戏身份等主题。以下只是一些最近的例子，本书读者可以考虑翻阅由卡莉·A.科楚雷克和珍妮弗·德温特为布鲁姆斯伯里出版社合编的"有影响力的游戏设计师"（Influential Game Designers）系列，由马克·J.P.沃尔夫和伯纳德·佩龙为密歇根大学出版社合编的"具有里程碑意义的电子游戏"（Landmark Video Games）系列，以及麻省理工学院出版社出版的由伊恩·博格斯特和尼克·蒙特福特合编的"平台研究"（Platform Studies）系列，雷福德·奎恩和亨利·洛伍德合编的"游戏历史"（Game Histories）系列。

最后，与游戏和媒介研究关系紧密的理论性和批判性方式正在推进我们对于游戏的身份政治的理解。例如，阿德里安娜·肖和邦尼·鲁贝格编辑的文集《酷儿游戏研究》[9]通过酷儿性挑战了长期以来在游戏讨论中占据主导地位的异性恋正统观念。本着类似的知识分子精神，珍妮弗·德温特和特雷安德烈亚·M.拉斯沃姆的《游戏再现》[10]将围绕种族、社会性别和性取向的问题与如何理解游戏设计、交互叙事和（游戏作为）有争议的玩乐场所联系起来。我们为《如何打游戏》收录了这些学者的诸多贡献感到非常荣幸。

回到开头。如果说玩电子游戏会给我们的生活带来挫折感，那么这些体验也会带来一个隐含的承诺，即人们能够找到解决问题的办法。在哲学家伯纳德·舒兹的名著《蚱蜢：游戏、生命与乌托邦》中，他把游戏互动定义为"克服不必要障碍的自愿尝试"。[11]实体游戏和数字游戏往往能够带来非凡的体验，正是因为我们愿意将自己置于非自己选择的规则和情境之中。游戏互动的乐趣来自一种富有成效的对立关系：自愿地将自己困于一套暂时的限制之中，同时在应对这些不必要的障碍时做出抉择。舒兹将这种拥抱游戏规则以促进玩乐状态的心态定义为"游戏态度"（lusory attitude）。

当你在探索接下来的章节时，请记住，本书中作者的见解是将各种对于学术的重要承诺与个人经历带到一系列趣味性体验中的动态结果。考虑到游戏互动的变幻莫测与用于学术解释的独特手法，围绕同一款游戏或者同一个玩乐体验，人们不一定存在也不会存在完全相同的解读。虽然《如何打游戏》旨在向读者介绍游戏研究的手法，但它也是一个邀请，欢迎读者以玩家和批评人士的身份拥抱游戏态度。它还是一个号召，希望读者以趣味性的方式去研究游戏和游戏文化。

注释

1 这一系列作弊系统是刘易斯·加洛布玩具公司在 20 世纪 90 年代获得成功的部分原因，也是玩具巨头孩之宝公司（Hasbro）在 1998 年以 2.2 亿美元收购该公司的主要原因。参见 Dan Fost, "Hasbro Adds Galoob to its Toy Chest," *San Francisco Chronicle*, September 29, 1998, https://www.sfgate.com。

2 关于这个带有纹理贴图模组的游戏实战视频（gameplay video）[①]，请观看 Ross Mahon, "Skyrim——'Macho Man' Randy Savage——Dragon Mod," YouTube video, 4:44, published November 18, 2014, https://www.youtube.com/watch?v=QlJULk0f9xA。

3 玩电子游戏的人往往拒绝将自己看作"硬核玩家"，因为这个词经常与一种带有排斥性和有毒的亚文化联系在一起，这种亚文化对女性、有色群体以及女同性恋、男同性恋、双性恋、跨性别者和酷儿人士充满敌意。同样令人感到奇怪的是，重度参与游戏的人被划分出来（即"硬核玩家"），而非常热衷于其他媒介如电视和图书的受众却不会被这样划分出来。正如伊恩·博格斯特在其他地方评论的那样，我们不会把看电视或读书的人视为与我们不同的群体。那么，为什么对"硬核玩家"要这样做呢？我们鼓励教师和学生直面审视"硬核玩家"的身份，剖析那些普遍被认为是玩游戏的人会讲出来的有关性别歧视、种族主义和恐惧同性恋的言论的历史。博格斯特对硬核玩家的思考参见 *How to Do Things with Videogames*, Minneapolis: University of Minnesota Press, 2011。对于想了解更多关于这个话题的读者，我们推荐本书许多作者的作品，特别是阿德里安娜·肖、约翰·范德霍夫、卡莉·A.科楚雷克、邦尼·鲁贝格、特雷安德烈亚·M.拉斯沃姆和希拉·切斯关于硬核玩家身份交叉复杂性的文章。

4 Robert Mejia, Jaime Banks, and Aubrie Adams, eds., *100 Greatest Video Game Franchises* (Lanham, MD: Roman & Littlefield, 2017).

5 Henry Lowood and Raiford Guins, eds., *Debugging Game History: A Critical Lexicon* (Cambridge, MA: MIT Press, 2016).

6 Mark J. P. Wolf, ed., *The Routledge Companion to Video Game Studies* (New York: Routledge, 2014).

7 Ethan Thompson and Jason Mittell, eds., *How to Watch Television* (New York: NYU Press, 2013).

---

① 游戏实战视频指的是能看到玩家在游戏中真实互动的视频，而非那种提前录制好的并没有玩家参与的视频（也被称作"CG 动画"）。"gameplay video"也被译作实机视频、实录视频、实际视频等。——译者注

8 另一个可能有用的资源是互联网档案馆中存储的互联网街机游戏，参见 https://archive.org/details/internetarcade。

9 Adrienne Shaw and Bonnie Ruberg, eds., *Queer Game Studies* (Minneapolis: University of Minnesota Press，2017).

10 Jennifer Malkowski and TreaAndrea Russworm，eds.，*Gaming Representation: Race, Gender, and Sexuality in Video Games* (Bloomington: Indiana University Press，2017).

11 Bernard Suits, *The Grasshopper: Games, Life and Utopia* (Peterborough, Ontario: Broadview Press，2005)，p.55. 中文版本《蚱蜢：游戏、生命与乌托邦》 9 已由重庆出版社于 2022 年 6 月出版。——译者注

延伸阅读

Kline，Stephen，Nick Dyer-Witheford，and Greig De Peuter，eds. *Digital Play: The Interaction of Technology, Culture, and Marketing*. Montreal: McGill-Queen's University Press，2003.

Taylor，T. L. *Play Between Worlds: Exploring Online Game Culture*. Cambridge，MA: MIT Press，2006.

Wolf，Mark J. P.，and Bernard Perron，eds. *The Video Game Theory Reader*. New York: Routledge，2003.

10

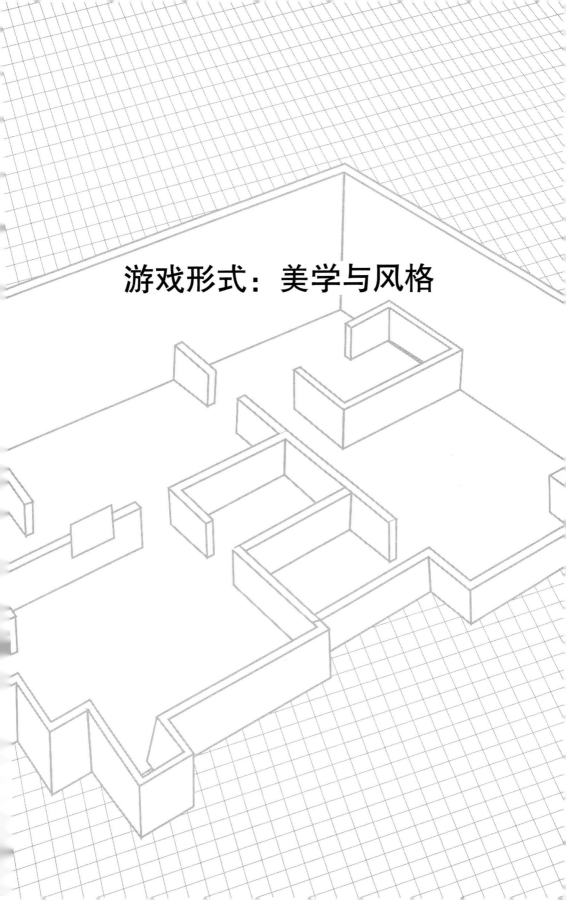

游戏形式：美学与风格

1 《FIFA》：魔术圈 [1]

史蒂文·康韦（Steven Conway）

编者语： 赫伊津哈提出的"魔术圈"概念经常被视为现代游戏研究的起点来讨论，尽管它已经遭到了严厉的批评和广泛的驳斥。史蒂文·康韦以足球和艺电体育（EA Sports）的《FIFA》系列① 为例，提出"魔术圈"作为一个基础性概念之所以能够持续存在，是因为它传达了一些关于游戏和玩乐的基本信息，即它们是魔术。

当你玩的时候会发生什么？你的感知、你的动作、你的身体、你的社会关系、你对眼前世界的理解会发生什么变化？什么会出现？什么会改变？什么会消失？这些都是荷兰历史学家约翰·赫伊津哈（Johan Huizinga）（发音为"how-zing-ha"）在 1938 年撰写《玩乐的人》（*Homo Ludens*）一书时关注的问题，如今这本著作被视为现代游戏研究的基础。②

赫伊津哈并没有预料到数字游戏的出现，但是我们可以围绕足球以及它的数字游戏版本，比如艺电体育的《FIFA》和科乐美（Konami）的《实况足球》系列，提出上述问题。当我们踢球时，当我们拿起游戏控制器③ 时，当我们打开游戏主机时，当我们感知到足球场地时（不管它是由草皮铺成的还是由像素组成的），我们都在以一种不同于"日常"生活的方式去理解并赋予众多事物新的价值。虽然赫伊津哈认为玩乐行为在不同

---

① 2022 年 5 月，艺电公司宣布在 2022 年合同到期后将终止与国际足联（FIFA）近 30 年的合作。2023 年 7 月《FIFA》系列更名为《EA SPORTS FC》。艺电公司暗示"FC"代表"足球俱乐部"（Football Club）。——译者注

② 该书在国内的译本主书名为《游戏的人》，本章作者将其主书名翻译 *Man of Play*，译者也按照作者的理解将其翻译为《玩乐的人》。——译者注

③ 游戏控制器包括但不限于键盘、鼠标、手柄、操作杆、驾驶游戏的方向盘以及射击游戏的光线枪等。——译者注

的物种中都会出现，但他也看到了人类玩乐的独特之处，他认为这与其意义的出现有关。

在《玩乐的人》第一章的第一页，他首先提出了一个看法："这是一个不容忽视的功能……一切的玩乐都意味着些什么"[2]，紧接着指出玩乐和想象力之间的一个本质关联：玩乐主要是思想，而不是物质。这样的论断将赫伊津哈定位成一个唯心主义者（相对于唯物主义者）。他认为，思想造就了我们与物质世界的互动，并非物质世界造就了我们与思想的互动。

这种思想高于物质的等级体系对赫伊津哈关于玩乐和游戏的观念产生了巨大的影响（稍后会讨论将玩乐与游戏交织在一起的问题）。他提出了关于玩乐的著名"魔术圈"理论：

> 一切玩乐的进行和存在都限定在事先划定的玩乐场地，标定的边界既可能是物质的边界，也可能是想象中的边界；既可能是有意识划定的边界，也可能是理所当然的边界。正如玩乐和仪式在形式上没有明显的区别一样，"神圣的场地"和玩乐的场地也没有明确而显著的区别。角斗场、牌桌、魔术圈、神庙、舞台、屏幕、网球场、法庭等，无论在形态上还是功能上都是玩乐场地，是禁止外人涉足的、孤立的或用藩篱圈定的、神圣化的场地，遵守特定规则的场地。所有这些都是在平常世界中暂时圈定的，用来进行独立表演的场地。[3]

重要的是，赫伊津哈在下一段的开头补充说："在玩乐场地内，一种绝对的而独特的秩序居主导地位……玩乐……创造秩序，玩乐就是秩序。玩乐给不完美的世界和混乱的生活带来一种暂时的、有局限的完美。"[4]玩乐以某种"独特"的方式与更广阔的世界真空隔离。对赫伊津哈来说，把"真实的"世界与"日常生活"带入游戏世界的人是"破坏魔术"的"扫兴者"。[5]

在足球运动中，有几个环环相扣的"玩乐场地"需要考虑，除了足球场地和球员，也包括整个体育场、广泛的体育文化以及球迷。当支持者用"我们"来谈论自己的球队时，无疑把自己置于这个游戏之中。也有各式各样的"扫兴者"，包括作弊者、裸奔者、人群中大喊大叫的种族主义者，以及恶劣的天气。在《FIFA》系列中，我们还必须将程序漏洞、故障、系统崩溃、不稳定的宽带基础设施和电力供应等视为"扫兴者"，因为它们有可能刺破玩乐和日常生活之间的那层"薄膜"。[6]

赫伊津哈提供了一套标准来确定玩乐的主要特性：自由（自愿的、自主的）、漠视其他（不追求生理需求或物质利益）、有限（在时间和空间上）和重复（在玩乐时段内存在玩乐方式和玩乐结构的重复；在玩乐时段外，这种特性不仅会使玩乐发展为传统，还会成为公认的游戏形式，并且促成社群的建立）。若以其他方式来描述赫伊津哈关于玩乐的论述，使用"神力"（mana）一词可能会更好。本来平凡的事物在玩乐行为中会被赋予非同寻常的意义。为什么一个装满压缩空气的皮球在玩乐时刻对一个人来说是世界上最重要的东西？当然不是因为它的物质价值。为什么我们要把权力移交给草地上的白色线条？这当然与它的酸碱度或颜色无关。在《FIFA》中，我们会看到一个矩形屏幕上由一堆二进制代码转变成的发光二极管在闪烁，为什么我们会认为这些二进制代码非常重要？

简而言之，玩乐就是向幻觉宣誓。事实上，一个人应该全身心地投入玩乐，甚至不把它看成幻觉（因为若称某物为幻觉，就等于承认它的虚幻性，破坏了它的重要性），我们需要大胆迈出这重要一步。这就是赫伊津哈将唯心主义置于唯物主义之上的原因：他认为唯心主义源于一个人坚守的信念，并且认为唯心主义与那个世界中的任何事物的物质价值都无关。

一个人会按照游戏规则行事，假装这些要求非常重要，而无须考虑这个假装中隐含的幻想成分。最关键的是，正是在信守游戏规则的时刻，赫伊津哈提出的许多标准得到了验证。"自由"是可以感受到的，比如选择的自由，自愿将自身投入幻想也就是假装情形的自由。"漠视其他"就是指不关心其他，只关注玩乐本身的目标。"有限"就是指在限定的时间和空间里自由地投入，并对于其他任何事情都保持冷漠。如果不能全身心投入，不能对除了玩乐时刻之外的事物保持漠视态度，就没有办法成为玩家。这样的人只会变为无聊之徒，他们遵守规则（因此也不算是作弊者），但并不会坚信游戏目标的重要性。这对于保证认真玩的人来说是非常沮丧的。因此，那些无聊之徒也是一种更加消极的扫兴者。

　　人们对足球运动表现出的狂热情绪与激动之情建立在对于一系列基本的"假装"表述的信奉之上：人们踢球时，假装足球是有价值的，在玩乐的时候足球就是这个世界上最有价值的东西；人们踢球时，除非他们位于球场的某个特定区域，否则就假装他们的手臂和双手是不存在的；人们踢球时，假装足球朝着两根柱子之间移动是极其重要的时刻。类似这样的表述可以超越草坪赛场，延伸到观众的观看行为，还会无限延续下去。在玩《FIFA》时，我们忘我地投入，就好像游戏手柄、游戏主机、屏幕像素和电视组成的就是真实的足球比赛，就是克里斯蒂亚诺·罗纳尔多（Cristiano Ronaldo）、老特拉福德球场（Old Trafford）和世界杯。我们从来不会质疑这个"假装"，甚至从来不会承认它是假的，也从来不会以冷嘲热讽的态度对待它。因为一旦这样做，我们就会再一次冒着风险成为被赫伊津哈警告的"扫兴者"。

　　那么赫伊津哈提出的圈子又是怎样的？简单地说，当玩乐成为一种共同的活动时，圈子就出现了。例如，当一个女孩把她对熔岩的想法和地板结合起来，做出假装地板就是熔岩的行为；当一个男孩把他对飞机的想法和他的身体结合起来，做出假装他就是一架飞机的行为。赫伊津哈说得很对，玩乐的确可以发生在纯粹的想象空间中（"胡思乱想各种可能"），但是如果这个圈子想要达到某种程度的稳固性和长久性，就必须把它拉回到现实，在我们的物质世界里证明自己。当现实世界中的物体和空间，比如一具身体、一本规则手册、一块足球场地、一座体育场、一个俱乐部或一个电子游戏，允许我们自身和其他人借助它们或者在其中反复表演，重复的时刻就发生了。

15

　　随着时间的推移，如果不同的人一起参与的次数足够多，一个魔术圈就会转变为一个更长久的实体，成为一个事物、一个游戏、一种文化的一部分。它获得了稳固性，也就是物质上的存在。一双彪马王者之靴的橡胶、一件队服的聚酯纤维或者一个呜呜祖拉（vuvuzela）喇叭产生的声波都证明了这一点。正是在这一刻，这个圈子完整了。它是受到约束的、严格的，重要的是，它也是易碎的。也就是说，在规则被设定的那个时刻，圈子就可能被（赫伊津哈所提到的扫兴者）颠覆、控制、打破。

　　尽管赫伊津哈关于玩乐的思考是充满价值的，但他在举例时既提到了玩乐（play）的时刻又提到了玩游戏（gameplay）的时刻，就好像它们是完全一致的同义词，这一点还有待商榷。无论它们是什么（本体论），还是我们如何理解它们（认识论），游戏和玩乐并没有太多的共同点。事实上，人们会认为，就像罗杰·凯卢瓦所表述的那样，玩乐和游戏在各种意义上都是截然相反的。[7] 它们可能存在关联，但这种关联充其量表现为一种对立的关联，充满了分歧和争辩。

直言不讳地讲，如果我们遵循赫伊津哈对玩乐的定义，那么实际上游戏不太在意玩乐，玩乐也不太在意游戏。虽然设计师、玩家和观众可能会关注人们在游戏中所能体验的玩乐以及游戏中的亮点时刻，但游戏作为一个事物根本不理会这些方面。这是因为游戏的本质是规则，而规则（通常）更注意对程序的遵守，而并不在乎人们对游戏行为的不同阐释[1]和他们的游戏风格（这是玩家在魔术圈中所能掌控的方面）。一方面，游戏是二元的，它是黑白分明的；另一方面，玩乐是跨越光谱的，在完美的白色和最深的黑色之间有很多灰色。如果玩乐说前锋打进了一个漂亮的凌空抽射，中后卫接球失误导致破门，或者守门员把球踢进了自家的球门里，游戏就简单地回应一个 1-0。

与充满趣味的玩乐相比，游戏被塑造为一个相当枯燥无味的形象，但让我们思考一下这种对游戏（纠正赫伊津哈的说法，不是玩乐）至关重要的二元划分所带来的积极意义。正如前面所讨论的那样，赫伊津哈明确地指出了游戏的好处：游戏的结构会给"生活的混乱"带来一种"有限的完美"。[8] 因此，游戏的本体带来了清晰、活力和简洁，以对抗日常存在的模糊、沉闷和冗余。游戏的本体结构（游戏规则）拒绝模糊，只有玩家进行解释（玩乐）才会带来模糊，这就是游戏与玩乐之间的一种互斥。

如前所述，所有的玩乐都建立在最初的假装的基础上。在竞技性游戏中，玩家在该基础上设计了更多欺骗对手的假装动作，比如在扑克中可以"虚张声势"，在足球中可以"假摔"，在篮球中可以"做传球或投篮的假

---

① 例如，对于同一招数，一些人认为它具有创造性，而一些人认为它违背了游戏精神。——译者注

动作"，但这些都是玩家对规则（或一系列规则）进行创造性解释的结果，并非规则本身。欧文·戈夫曼称这种行为为"编造"（fabrication）[9]，在游戏中，这种行为针对当前情形（为裁判、对手和观众等他人）提供了一个假象。玩家本人当然知道这个情形是假的，但希望从中获益。例如，在足球比赛中，我摔倒了，尽管事实上我知道并没有发生身体接触，但假装是因为受到对方球员的阻拦而摔倒的，以说服裁判判罚点球。玩《FIFA》时，我在对手接近我的球门时按下暂停键，或者在被对手破门前一刻断开宽带连接，使结果无效[10]。游戏（也就是计算机）作为受规则约束的系统，很难判断这种行为，因为这种行为处于玩乐的灰色地带，它们会顽固地拒绝规则所要求的二元黑白。

事实上，在某些预计就带有欺骗色彩的游戏中，"编造"的概念是模糊不清的。例如，人们不会对玩扑克牌时的虚张声势感到不可思议，因为纸片作为扑克的媒介本身就非常容易促使人们做出欺骗性行为。与将一个足球藏起来相比，向对手隐瞒一张纸牌的信息容易得多，规则也没有规定一定要亮出自己的牌，除非已经下了最后的赌注，并且还有一个以上的玩家活着。综上所述，如果说游戏是法律的制定者，那么玩乐和玩家往往就是法律的破坏者。

现在让我们思考一下电子游戏媒介是如何处理游戏和玩乐的，这是在写《玩乐的人》的时候赫伊津哈不需要关注的事情。这个媒介依靠的是计算机，本质上是一个用于计算的东西。无论硬件多么复杂，现代计算机的核心都是一个二进制处理器。在我们实现量子计算之前，所有的过程最终都是 1 或 0，是或否。

考虑到目前为止我们讨论的内容，人们可以预料到，这种设计非常符合游戏的本体形象，而把玩乐冷落在一边。游戏是一套规则，计算机只要被赋予明确的"是"或"否"的条件，就会严格遵守规则。对于赫伊津哈来说，玩乐最纯粹的形式是非理性的（就好像一位幻想家，按照虚幻的"假装"表述行事），自由而不羁，而计算机则是众所周知的理性（就好像一位教条者，基于事实的"如果—那么—否则"表述行事），严格而受规则约束。

我们必须回到关于玩乐时刻的体验上：你觉得可以自由行动吗？你是否只对游戏的目标感兴趣？你在游戏中的存在感是否受到时间、空间、意识、物质的限制？这些都是今天仍然值得思考的问题。也许随着游戏向各个领域、格式和设备扩展延伸，这些问题会变得更加关键，尤其是对计算机来说。

那么，计算机如何再现像足球这样的开放性和涌现性 ① 并存的游戏？正如人们对一个以计算为基础的媒介所期待的那样，数字在《FIFA》系列中至关重要，这不仅仅指围绕"幕后"发生的事情（软件程序的执行），最终对于玩家的体验更是如此。这是因为球员化身是通过一组数字再现的，这些数字与我们持有的体育认知原则相关联，如力量、速度、体能、耐力等。因此，不论是安排训练计划来提高球员化身的数字指标，用本队成员换取数字指标更好的球员，还是设计能够充分利用每个化身的数字性情的策略、阵型和战术，都是用户行为的核心环节。换句话说，用户体验是建立在数据管理与知识经济的基础之上的。

然而，烦琐、乏味的计算和规划却被包裹在一种尽可能模仿电视画面中足球的再现风格之中（如图1-1），转播角度、摄像机镜头畸变、解说团队和动作重放在《FIFA16》中都是存在且正确的。一个人不是在踢足球，而是在管理资产；一个人不是在感知足球，而是在感知电视景观。这里不仅存在圈子，它的严格也显而易见：由计算机程序的"如果—那么—否则"语句所构建和监管，其设计受到更大的相互交错的圈子影响，比如我们的社会对信息、电视、体育、男性气质、理性等的理解。然而，这也是自由会涌现出来的地方。自由来自对选择的限制。在认识到不可能处理好所有事情的前提下决定行动路线，就是自主的时刻。由于游戏和计算机设定了规则，它们也促成了自由的诞生：新的认识、新的决定、全新的玩乐可能性。玩家做出的选择越多，玩乐就会越复杂、出现更多频繁的涌现，也会更加自由。

①　涌现性游戏指的是鼓励玩家在游戏中开创并非由开发者有意设计的全新玩法的游戏。——译者注

我们还敢大胆地讨论魔术吗？当然可以！如果我们遵循前面的论点，魔术是必然存在的。我们需要记住，通过规则中许多未被提及的内容，通过玩家自由地投入假装的情形，玩乐才会涌现。假装的情形是玩家将玩乐的意义与重要性投射到行为上的结果，玩家深深投入其中以至于他们对其他一切都不感兴趣。在赫伊津哈看来，以其他方式参与、感觉到自由的匮乏或者对其他事情产生了兴趣，从玩乐的角度来说都是罪恶的：若非自由地信奉假装的情形、若希望通过玩乐获取其他好处（例如挣钱或锻炼），就是冒着风险将玩乐现象彻头彻尾地变成了其他行为，即工作。

图 1-1　玩乐的涌现性魔术圈在《FIFA16》中呈现出来

通过让魔术变得可感知，电子游戏获得了成功。确实，游戏提供了丰富、可被理解以及可被触知的意义。人们在设计游戏媒介时，通过将其建立在用户的历史、社会、文化、技术、经济和政治的成见之上来实现游戏的丰富意义。游戏对足球的超理性的处理方式受到现实世界中随处可见的男性修辞的影响，以近似于传统的电视转播画面再现出来。这种超理性的方式与当下西方社会的价值观是相辅相成的。并非巧合的是，一个人在游戏中的所作所为与后工业时代白领经济下的劳动行为完全吻合，因为如今人们的工作内容也集中在对数据的收集、解释、监控和挖掘上，使之成为有价值的信息（再一次，计算机是完成这些工作的关键）。所以，在

《FIFA16》中，我们发现了一个强有力的关于魔术圈的例子，只要我们的文明依旧高度依赖计算机、理性和男性气质来认识这个世界，这种魔术就会一直存在。那么，"玩乐的人"就是一种用词不当的说法：我们不再是玩乐的人，而是游戏的人，这两者之间存在巨大的差异。

注释

1 感谢丹尼尔·戈尔丁（Daniel Golding）、托尼·米尔斯（Tony Mills）和安德鲁·特雷维利安（Andrew Trevillian）对本章早前版本提供的建议。

2 Johan Huizinga, *Homo Ludens: A Study of the Play-Element in Culture* (London: Routledge & Kegan Paul Ltd, 1949), p.1, original emphasis. 中文版本《游戏的人》由花城出版社于 2017 年 1 月出版。——译者注

3 Huizinga, *Homo Ludens*, p.10. 本段借鉴花城出版社 2017 年 1 月第 2 版《游戏的人：文化中游戏成分的研究》，何道宽译，第 14 页，但将"游戏"改为"玩乐"。——译者注

4 Huizinga, *Homo Ludens*. 借鉴花城出版社 2017 年 1 月第 2 版《游戏的人：文化中游戏成分的研究》，第 14 页。——译者注

5 Huizinga, *Homo Ludens*, p.11.

6 加里·克劳福德、让－马里·布罗姆等人认为，这层"膜"或许不仅仅薄，甚至最好不要认为它是圆形的或独立的。事实上，它可能是一种能够充实而不是背离我们日常生活的特殊现象。See Garry Crawford, "Is It in the Game? Reconsidering Play Spaces, Game Definitions, Theming, and Sports Videogames," *Games and Culture* 10, no. 6（2015）: 571-592; Jean-Marie Brohm, *Sport: A Prison of Measured Time*（London: Pluto Press, 1989）.

7 Roger Caillois, *Man, Play and Games* (Urbana and Chicago: University of Illinois Press, 2001).

8 Huizinga, *Homo Ludens*, p.10.

9 Erving Goffman, *Frame Analysis: An Essay on the Organization of Experience* (Boston: Northeastern University Press, 1986).

10 这种被称为"插上"（plugging）[①]的游戏招数后来被艺电体育纠正。如今任何网络连接的断开都会导致数据包停止传输的玩家输掉比赛。

延伸阅读

Brohm, Jean-Marie. *Sport: A Prison of Measured Time*. London: Pluto Press, 1989.

Consalvo, Mia. "There Is No Magic Circle." *Games and Culture* 4, no. 4 (2009): 408‒417.

Conway, Steven, and Andrew Trevillian. "'Blackout!' Unpacking the Black Box of the Game Event." *ToDIGRA: Transactions of the Digital Games Research Association* 2, no. 1 (2015): 67‒100.

Crawford, Garry. "Is It in the Game? Reconsidering Play Spaces, Game Definitions, Theming, and Sports Videogames." *Games and Culture* 10, no. 6 (2015): 571‒592.

20

---

① 原文如此。经与主编沟通，他们决定尊重章节作者意见，但同时也认为若将此招数称为"断开"（unplugging）似乎更为合理。——译者注

2 《俄罗斯方块》：规则

罗尔夫·F.诺尔（Rolf F. Nohr）

编者语： 规则对于游戏系统的运作和游戏所创造的体验来说是不可或缺的；对于益智游戏《俄罗斯方块》来说，规则是在方块填满屏幕之前将它们排列成行予以消除。但是，为了充分理解规则如何为互动体验注入活力，罗尔夫·F.诺尔认为，我们必须同时分析明确的内部规则（rule）和所有为游戏体验添彩的隐含的外部调节（regulation）。因此，玩《俄罗斯方块》不仅仅是简单地把方块堆积起来。

　　某些"经典"的电子游戏似乎以简单、优雅的规则为特点。这些游戏的成功往往可以追溯到一种被概括为"少即是多"（less is more）的设计理念。然而，考虑到这样的论断忽略了历史上特定的技术限制和行业设计惯例，它就没有看上去那么充满价值。同样，游戏"易学难精"或"易拿难放"的格言也反映了一种普遍的观点，即更出色的游戏是那些更少受限于正式规则和调节的游戏。"少即是多"的设计格言也有助于解释益智游戏《俄罗斯方块》的久盛不衰。《俄罗斯方块》最早由位于莫斯科的苏联科学院多罗迪尼辛计算中心（Dorodnicyn Computing Centre）的阿列克谢·帕基特诺夫（Alexey Pajitnov）于1984年开发，是一款以简洁美学和优雅规则为特点的电子游戏。然而，仔细观察这款流行的游戏，就会发现其内部和外部不同层次的规则决定了它的玩法，并解释了它数十年跨越不同平台的成功。

　　以《俄罗斯方块》为例来探讨规则的概念可能看起来有些奇怪。毕竟，当玩家在固定的二维游戏空间中操纵下降的四格骨牌（由四个方块组成的形状）时，他们的选择相对有限。玩家可以向左或向右移动下降的方块来拼图，并使之加速下落，不同形状的方块也能够顺时针或逆时针旋转。《俄罗斯方块》的乐趣就源于在有限的时间内迅速处理这些有限的选项。一关又一关，随着下降的四格骨牌的速度越来越快，游戏的难度也逐渐加大。玩家需要通过左移、右移、加速落下和旋转这些方块来填充每一行。除了这些，还有什么需要知道的？这是一个真实但非完整的介绍。事实上，在屏幕内外造就了它令人着迷的游戏互动方式的调节中还隐藏着额外的不同层次的意义。

　　《俄罗斯方块》在西方最初的普及要归功于它被收入第一款微软Windows 娱乐包以及它在任天堂 Game Boy 掌机系统上（如图 2-1）的流行①，二者都是在 1989 年发布的[1]。任天堂 Game Boy 的包装背面写着使用说明："I 形、O 形、Z 形、L 形的方块从一个狭长的通道落下。当你旋转、移动和排列不同形状的方块以组成完美的组合时，你会感到脉搏加快。它极具挑战，需要瞬间做出决定！"[2] 简化这句营销术语，我们可以说："避免行内出现孔洞以取得高分。"这句话听起来很耳熟，因为它是 1972 年雅达利第一台《乓》街机上刻写的著名广告语"避免失球以取得高分"的变体版本。有人会说，在玩《俄罗斯方块》或《乓》之前，除了这一条简单规则，不需要了解更多内容了。当然，实用主义者对规则的看法就是将游戏简化为一些能够决定胜负条件的参数。但是，正如本书所有章节所证明的那样，游戏不仅仅是赢和输。一个游戏除了明确的玩乐规则，还伴随着许多通常不那么明显但也能够塑造游戏体验与游戏互动方式的调节和期望。这些调节和期望是无数内化的（和不那么明显的）社会准则和文化准则，它们能够使玩家适应经其调适过的一系列规则。分析促成游戏互动方式的规则，可以发现一系列文化价值、设计理念和社会风气。

　　规则（rule）这个词至少拥有三种不同的定义：①准则、惯例、标准或调节（"谁作弊，谁出局"），②社会常规（"不能光着屁股去学校"），③可预测的现象（"当你松手，这个箱子就会掉到地上"）。尽管游戏规则最常与第一种含义联系在一起，即准则或标准，但分析游戏规则也应该考虑后两种理解。就目前而言，我们姑且把游戏规则定义为"一套大众公认

---

　　①　当时在北美销售的每台 Game Boy 游戏机上都预装了《俄罗斯方块》。——译者注

的使用说明"。

图 2-1 任天堂 Game Boy 掌机系统上的《俄罗斯方块》

规则即使用说明的想法与玩乐的概念紧密交织在一起。[3]事实上，对玩乐的不同理解必然影响规则的相对重要性。例如，小孩子在"牛仔和印第安人"或"公主茶会"等游戏中的自由玩乐被认为具有一种无拘无束的精神，因为年轻人能够通过所谓的试探行为与世界进行趣味性的互动。许多物种的幼小生命——无论是人类还是动物——通过不必担心后果的趣味性的试探行为发展出宝贵的生活技能。玩乐是娱乐性的，但并不意味着其没有教育性。

自由式玩乐（liberating play）属于典型的儿童涌现性游戏，如"捉人游戏"，其概念与严格的游戏规则的程序性和机械性本质相对立。儿童的理想化玩乐假定游戏行为与现实后果之间毫无关联。或者，正如文化社会学家约翰·赫伊津哈所言："一切玩乐的进行和存在都限定在事先划定的玩乐场地，标定的边界既可能是物质的边界，也可能是想象中的边界；既可能是有意识划定的边界，也可能是理所当然的边界。……角斗场、牌桌、魔术圈……无论在形态上还是功能上都是玩乐场地，是禁止外人涉足的、孤立的或用藩篱圈定的、神圣化的场地，遵守特定规则的场地。所有这些都是在平常世界中暂时圈定的，用来进行独立表演的场地。"[4]儿童玩乐中的"砰——你死了"并不以某人真的倒地死亡为结局。这种涌现性、动态的"规则"实际上是对玩乐情境本身的沟通管理。围绕一款游戏的多变性，这种沟通管理对于其开放性特点至关重要。因此，就玩《俄罗斯方块》不会在现实生活中产生任何后果而言，也可以把它理解为一种自由式游戏。

但是，自由玩乐看似无边无际的空间却被规则所占据，从而形成可靠、可复制的游戏结构，比如国际象棋使用相同的棋盘，篮球使用相同大小的篮筐，扑克依赖于标准的52张牌。游戏规则是快速判定玩家行为是否正当、合理的基本方法。如果一个人玩《俄罗斯方块》是为了创造一个能够表达自由玩乐的美丽而复杂的图案，而不是为了清除屏幕上不同形状的四格骨牌，那么这个人就不再是按照既定的规则玩《俄罗斯方块》。[5]因此，规则会密切影响人们进行伦理决策的过程、相互沟通的过程以及各自的心理变化过程。人们会判断哪些行为会被社会认为是适宜的，哪些行为会被社会认为是不适宜的。这种协商已经在儿童玩乐中得到了实践。儿童不只是在玩"牛仔和印第安人"的游戏，他们会花大量时间讨论如何解释规则或其深层次的含义。比如，"我打中你了，你死了，你必须倒下！""不，我有这件超级魔衣保护，你的子弹根本没有用！"

目前，我们对于游戏规则的理解大部分基于上文引用的约翰·赫伊津哈的著作。他在《玩乐的人》中的人类学理论将游戏视为一种在既定的空间和时间内开展的自愿活动。规则不仅将游戏限制在具体的空间和时间内，还决定了游戏的进程和特征。例如，《俄罗斯方块》是在一个宽约10个方格、高约20个方格的二维网格上进行的，当一个四格骨牌到达游戏区域的顶部边界线时，游戏就结束了。如果描述《俄罗斯方块》中画面的拟剧性，我们可能会说，游戏画面中堆积的方块通常会构成波浪形的图案，起起伏伏的画面会表现出一种行数增长与消除之间的动态张力。游戏过程中，行数会持续增加，直到足够多的行数被消除，玩家顺利通关，或者直到它们淹没玩家的屏幕，游戏结束（此时，游戏会给玩家带来戏剧性的情绪高潮或宣泄）。

规则构成了官方参数，基于这些参数，一个人可以在游戏的"可能性空间"中获胜。[6]规则同样限制了玩家的操作，比如，玩《俄罗斯方块》时，即使掉落下来的四格骨牌形状不合适，为了之后的游戏进展，人们也不能随意把它们堆在一边。规则存在的必要性往往与游戏的可玩性和玩家在涌现和偶然的选择空间中行使的能动性相冲突。然而，规则毕竟只是行动指南，并非行动本身，最终由玩家决定他们在游戏空间内做什么。有时规则是令人讨厌的，因此人们会破坏规则、退出游戏、忽略规则和在游戏中作弊（正如本文集中史蒂文·康韦和凯莉·伯格斯特龙在第1章和第34章讨论的那样）。这就给我们带来了如何用赫伊津哈的构想来为规则界定范围的问题。赫伊津哈提出在游戏世界（也就是玩乐的"魔术圈"）与非游戏世界之间划分明确的界限。然而，这样的划分对于电子游戏来说只是有条件地保持成立。

哲学家约翰·R.塞尔在构成性（constitutive）规则和调节性（regulative）规则之间做出了重要而有效的区分。[7]一方面，构成性规则是指使行动得以展开的规则。如果没有这种类型的规则，玩家之间的竞争和游戏就不可能存在。构成性规则是经过商议的，以协议为基础，并且是明确的。

另一方面，塞尔定义的调节性规则指有时模糊不清、隐含的标准，它们构建了主体之间的社会合作。调节性规则与一个社会的"常识"密切相关，在大多数情况下，它们是无形的、自然的。调节性规则被认为是理所当然的，是被无条件接受的社会惯例。

评估电子游戏规则的问题在于，游戏规则似乎只是从功能上基于其构成性规则被定义，即预设的行为条款和裁决玩家选择是否正确的算法。但这种局限性的观点排除了一个必不可少的游戏互动行为，即违反规则。违反构成性规则并不会导致"游戏协议"被废除，事实上，它也是游戏体验的一部分（往往是游戏乐趣的一部分）。正如赫伊津哈所言，每场游戏都会在遵守规则（通常由裁判员或仲裁员来判断）和破坏构成性规则以获得某种竞争优势之间摇摆。

如果规则的类型不同，那么被认为违反规则的行为也会有所不同。比如，足球中的假摔、篮球中的阻挡犯规、橄榄球中的拉人犯规都是以获胜为目的的战术行为。作弊者为了取得胜利会做出犯规动作。与此相反，扫兴者指那些摧毁了"魔术圈"的人，他们打破了本来能够正常维持游戏互动方式的调节性规则和共同社会契约。扫兴者是跑过棒球场的裸奔者，他们破坏了运动员和观看者之间无形的社会薄膜；扫兴者也可能是一位姐姐，她提醒她的弟弟以及和他一起掷骰子的朋友，他们只是在玩游戏，并非正在寻找财富的勇敢的地下城冒险家。

规则是强大的事物。明文规定的构成性规则被嵌入游戏机制，使作为一款技术产品的游戏能够正常运转并实现预期功能，而所有隐形的社会调节则有助于确保玩家就游戏进行商议，这些规则加在一起，具有将游戏的形而上学自然化和规范化的综合效果。规则共同创造了一个封闭的自治世界的效果。在《俄罗斯方块》的非叙事宇宙中，某些问题还没有得到解答。比如，为什么四格骨牌总是往下落？究竟是什么创造了这些方块？它们排列好消失之后又会去往哪里？就像规则能够使游戏空间内的行为规范化一样，它也能够使玩乐领域之外的疑团消失不见。

为玩家能动性划定边界的严格的规则系统似乎排除了在游戏中出现自由式玩乐的可能性。的确，构成性规则和调节性规则限制了开放性玩乐的机会。如果一个人只能通过一系列不容置疑的规则或者由目光锐利的裁判出示的裁定来评估一款游戏，那么承载这个游戏的媒介将是一个压迫性的媒介。考虑到使游戏运行的技术媒介显而易见的特点是刻板与僵化，这种压迫会进一步加强。这样的媒介就是计算机。

当然，尽管技术上和社会上都禁止，但电子游戏中还是存在作弊和自由玩乐的现象。因此，在游戏中，甚至在像《俄罗斯方块》这样看似排斥自由玩乐的游戏中，该去哪里寻找自由？一个可能的解决方法是在游戏本身的限制之外构想出一个规则空间。如果我们能够超越传统的技术性和社会性界限，我们就有可能获得一种全新的自由游戏的感觉。

让我们从"违反"构成性规则开始。一方面，电子游戏被认为是在算法结构化空间中进行的受到制约的活动，比如一个正方形、二乘二大小的四格骨牌只能填入两个单位宽的空隙。另一方面，精心计划的战术犯规也是电子游戏景观的一部分。互联网上充斥着记录提示、作弊码和攻略教程的网站，它们是游戏社群不可或缺的一部分。使用作弊码在《俄罗斯方块》中瀑布一般不间断下落的方块中获胜，这不是对既定规则的推翻，而是存在于源代码本身的一种固有可能性。在不脱离游戏固定框架的情况下，玩家能够以一种更加容易获胜的方式使用代码：一个非官方的快捷键可以减缓方块下落的速度，一段用于删除或纠正的代码可以删除一个形状不合适的四格骨牌或者让玩家选择一个形状更合适的四格骨牌。

对调节性规则的"违反"同样比最初看起来更加公然。硬核玩家改变他们在游戏中参与互动的目的（以及其他人参与互动的目的）的特殊方式有效地偏离了关于游戏应该如何玩的主流观点。这些方式在具有广阔世界的沙盒式游戏中最为明显。在这一点上《俄罗斯方块》并不是一个公认的好例子。《侠盗猎车手5》、《辐射4》和《我的世界》等游戏中的空间自由度和多样选择鼓励玩家进行大量的调整。例如，"技巧跳跃"（trick jumping）社群的成员会组织精心编排特技表演，引擎电影（machinima）圈子会使用录屏的游戏互动过程制作各种类型的短片（本文集中由亨利·洛伍德撰写的第32章介绍了这种影片形式的历史）。这些玩乐实例都涉及对构成性规则和调节性规则的破坏。这些例子可能被认为是非典型的玩家行为，然而，这些表现行为都偏离了关于游戏"应该"如何玩的假定规则。虽然规则是二元的，但玩乐是各式各样的。这对于叙事性的三维沙盒游戏来说是如此，对于非叙事性的二维益智游戏来说也是如此。

经典街机游戏《乓》可以更好地说明塞尔提出的二元规则如何解释电子游戏玩乐行为的社会文化背景。关键的"避免失球以取得高分"只是初版街机正面三个带有指导作用的句子之一。刻在机身上的三句话的完整内容是："投进一枚25美分硬币。球会自动出现。避免失球以取得高分。"[8]

通过解读这些简单的指令，人们会发现一系列具有明显社会性的内在价值：电子游戏是经济商品，只有在付款后才会激活（"投进一枚25美分硬币"），然后启动一个自动化逻辑（"球会自动出现"），这一切的目的都是隐藏运算上的精妙和游戏的设计史，以达到一个极度简单而有效的认知（"避免失球以取得高分"）。游戏史也常常忘记《乓》的前两条规则，尽管

26

它们对于游戏运作至关重要。因此，认真对待规则不仅是记住规则，还意味着挖掘规则试图常态化或忽略的更深层次含义。

总之，规则与调节塑造了电子游戏和游戏体验。有些规则对玩家来说是显而易见的，有些则不是。在玩《俄罗斯方块》时，我们往往会认识到明显的构成性规则：为了消除每一行，需要调整每一个掉落的图形以填补下面的空隙。然而《俄罗斯方块》的隐形规则——无论是"你必须得做一些事情，否则你就会输"，还是说服自己"《俄罗斯方块》的互动方式也太难了吧，这又不是工作"——也都是可以执行的，但处在使游戏正常运行的标准技术范围之外。只有批判性地审视多层含义，我们才能理解规则体制——包含了内部规则与外部调节的更大系统——是如何摆弄硬核玩家的，就像这些规则体制摆弄游戏一样。

除了决定游戏互动方式的规则之外，我们还必须关注更加显而易见的话语规则或设计规则，这些规则决定了什么样的游戏被奉为"经典"（那些因为规则简单而被贴上"经典"标签的游戏），什么样的游戏湮没在历史中。在不讨论是否将某些游戏奉为经典的前提下，值得自问的是，对游戏的规范性评估是否总依据那些可见的规则？对于某类游戏（和玩家）来说，他们所推崇的范式"少即是多"似乎只是一种定性的论证。也许，进一步提高专业的游戏素养才能够培养出对无形规则存在的感知。这样一来，我们就可以认识到，即使是以简单著称的《俄罗斯方块》，它所隐藏的规则可能也比它表现出来的多。

注释

1 有关《俄罗斯方块》开发和发行的（非常激动人心的）历史的详细解读，参见 Dan Ackerman, *The Tetris Effect: The Game That Hypnotized the World* (New York: Public Affairs, 2016)。

2 Luke Hackett, "Tetris Gameboy Box Art," *Super Luigi Brothers*, http://www.superluigibros.com.

3 关于玩乐和游戏的不同形式的详细区分，参见 Roger Caillois, *Man,*

Play, and Games（Chicago: University of Illinois Press, 1961）。

4 Johan Huizinga, *Homo Ludens: A Study of the Play-Element in Culture* (Boston, MA: Beacon Press, 1955 [1938]), p.10.

5 关于与游戏互动方式相关的一系列丰富的游戏行为，参见 James Newman, *Playing with Videogames*（London and New York: Routledge, 2008）。

6 关于可能性、选择、规则和叙述等概念的详细讨论，参见 Katie Salen and Eric Zimmerman, *Rules of Play: Game Design Fundamentals* (Cambridge, MA: MIT Press, 2004)，chap. 26。

7 John R. Searle, *Speech Acts: An Essay in the Philosophy of Language* (Cambridge: Cambridge University Press, 1969).

8 PONG Museum, http://pongmuseum.com.

延伸阅读

Consalvo, Mia. *Cheating: Gaining Advantage in Videogames.* Cambridge, MA: MIT Press, 2007.

Juul, Jesper. *Half Real: Video Games between Real Rules and Fictional Worlds.* Cambridge, MA: MIT Press, 2005.

Salen, Katie, and Eric Zimmerman. *Rules of Play: Game Design Fundamentals.* Cambridge, MA: MIT Press, 2004.

3 《国王密使》：叙事

阿纳斯塔西娅·索尔特（Anastasia Salter）

编者语： 游戏在互动和叙事之间显而易见的对立中挣扎，因为强加的故事结构和游戏目标限制了玩家的能动性，他们难以在玩乐过程中创造私人体验。在重启后的《国王密使》系列中，游戏作为由角色驱动的互动叙事空间，故事在其中成为促使玩家探索的动力。阿纳斯塔西娅·索尔特探讨了此游戏系列如何利用这样的游戏潜力。

《国王密使》系列是那个时代最长寿和最畅销的游戏系列之一，也是冒险类游戏历史上的一个里程碑。该系列由罗伯塔·威廉斯（Roberta Williams）设计，她是电脑游戏史上最著名的女性之一。[1] 冒险游戏［有时也被称为"指向点击型游戏"（point and click），因为它们侧重于通过鼠标交互来探索环境］的特点是注重叙事，以探索、对话和解谜来推动故事的发展。[2]《国王密使》系列以《皇冠探求》开篇，讲述了格雷姆（Graham）爵士为拯救王国而寻找三件秘宝的故事。贾斯廷·麦克尔罗伊在回顾该系列时指出，这款游戏还确立了冒险游戏的机制："《国王密使》让玩家从盯着静态屏幕的状态中解放出来……将玩家的再现角色推到了行动之中。这种从观察者到直接参与者的转变是史无前例的，它为以后绝大多数的冒险游戏创造了蓝本。"[3] 该系列的后续游戏讲述了越来越复杂的故事，玩家需要实现格雷姆成为国王的目标，并且完成他的孩子们（以及他的妻子）的任务，如摆脱追捕、寻找爱情、前往冥界并返回人间甚至拯救格雷姆。

然而，《国王密使》系列以《永恒的面具》惨淡收场。这是 3D 版本的失败，代表了雪乐山为使该系列转向其他游戏类型而进行的最后一次孤注一掷的尝试。《永恒的面具》放弃了原有的故事根基，尤其是不再突出达文垂（Daventry）王室的冒险，选择以动作导向的游戏互动为特色。在当

29

时，这代表了游戏的未来。冒险游戏被宣布死亡，许多设计师——包括罗伯塔·威廉斯本人——都离开了这个行业，或者转向设计其他类型的游戏。[4] 雪乐山的冒险游戏开发部门在所有权变更后关闭，一次性彻底终止了许多游戏系列的开发。

扼杀这一游戏类型的部分原因似乎是玩乐与故事的竞争性需求之间根本性的对立关系，这种对立关系在早期的游戏研究中也得到了体现。[5] 那时，游戏研究被认为是一个分裂的领域，一边是叙事学家（或称叙事主义者），另一边是游戏学家（主张研究玩乐及其机制）。[6] 这种二分法过于简单化，多年来，许多游戏学者已经证明了不同学科和方法对于帮助人们理解游戏的价值。同样，可玩性叙事的吸引力也没有消逝，在随后的几十年里，不少设计师接受了挑战，在重新思考融合故事和互动的可能性的同时，为冒险游戏构建了新的未来。

2015 年 7 月 28 日，动视公司（Activision）以雪乐山娱乐（Sierra Entertainment）品牌发行了《国王密使第一章：骑士须知》，新的设计团队是"奇怪绅士"（The Odd Gentlemen）。《骑士须知》将角色驱动、以任务为中心的冒险游戏的传统设计与可让玩家做出模拟道德决策并让他们感受到模拟能动性的较新方法融合在一起。冒险游戏以叙事为中心或者说以一系列事件为中心，这些事件可能会以不同的顺序来让玩家体验，但一般是基于一个主导的故事弧线（story arc）①。出于对叙事的关注，冒险游戏限制了玩家的能动性。能动性可以定义为玩家所能发挥的改变游戏世界或叙事走向的能力。虽然这款游戏确实包含了一些快节奏的机制，使之更像动作导向的游戏类型，但希望玩家在游戏过程中具体感受到一位英雄的存在是它的核心玩乐体验。《骑士须知》并不是原有系列的续作，因为它的目标是吸引新一代的玩家。同时，它也不是重制版。这个新的游戏通过向我们重新介绍年迈的格雷姆，由他向孙女讲述自己过去的英雄事迹来重启这个系列。在五个章节的游戏过程中，玩家将穿行在取材于达文垂王国历史的一系列片段之中，这些片段既回溯了之前的游戏，又与它们有所

---

①　也称"叙事弧线"，指故事情节发展起伏的整体面貌。——译者注

区别。

　　游戏中年迈的格雷姆爵士的旁白既能吸引我们进入角色，又为旅程添加了幽默的叙事构架，同时重点表现出互动叙事体验的潜力（和局限）。从 30　文本角度来看，《骑士须知》使用了嵌套式叙事手法（the narrative framing device）。这表明故事的结局已经确定，但格雷姆的旅程细节还有待探索。尽管玩家已经知道了他的家庭成员的命运，但格雷姆爵士的回忆给玩家留下了空间，使玩家可以控制他从骑士到成为国王这一变化过程中的细节。传统上，这种讲故事的技巧会与叙事结合在一起，悬而未决的事情并非在结局才会揭晓，而是在故事发展过程中就已公开。例如，在电影《泰坦尼克号》（詹姆斯·卡梅隆，1997）中，老妇人讲述了她作为幸存者的故事。我们知道这个故事的结局，但我们还是对她的特殊经历感兴趣。《骑士须知》的游戏机制提供了三条通往胜利的路径，无论选择哪条路径，都会实现胜利的结局。

　　玩家在游戏过程中选择不同的价值观，可能会收获不同的游戏体验。《骑士须知》围绕三条迈向英雄主义的路径展开，即勇敢之路、慈悲之路和智慧之路。这些选择反映出一种暗示不同道德程度的人为二元对立，这让人联想起初代经典的《国王密使》，它通过奖励更多点数给不涉及流血的选择来支持非暴力。随后，故事出现分支，让玩家能感知到自己行为的后果，同时也提供了非线性的游戏互动，这建立在名为"珍珠项链"的叙事设计方法之上。罗伯塔·威廉斯在最初的几代《国王密使》游戏中完善了这种方法。[7] 这种设计策略将玩家在迈向下一个重要叙事时刻或情节转折点之前的几个场景串在一起，允许玩家以任何顺序经历这些场景。从本质上讲，这给了玩家一种能动性的错觉，允许他们在游戏的每个环节按照自己的想法探索故事的不同部分，尽管最终所有玩家都会在相同的地方结束这个环节。

　　游戏开始时，年轻的格雷姆爵士戴上了他的冒险家帽，和他在原版游戏中戴的那顶惹人注目的带有红色羽毛的蓝色帽子一样（尽管过去是更加像素化的样式）。玩家落入 3D 环境，附近有一口井，除了格雷姆的旁白，没有太多的解释和背景信息。"我已经很多年没有回到那里了，但那是我最后可以看看的地方。"随着玩家向洞穴深处移动，植物更加茂密，场景也变得更加凶险，最后玩家会与一条龙交战。这个事件可以通过几种不同的方式解决：玩家可以选择直接对抗，射中龙的眼睛使其失明，这表现出玩家的勇敢；或者玩家注意到龙被囚困，选择射中能够释放它的开关，这表现出玩家的慈悲；也有玩家会注意到这个地方有一个铃铛，通过射击这个铃铛诱骗龙退避，这表现出玩家的智慧。

不同选择下展开的故事也略有不同。例如，在做出射击铃铛转移龙的注意力的选择后，玩家将操纵格雷姆走出地牢，随即会出现这一片段的最后一个过场动画，比刚才老得多的格雷姆向他的孙女格温德琳（Gwendolyn）讲述他的冒险经历（如图 3-1）。当格温德琳询问格雷姆如何知道战胜龙的办法时，他回答说："这些年来，我意识到龙并不是达文垂的人们所说的那种卑鄙、可怕的野兽。它只是一只被关在笼中非常饥饿的动物。如果我处在那种情形下，只有不负责的主人摇铃我才能吃东西，我也会暴怒。"故事结束后，格温德琳用同样的方式欺骗了她那令人讨厌的表哥加特（Gart）。基于格雷姆对年轻人的影响，游戏通过格温德琳展示了玩家选择的价值观的结果。

图 3-1　在《国王密使》中，格雷姆扮演叙述者

在玩家放走龙的情况下，对话仅有略微不同："我放了龙是因为，嗯，这些年来，我意识到它并不是达文垂的人们所说的那种卑鄙、可怕的野兽。它只是一只被关在笼子里的野兽，从来没有人对它表达过任何善意。在那一天，我原谅了这只龙残暴的过去。"上述两段话说明三个决定中的任何一个都可以被合理化，这取决于不同玩家选择的具体价值观：释放龙的决定既可以被认为是英勇的，也可以被认为是愚勇的。随后，格雷姆对格温德琳的影响再一次显现出来，她对龙试图直接吓唬她的行为做出反应[①]。她打开门并宣布："你自由了！"这些不起眼的时刻似乎都在为之后所产生的更大意义埋下伏笔：玩家为格雷姆做出的这些微不足道的选择反过来都会塑造格雷姆的性格。

格温德琳的表哥加特听说格温德琳计划在比武大赛中与他对决后，他说了一些具有自我反身性（self-reflexive）的话："好吧，也许现在是无须再听别人的故事，而最终成就你自己的故事的时候了。"[②]紧接着，当格雷姆向格温德琳提供关于决斗的建议时，玩家重新获得了对角色的控制。格雷姆提供了三个建议：一个巧妙的策略，一个机智的干扰，还有一个即使获得胜利也要表现的善意之举。无论玩家如何选择，随后都会过渡到一个围绕格雷姆参加比武的故事，玩家在其中不得不表现出英雄美德（heroic virtue）[③]。此外，基于在整个过程中的选择，玩家最终会影响格温德琳的行为。在游戏中另一个具有自我反身性的看法中，格雷姆指出："在我的故事中，除了龙之外，还有许多其他内容。我希望这顶旧帽子能被人们记住不再是因为那些布满帽檐的乱糟糟的战斗痕迹。帽子的接缝中还缝入了许多隐秘的冒险故事。"这句话就这样从一个冒险游戏类型的奠基作品的角色

---

① 此时，龙的吼叫声是由加特假扮的。——译者注
② 在游戏中，这句话似乎是加特向格温德琳说的，而不是针对自己说的。——译者注
③ 英雄美德最早由奥古斯丁提出，用来描述早期基督教殉道者的美德，包括坚毅、正义、审慎、慈悲、节制等。——译者注

口中说出，这可以理解为对更偏向动作导向的游戏类型的批评。[①]

在格雷姆与格温德琳的这段框架对话（framing conversation）[②]结束之后，他又开始讲述自己为了争夺骑士身份而参加比武的故事，第一次冒险的核心部分也随即展开。比起线性的开场，这个片段更加适合探索。格雷姆试图去参加比武，但他发现自己被城市周围倒塌的桥梁所阻挡。随后，玩家会偶遇一些角色，其中很多角色表现出与其他作品的互文和指涉，尤其是借鉴了电影《公主新娘》（罗伯·莱纳，1987）中的许多内容。玩家被不断地要求注意美德，这也是每次挑战的核心。即使看似普通的冒险游戏机制也有道德的成分。例如，格雷姆刚到镇上时，他去了一家铁匠铺、一家面包店和一家魔法店。玩家需要从每家店里获得装备，但仅能留下一笔小费，而这笔小费又会影响以后与店主互动。格雷姆面临一系列考验，他要证明自己的价值，并且可以选择展示哪种美德。虽然他不得不迎接所有考验，但他选择的第一个美德会给玩家与其他角色的关系以及完成挑战的路径带来影响。

最重要的选择之一是如何从一头狰狞的野兽那里取得一只眼睛。格雷姆可以通过善意之举获得眼睛，给桥头巨魔奥尔菲（Olfie）送去食物，然后奥尔菲帮助格雷姆获得斯纳尔拉克斯（Snarlax）的眼睛。格雷姆也可以选择勇敢之路，追击上文中与他交战但相对年幼的同一条龙，夺取它的眼睛。[③]冒险游戏老手最有可能选择第三条路，即智慧之路，找到一个南瓜

---

① 在虚构作品中，角色发表的带有自我反身性的评论能够使人们留意该角色是叙事中的一部分。角色有时也会对叙事本身或者叙事的媒介表达意见。若加特在自言自语："好吧，也许现在是无须再听别人的故事，而最终成就你自己的故事的时候了。"那么这句话具有自我反身性，因为它承认了加特正处于这个故事当中，并且暗示他在塑造自己的叙事中具备能动性。然而在实际的游戏中，这句话是加特向格温德琳说的，而不是针对自己说的。这样来看，这句话就不再具有自我反身性的特点。格雷姆的台词具有自我反身性，因为它提醒玩家留意这个提供叙事的游戏是复杂的，鼓励玩家更加专注地探寻这个世界，了解游戏真正想传达的信息。——译者注

② 即第一重故事中的对话。——译者注

③ 格雷姆的回忆按照倒叙进行。实际上，按照事件发生的先后顺序，格雷姆努力获得眼睛在先，在井下与龙交战在后。因此，虽然是同一条龙，但是当下追击的龙比未来在井下与之交战的龙年幼一些。——译者注

灯笼，然后给它染色，使之类似于所需的眼睛。

有几种方法可以在叙事游戏中增强玩家的能动性意识，哪怕这种能动性往往是虚幻的。其中最负盛名的是诉说游戏公司（Telltale Games）设计的模式，在其出品的一系列改编（也有原创，但较为稀少）叙事中都有表现，如《行尸走肉》《权力的游戏》《与狼同行》和《蝙蝠侠：秘密系谱》。这些游戏采用的核心机制是要求玩家在限定时间内对下一步对话和行动做出选择，不过大多数主要的剧情转折点一定会出现，实际上玩家只能掌控细节。诉说游戏公司的所有游戏都依赖一个近似于记忆的概念：当玩家做出决定时，尤其是在开场白和态度的选择上，屏幕上方会闪现一条信息，提醒玩家另一位角色"会记住你的选择"。在故事世界里为角色建立信誉是一种让玩家感受到叙事一致性、叙事渐进性和道德复杂性的方式。这些游戏体验上的特点在冒险游戏中往往是欠缺的（在传统的冒险游戏中，玩家可以反复重温与某个角色的对话，然而与玩家对话的角色既不会对此做出新的回应，也不会改变之前的回应）。同时，对话作为一种调查方法也是冒险游戏中的标准机制，简·詹森（Jane Jensen）在她的《狩魔猎人》系列中完善了这一机制。[8]《骑士须知》中的对话类似于这两种方法的混合体，其中一些对话选项使玩家有机会探索不同的价值观。第一章在格雷姆成功获得骑士身份后结束。当游戏切换回框架故事（framing story）①时，格雷姆会提醒格温德琳，无论玩家更欣赏哪种美德，即使玩家在与加特交战之前选择了与最初不同的美德，所有的美德仍都是有价值的。格雷姆指出："有时候，最好是照我做的去做，而不是照我说的去做。"②

第一章的结局展示了玩家的行为以大小不一的方式③对游戏世界产生了影响，例如，格雷姆的面部表情会发生变化来分别反映玩家对勇敢、智

① 即第一重故事。——译者注
② 格雷姆的这句话一方面是在自嘲记忆力已经大不如从前，另一方面考虑到格雷姆本人的选择就是通过玩家的选择予以呈现，因此这也是在鼓励玩家发挥能动性，进一步强调无论玩家做出哪种选择都是有意义的。——译者注
③ 指玩家的行为或选择既会对游戏世界产生重大的、总体性的后果（大方式），也会产生更微妙的、局部性的影响（小方式）。——译者注

慧或慈悲的侧重。如果玩家射杀了龙，龙就会看起来失去了眼睛；如果玩家摇响了晚餐铃，龙就会被铁链拴住；如果玩家释放了龙，铁链就会消失不见。玩家从对手那里获得的眼睛——无论是从龙那里获得、用南瓜灯笼伪装还是从巨魔那里获得——也会被分别展示出来。这个机制借鉴了由罗伯塔·威廉斯和简·詹森共同设计的《国王密使6：希望之旅》中的一个先例：该游戏有多个结局，不同角色在被玩家解救的前提下才会出现在结局中。[9]

　　虽然多个结局并没有明显地创造出一个非线性故事，但是它们确实巧妙地利用了冒险游戏类型中的叙事结构。游戏学者埃斯本·阿瑟斯认为，研究冒险游戏特别困难，因为它们并不是那种一眼可辨的"文学"，尽管它们与虚构文学的既有类型之间存在明显的联系。[10]在《游戏大师 Chris Crawford 谈互动叙事》①中，著名游戏设计师克里斯·克劳福德（Chris Crawford）提出，游戏与文学的差异可以在一定程度上解释为何游戏中呈现的虽然是前后不一致、没有"遵从故事讲述规程"的叙事却无可厚非。[11]的确，《骑士须知》的"故事中的故事"的构想将记忆上的不牢靠与口述故事这种手法结合起来，创造了叙事张力，在这种情况下，当下似乎是固定的，而角色真实的过去则由玩家所控制。②

　　冒险游戏最初更接近学者马克·梅多斯所说的强加式互动叙事（impositional interactive narrative），即以严格的规则使玩家保持在正轨上。[12]这与同样由梅多斯提出的展现式游戏（expressive game）形成了鲜明对比，后者利用环境来讲述故事，而玩家可以相对自由地进行探索。《国王密使第二章：无故崩塌》的结尾有一句总结，表明设计师的重点是旅程而不是目的地："这就是我的故事。有些细节可能在这些年发生了变化，当然我也省略了一些我不喜欢的部分，但我发现最好还是享受故事本

34

---

① 该书中文版由人民邮电出版社于2015年出版。——译者注

② 作者之所以强调"当下似乎是固定的"，是因为在格雷姆的口述故事中，玩家负责操纵格雷姆时可能会做出与格雷姆的回忆不同的选择，展开新的叙事，继而也会影响当下第一重故事中的情节发展。然而，只有重玩游戏并故意在第二重故事中做出与之前不同的选择，玩家可能才会意识并体验到第一重故事中设置的不同情节。——译者注

身，而不是你希望它们成为什么。"如今的互动叙事同样在探索强加式叙事和表现性叙事之间的空间，在游戏世界及游戏角色的指导架构下，从玩家的选择中找到创造意义的机会。

注释

1 参见 Laine Nooney, "A Pedestal, a Table, a Love Letter: Archaeologies of Gender in Videogame History," *Game Studies* 13, no. 2 (2013), http://gamestudies.org/, 论文还对游戏行业中的罗伯塔·威廉斯做了更多讨论。

2 关于这一类型定义的深入讨论参见 Anastasia Salter, *What Is Your Quest? From Adventure Games to Interactive Books* (Iowa City: University of Iowa Press, 2014)。

3 Justin McElroy, "Royal with Cheese: A King's Quest Primer," *Polygon*, July 28, 2015.

4 若想了解该游戏类型在所谓"消失"之前的事件记录可参见 Old Man Murray, "Who Killed Adventure Games?," *Old Man Murra*y, September 11, 2000, http://www.oldmanmurray.com。

5 可参阅 Janet H. Murray, "The Last Word on Ludology v Narratology in Game Studies," *2005 Digital Games Research Association Conference Proceeding*, https://www.researchgate.net/。

6 参见 Gonzalo Frasca, "Ludologists Love Stories, Too: Notes from a Debate that Never Took Place," 2003, https://www.ludology.org。

7 Marek Bronstring, "The Future of Adventure Games," *Adventure Gamers*, December 19, 2003, https://adventuregamers.com。

8 詹森创作的游戏中包含一些对话，围绕这些对话所展开的讨论可参见 Anastasia Salter, *Jane Jensen: Gabriel Knight, Adventure Games, Hidden Objects* (New York: Bloomsbury Academic, 2017)。

9 Salter, *Jane Jensen*, chap. 1.

10 Espen J. Aarseth, *Cybertext: Perspectives on Ergodic Literature* (Baltimore,

MD: Johns Hopkins Press, 1997), p.109.

11 Chris Crawford, *Chris Crawford on Interactive Storytelling*, 2nd ed. (San Francisco: Peachpit, 2012), p.14.

12 Mark Stephen Meadows, *Pause and Effect: The Art of Interactive Narrative* (Indianapolis, IN: New Riders, 2002), pp.62 - 63.

延伸阅读

Ryan, Marie-Laure. *Narrative as Virtual Reality: Immersion and Interactivity in Literature and Electronic Media*. Baltimore, MD: Johns Hopkins University Press, 2001.

Wardrip-Fruin, Noah, and Pat Harrigan. *First Person: New Media as Story, Performance, and Game*. Cambridge, MA: MIT Press, 2006.

35

4 《侠盗猎车手5》：化身

哈里森·吉什（Harrison Gish）

编者语："化身"这个术语经常被运用于围绕电子游戏的日常讨论和学术讨论中，但是它的普遍性掩盖了其潜在的复杂性。哈里森·吉什以《侠盗猎车手5》为例，考察了在这部颇具争议的犯罪史诗游戏中化身的外观和功能[1]，玩家可以定制的范围。他认为化身使玩家在游戏世界中自主决定的动态融入具象化，并且与游戏的叙事、空间性、规则和设计局限之间存在对立关系。

化身（avatar）之所以有趣，是因为我们使用化身，并将自己投射到化身上来积极参与电子游戏中十分辽阔的虚拟世界，与其进行交互，在其中探索。化身作为由玩家控制的可辨认、可调整的人物，是能够为游戏研究注入活力的许多重要问题的核心。同时，化身也是技术、游戏类型、空间性、叙事、交互和身份等议题之间具象的和形象的纽带。因此，化身的构建是多样化的。8位时代的经典平台跳跃游戏《超级马力欧[2]兄弟3》的化身和《侠盗猎车手5》这款影响广泛而充满暴力的当代沙盒游戏中的多个化身，在与上述重要问题的关系上有很大差异。这些差异是重要的，因为不同的多样化的化身的存在表示成为化身并不是一件单一的事情，不能仅通过"要么是，要么不是"的二分法来确定化身。换句话说，你作为玩家，通过一个屏幕上的人物来体验游戏。虚拟角色存在于围绕"化身性"（avatariality）的谱系之中，带有某些特性，表示他们是个体玩家在玩游戏时的特定投射，同时又摒弃了一些其他特性。统一这些人物的是他们的可

---

[1] 化身功能指化身能够在游戏世界中做的事情。——译者注

[2] Mario，旧译"马里奥"。——译者注

塑性。化身是每个玩家特有的虚拟投射，玩家可以调整化身的外在形象来 36
改变其在屏幕上的表现方式，也可以调整化身的功能来改变自己在游戏世
界探索和交互的方式。与化身所处的十分辽阔的游戏世界类似，化身也是
一个受规则约束的系统，允许玩家采取有限、动态的形式与他们互动[①]。因
此，玩家在玩电子游戏时，不仅要通过多个化身进行游戏，而且要在化身
身上尝试各种调整。

　　在当代文学作品和学术研究中，人们以各种方式运用"化身"这一术
语，对这一概念的理解也不尽相同。"化身"一词起源于印度语。在印度语
中，化身是神灵在世间的投射，20世纪90年代，随着尼尔·斯蒂芬森的
赛博朋克史诗《雪崩》出版，这个词进入了当代习语。这本小说设定了一
个庞大的虚拟世界。在这个世界里，用户根据自己的技能水平和现实世界
的资源创造出不同的投射[1]。在围绕游戏的学术研究中，"化身"这个词有
多种用法，一方面指玩家控制的任何人物[2]，另一方面指在角色扮演类游戏
中出现的能够进行高度定制的代理人（proxy）[3]。将这些不同的定义结合
起来，可以将化身理解为玩家在虚拟世界中的替身（surrogate），他们会
将玩家游戏行为的后果或影响通过自身随后的情绪或举止传达给玩家，形
成一个表明玩家在游戏中的存在以及玩家对游戏的影响的反馈回路。化身
将玩家与虚拟世界动态地交织在一起，将玩家与他们收集的道具联系起来，
并使玩家成为自己在叙事进程中的伙伴，从而实现不同程度的玩家参与。

　　《侠盗猎车手5》为玩家提供了三个不同的化身，玩家必须通过这些化
身去探索洛圣都（Los Santos）。这个城市是游戏对真实世界中大洛杉矶地
区带有自我指涉、高度讽刺性的再现。像《无主之地2》这样的第一人称
射击游戏需要玩家在整个剧情战役模式[②]中只控制和调整一个化身；像《质
量效应》这样的第三人称角色扮演游戏中，虽然玩家需要调整整个星际战
士团队的技能，但只能扮演指挥官谢泼德（Sheppard）这一个角色。《侠盗
猎车手5》的独特之处在于，每个化身都拥有自己的寻路和交互属性以及

---

① 互动形式包括但不限于定制化身的外观或者调整他们的功能。——译者注
② 战役（campaign）任务或者战役模式皆指主线剧情模式。——译者注

详细的背景故事，因此玩家必须与三个不同的化身进行积极互动，并且通过他们才能成功打通游戏。实际上，《侠盗猎车手5》提供了三个案例研究，说明玩乐行为本身以及对玩乐行为至关重要的空间探索是如何通过化身将预定的设计、叙事示能（affordance）①和玩家癖好动态地联系起来的。

　　值得注意的是，《侠盗猎车手5》中的三位主角都是男性。在游戏中的喧闹故事里，无论是关于政府阴谋、肆无忌惮的抢劫，还是报仇雪恨，他们代表了三个完全不同的犯罪层级和社会阶级。生活在近似于美国中南部地区的富兰克林（Franklin）对自己为不择手段的汽车经销商推销汽车的生活感到不满。同时，他还有一种自我意识，使他有别于那些与他做交易的犯罪分子。麦克（Michael）是一个人到中年就选择退休、对一切都感到倦怠的窃贼，居住在洛圣都中近似于比弗利山庄的富人区。在证人保护计划下，他通过喝威士忌、与家人争吵、怀念过去的日子来消磨时间。崔佛（Trevor）是三个人中最堕落的，可能也是最能言善辩的。他是中央海岸的毒品贩子，追求放荡不羁的生活，对摩托帮以及贩毒同行进行惨绝人寰的报复。随着游戏的展开，角色们的生活出乎意料地交织在一起：在一次汽车收回工作被搞砸后，麦克成为富兰克林的犯罪导师。麦克又在无意间将崔佛带回自己的生活。崔佛曾经是麦克的同谋，他一度认为麦克已经死了。这个不可能三人组试图蒙骗那些有意利用他们作为代理人进行法外绑架、谋杀和各种邪恶行动的联邦探员。

　　《侠盗猎车手5》叙事的复杂性至少在一定程度上是游戏设计的功劳。作为一款以第三人称沙盒风格为主的游戏，玩家在《侠盗猎车手5》中几乎瞬间就能穿行洛圣都的大部分地区。游戏是非线性的，并且拥有两张地图：一张在玩乐过程中作为平视显示信息出现；另一张则作为一个独立的菜单界面存在，指示玩家必须去哪里完成任务以推进游戏的叙事。然而，《侠盗猎车手5》中最主要的乐趣来自对游戏空间也就是对洛圣都这个辽阔的虚拟世界的探索。玩家当然可以在不偏离目标导向的玩乐过程中完成一

---

① 除了示能，affordance也被翻译为功能可供性、直观功能、环境赋使、承担特质等，指在事物的某个方面，具有让人明显知道它的用途或使用方法的特性。——译者注

个接一个任务，但是游戏会奖励那些在这个世界里脱离主线任务的玩家，因为这样做会加大他们找到洛圣都中独特的角色、场景、秘密与道具的可能性，甚至还有可能以不同化身的视角参与游戏。此外，《侠盗猎车手5》 38 的叙事任务要求玩家前往地图中的偏远地区，鼓励玩家进行更加深入的探索来实现战役目标。玩家可以使用三个不同的化身来完成任务，这就保证了游戏的持续变化。例如，如果玩家使用崔佛探索沙滩海岸的外缘，可能会找到并抓住在逃的罪犯，并将他们带回去交给保释代理人玛姬（Marge）女士①（玩家不能够使用麦克或富兰克林完成这一系列的支线任务）；玩家使用富兰克林探索万莱坞（Vinewood）②，能够与当地的狗仔队打交道，并拍摄到做出不光彩之事的名人；而崔佛可能会闯入名人的家中。在《侠盗猎车手5》中，对于玩家与化身来说，探索都是一个动态功能。玩家选择去的地方和他们前行时的化身角色会使游戏体验发生重大变化。

在探索洛圣都的时候，每个化身都拥有一种特殊的能力，而他们的能力会影响其在周围环境中移动和交互的方式。富兰克林能够在慢镜头中以极快的速度驾驶汽车；麦克能够在"子弹时间"③中抵挡住攻击者，在对手速度慢下来时迅速瞄准并开火；崔佛可以进入"战无不胜"模式④，这会减少他受到的伤害，同时增加他给对方造成的伤害。⑤因此，在不同的化身中进行选择，既具有叙事效果——根据玩家控制的角色，游戏会以不同的视角和顺序展开，同时也具有功能上的效果——面对不同的境况与敌人，玩家也会更好地与化身的能力产生交互，并且更加了解他们的能力。不同的化身所具有的不同的移动性和交互性是游戏预设的功能，但玩家能够以对

① 原文如此。经与主编沟通，确定是作者笔误，正确称呼是莫德（Maude）女士。玛姬是动画片《辛普森一家》中的虚构角色。——译者注
② 对应现实世界中的好莱坞。——译者注
③ 子弹时间原指在电影、电视广告或电脑游戏中，用电子计算机辅助的摄影技术来模拟变速特效，例如强化的慢镜头、时间静止等效果。这里是指麦克拥有的将时间放慢的特殊能力。——译者注
④ 也被称作狂怒模式、狂暴状态或暴走状态。——译者注
⑤ 虽然三人的特殊能力都变现出时间减慢，但也存在些许不同。富兰克林能够在路上驾驶汽车时将时间变慢，麦克能够在枪战时将时间变慢，崔佛进入"战无不胜"模式后会使时间略微放缓。——译者注

玩乐几乎没有任何功能效果的方式调整化身的容貌，进一步将不同的化身区分开。

　　的确，外观调整是化身构建的核心部分。尽管许多游戏要求玩家在战役玩乐开始之前就确定化身的容貌，但《侠盗猎车手5》在整个游戏过程中给予玩家大量机会来设置并重新设置其化身的容貌，这也在生动地提示着玩家的能动性。在这个十分辽阔的游戏世界中，有服装店、理发店和文身店，它们销售或提供可以调整富兰克林、麦克和崔佛在屏幕上展现出的形象的道具与服务。装扮三人组来改变他们的外表是玩家积极地参与对自己化身的个性化定制的最直观方式，三人组成为玩家意图的独特视觉表达（如图4-1）。玩家可以在种类繁多的鞋子和靴子、长裤和短裤、衬衫和T恤、眼镜和帽子以及西装和其他全套盛装中进行选择，给自己的化身尝试大量不同的服装搭配。众多选择中包括突出角色个性的保守衣物，比如表现出富兰克林帮派背景的篮球短裤和连帽运动衫，麦克的牛仔裤和皮夹克，崔佛带有血迹的运动裤和脏背心。然而，玩家也可以选择异常华丽的选项，比如给麦克穿上宽松的淡粉色马甲，给崔佛穿上三件套紧身格子西装，给富兰克林穿上老式的海军呢大衣。这些从根本上打破了游戏设计师设计的叙事，这种选择将玩家的自由置于游戏情节的一致性和连贯性之上。

图4-1　玩家通过收集和组合从帽子、衬衫、眼镜到发型、胡子和文身等大量装备来调整化身的外表，并在游戏中表现出自身的能动性

由于玩家拥有能够调整《侠盗猎车手5》中反英雄人物的某些外观元素的能力，游戏中的"角色"概念和"化身"概念之间存在一个重要的区别。角色起着展开叙事的作用，化身则是与游戏进行交互的个体的虚拟再现。给化身麦克穿上亮眼的淡粉色衣服挑战了游戏叙事所建构的那个沉稳、传统的角色麦克。这不仅仅是在玩虚拟的换装游戏，更反映出玩家自主决定如何构想这个角色的能力，以及将他们的个人偏好和身份投射并延伸到游戏内部的能力。通过化身的"离经叛道"，玩家能够愉悦地挑战甚至违反游戏叙事所提出的不成文的社会规则。在此过程中，化身的可调整性鼓励玩家进行自己的身份工作（identity work）①，而不是仅仅接受游戏所建议的内容。

当然，这种个性化的调整和试验受到《侠盗猎车手5》设计的限制。尽管《侠盗猎车手5》提出了开放性，但实际上它的僵化到了令人不可思议的程度。虽然游戏承诺了无尽的探索，与非玩家角色（NPC）的微妙和多样的偶遇，以及无限的化身变化，但系统上的限制也会迅速显现出来。游戏毕竟是受到规则约束、对玩乐进行限制的系统，限定了玩家参与游戏的方式。叙事任务将线性叙事强加于看似开放的游戏世界，支线任务只能在严格的时间限制下进行，玩家与大多数NPC的交互方式也仅限于人身攻击。这样的严格规制贯穿始终：基础叙事永远不会改变，游戏世界充满壁垒，化身拥有的众多装备的组合方案也是有限的。正是通过选择如何在这些限制中进行游戏，玩家的能动性才得以彰显。

重要的是，《侠盗猎车手5》中化身的某些元素是不可调整的。例如，虽然玩家可以在富兰克林的头发上剃出一系列图案，让他留胡子，给他穿上从休闲到正式的各种衣服，但玩家永远不能调整富兰克林的皮肤颜色。玩家或许永远不能给崔佛换个能够掩盖谢顶的发型或者洗除他的几个文身，但在许多其他可以对化身进行外观调整的游戏中会提供调整这些细节的选项。《侠盗猎车手5》的叙事就是围绕富兰克林与崔佛逐渐展开的，前者是一位从南洛圣都逃出来的非洲裔美国人，后者的身上一定要有终身吸

40

---

① 指个体从事的创造、呈现和维持自我身份概念一致性的活动。——译者注

毒的痕迹。在其他第三人称开放世界游戏中，比如《质量效应》系列，玩家可以极为精细地改变化身的社会性别、种族、肤色甚至眼睛的位置。然而，《侠盗猎车手5》中的化身调整深受预设角色的影响。这些预设角色强调了游戏中叙事的重要性，同时也成为限制化身外观调整的重要因素。[4]

　　在《侠盗猎车手5》中，化身的装备并不是免费的，玩家必须完成利润丰厚的任务、玩转洛圣都股市、抢劫遍布城市的行人或运钞车才能获得必要的资金。化身的外观调整潜力取决于游戏进度，如果玩家希望拥有大量衣物，就必须花费大把的时间参与游戏并四处探索。此外，虽然玩家可能会去洛圣都的同一家商店，但若玩家控制不同的化身，其可供选择的商品也会不同，不同零售店的位置也反映出经济差异是如何在虚拟世界中映射出来的。例如，洛圣都南面和东面的折扣店销售的是印有企业标志的工装短裤、运动鞋和T恤，然而游戏中对应现实的适合高消费人群的罗迪欧大道一带的精品店则出售更昂贵的商品，如百褶裤、正装鞋和扣领衬衫。在完成任务获得购买衣物的必要资金之后，玩家还必须前往特定的地点去购置他们想要的优质衣物。在洛圣都中，化身的外观调整暗示并批判了洛杉矶存在的空间化阶级差异。对于《侠盗猎车手5》中那些的确通过着装展示出自己所属经济地位的化身来说，外观调整不只是简单的能够使玩家感到愉悦的一时兴起，实际上，化身的外观与游戏中的虚拟经济之间以及与游戏对当代城市资本主义的批判之间都存在持续的对立关系。

　　虽然玩家可以选择他们的化身穿什么衣服，但在目标导向的玩乐和在没有明确目标的探索过程中，化身在功能上的表现会自动变强（如图4-2）。其他游戏在玩家完成任务后会奖励他们一些技能点，玩家需要在一个界面上分配这些技能点以提高化身不同的功能特性。然而《侠盗猎车手5》则要求通过运动来提高化身身体素质方面的统计数字，从而呈现出一定程度的现实主义。当玩家控制化身徒步穿行洛圣都时，化身的体力和耐力会增强；当玩家花费时间在游戏中让化身驾驶众多载具时，化身在城市风光中迅速穿梭的能力也会增强。在功能属性上，某些化身的既有优势也受到游戏里故事世界的影响。比如，在游戏开始时，富兰克林的驾驶技术远远超过麦克或崔佛的驾驶技术。在探索游戏世界的过程中，玩家可以努力为每个化身打造这些技能，但技能提升也会在玩家控制化身游走于洛圣都时自动发生，这一现象凸显了空间移动对技能提升的重要性。

图 4-2　当玩家以富兰克林为化身游走于洛圣都时，在提高他的独特技能水平的同时，也增强了自己调整富兰克林并使其个性化的能力

此外，洛圣都中也不乏能够直接增强化身功能表现的活动。遍布于整个世界的可选小游戏可以直接改变化身的特定技能，其精准效果是与NPC的随机偶遇和对游戏空间的闲散式探索无法实现的。例如，玩家可以引领自己的每个化身去射击场训练以提高其瞄准、拔枪和子弹重新上膛的速度，参与能够显著提高驾驶能力的比赛，或者参加增强耐力和力量的铁人三项赛，这些活动对于增强化身身体素质的效果远远超过没有明确目标的玩乐。玩家努力完成主要战役之外的小游戏，可以增强其化身在整个游戏中的功能表现，同时增强他们完成主线叙事的能力。

在玩乐过程中发生的外观改动和功能变化都使化身被塑造为一个容器，留存着玩家体验游戏和做出选择时留下的印记。不仅《侠盗猎车手5》如此，只要玩乐体验允许或要求对游戏中的玩家替身做出改变的游戏皆是如此。化身从根本上来说是一个处于动态的人物，被玩家的癖好、设计师的要求、叙事的示能、空间的映射以及游戏中的社会批判所影响，并存在于这些因素之间。虽然化身的外观调整受到游戏规则的束缚，其本质上是

受到限制的，但复杂的可调整性依旧允许并鼓励玩家发挥探索性创造力，
表现出玩家在化身的外观和功能上所获得的成就，同时也改变了玩家与参
与游戏时所处的虚拟世界的关系。

42

注释

1 Neal Stephenson，*Snow Crash*（New York: Bantam Books, 1992）．游戏玩
家在20世纪80年代中期可能就偶然碰到过这个术语，因为理查德·加里
奥特（Richard Garriott）将其非常受欢迎且极具影响力的《创世纪》系列
的第4款游戏就命名为《创世纪4：圣者传奇》。在加里奥特的游戏中，玩
家寻求成为神话中的不列颠尼亚国的"圣者"（即化身），也就是成为供他
人努力效仿、在精神上和道德上已经获得启蒙的人。

2 关于化身就是玩家在游戏中控制的任何人物的讨论，以及从心理分
析角度理解玩家和化身之间联系的讨论，参见 Bob Rehak, "Playing at Being:
Psychoanalysis and the Avatar," in *The Video Game Theory Reader*, edited by Mark
J. P. Wolf and Bernard Perron (New York: Routledge, 2003), pp.103–128。

3 针对可高度定制的角色扮演类游戏中的化身的讨论以及对玩这类
游戏的玩家的详尽民族志研究，参见 Zach Waggoner, *My Avatar, My Self:
Identity in Video Role-Playing Games* (Jefferson, NC: McFarland, 2009)。

4 值得注意的是，这些调整在游戏的线上版本中是可以实现的。在线
上版本里面，虽然叙事示能相对来说程度非常低，但玩家可以调整化身的
肤色、面部构造、发际线等。此外，为了与《侠盗猎车手5》所蕴含的玩
世不恭的生活态度保持一致，玩家还可以为化身添加唇疱疹、痤疮疤痕和
各种饱经风霜的皮肤。

延伸阅读

Bayliss, Peter. "Beings in the Game-world: Characters, Avatars, and Players."
In *Proceedings of the 4th Australasian Conference on Interactive Entertainment*,

Melbourne, Australia, 2007.

Calleja, Gordon. "Digital Game Involvement: A Conceptual Model." *Games and Culture* 2, no. 3 (2007): 236 - 260.

Coleman, B. *Hello Avatar: Rise of the Networked Generation*. Cambridge, MA: MIT Press, 2011.

Nitsche, Michael. *Video Game Spaces: Image, Play, and Structure in 3D Worlds*. Cambridge, MA: MIT Press, 2008.

43

5 《席德·梅尔的文明6》: 现实主义

彼得·克拉普（Peter Krapp）

编者语： 对于《席德·梅尔的文明》这样一款跨越数个世纪的游戏时间的模拟游戏（simulation game）①，彼得·克拉普认为，该系列游戏的现实主义并不立足于历史的准确性，而是通过抽象再现，提供了一种围绕究竟是什么导致了帝国兴衰的趣味性探索。

当游戏被消费者看作娱乐产品，能够提供绝无仅有的想象之旅的时候，当一款被广泛使用的游戏引擎被称为"虚幻"（Unreal）的时候，当开发商巨头销售的互动软件专注于各种幻想和逃避现实的主题的时候，游戏中的现实主义还会发挥什么作用呢？硬核玩家是否应该期待像《席德·梅尔的文明》（1991年至今，以下简称《文明》）这样的系列游戏是现实主义的？如果是，这到底意味着什么？随着时间的推移，现实主义的含义会发生多大的变化，以至于多年前可能以"现实主义"被接受的游戏在今天也许不符合要求？各种类型的游戏都声称其具有某种现实主义，无论是在情节上对近期重大新闻事件的呈现，还是对明星运动员的技能、豪车的驾驶方式、武器的弹道、飞机的盘旋、军事战术的精髓或全球经济的阴谋的描述。体育类游戏、驾驶类游戏或战略类游戏提供的互动或许是虚幻的，但对细节也就是对真实性的重视往往是一款游戏的突出特点。然而，这种可识别的细节只是现实主义含义中可能的一种。如果我们已经接受了游戏是一种艺术形式、一种媒体话语、一种社交平台，那么我们首先有必要考虑一下人们使用"现实主义"这个术语的全部方式，之后才能检验某

---

① 缩写是SLG，也称为策略类游戏，现特指回合制策略游戏。以《模拟人生》为代表的生活模拟游戏的英文虽然也是"Simulation Game"，但其缩写是SIM。——译者注

款游戏是如何敲定这个术语的具体使用方式的。

寻求现实主义的定义可能会使我们陷入哲学或心理学的争论，与其这样做，不如考虑现实主义不是什么。现实主义的反义词包括虚构和幻想、乌托邦批判和反乌托邦批判、超现实主义和其他对现实主义美学的排斥，以及不同思想派别的理想主义和不切实际的妄想。称呼某一事物是"现实的"，意味着即使在没有运用再现策略的情况下，该事物也具有与现实世界产生联系的方式。现实主义追求一种实际的或务实的自然主义——看起来以一种如实、自然、可靠的方式来再现我们日常的观察范围。忠于现实生活，不借助理想化、抽象化或文体上的凝练来实现准确的再现可能是一个难以实现的目标，但是游戏设计者仍在努力，通过制作越来越逼真的视觉世界，以及在战略游戏中仿建预测系统以创造模拟环境来实现真实性。

《文明》系列属于回合制战略游戏，自 1991 年问世以来，销量已超过3300 万份。席德·梅尔设计的《文明》不仅是游戏史上最成功的游戏系列之一，还深深影响了其他游戏和游戏类型。这款游戏最初是面向 MS-DOS 设计的，然后面向康懋达阿米加（Commodore Amiga）500/600 和雅达利 ST、苹果系统和微软 Windows 系统，最后是任天堂平台。这款游戏的模拟环境在基础设施、科技研究、经济收入、文化以及军事力量等方面达到了平衡。续作《席德·梅尔的文明 2》于 1996 年由席德·梅尔的公司微文（Microprose）发行，适用于电脑以及 PlayStation 游戏主机。动视公司在 1999 年获得了《文明：权倾天下》的发行权。2001 年，梅尔的新公司火爆轴心（Firaxis）面向苹果系统和微软 Windows 系统发行了《席德·梅尔的文明 3》。2003~2005 年，雅达利获得了特许经营权，但此后该游戏的版权一直归 2K 游戏公司（2K Games）所有。2005 年，《席德·梅尔的文明 4》发布。五年后，第五代游戏面世。2014 年 10 月，《席德·梅尔的文明：太空》发行。2016 年 10 月，《席德·梅尔的文明 6》发行。虽然游戏的视觉效果、多人游戏互动和玩家社群都随着时间的推移而逐渐发展，但玩家的基本工作从来没有发生变化：通过殖民新的土地和新的星球，引导你所选择的人民从石器时代的早期穿越人类历史来到今天并走向未来。游戏从公元前 4000 年的一个村庄开始，玩家为虚拟国家挑选一位领袖，其

44

目标是征服世界。选定的领袖并不是作为玩家的化身进入游戏的。相反，游戏赋予玩家上帝般的视角，提供了一个内叙事的行动点。等距视角下的主屏幕是一张世界地图，上面有供玩家操作的菜单系统，邀请玩家进行建设、参与外交、发展科学和艺术，并采取措施让自己的统治区域变得更辽阔、更强大、更富裕。

这张地图既可以描绘出一个现实版本的地球，也可以描绘出一个虚构的世界。玩家可以选择与地球不同的地图，但无论哪种方式，海洋、森林、沙漠、丘陵等各种菱形（从《席德·梅尔的文明 5》开始是六边形）地块总是相互毗连，玩家可以在一个圆柱体的玩乐景观中环游游戏世界。然而，《文明》不只是一张战斗地图，它还是一张即时地图或者说一个时空模型，叙事工具被纳入绘制地图的工作。在这张地图上，故事随着玩家的决策展开（如图 5-1）。例如，对于一个新的村庄，玩家可以选择使用拓荒者、侦察兵或者战士，玩家选择的每个单位都很重要，能够改变扩张和维持、进攻和防御之间的平衡。所有选择累积起来，就决定了一个玩家战略的成败。

45

图 5-1 《席德·梅尔的文明 5》的地图上布满了农业、工业和军事单位

席德·梅尔曾说过，对他来说，游戏就是一系列有趣的选择[1]。因此，故事并没有嵌入《文明》这样的游戏；相反，模拟游戏借助于由相互关联

的变量组成的复杂系统，更加擅长涌现性叙事。游戏中的事件是由复杂的相互交错的游戏系统所产生的，而且往往不一定遵从游戏开发者所预料到的方式。

在 1990 年完成《铁路大亨》之后，梅尔和他的团队决定尝试一些更大胆的内容。当梅尔和布鲁斯·谢利（Bruce Shelley）在 2017 年游戏开发者大会上回顾他们的第一款《文明》游戏时，他们指出那款新游戏是如何将《模拟城市》、由英国人开发的电脑战争游戏《帝国》和一款名为"文明"的图版游戏的元素融合在一起的。[2] 游戏开发者借鉴了儿童读物而非有关历史和战略的严肃文献，突出了幽默以及对政治领袖戏谑式的描写。让来自不同世纪的政治领袖如成吉思汗和恺撒、拿破仑和埃及艳后所统治的国家之间发生战争是一点都不现实主义的，但是梅尔选择了开发回合制游戏而非过程连贯的即时模拟游戏，最终获得了成功。显然，玩家并不关心"现实生活"中的情景或地点，而更关心这类战略游戏的示能。的确，《文明》模拟出来的并不是那么严谨的真实历史，而是社会进程与人类进程。[3] 当第二代游戏允许用户创建模组时（关于用户生成内容的更多信息，请参阅本文集中詹姆斯·纽曼撰写的章节），这款游戏系列获得了巨大的成功。从第二代开始，《文明》也放弃了游戏初代中包含的大量人口学数据和其他统计数据。

回合制战略和模拟类游戏不需要开发者在图形的逼真效果与环绕立体声上面投入太多，然而这些对于赛车游戏和射击游戏里的沉浸式第一人称视角来说至关重要。回合制战略和模拟类游戏也不太依赖于一套可自定义的选项，而角色扮演类游戏会将其作为第二人称视角的核心支柱。模拟和战略类游戏突出以超然的第三人称视角感受到的抽象再现。[①] 正如恰图兰卡 [4]、国际象棋或 19 世纪普鲁士和英国的图版与地板游戏曾作为战略思维的训练工具一样，20 世纪上半叶的规划游戏（planning game）也以控制

———————————

① 其他观点认为，第一人称游戏是指通过玩家的视角来参与的游戏，例如大部分射击类游戏；第二人称游戏是指通过第二方的视角（游戏中其他角色的视角）来参与的游戏，此类游戏较为稀少；第三人称游戏是指通过游戏世界以外的第三者的视角来参与的游戏，部分角色扮演类与模拟战略类游戏属于这个类别。——译者注

46

和反馈为特色。从沙盘战争推演到飞行模拟，从雷达屏幕到沉浸式图形界面，游戏技术的历史表明控制论中的反馈机制是如何适用于训练模型的。显然，对于封闭式力学系统来说，模拟是一个有用的工具；对于复杂的开放系统来说，模拟也是一个相当不错的工具，可以向初学者介绍动态系统行为，也是一种探索选项或测试假设有效性的方式。这使模拟游戏成为政策顾问、军事官员和有抱负的统治者的强大训练工具。

计算机技术的引入使战略游戏中的众多军事和商业传统被置入黑箱，但是在 20 世纪 60 年代，第一次世界大战之前的模拟游戏之中的特色元素再次出现。这里值得一提的是，战略顾问的角色是《文明》中的新特色。这些顾问会和你说话，但他们所说的语言仅限于几个音节的胡言乱语，例如"沃勒姆福勒姆"（vollum follum）和"罗博罗"（roboro）[1]。这与为电视剧《星际迷航》或《权力的游戏》创造复杂逼真的语言所付出的心血相比显得微不足道。[2] 为了避免丢失细节或降低精确性，情景规划或管理模拟[3]必然会限制实时数据的输入数量；大多数模拟系统特别集中于对某些方面的模拟，无法扩展到全局。然而，利用数据挖掘和人工智能，使大规模混乱的情况变得容易处理的全局模型冒着风险将众多参数置入黑箱。

同样，尽管人们不断努力使《文明》的系统更加动态化以反映统治文明的历史变迁，但仍然可以将这款游戏解释为对我们现实生活经验的反乌托邦批判，将其作为反事实的历史，作为脱离基本经济、技术和文化原则的虚构，甚至作为纯粹的对现实的蓄意抽象。人们可能试图通过一款利用简化机制来描绘人类历史的战略游戏去追求历史的可验证性，这个简化机制参照既定的科学共识来规定技术、经济、外交、战争、文化等如何将人类从石器时代引向太空时代。人们也会选择查看人类历史上失去的机会和

---

① 这些是化身的语言，并无太多意义。——译者注

② 主编认为，有关战略顾问的例子是用来强调《文明》希望玩家借助这些顾问深入了解游戏系统。此外，在这些顾问的抽象语言表达的效果下，无论游戏模拟的是哪一时期的历史，玩家生成的涌现性叙事都能够保持在一个一般、抽象的水平上，游戏的一致性也因此得以保持。——译者注

③ 这些模拟通常应用于商业、金融和城市规划等领域，帮助决策者测试与评估各种战略和情景。——译者注

未被察觉的进步，然而游戏中必要的抽象和简化并没有捕捉到这些机会与进步的微妙之处与深远影响。即使我们把一个特定的游戏当作一种手段，提醒自己务必从批判性角度来看待人类是如何走到今天的，这也不妨碍我们认识到，这款游戏陷入一种局面，在其中，使游戏具有可玩性的所有核心社会机制在意识形态上进行再现并被扭曲。虽然很少人会用社会主义现实主义的章程（对共产主义价值观的描述进行美化）来评判《文明》，但许多批评人士认为其设计是符合资本主义现实主义的（对新自由主义的市场支配地位进行美化）。如果我们把"社会主义现实主义"理解为20世纪20年代至60年代苏联和其他社会主义国家官方认可的艺术（重点是视觉艺术，但也包括音乐和文学），那么这些国家的动机在于希望发展会对人类产生直接影响的艺术。这种话语形构拒绝了未来主义和其他社会主义运动，而强调了在执行计划经济的国家中，共产主义精神所限定的生活。反过来，如果我们把"资本主义现实主义"理解为20世纪50年代以来美国和其他资本主义国家认可的主要艺术形式，那么这些国家的动机就是把人类的一切表达形式都当作商品。这种话语形构描述了西方企业文化在意识形态上和美学上的支配地位，突出了一种广告和竞争性销售所倡导的个人消费占据主导地位的生活。这两种对立的意识形态形构的共同之处在于，它们都主张现实主义是能够抵御批判的堡垒，它们都主张意识形态的基本效力优于异议。每种意识形态形构都宣称自己是人类集体真理的一面忠实而客观的镜子。简而言之，虽然现实主义属于一种时代风格，但它仍然是文学、艺术、电影和游戏中的一个永恒母题。可以说，《文明》中展现了一种明显的以美国为中心的世界观和政治观。[5]

若举一个具体例子来说明此类战略游戏特有的局限性，我们可以关注已经成为意识形态斗争领域的一个战略要素，即天气和气候。军事历史学家认为，拿破仑入侵俄国失败在很大程度上是因为严冬对补给线的影响超出预期；二战中围绕俄国的防御也有类似的说法。从战略上讲，气象复杂性的缺失削弱了《文明》中模拟环境的现实主义色彩。即使在当下，天气模型对于计算机来说也是一个艰巨的挑战——模拟出3~5天符合流体动力学的流体运动规律和系统性互动已经变得相对可靠，但长期的预测仍然面临困难。⁶尽管如此，像《文明》这样复杂的游戏应该能够将天气以及地形、外交、科技和金融纳入计算范围，但它并没有将人类世①作为主题，没有邀请硬核玩家在争夺科技霸权的过程中考虑环境灾难，也没有考虑失败一方的下场。事实上，游戏中"重要的"是玩家可以取得军事、科学或者外交上的胜利，而不管胜利条件是如何达成的。然而，回合制战略游戏的根基就在于能够将更为真实的互动仿建出来的模拟环境。

人们可以通过检查模拟游戏中的盲点或遗漏，例如上述例子中的天气和气候，了解任何此类游戏中的现实主义构成。这就是为什么杰西·奥苏贝尔（Jesse Ausubel）在重新定义规划游戏时所发挥的作用不同寻常。作为一位有影响力的环境科学家，杰西·奥苏贝尔是 1979 年在日内瓦举行的第一届联合国世界气候大会的组织者，这次大会显著增强了全球变暖议题在科学和政治议程上的重要性。1980 年，围绕二氧化碳排放和全球变暖，他制作了一个图版游戏和两个电脑游戏。年轻的威尔·赖特（Will Wright）发现了奥苏贝尔的《城市及其生命系统》一书，他在 1989 年发行的《模拟城市》中用到了这本书的大量内容，奥苏贝尔还担任了这款游戏公测版本的测试员。⁷虽然在游戏研究领域没有太多人注意到奥苏贝尔，但这位杰出的科学顾问被视为现在通常称作"严肃游戏"的鼻祖是理所当然的。⁸例如，由卡尔顿大学开发的《冰核任务》就是一款严肃游戏。作为《无冬之夜》的模组版本，这款游戏提供了对南极洲和全球变暖现象进行探索的任务。此外，一款名为《海底两万里：尼摩船长》的游戏使用国家海洋和大气管理局的数据来呈现尼摩船长在南极洲最后的避难所。一款名为《南极洲最后的希望》（Last Hope Antarctica）的战略游戏要求玩家建立一个新的基地并管理其资源。游戏《企鹅大冒险》和《南极大冒险》要求玩家操纵一只企鹅沿着粗略绘制的地图路线在南极大陆的边缘前行。一个由从事南极赛博地图集相关工作的加拿大团队开发的游戏允许玩家使用控制杆或键盘充满趣味性地探索企鹅的生活、南极大陆的景观，以及构

---

① 由于快速增长的人口和经济发展对全球环境造成巨大影响，科学家将我们所处的时代划分为一个新的被称为"人类世"（Anthropocene）的地质时代。——译者注

建南极地图集本身的概念上的维度。这一切只是想象中的旅游，还是向行星意识（planetary consciousness）①的迈进？就画面和声音而言，这些严肃游戏没有一款比《文明》逼真，但它们至少尽其所能纳入对天气和气候历史变化的考虑。即使是巴克敏斯特·富勒（Buckminster Fuller）的《世界游戏》⁹这样抽象的训练模拟环境也比技术先进的《文明》游戏拥有数量更多的实时数据和程度更深的复杂性。

在认识论中，实在论②是关于由科学证实的事实的一般理论，假设世界独立于我们的知识获取行为，但这些行为不仅能够产生假设和预测，而且能使我们更加接近事物的真实本质。简而言之，实在论能够促使人回想起古时候常识和抽象思维之间的斗争。显然，玩模拟游戏需要两者兼而有之。然而，玩家很快就会发现，虽然玩《文明》这样的游戏可能需要均衡考量"理论深挖"（theory-crafting）③和常识性方法，但这样的思路并没有应用于游戏的设计。游戏机制、竞争战略以及获胜条件的设计都说明游戏总是以抽象为核心。这也是为什么游戏玩家不仅会按照《文明》的指引玩游戏，还会很快就探索出游戏设计的局限性。若想设计一款使"文化胜利"成为可能的游戏（在《文明》中指玩家需要积累在建筑、宗教和艺术上的成就），那么这款游戏需要能够使之成为一种游戏机制的文化理论，在这种机制下某些文化成就能够以某种方式优于其他文化成就，从而使玩家获得更多的"市政鼓舞"④或吸引更多的游客。若想设计一款科学发展遵循一定步骤的游戏，那么这款游戏需要认同线性科学理论。若想设计一款贸易路线或者有利可图或者血本无归的游戏，那么这款游戏需要呈现出市场中默会的商业理论以及市场在不同历史时期的功能。不必多说，在这些方面，《文明》并没有让每位研究贸易和经济、科学和文化的学者认为它是令人信服的或者符合历史现实。

---

① "行星意识"认为人类并非宇宙中特殊的存在，万物之间存在关联。——译者注
② realism 在这里翻译为"实在论"。——译者注
③ 指玩家试图对游戏机制进行数学分析，以便更好地了解游戏的内部运作情况。——译者注
④ 作为游戏中的一个奖励，可以有效加快市政研究的速度。——译者注

在接触《文明》系列游戏时，也许没有人期望它能对世界上可观察到的方方面面进行真实的描述，但围绕《文明》是如何在游戏中模拟社会、政治、经济和文化互动的，玩家还是注意到并讨论了其中出现的问题。《文明》游戏围绕意识形态上的技术和冲突的简化模型展开，这似乎并没有降低该系列的受欢迎程度。尽管这款游戏在现实主义方面存在局限，但如果它玩起来仍然令人感到愉快，那么至少部分原因在于玩家并非无知的消费者。玩家认识到，即使是所谓的娱乐软件也被灌输了价值观和意识形态，但在其提供的互动范围内，玩家在探索游戏的底层假设的过程中依旧能够找到乐趣。也许这些玩家追求的是对可能的世界更多的控制，甚至他们还要通过自发的涌现性互动在游戏里模拟现实中难以发生的乌托邦似的场景。

注释

1 As quoted in Andrew Rollings and Dave Morris, *Game Architecture and Design* (Scottsdale AZ: Coriolis, 2000), p.38.

2 梅尔和谢利与英国老牌图版游戏公司阿瓦隆山（Avalon Hill）达成了协议，可以使用"文明"这个名称以及该公司出品的图版游戏中的某些元素。

3 William Uricchio, "Simulation, History, and Computer Games," in *Handbook of Computer Game Studies*, edited by Joost Raessens and Jeffrey Goldstein (Cambridge, MA: MIT 2005), pp.327‑338.

4 恰图兰卡是一款古老的印度战略游戏，大约在 6 世纪后发展起来。一个世纪后，波斯人接纳了它。它最终在中世纪后期的欧洲发展为国际象棋的形式。

5 Kacper Poblocki, "Becoming-State: The Bio-Cultural Imperialism of Sid Meier's Civilization," *Focal—European Journal of Anthropology* no. 39 (2002): 163‑172.

6 Gabriele Gramelsberger, "Story Telling with Code—Archaeology of Climate

Modeling," *TeamEthno Online* (February 2006): 77‑84.

7 Jesse H. Ausubel and Robert Herman, eds., *Cities and Their Vital Systems: Infrastructure Past, Present, and Future* (Washington DC: National Academies Press 1988).

8 Jennifer Robinson and Jesse H. Ausubel, "A Game Framework for Scenario Generation for the CO2 Issue," *Simulation and Games* 14, no. 3 (1983): 317‑344.

9《世界游戏》，又称为《世界和平游戏》，是由巴克敏斯特·富勒创作的与流行的桌面战争游戏截然不同的实体教育模拟游戏。玩家通过使大多数人受益，同时把生态环境破坏和生命损失降到最低的方式开展合作来解决全球问题。1993 年，非营利性的世界游戏研究所（World Game Institute）发布了该游戏的电脑版本。2001 年，该游戏被 OS 地球公司收购，此后以《OS 地球全球模拟工作坊》（*OS Earth Global Simulation Workshop*）的名称发行。

延伸阅读

Dorr, Simon. "Strategy." In *The Routledge Companion to Video Game Studies*, edited by Mark J. P. Wolf and Bernard Perron. New York: Routledge, 2014.

Friedman, Ted. "Civilization and Its Discontents: Simulation, Subjectivity, and Space." In *On a Silver Platter: CD-Roms and the Promises of a New Technology*, edited by Greg M. Smith. New York: NYU Press, 1999.

Galloway, Alexander. "Social Realism in Gaming." *Game Studies—The International Journal of Computer Game Research* 4, no. 1 (November 2004), http://gamestudies.org.

Pias, Claus. *Computer Game Worlds*. Chicago: Diaphanes, 2017.

51

6 《异域镇魂曲》：沉浸

埃文·托尔纳（Evan Torner）

编者语： 尽管学者和批评人士经常将游戏的视听设计和需要快速反应的游戏互动视为能够让玩家沉浸于游戏虚构世界的主要手段，《异域镇魂曲》作为一款评价很高但图形和声音很陈旧的电脑角色扮演游戏却成为这一论述的反例。在本章中，埃文·托尔纳探讨了文学框架、感情和叙事上的重新编入（narrative reincorporation）——三个主要来自小说和桌面角色扮演游戏的元素——对于游戏实现常常被称赞但永远难以捉摸的沉浸式审美理想所起到的重要作用。

在游戏研究中，沉浸是一个有争议、混乱的概念。对于角色扮演游戏——无论是数字的还是实体的——而言也是如此，因为它关系到一款游戏的核心审美体验，也关系到这款游戏的架构和营销方式。在角色扮演游戏中，我们希望扮演另一个角色。同时，我们希望自身在故事中的行为是重要的，能够产生后果。然而从这里开始，事情在概念上就变得有点儿模糊。毕竟，什么叫作"沉浸式"的电子游戏？当我感觉自己的意识与我所扮演的角色融为一体的时候，我是否"沉浸"了？当我在游戏世界完成了一系列能刺激大脑中多巴胺分泌的常规活动的时候，我是否"沉浸"了？当一个游戏对多感官的刺激使我出现了实际生理反应，仿佛这些刺激是真实的时候，我是否"沉浸"了？当某种玩乐文化告诉我应该"沉浸"的时候，我是否"沉浸"了？

如果我们把沉浸看作一个元概念（meta-concept）和一种审美理想，也许更加合适。元概念是一种观念，这种观念将围绕其进行思考的方式组织起来。因此，沉浸的含义从来都不是单一的，相反，它是一个极其主

观又与情景高度关联的占位符①。例如，《太空侵略者》在 20 世纪 80 年代　52
初被认为是一款沉浸感过强的游戏，以至于英国议会议员乔治·福克斯
（George Foulkes）试图彻底禁止它（但失败了）。在这种情况下，沉浸意
味着游戏中让玩家持续参与的激励系统会使人上瘾，继而被视为病态的。
同时，弗兰克·罗斯在《沉浸的艺术》中认为沉浸源于粉丝在《迷失》
（Lost，2004-2010）或《星球大战》等跨媒介宇宙中的参与式能动性。1
在这种情况下，粉丝劳动在一个故事宇宙的不同叙事中发挥作用，沉浸意
味着对该故事宇宙进行更深度的投入。在这个例子中，集体创造力和社会
强化（social reinforcement）②使沉浸得以实现。沉浸既是一种设计理想、
一种个人体验，也是一种营销炒作。总之，沉浸是一种文本上的邀请，使
我们在玩乐行为中迷失自我。本章研究电脑角色扮演游戏中鼓励玩家迈入
沉浸的文本特征。

　　作为一种审美理想，沉浸也是设计师渴望通过具体的设计选择为玩家
创造出来的事物。如果目标是视觉感官上的沉浸，他们可能会加倍努力打
造逼真的水面效果；如果目标是让玩家专注于游戏操作，他们可能会设计
一些需要持续关注的规则和机制。沉浸并非只意味着参与一个故事宇宙或
者感受像素级完美的图形和声音。然而，它确实意味着感觉自己置身于一
种脱离日常现实的体验中。例如，人们发现，我们所说的游戏互动中的
"沉浸"效果在很大程度上是符合精彩的文学小说的主张和功能的。

　　本章以《异域镇魂曲》为例来思考沉浸的概念。这款游戏既没有提供
最先进的图形（即使处于它的制作年代），也没有提供高度响应的控制方
案。事实上，它就是一个不折不扣的叙事密集的散文体文本。然而，它经
常被誉为设计史上沉浸感最强的电脑角色扮演游戏③之一，或者借用《电
脑硬核玩家》（PC Gamer）杂志的评论："有史以来最具创造性、娱乐性

---

①　占位符是用来为待填充内容占用一个位置的符号，在这里指沉浸是一个开放性概
　　念。——译者注
②　指社会对个体某种行为的赞扬与否定。——译者注
③　狭义地讲，电脑角色扮演游戏并未涵盖所有在电脑上玩的角色扮演游戏，而是更加
　　强调受到桌面角色扮演游戏影响的电脑角色扮演游戏。——译者注

的角色扮演游戏之一。"² 这款游戏的核心互动方式以及讲述故事的技艺引人注目，以至于在 2017 年，它为了在当今硬件上运行而更新发布了增强版。然而，乍一看，这款游戏显得很不起眼。这款电脑角色扮演游戏以自上而下的等距视角展开，采用了即使在它的制作时期也比较简陋的图形和动画。因《魔域帝国复仇者》和《辐射》中的作品而闻名于世的作曲家马克·摩根（Mark Morgan）为这款游戏制作了情绪低沉、充满忧虑的 MIDI 乐器原声音乐。黑岛工作室使用生软（BioWare）的无限引擎（Infinity Engine）制作了《异域镇魂曲》，这个引擎曾用于制作《博德之门》——一款背景设定在《高级龙与地下城》"被遗忘的国度"（Forgotten Realms）故事宇宙的游戏。《异域镇魂曲》包装在一个橙色的盒子里，内容包括手册、海报和分装在四张 CD-ROM 光盘里的游戏，封面以一张巨大的蓝色面孔为主。

　　在《异域镇魂曲》中，你扮演的是无名氏，一个永生但失忆的人，在超自然的停尸房中的停尸台上醒来（如图 6-1）。每次你死的时候，另一个生命会代替你死去，让你获得新的生命。然后这个牺牲品就会以鬼魂的形式纠缠你。游戏的目标是恢复你的记忆，打破这种近乎佛教的死亡之后沉寂生活重现的永恒轮回，这也是游戏名称中被称为"折磨"（torment)的轮回。然而，事实证明，你并不是第一个无名氏，前世的你留下了遗物，需要今生的你去处理。一群形形色色的角色伴随玩家去完成任务，角色包括狡黠的飘浮骷髅头莫提（Morte）、致命的半恶魔阿娜（Annah-the-Shadows）、居住在林勃（Limbo）混沌海的吉斯瑟雷族（Githzerai）战士法师达肯（Dak'kon）以及残暴的盔甲幽灵维勒（Vhailor）等。这些角色的人性与复杂性使主角坚定了自己内心中对正义和目标的追求。玩家会在《异域镇魂曲》中巴洛克式《高级龙与地下城》的环境中开展这段征程。这是由游戏设计师戴维·"泽布"·库克（David "Zeb" Cook）为桌面角色扮演游戏创作的背景设定，其中有多个传送门连接的存在位面（planes of existence）①，里面充斥着诡异的亡灵、可怕的恶魔，还有一些有趣的地

①　源于《龙与地下城》桌游，用来解释多元宇宙的存在。每个位面（也被译作"异界"）都拥有独特的自然法则。——译者注

点，它们都融入了令人难忘的当地习俗。在杰克·万斯（Jack Vance）和迈克尔·穆考克（Michael Moorcock）等通俗奇幻小说名家的笔下，《异域镇魂曲》的印记城（City of Sigil）既危险又诡异，每个角落都藏着有待发掘的文字描述，能够遇到全新的非玩家角色。

54

图6-1　无名氏在一个充满复杂性和神秘性的世界中的停尸房里醒来

尽管如此，这些不寻常的领域也蕴藏着令人惊讶的内容，激发玩家的好奇心。同时，游戏也在积极培养玩家的情绪，使之与游戏内容相匹配。格雷格·M.史密斯写道，我们对待媒介的方式是"使用一个庞大的微剧本集合……这些微剧本鼓励观众从叙事上、风格上和情绪上预测接下来会发生什么"。[3]《异域镇魂曲》采用了微剧本，"从我们各种日常的期盼中创造了一个独特的情绪组合"。[4]例如，当无名氏试图离开停尸房时，摩根制作的阴暗原声音乐用鼓声、水滴声和阴郁的笛声营造出一种不祥的气氛。与此同时，莫提通过对话选项建议（以文字显示）主角不要杀死任何一个女性亡灵，进而引出一个关于恋尸癖的笑话，过于阴森的气氛使黑色幽默的效果更加突出。相比之下，无名氏的战友们在最后的悔恨要塞（Fortress

of Regret）①中牺牲了自己的生命，这样无名氏就可以迎战卓越超凡者
（Transcendent One），死而复生。游戏画面的等距视觉效果为无名氏的伙
伴们的尸体提供了一种非电影化的描写，但音乐上的凝重感，加上卓越超
凡者杀死他们的傲慢理由，仍会让经验丰富的硬核玩家潸然泪下。然而，
游戏中相辅相成的原声音乐、剧情和对话元素只是使玩家对《异域镇魂
曲》保持兴趣的部分原因。

　　匈牙利心理学家米哈里·契克森米哈赖提出的"心流"概念———一个
人是否愉快地完成一个又一个目标———成为检验游戏设计师能否为玩家创
造出沉浸状态的最为有效的衡量标准。⁵契克森米哈赖认为，人类的幸福
感与能够按时完成的短期、中期、长期目标的特定融合相呼应。美国游戏
设计师简·麦戈尼格尔在她的著作《游戏改变世界》中采用"心流"这一
概念来证明一个更大的论点———"游戏可以帮助我们改善生活"。⁶《异域
镇魂曲》也能给玩家提供明确的目标融合，从而产生体验式的"心流"，
这也被后来的几代电脑角色扮演游戏与大型多人角色扮演游戏所模仿和
扩展。

　　接下来介绍《异域镇魂曲》对核心的互动循环（gameplay loop）的建
构是如何帮助玩家产生"心流"的。首先，玩家角色进入一个新的环境。
他们通过点击各种物体以显示文字，在他们的装备中储存道具，或打开与
非玩家角色的对话选项来探索这个环境。然后，物体和非玩家角色将玩家
角色引导至下一个次要任务或主要任务。处理越来越复杂的基于叙事的工
作和任务会吸引玩家的注意力，使他们进入"心流"状态。《异域镇魂曲》
前半小时的功能是作为教程，引导玩家了解游戏的一系列任务与工作的解
决方法。玩家的操作从在一个陌生的多平面城市的冰冷停尸房石板上醒来
开始，到遇见一个会说话的飘浮的骷髅头，再到从僵尸那里弄到一把钥
匙，所有的努力都是为了找到一本丢失的日志。

　　虽然这些设计手法被执行得很好，但它们都不是革命性的。《异域镇
魂曲》是通过其文学上的野心将自己与类似的电脑角色扮演游戏区别开

55

———————
　　① 也译作悔恨堡垒。——译者注

的。在许多方面，该游戏不仅致力于生成一个令人愉悦的任务结构的流程，而且重塑了阅读一本真正的好书的体验。让玩家沉浸其中的是它那洋洋洒洒而引人入胜的散文。与其说《异域镇魂曲》是一款传统的电脑角色扮演游戏，不如说它是一部交互式小说的杰作，表面还有若隐若现的《高级龙与地下城》游戏的影子。作为大多数以《龙与地下城》为基础的电脑角色扮演游戏的主要支柱，战斗被淡化了，取而代之的是对话。事实上，很少有战斗不能通过玩家的对话来化解。这鼓励了许多玩家围绕智慧、智力和魅力数据来构建自己的角色，目的是最大限度地利用对话选项。换句话说，这款游戏的文字剧情诱使玩家完全改变了他们参与游戏互动的方式。

艺术家兼评论家约翰·伯格（John Berger）认为，善于讲故事能够让听众"置身于永恒的当下"。[7] 这听起来也像沉浸。游戏在叙事上的巧妙构思——探索无名氏的前世，并回答解谜者夜巫（Ravel the Hag）提出的永恒问题"什么能改变一个人的本质？"——使支线任务具有与主要战役任务同样的意义。无名氏正在进行一个有关存在主义的寻找自我的任务，游戏玩家也走在寻找自我的旅程上，他们在长时间的游戏互动过程中做出艰难的决定。剧本里充满了耐人寻味的箴言，比如，"所有人都太爱自己了，不可能被爱情这么简单的事物改变"；"在多宇宙中只有一个真理。经由正义之刃，多元宇宙中的秩序将变得更加清晰"。游戏甚至引用了许多文学和哲学的典故。四臂机械人诺顿（Nordom）引用了勒内·笛卡尔（René Descartes）的"我思故我在……我想"（I think, therefore I am ... I think）；莫提则呼应了莎士比亚的"唉，达肯，我和他很熟"（Alas Dak'kon, I knew him well）[①]。刻在无名氏背上的文字效仿了弗兰兹·卡夫卡（Franz Kafka）的《在流放地》（*In the Penal Colony*，1919）或克里斯托弗·诺兰（Christopher Nolan）的《记忆碎片》（*Memento*，2001）。"难怪我的背会痛，"无名氏评论道，"上面还被人写了一本该死的小说。"的确，这本该死的游戏小说是书呆子文化（nerd culture）与更广泛的西方文学经

---

① 莎士比亚原文为 "Alas, poor Yorick. I knew him well"。——译者注

典之间的桥梁，在许多场景中巧妙地运用了自我反身性、灵魂拷问（soul-searching）和情绪模糊（emotional ambiguity）等手法。如此雄心勃勃的主题让有鉴赏力的玩家相信，这款电脑角色扮演游戏追求的是高级艺术地位，因此它配得上人们通常为高级文化产品保留的敬意。

《异域镇魂曲》将其在文学上的指涉与角色需要完成的一系列工作和对话选项结合起来，导致玩家会为其角色的决定感到极大痛苦，因为这些决定是有意义的，并且让人感受到后果。[8] 做决定的时刻之所以如此重要，其中一个原因是游戏使用了桌面角色扮演游戏理论中常见的强大手段，即重新编入。[9] 叙事上的重新编入是一种简单操作，将玩家角色之前的行动引入之后的场景对话。无名氏可能会在一个场景中采取一个行动，在 10 小时的游戏互动后，无名氏会体验到这个决定的涟漪效应。最能说明这一点的莫过于悔恨要塞，它不仅把入口设置在你最初开始游戏的位置附近，里面还有化身为鬼魂的一路上被你杀死的生命。你曾经消除过的障碍又回来纠缠不休。遇见之前的自己会进一步加深一个想法：你目前所操纵的这个无名氏只是众多转世之一①。重新编入机制既展现了设计师对于作为电子游戏媒介核心的重玩与重复的看法，也是使扮演该角色的硬核玩家对虚构角色建立认同感的手段。无名氏是一个完全的白板，是一个起到投影面作用的化身。通过叙事上的重新编入以及对玩家决策树的精密追踪来鼓励玩家相信他们的玩乐行为已经产生了影响——他们的选择至关重要。事实上，玩家的能动性加上叙事的影响可能是产生沉浸感的最有力方法之一。

《异域镇魂曲》培养了一种信念，即电子游戏可以追求高级的艺术地位，努力达到与乔伊斯和卡夫卡一样的现代主义文学高度。游戏学者戴安娜·卡尔写道："游戏抗拒被解析甚至抗拒被理解。当你试图将《异域镇魂曲》那样散漫芜杂的文本理顺的时候，它就会反抗。它抗拒整体化。它有'极速行进'的时刻，也有对抗的时刻，但它希望玩家在武装伙伴的陪伴下，能够漫步其中，细细品味。"[10] 我们在现实生活中会面对单调、干

---

① 玩家当前只体验了一个无名氏的经历，而玩家可以通过不同的游戏过程来体验不同版本的无名氏的经历。——译者注

扰和往往毫无意义的工作，游戏互动过程中的沉浸感则来自三个方面的共同作用：情绪依恋、任务流以及对前期决策所导致的后期结果的重视。尽管《异域镇魂曲》起源于一个遥远的《高级龙与地下城》宇宙，而且视觉效果乏善可陈，但它在 30 多个小时的玩乐过程中传递出几十万字的内容，被人们视为一个极具沉浸感并带来情绪冲击的作品。这在一定程度上是因为它混合了叙事上的重新编入和文学上的递归（literary recursivity）①。无名氏成为玩家的理想化身，因为其状态就是一个空白的投影面，同时正是围绕玩家对化身的自我投入（ego investment）②，无名氏又成为一个评论此行为的重要工具。记满活动的日志③让玩家忙得不可开交，游戏互动中的选择所带来的不确定的后果也让他们对自己的决定如何影响故事的后续发展感到忐忑不安。

　　《异域镇魂曲》因哲学和文学上的抱负而获得了狂热粉丝的青睐，这种抱负被掩盖在一个俗丽的橙色盒子之中，好似一本以晦涩的桌面故事宇宙为背景的廉价类型小说。然而硬核玩家文化肯定了《异域镇魂曲》是一款"必玩"的游戏，玩家既不需要剧透也不需要作弊器就能通关。后来的电脑角色扮演游戏如《质量效应》或《上古卷轴 5：天际》庞大的世界观构建和华丽的视觉效果在经典老式的故事讲述技艺面前却显得不那么令人印象深刻了，毕竟游戏中的文字才是能够带给人们启示和信仰的神圣场所。引用无名氏的一个对话选项："信仰可以改变一个人的本质。"当我们相信游戏中的这些对话选项的时候，游戏也能够改变我们。

57

---

① 也称为戏中戏或剧中剧。叙事内镜（mise en abyme）是此文学技巧的法语名词。——译者注

② 自我投入是指一个人将自我意识投射到外部事物的过程，如虚构角色等。这可能会使玩家对角色产生强烈的情绪依恋和认同，并可能会提升自己在虚构世界中的沉浸感。自我投入也会对个人的自我意识和身份认同产生影响，因为玩家可能会从虚构角色的视角来观察自己。——译者注

③ 这是无名氏在转世间所遗失的日志，上面记录了当下失去记忆的无名氏需要注意的线索。——译者注

注释

1 Frank Rose, *The Art of Immersion: How the Digital Generation is Remaking Hollywood, Madison Avenue, and the Way We Tell Stories* (New York: W. W. Norton, 2011).

2 Michael Wolf, "*Planescape: Torment* Review," *PC Gamer*, August 3, 2014.

3 Greg Smith, *Film Structure and the Emotion System* (Cambridge: Cambridge University Press, 2003), p.48.

4 Smith, *Film Structure*, p.49.

5 Mihaly Csikszentmihalyi, *Flow: The Psychology of Optimal Experience* (New York: Harper & Row, 1991).

6 Jane McGonigal, *Reality Is Broken: Why Games Make Us Better and How They Can Change the World* (New York: Penguin, 2011). 中文版本《游戏改变世界：游戏化如何让现实变得更美好》已由浙江人民出版社于 2012 年 9 月出版。——译者注

7 Kate Kellaway, "John Berger: 'If I'm a Storyteller, It's Because I Listen'," *Guardian*, October 30, 2016.

8 在《异域镇魂曲》中，你可能会在对话中输掉游戏，所以你必须谨慎选择对话选项。

9 "Games that actively support reincorporation" discussion board, *Story Games*, March 2008, http://story-games.com.

10 Diane Carr, "Play Dead: Genre and Affect in *Silent Hill* and *Planescape: Torment*," *Game Studies* 3, no. 1 (May 2003), http://www.gamestudies.org.

延伸阅读

Adams, Ernest. "Postmodernism and the Three Types of Immersion." *Gamasutra*, July 9, 2004. https://www.gamasutra.com.

Ermi, Laura, and Frans Mäyrä. "Fundamental Components of the Gameplay

Experience: Analyzing Immersion." In *Worlds in Play*, edited by Suzanne de Castell and Jennifer Jenson. New York: Peter Lang, 2007.

White, William J., Emily Care Boss, and J. Tuomas Harviainen. "Role-playing Communities, Cultures of Play, and the Discourse of Immersion." In *Immersive Gameplay*, edited by Evan Torner and William J. White. Jefferson, NC: McFarland, 2012.

58

7 《饥荒》：时间性

克里斯托弗·汉森（Christopher Hanson）

编者语： 数字游戏的乐趣之一是它们往往能够让玩家以全新方式控制时间并体验时间性。但是，克里斯托弗·汉森认为，《饥荒》颠覆了这种乐趣，极大地限制了玩家对时间性的控制，同时突出了时间作为游戏互动机制中的重要资源所起到的作用。

许多游戏的乐趣是与时间相关的：我们玩游戏是为了"打发时间"；当我们沉浸在游戏互动中时，我们可能会忘记时间；一个计时游戏的最后几秒钟对玩家和观众来说都是惊心动魄的。游戏通过创造使我们能够支配时间的体验，比如在体育比赛中叫喊"暂停"或在实体图版游戏中撤回一步棋，让我们从工作、责任义务与日常生活中解脱出来。数字游戏增强了这些时间上的乐趣，常常允许玩家在一场战役中暂停游戏与保存游戏记录来操纵和穿越时间，或者利用基于时间的游戏互动机制来实现奇妙的壮举。然而，正如《饥荒》所呈现的那样，游戏也可能会在时间上施加与我们日常生活中近似的限制，这颠覆了常见游戏中令人感到愉悦的时间控制，反而使失去对时间的控制成为游戏魅力的一部分。

在《饥荒》中，玩家负责操作威尔逊（Wilson）——一位"绅士科学家"来实现游戏名称中看起来简单而明确的目标①。一次实验后，威尔逊在一个陌生且环境恶劣的世界中醒来。紧接着游戏开始，玩家可以在程序生成的环境中随意走动，并试图了解自己的处境。游戏世界中充斥着各种动植物，其中一些是无害的，一些则是极其危险的。然而，《饥荒》中潜在的怀有敌意的动植物仅仅是这个世界中危险要素的一部分。玩家还必须小心

59

---

① 游戏名称"Don't Starve"直译为"别饿死"。——译者注

谨慎地关注其化身的身体和心理健康，同时制定短期和长期的生存策略。科雷娱乐将这款游戏描述为一款"严酷无情的野外生存游戏"，暗示着玩家的化身可能会以无数种方式过早或者出乎意料地死去。[1]

在许多游戏和游戏类型中，时间作为一种显性资源发挥作用。例如，赛车游戏《户外大飙车》或射击游戏等街机游戏都将游戏时段限定在一定时间内。玩乐时间在成功到达存档点后可以延长，允许玩家继续参与游戏，直到新的时间条耗尽，或者正如街机游戏中经常出现的情况，需要玩家向机器投入更多的硬币。现实中许多带有竞技性的体育游戏也限制了比赛时间。在许多运动项目中，比赛时钟会记录剩余时间，要求队伍在时间结束之前分数超过对方。时间管理也会延伸到游戏互动中更细化的部分。例如，篮球比赛中的"投篮计时钟"[①]要求球队在规定时间内投篮。这个计时器不鼓励球队长时间持球，而是为了促进行云流水般的快攻，在这种情况下每支球队必须不断尝试得分。竞技性国际象棋中的时钟限制了选手走棋的总时间，计时器既有助于加快比赛，又能通过给新手比有经验的棋手更多的时间来平衡不同技术等级的棋手之间的比赛。

《饥荒》将有限的时间作为核心玩乐机制，要求玩家在规定时间内必须完成重要工作。时间耗尽的后果是很严重的。例如，如果玩家没有找到光源或没有制作光源，威尔逊在第一个晚上就会死亡。若想生存下去，玩家就需要遵守游戏中隐含的计时器，必须在化身被饿死之前找到食物，在冬季准时来临之前制作好保暖衣物或生起火堆。

《饥荒》的资源收集和管理机制在游戏开始后就会显现出来。游戏中几乎所有物品都可以通过调查、收割或以其他方式收集，游戏也会提示玩家制造生存所必需的物品。这种资源收集很快就会转变为资源管理，因为玩家在特定时间内只能携带一定数量的物品。在《我的世界》的游戏机制中，玩家必须寻找并组合资源，以"制作"工具、武器和生存装备。

但游戏并没有立即表明时间本身为何会成为游戏的一项首要资源。虽

---

① "投篮计时钟"是篮球运动中用来增加比赛节奏的定时器。一般采用 24 秒作为双方球队的进攻时间，所以又被称为"24 秒计时器"。——译者注

然玩家不能收集时间，但在每个游戏时段中，时间显然是有限的。玩家只有行动起来，制定策略，才能延长时间资源。但归根结底，玩家角色迟早60　会做出游戏标题所暗示玩家不能做的事情[1]。

和《我的世界》一样，《饥荒》中每个游戏时段都是由程序生成的独特世界。由于这种随机化，《饥荒》经常被描述为具有"roguelike"[2]元素，这个名字来源于1980年的角色扮演游戏《侠盗》[由迈克尔·托伊（Michael Toy）、格伦·威克曼（Glen Wichman）和肯·阿诺德（Ken Arnold）开发]。在这个最初的游戏和以它命名的游戏类型中，每个游戏时段都是由一套预定义的规则和参数创建的不一样的游戏世界。

除了这种可变性之外，地牢冒险类游戏一般还具有"permadeath"，也就是永久死亡的特点，即玩家角色的死亡无法逆转，并且无论玩家在当前的游戏时段中已经走到什么进度，死亡后都会丢失。《饥荒》基本上使用永久死亡的游戏机制，但偶尔也有例外。《饥荒》中有一两个罕见的游戏元素，比如可被玩家发现的"复活祭坛"，它允许玩家在此前其发现的复活祭坛进行灵魂转世，这能够复活一次威尔逊，尽管会降低威尔逊的生命上限，并在死亡地点掉落所有携带的物品。除此之外，游戏中的死亡是永久且不可逆的。这使游戏互动更加"严酷无情"并会被时间制约，因为每一次偶然遇到的危险都可能是致命的，并过早地导致玩家输掉游戏。

数字游戏通常允许玩家以暂停和存档的方式来操控时间。这些功能最早出现在计算机上，20世纪70年代出现在家用游戏主机上。暂停功能可以在游戏主机本体上找到，如仙童视频娱乐系统[Fairchild Video Entertainment System，也称为"F频道"（Channel F）]主机上的"暂停"（Hold）按钮。随后的游戏主机将暂停功能转移到控制器上，让玩家更容易暂停游戏。暂停已经成为一种标配功能，如今当它不存在的时候才会引

---

① 游戏名称直译是"别饿死"，所以作者会有上述调侃，意即玩家终会饿死。——译者注
② Roguelike游戏是角色扮演游戏的一个分支类型，它以一系列随机生成关卡的地牢、回合制战斗、基于磁贴的图像和角色永久死亡为特点。目前民间将这类游戏称为"Rogue类游戏"或者基于谐音的"肉鸽游戏"。本书译者基于此类游戏中最主要的形式将其称为"地牢冒险类游戏"。——译者注

起人们的特别注意，比如在线游戏或者一些名称就特别直白的游戏，例如《没有暂停按钮！》。不管人们多么熟悉暂停功能，它都是对时间性的根本改变，违背了我们日常体验的连续性。因为玩家被赋予了全面控制游戏世界中时间的权力，这种冻结和恢复时间的特殊能力实际上已经成为许多游戏的核心乐趣。

存档以及读档的功能进一步实现了对时间的操控，许多数字游戏允许玩家保存自己的进度，以便下次从保存的进度继续玩游戏，从而实现了对游戏时间性的驾驭。在存在多个存档的游戏中，人们可以在游戏进程中的不同节点保存游戏进度，在游戏时间线中随意向后或向前移动。有些游戏具有"自动存档"功能，在设计者指定的时刻或区域自动保存玩家的进度。自动存档能够让玩家明显地保持在心理学家米哈里·契克森米哈赖所提出的沉浸式"心流"状态，不会强迫玩家一直想着他们最后一次是什么时候保存进度的。自动存档将存档动作转移到"后台"，让玩家专注于游戏互动。[2]

61

和许多地牢冒险类游戏一样，《饥荒》限制了存档的功能。不过，《饥荒》允许玩家在退出游戏时保存进度，而且在游戏互动过程中也会时不时地进行自动存档。但手动或自动保存的游戏进度只存在特定游戏时段的同一个存档中，这意味着任何新的进度都会覆盖该时段中已保存的进度。此外，当化身死亡时，保存的游戏进度也会被删除。玩家无法通过简单地读取先前保存的游戏进度来避免失误，因此在《饥荒》游戏时段中的行为会导致不可挽回的后果。

秉承地牢冒险类游戏的永久死亡的精神，《饥荒》玩家在化身死亡后无法读取保存的游戏进度。这个角色将永远消失，除了游戏"停尸间"页面上的列表。玩家在一个玩乐时段中失败后，从主菜单可以进入"停尸间"页面，上面列有"讣告"，包括玩家的存活天数和死亡原因等信息。因此，"停尸间"通过明确提示让玩家留意刚刚那个出现了永久死亡的游戏时段，强调了时间的危险性。

死亡是玩《饥荒》游戏的核心所在。第一次玩这款游戏的玩家在了解游戏世界是如何运作并制定玩乐策略的过程中肯定会四处摸索。开场动画讲述了威尔逊创造了一个仪器，将他传送到游戏世界。就在他醒来之前，一个奇怪的人出现，并警告威尔逊："在黑夜来临之前，你最好先吃点东西！"然后这个人影便消失了，接下来玩家必须尝试决定下一步该做什么。除非参考海量与游戏相关的在线维基、策略指南和常见问题解答，否则这个开场介绍就是玩家获得的全部信息。玩家必须通过大量的试错来学习。因此，玩家要想在《饥荒》中维持长期的生存，就一定会经历很多次死亡。

　　《饥荒》要求玩家反复重玩游戏来挖掘更多的成功策略。这在数字游戏中是一个常见机制，玩家往往需要翻来覆去地重新参与游戏才能掌握更多策略。罗尔夫·F.诺尔将这种重复模式称为玩家对电子游戏中"自我优化"练习程序的自愿服从以通过关卡（诺尔在本文集中论述了《俄罗斯方块》中规则的功能）。[3]《饥荒》显然是通过这种逻辑来建构的，当化身死亡时，游戏又再次强化了这种逻辑。在化身死亡之时屏幕上会出现文字："你死了！你存活了 N 天"，进度条会显示玩家的总经验值。如果玩家能够在游戏中存活更长时间并采取更多行动，进度条就会被逐渐填满。这些经验值会在多个游戏时段中累积，解锁其他具有不同特性和能力的化身（如图 7-1）。可解锁的角色包括纵火者薇洛（Willow），在游戏时段开始时她拥有一个打火机，并对火焰伤害免疫，但当她的精神值（sanity）[1]处于低水平时，她会间歇性地不受玩家控制而点火；还有沃尔夫冈（Wolfgang），当他吃饱之后，他会变得很强，但他害怕怪物和黑暗。因此，玩家必须一次次地玩、一次次地失败、一次次地重玩，再一次次地失败，这样做不仅是为了学会常见的策略，也为了尝试新的角色和战术。

　　《饥荒》中时间的流逝是连续的，这是通过视觉和听觉元素共同传达的。玩家在开始游戏时可以决定静止不动，但程序生成（procedurally generated）[2]的世界会自动运行，不同的生物四处游荡、飞舞而过。风徐徐吹拂，远处的鸟儿就会发出叫声，草木也会在微风中摇曳。更多的渐进式

---

① "sanity" 会被简写为 "san"，也译作"理智"。——译者注
② 也称为"过程生成"。程序能够自动生成内容，而不是设计者之前就设计好的。——译者注

变化也在发生，小树苗逐渐长大，被收割过的浆果树丛再次长出果实。这款游戏给人一种独特的印象，生机勃勃的虚拟世界并不需要人们的投入就能持续运转。因此，《饥荒》模仿了现实世界中人们周围环境的不断变化，同时挑战了"游戏需要玩家参与才能运行"的普遍观念。最关键的是，就像在现实世界中的真实生活一样，玩家无法控制《饥荒》中不断向前推进的时间，因此，这款游戏也破坏了在其他游戏中常见的操纵和驾驭时间的乐趣。

图 7-1 《饥荒》中化身死亡之后出现的画面，
展示了玩家距离解锁下一个角色薇洛的进度

《饥荒》的昼夜循环进一步凸显了游戏的时间性。屏幕右上角有几个小的仪表，一个大的圆形表盘占据最上方，表盘中央写着当前的天数（如图 7-2）。表盘被分割成 16 个部分，每个部分代表大约 30 秒的游戏互动过程。由这些部分组成的表盘又被划分为三个区域，分别代表白天（黄色）、黄昏（红色）和夜晚（蓝色）。表盘的指针顺时针旋转，指向游戏中一天内的时刻。这个表盘所占据的突出位置不断提醒着玩家时间在《饥荒》中的重要性。

游戏中的元素在一天中的不同时间会有不同的表现。和许多游戏一样，夜晚给玩家带来很多的危险。黄昏时分，能见度降低，玩家会在屏幕 63

上看到一个警告：天快黑了。渐渐消失的光线会使玩家更难在这个世界中穿行，因为他们难以辨认游戏世界中出现的元素。游戏在黄昏时的提醒会敦促玩家在夜幕降临前找到火源取暖和照明。到了夜晚，玩家的能见度降至零，一片黑暗中只剩下游戏界面还能够辨认。除非玩家制造并利用火把或其他光源，否则很快就会有一个看不见的危险袭击玩家。这个看不见的袭击者［被称为"夜怪"（Night Monster）或"查理"（Charlie）］会在没有光源的情况下迅速杀死玩家的化身。因此，玩家必须在第一次夜幕降临前抓紧制作一个光源，否则游戏将在不久后结束。

图 7-2 《饥荒》的游戏互动画面，右上方有一个表示游戏中
昼夜循环的表盘以及几个记录玩家角色生存状态的仪表

在表示昼夜循环的表盘下方还有三个仪表，玩家必须谨慎关注它们。"胃袋"显示化身的饥饱情况；"爱心"象征着生命，化身若受到伤害，其数值会下降；第三个仪表是一个"大脑"，显示化身的精神或心理健康情况，化身若受到如惊吓或孤独等玩乐机制的负面影响，其数值也会降低。就像需要密切关注游戏里一天的时间变化一样，密切关注每个仪表对在一个游戏时段中的成功和生存至关重要。

和昼夜循环一样，这三个仪表也都受到时间流逝的影响。随着时间的推移，玩家的饥饿感会逐渐增强，当饥饱仪表的数值降到 0 时，生命仪表数值就会随之递减，除非吃到食物，否则生命仪表数值就会降低到 0，继而玩家就会出现游戏名称中的"饿死"情况。当游戏机制或玩家的行为对这些仪表产生较大影响时，它们会闪烁或用箭头表示其变化，并伴随着声音效果。玩家需要在游戏中试错或在游戏外做一些功课来学习成功的策略以维持这些仪表的数值，例如可以制作花环来维持精神仪表上的数值。游戏中的时间不断向前推进，玩家也需要特别留意资源的收集和管理，因为他们必须根据当下的情况收集物品并确定物品使用的优先级，同时为未来做打算。

64

如同在夜幕降临前没有制造出光源，化身就会死亡一样，游戏的名称（别饿死）也传达了让化身吃饱的重要性。除非吃到食物，否则在第三个游戏日开始前，化身就会饿死，这会敦促玩家优先寻找可食用的物品。不同食物对饥饱仪表上的数值产生不同的积极影响，因此吃生浆果会使饥饱仪表上的数值略微上升，吃熟浆果或更精致的食物会使这个数值大幅上升。食物本身容易腐烂，某些易腐烂的食物如果不尽快食用就会对玩家造成伤害。因此，在一个能让人联想到前文所述《我的世界》中"生存模式"的游戏机制中，成功的玩乐意味着在制定长期生存策略时重点不再是最初的努力寻找维持生命的必要物品。正如凯文·珀迪所指出的，《饥荒》是按照亚伯拉罕·马斯洛（Abraham Maslow）的"需求层次"理论的逻辑来构建的，玩家必须既满足眼前的需求，也满足更抽象的需求。[4]

在《饥荒》中，玩家若想在任何重要时刻都生存下去，就必须为不可避免的季节变化做好计划和准备。在大约 20 个游戏日后，冬天就会到来。白天变短，夜晚变长，这就需要玩家制订相应的计划，并确保可持续的光源和热源，让化身保持足够的温暖，以防被冻死。一些动物和昆虫会冬眠，一些动物则会发生变化，新的生物也会出现，并且许多在夏季时丰富的食物来源也会突然匮乏，这就需要玩家改变策略。在默认设置中，冬季持续 15 天左右，然后又转为夏季，只要玩家让自己的化身存活，这个循环就会持续下去。

　　游戏为我们提供了一个不受外界影响的世界。在这个世界中，我们经常可以通过日常无法接触的方式控制时间并体验时间性。我们或许会通过玩游戏来逃避日常生活的约束，享受化身所拥有的权力或对时间等游戏元素的掌控带来的乐趣。《饥荒》却颠覆了这种常见的乐趣，因为它模拟了现实世界，并使玩家失去对时间的控制，以此构建其挑战和玩乐机制。也许最能说明问题的是，在《饥荒》中没有获胜的结局：玩家只能尽可能地长时间生存下去，除此之外，没有其他获胜的方法[5]。《饥荒》强有力地提醒我们，作为玩家和人类，我们的时间是有限的。

65

注释

1 The Jibe, "Don't Starve | Klei Entertainment," 2017, https://www.kleientertainment.com.

2 Mihaly Csikszentmihalyi, *Flow: The Psychology of Optimal Experience* (New York: Harper Perennial, 1990).

3 Rolf Nohr, "Restart after Death: 'Self-Optimizing,' 'Normalism' and 'Re-Entry' in Computer Games," in *The Game Culture Reader*, edited by Jason C. Thompson and Marc A. Ouellette (Cambridge Scholars Publishing, 2013), p.67.

4 Kevin Purdy, "Dying as a Feature: Don't Starve and Impermanence (and Beefalo)," *Games on Delay*, August 21, 2014, https://www.gamesondelay.kinja.com.

5 游戏中的冒险模式除外，它增加了可以最终打通游戏的连续关卡。

延伸阅读

Hanson, Christopher. *Game Time: Understanding Temporality in Video Games*. Bloomington, IN: Indiana University Press, 2018.

Juul, Jesper. *Half-Real: Video Games between Real Rules and Fictional Worlds*. Cambridge, MA: MIT Press, 2005.

Nitsche, Michael. "Mapping Time in Video Games." In *Situated Play: Proceedings of the Third International Conference of the Digital Games Research Association DiGRA '07*, edited by Akira Baba. Tokyo: University of Tokyo, 2007.

Zagal, José P., and Michael Mateas. "Time in Video Games: A Survey and Analysis." *Simulation & Gaming* (August 5, 2010): 1‑25.   66

8 《时空幻境》：独立游戏

杰斯珀·尤尔（Jesper Juul）

编者语： 在本章中，我们将《时空幻境》视为一款有意将自己的设计定位为与主流游戏截然相反的独立游戏来研究。杰斯珀·尤尔认为，独立游戏的设计策略与对当前新款独立游戏的解读策略之间存在一个闭环，这些解读策略也借用了主流"高雅"的文化批评中的典型手法。在这些批评中，玩家若拥有正确解读这类游戏的能力，就会获得展示其文化知识和电子游戏历史知识的途径。

电子游戏一直被斥为毫无意义的消遣，由一个庞大的毫无个性的行业进行营销，并且缺乏创新。与此相反的是，人们普遍认为《时空幻境》是另一种事物：它是一款独立的或者说"indie"电子游戏。这里的"独立"有三种完全不同的含义。

从表面上看，独立意味着经济意义上的独立：独立于大型游戏发行商或者制作时不受投资者的外部影响。这其中蕴含着一种希望，即让经济能力不强的人接触到游戏开发，使游戏开发大众化。若独立游戏的设计有别于主流游戏，游戏在美学意义上也是独立的。最后，独立游戏也可以是文化意义上的独立，它们的诞生通常被宣传为对人们在主流游戏行业中感知的弊端的回应。据说，独立游戏是由小团队制作的，能够表达个人的愿景，代表更多样化的游戏体验，（有时）由成员身份多样化的开发团队制作，大胆创新，并挑战常规。独立游戏是有意义的，它们阐释了作为人的意义。但正如我们将读到的那样，这种文化意义上的独立包含几个相互矛盾的观念。

67

关于独立游戏的文化意义，2012 年关于《时空幻境》开发者乔纳森·布洛（Jonathan Blow）的一篇介绍做了简要概述："在一个沉迷于激光枪和食肉外星人的数十亿美元的行业中，真正的艺术最终能否蓬勃发展？"[1]这是一个常见的认知：独立游戏与主流游戏之间就像一场大卫与歌利亚之战①，独立游戏的小额预算与"数十亿美元"的行业形成鲜明对比，同时独立游戏的艺术与主流行业中尴尬和庸俗的枪战形成鲜明对比。

"独立游戏"这个词也会让人联想到独立电影或独立音乐。然而，由于这三种媒介的历史截然不同，我们不能简单地认为独立游戏与其他独立形式相似。我们可以说的是，游戏被开发者、评论家和玩家描述为独立的，是为了表明它们与独立电影或独立音乐属于同一个范畴。

同时，这种比较也表明，文化意义上的独立游戏包含一种相对立的理解：早期的独立音乐尤其是朋克音乐，通常被理解为音乐创作的大众化，是一场"每个人"都能创作音乐的运动；与此相反，独立电影只面向一小部分观众，甚至只是一小群电影行家。[2]

文化意义上的独立游戏的概念是在 2005 年前后才开始流行起来的。在此之前，已经有很多经济意义上的独立游戏，尤其是 20 世纪 80 年代早期的家用电脑游戏，这些游戏往往由一两个人组成的小型开发团队制作，通过低技术手段如手工复制盒式磁带或软盘来分销。有影响力的独立游戏节始于 1999 年，但最初几年展示的游戏与主流电子游戏并没有明显区别。直到 2005 年前后，我们才看到独立游戏这一特殊风格的出现，并且一些言论认为独立游戏是一种更好的游戏类型，或者说独立游戏不只意味着娱乐，它还应该被理解为具有意义的且具有文化价值的事物。

对比当今的独立游戏与具有影响力的第一人称射击游戏《毁灭战士》能够给我们带来一些启发。《毁灭战士》由一个小团队开发，以共享软件的形式免费分销（玩家必须付费购买完整版）。《毁灭战士》在经济意义上是独立的，但这个团队并没有主张或试图创造一个在文化意义上独立的游戏，也没有任何迹象表明它是一个具有文化价值的电子游戏[3]。

从那时起，独立游戏就已经变得制度化，因为现在有了独立游戏节、网络媒体、YouTube 频道，甚至有一些传统印刷媒体的优秀记者也对采写

---

① 指实力悬殊但有可能以弱胜强的战斗。——译者注

独立游戏感兴趣。因此一个游戏开发者可以用少量的预算开发一款游戏，宣称它是一款独立游戏，并瞄准上述渠道进行游戏宣传。

68

独立游戏并不是一种单一的游戏类型，而是由其渠道、游戏节以及宣传手段（无论将独立游戏宣传为个人的、真实的，还是艺术的）所一起定义的。[4] 不管怎样，2012 年的纪录片《独立游戏大电影》［詹姆斯·史威斯基（James Swirsky）、丽萨尼·帕若（Lisanne Pajot），2012］向广大观众宣传了独立游戏的理念。这部纪录片关注了三款游戏，即《时空幻境》、《菲斯》和《超级食肉男孩》，并向观众介绍了独立游戏。该纪录片聚焦只有一两个人的团队，他们通过制作只有他们才能制作的游戏来表达自己的想法，并且游戏开发者持续不断的评论也在宣传电子游戏作为一种艺术形式的地位。电影还以一种大多数关于大额预算游戏的报道中没有的方式突出了独立游戏的制作过程：将独立游戏的开发呈现为一个漫长的面对逆境的个人奋斗过程，并强调了开发者的恐惧和希望。然而，这里有个相当突出的问题：影片中出现的开发者的身份缺乏多样性。许多评论家指出，用安娜·安托罗比（Anna Anthropy）的话来说，《独立游戏大电影》只呈现了一种可能的"游戏创作叙事，在这种叙事中，那些玩《超级马力欧兄弟》长大的白人异性恋男性牺牲了其生活中的方方面面，创作个人的但又不失传统的电子游戏……为了能在商业市场上销售"。[5]

这部纪录片并没有把独立游戏呈现为供人购买的但开发者不明的消费品，而是将独立游戏与艺术作品的浪漫概念联系在一起，因为这些游戏是由努力、时而痛苦的人开发出来的，但他们最终在经济上取得了成功。开发者身份多样性的问题以及独立游戏要不要与经济上的成功挂钩的问题，都成为独立游戏社群的讨论热点，尤其是在这部纪录片首映之后。

所以，玩独立游戏并不是简单地玩一款游戏，也参与了围绕这款游戏的宣传与讨论。当评论家和评委会成员从文化意义上评价一款游戏是不是独立游戏时，他们往往会直接摒弃传统的评价方法，比如游戏是否"好玩"，相反，他们看重一款游戏的文化价值或政治价值。

并不是说若不考虑文化价值或艺术价值，就不能玩类似《时空幻境》这样的独立游戏，而是说这款游戏的宣传与它作为独立游戏的身份紧密相连。此外，下文所讨论的游戏设计的各个方面都会促使我们思考游戏的"独立性"。所有的电子游戏都是由人制作的，都可以从艺术或文化角度进行评价。但"独立游戏"这一类别更侧重于关注每款游戏的开发者，这就要求我们把这一类别的游戏作为文化和艺术来考量，而不仅仅是娱乐产品。

《时空幻境》是一款平台跳跃类型的游戏，玩家角色在一个从侧面观察的世界中一路奔跑和跳跃。各种各样的障碍物、怪物、谜题都是玩家前进的障碍。从《时空幻境》的截图可以看出，怪物和画面布局直接参考了早期平台跳跃游戏《咚奇刚》[①]和《超级马力欧兄弟》（如图 8-1）。许多流行的独立游戏偏爱平台跳跃类型游戏，尤其热爱《超级马力欧兄弟》。[6] 然而，独立游戏并不是对旧类型的简单重制，它们更倾向于有选择地重新使用早期游戏类型的元素，同时加入现代格调。这使游戏在现代标准下具有可玩性且令人感到愉悦，同时也能够让玩家识别出对电子游戏历史作品的种种借鉴并发表看法。

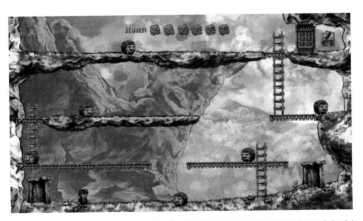

图 8-1　《时空幻境》以独特的视觉风格和操纵时间的互动机制
给平台跳跃类型的游戏带来新的诠释

与之前的《超级马力欧兄弟》一样，《时空幻境》要求玩家去拯救公

---

① 旧译《大金刚》。——译者注

主，这一点毫无新意。不过，《时空幻境》在传统平台跳跃游戏套路的基础上新增了功能，即玩家可以操纵和倒流时间，这也是其核心功能。一开始，只是赋予玩家撤回一个时机不当的跳跃的能力。但随着游戏的进展，时间操纵变得更加复杂。游戏进行一段时间后，玩家会偶然遇到一些不受到时光倒流影响的物体。当玩家在一个很难逃脱的地方时，抓住一把不受影响的钥匙启动时间倒流，就可以带着钥匙回到过去。在一个关卡中，玩家可以通过左右移动来控制时间，在某一时刻会出现一个戒指，它可以使附近的物体的时间变慢。游戏的核心挑战就是利用这些新能力以与传统平台跳跃游戏完全不同的方式来解决游戏中的谜题。这也是很多独立游戏的特点：重新运用一个旧的游戏类型，但又添加了新的奇思妙想。

70　　　独立游戏的现代格调具有多重功能。它们表明，虽然一款游戏看起来是对昨日时光的重现，但这不只是怀旧，事实上，这是对旧游戏的有意识的重新想象和重新诠释（参阅本文集中第 36 章约翰·范德霍夫关于"怀旧"的论述）。现代格调往往会在过时的图形中加入当代图形效果或更加丰富的颜色。在游戏设计方面，我们经常会看到一些过去只为玩家提供有限生命的游戏类型中加入了无限生命。独立游戏中的虚构情节要么带有调侃性，要么突出反英雄，要么相较我们在主流游戏中看到的情况更专注于日常经历。

　　这一点在《时空幻境》中也很明显。和传统的电子游戏一样，《时空幻境》也有关卡（"世界"），但其关卡中穿插着文字，叙述主角蒂姆（Tim）和他与公主关系破裂的故事。每个世界则是文本中提出的问题的具体体现。在进入第二个世界之前，文本中呈现的问题是："如果我们的世界以不同的方式运行会怎么样？"然后游戏便允许玩家使用时间倒流的功能［就像艾伦·莱特曼（Alan Lightman）的小说《爱因斯坦的梦》（*Einstein's Dreams*，1992）[①]中的章节一样，每个章节中的世界都是对"如果时间能以不同的方式运行，世界会是怎样"这个问题的一种诠释］。

　　最后，情节就在《时空幻境》的结尾处发生了反转。时间开始倒流。

---

① 中文版本《爱因斯坦的梦》已由人民文学出版社于 2018 年 11 月出版。——译者注

玩家似乎总是差一点点就拯救出的公主在整个游戏中原来一直在躲避。玩家不是英雄，而是跟踪狂，是游戏中的反派。

我们应该怎么看待《时空幻境》？《时空幻境》不仅仅能让玩家沉浸在努力打通游戏的手指操作中。这款游戏打破电子游戏传统，在最后时刻突然将玩家设定为反派，我们不禁开始思考游戏的意义。正如在解释中经常出现的情况一样，这个反转也可以有几种不同的解读方式。很显然，它可能是对传统电子游戏刻板叙事结构的批评。我们是否知道，公主真的想被玩家拯救吗？

或者，反转可能与游戏中的某些文本有关。在游戏的最后出现了这样一句话："那一刻便是永恒。时间静止了，空间被压缩成一个点，有如开天辟地一般。"①虽然游戏中没有注明出处 7，但粉丝很快发现，这是描述"三位一体"核试验——1945 年第一颗核弹爆炸——的一句话。当然，这为一系列被粉丝探索出来的可能解读打开了大门：核弹是对人际关系的隐喻还是对这款游戏中人际关系的隐喻？整个游戏是对核弹的隐喻吗？核弹是不是获得了无法忘却的可怕知识的隐喻？还有更多问题。问题的关键不在于其中哪种解读是正确的，而在于游戏中包含这些不同寻常的引用，鼓励玩家寻找它们的来源，从而非常直接地要求玩家尝试解读这款游戏。

在电影史上，20 世纪四五十年代的作者论（auteur theory）8 声称，只有电影导演是一部电影背后的核心作者，并非编剧、摄影师或演员。实际上，作者论将通常由大型团队制作的电影重新概念化，将其视为可以表达单独个人的艺术愿景的事物。现在，我们已习惯于用这种方式来思考电影——它是由导演的创造力所生成的事物。电子游戏与早期的电影存在类似的复杂情况，因为游戏通常被认为是大型团队的纯技术创作。与此相反，《独立游戏大电影》将乔纳森·布洛视为一个智者般的天才创作人，详细介绍了他的愿景和其游戏的艺术价值。这样看来，独立游戏指作者 - 创作者（auteur-creator）宣传个人愿景的作品，那么《时空幻境》的出现和宣传就属于独立游戏概念的具体体现。我们可以看到，独立游戏背后的小

71

---

① 以上摘自游戏中文版本。——译者注

团队使游戏很容易符合"创意来自有创意的几个人，而不是来自大团体"的传统观念，甚至都不需要武断任命千人团队中的某个人作为游戏产品背后的唯一创意人。

不过，将《时空幻境》与其他独立游戏进行比较也可以发现，《时空幻境》在视觉和声效上是不同寻常的。包括《时空幻境》在内的大多数独立游戏采用了一种"再现的再现"（representation of a representation）的风格，即用现代技术来模仿旧有的技术风格（像素化图形）或模拟视觉风格（analog visual style）如手绘。⁹许多独立游戏模仿廉价的或即兴创作的图形，如蜡笔画或撕纸画，以示谦逊，并且凸显出这种低预算的表达方式是设计者刻意选择的方案。

但《时空幻境》效仿了与艺术品关联更密切的水彩画风格，并以与古典作品联系紧密的小提琴乐曲为特色。通过这种方式，《时空幻境》公开表示希望人们能够认识到这款游戏已与受到认可的艺术形式建立了联系。同样，《时空幻境》在工作人员名单里向文学作家伊塔洛·卡尔维诺（Italo Calvino）、米洛拉德·帕维奇（Milorad Pavić）和艾伦·莱特曼致谢，宣称这就是《时空幻境》所属的世界。从这个角度来说，《时空幻境》的确是这样一款游戏，承诺要比其他游戏更有内涵，并且具有更高的文化地位。

正如开头所讨论的那样，"独立游戏"一词既关乎经济独立，也关乎一种特殊的文化定位。我们也可以看到，人们对于文化意义上的"独立"拥有三种不同的观点。第一，作为高雅文化的独立。《时空幻境》是一款与已被认可的文化形式——文学、古典音乐、绘画有紧密联系的独立游戏。在这里，与之形成明显类比的不是独立电影，而是文艺电影——面向一小部分且往往受过良好教育的观众放映。第二，作为大众化游戏的独立。例如，《焦虑》等坦诚表现个人想法的游戏，根据开发者安娜·安托罗比在其《电子游戏杂志客的崛起》（*Rise of the Videogame Zinesters*）中的宣言精神，她认为电子游戏是一种我们所有人都应该把它"夺回"并利用它来表达自我的艺术形式。这与朋克音乐——作为一种每个人都能够参与制作的音乐类型——做出的承诺不相上下。同时，这也涉及屏幕角色以及开发者的身份多样性问题。第三，作为工艺和特色的独立。一些由小团队制作并被宣传为"独立游戏"的游戏既不声称自己是大众化运动的一部分，也不打算将自己的定位提升为一种特别高雅的电子游戏类型。例如，与《时空幻境》一样，《超级食肉男孩》也从平台跳跃类型游戏中汲取灵感。然而该游戏公开声明其目的并不是创作艺术，而是创作出一款优秀的电子游戏，团队规模小也被视为保证游戏工艺水准的一种方式。

简而言之，《时空幻境》包含了当前人们对独立电子游戏所期待的大部分特点，它的宣传巩固了独立游戏在大众心目中的概念。玩独立游戏就是参与关于电子游戏的意义和未来的争论，既包括它们已经是什么，也包括它们能成为什么。

注释

1 Taylor Clark, "The Most Dangerous Gamer," *The Atlantic*, May 2012.

2 在纪录片《独立游戏大电影》的开头，乔纳森·布洛反对制作"尽可能服务于广大受众的""精致的"游戏，并声称这与制作表现个人想法的作品是截然对立的。

3 相反，《毁灭战士》比当时的主流游戏更暴力、更老套。因此可以说，它带来了一个在文化意义上不同寻常的观点：经济独立允许开发者创作出挑战主流游戏趋势的游戏，可以前往当时大型发行商不敢涉足的领域。

4 Juul, Jesper, "High-Tech Low-Tech Authenticity: The Creation of Independent Style at the Independent Games Festival," in *Proceedings of the 9th International Conference on the Foundations of Digital Games*, edited by Tiffany Barnes and Ian Bogost (Santa Cruz, CA: Society for the Advancement of the Science of Digital Games, 2014), https://www.jesperjuul.net.

5 "Indie Game: The Movie," *Auntie Pixelante* (blog), March 25, 2012, http://auntiepixelante.com.

6 可能是由于早期的任天堂娱乐系统等电子游戏主机在欧洲的数量比在美国少得多，因此欧洲开发者较少接触到《超级马力欧兄弟》这样的游戏，于是爱尔兰/英国的独立游戏《弹弹跳跳闪避人》更多地借鉴了欧洲早期的平台跳跃游戏《疯狂矿工》和《威廉闯关》。

7 在工作人员名单中，最初在新闻报道中撰写这句话的记者威廉·H. 劳伦斯（William H. Laurence）受到了感谢。

8 François Truffaut, "A Certain Tendency of the French Cinema," in *Auteurs and Authorship: A Film Reader*, edited by Barry Keith Grant (Malden, MA: Blackwell Publishing, 2008), pp.7－9.

9 Juul, "High-Tech Low-Tech Authenticity."

延伸阅读

Anthropy, Anna. *Rise of the Videogame Zinesters: How Freaks, Normals, Amateurs, Artists, Dreamers, Dropouts, Queers, Housewives, and People Like You Are Taking Back an Art Form.* New York: Seven Stories Press, 2012.

Juul, Jesper. "High-Tech Low-Tech Authenticity: The Creation of Independent Style at the Independent Games Festival." In *Proceedings of the 9th International Conference on the Foundations of Digital Games*, edited by Tiffany Barnes and Ian Bogost. Santa Cruz, CA: Society for the Advancement of the Science of Digital Games, 2014. https://www.jesperjuul.net.

Swirsky, James, and Lisanne Pajot, dirs. *Indie Game: The Movie.* Winnipeg, Manitoba: BlinkWorks Media, 2012.

9 《生化奇兵：无限》：世界观构建

马克·J.P. 沃尔夫（Mark J. P. Wolf）

编者语： 在第一人称射击游戏已经饱和的游戏市场中，世界观构建（world-building）和环境叙事（environmental storytelling）是创造产品差异化至关重要的设计策略。马克·J.P. 沃尔夫认为，《生化奇兵：无限》允许玩家自由探索一个可以身临其境且质感丰富的从未存在过的美国，同时这款游戏也让玩家思考这个架空的虚构世界是如何揭示我们自身现实的某些真相的。

顾名思义，第一人称射击游戏以第一人称视角呈现游戏世界，同时要求玩家向对手或目标射击。自 20 世纪 90 年代初出现以来，第一人称射击游戏已经成为家用游戏主机和 PC 市场上最受欢迎的游戏类型之一，也成为电子竞技领域中最受欢迎的竞赛项目之一。[1] 第一人称射击，也就是通常所说的"射击游戏"，将观众的视角定位在三维（3D）空间中，玩家在这个空间中移动，同时向游戏世界中的多个攻击者和目标射击。将游戏世界呈现为一个可穿梭的 3D 空间，意味着玩家应对游戏空间的方式与他们应对现实空间的方式基本相同，通过控制器，玩家在游戏中的虚拟动作模仿了现实中的移动方式，如奔跑、跳跃、扫射等。由于 3D 空间在玩家的游戏体验中扮演着潜在的重要角色，构建游戏世界观成为电子游戏设计师的一个关键性创新机会。这一点在第一人称射击游戏中表现得淋漓尽致，因为在此类游戏中，从类型名称中就可看出来的游戏机制——永无休止地朝着对手和障碍物射击——在不同的游戏中通常差别不大。因此，独特的剧情或故事世界是一款射击游戏区别于其他同类游戏的一个关键。

由《生化奇兵》系列创作者肯·列文（Ken Levine）指导的《生化奇兵：无限》就是一个很好的案例，它展示了一个精心打造的游戏世界如何

75

给予创作者灵活讲述故事的资源：通过将虚拟 3D 空间的构建与该叙事化空间内的动作机会相融合，在游戏互动上开辟了相当大的可能性。此外，为了与前作的政治批判保持一致，《生化奇兵：无限》中的架空历史首先扭曲了美国的理念，之后再以失真的方式重塑它们，使熟悉的事物变得陌生。

《生化奇兵：无限》的故事发生在 1912 年的平行宇宙中的美国，场所主要设定在空中浮城哥伦比亚 2。随着故事的发展，信奉种族主义与精英主义的哥伦比亚创造者对美国的其他地区产生了蔑视之意，于是该城市自行通过飞行脱离了联邦。游戏中主要的可玩角色是前平克顿（Pinkerton）侦探事务所的侦探伯克·德威特（Booker DeWitt），他被派往哥伦比亚营救被囚禁的年轻女子伊丽莎白（Elizabeth）。在途中，伯克偶遇了统治哥伦比亚的白人团体"开国者"，他们邪恶的政治观点影响了哥伦比亚的大部分文化。哥伦比亚的压迫性统治阶级催生了地下反叛组织"人民呼声"（Vox Populi）①，该组织与"开国者"团体开战（然而，我们发现，他们也同样推崇暴力和其他恶习）。伯克解救了伊丽莎白之后，两人合力应对不同的交战派系，并试图离开哥伦比亚，当然，这比预期困难得多。在整个游戏中，丰富细腻的图形展示了一个架空的美国历史，它在视觉上受到 19 世纪蒸汽朋克技术的复古未来主义的启发，并具有儒勒·凡尔纳（Jules Verne）式工业设计奇迹的风格。这种多彩而独特的美学融入了哥伦比亚的许多物品的设计，如武器、机器人般的杂役、飞船以及用于运输货物与通行的高架轨道天路系统。哥伦比亚也充满了世纪之交的美国风情，如国旗、彩旗和烟花装饰着威严的建筑，而政治宣传海报和广告牌则将 19 世纪末 20 世纪初的装饰风格与虚构的人物和事件融合在一起。这与前两款《生化奇兵》游戏中沉醉于装饰派艺术 ② 的世界存在显著的不同（如图 9-1）。

---

① 也被译作"民意党"。——译者注

② 一种起源于 20 世纪 20 年代，流行于 30 年代和 60 年代后期的装饰艺术和建筑艺术风格，以轮廓和色彩明朗粗犷、流线形和几何形为特点。——译者注

图 9-1 《生化奇兵：无限》中的空中浮城哥伦比亚提供了
一个平行版本的 1912 年的美国

　　与《侠盗猎车手 5》等游戏中的开放世界不同，玩家在《生化奇兵：
无限》的故事世界中的前进方式以线性为主，虽然每个场景在一定程度上
都可以自由探索，但这个区域仅限于两点之间：从玩家进入的地点到退出
以进入游戏的下个环节或章节的地点。游戏中的每一环节一旦完成，要么
通向额外的叙事事件，要么通向传送门——把玩家输送到下一个区域。偶
尔，玩家可以回到之前探索过的空间。然而更多的时候，为了支持游戏的
首要叙事需求，空间自由度是有限的。此外，哥伦比亚内的不同空间似乎
并不适合整合成一个连贯的地理环境。穿梭于游戏内不同互动空间，几乎
得不到城市内的不同场所是如何真正联系起来的地理信息，很难甚至不可
能拼凑出一张完整的哥伦比亚地图。相反，游戏中较小的地图，如军事区
和商业中心的地图提供了建筑物之间的相对位置，但并没有提供任何更广
阔的空间背景信息。尽管游戏让玩家可以看到远处飘浮的部分城市，从而
传达出一个庞大的结构体网络的感觉，但哥伦比亚的设计似乎并没有考虑
一个单一且一致的地理布局。

　　严格来说，虽然这并没有改变游戏的互动方式，但缺乏一张将所有场所
整合起来的整体地图会影响到玩家在《生化奇兵：无限》中的体验（例如，
《侠盗猎车手 5》将所有空间都连接在一张地图上，并允许玩家在地图上的

76

场所之间自由移动）。在《生化奇兵：无限》中，一方面，故事的展开和在哥伦比亚中的穿行都足够流畅，玩家通常不会意识到任何地理上的矛盾，场所相对位置的不确定性只会增强城市的广袤感；另一方面，这也会让人感觉到游戏是以一种零碎、一个场景接着一个场景的方式开发的，开发者几乎或根本没有重视城市本身的整体设计。当然，城市中的建筑偶尔会摆脱彼此之间的关联重新排列，空中的地理环境随着旧建筑被破坏或新建筑的建造也会发生改变。事实上，游戏中的有些场所是飞船的甲板，有些场所却有多层楼房那么高大。地理环境的设计既有足够的一致性，又有足够的模糊性，让玩

77　家在猜测的同时，始终无法确定哥伦比亚的建筑是如何排列的。这使哥伦比亚看起来比实际情况更大（因为没有一张地图包含所有的内容），同时也暗示可能有一些区域是玩家没有注意到的。然而令人意想不到的是，这种隐瞒信息的创造性做法却使这个世界看起来更加完整，同时营造出一种神秘的氛围。

　　除了地图和地理环境，历史年表也是构建想象世界的另一种方式（如图9-2）。除了上述讨论的叙事背景故事，《生化奇兵：无限》还包括不同的平行现实和平行年表，其中一些允许游戏角色进行时间旅行。伊丽莎白拥有打开"裂境"（tear）[①]进入平行宇宙的能力。其他角色如科学家罗伯特·卢特斯（Robert Lutece）与罗莎琳德·卢特斯（Rosalind Lutece）也能够打开"裂境"，利用它们给哥伦比亚带来新的技术。这些"裂境"能够有效地推进故事的发展，比如伯克和伊丽莎白有一批需要分发出去的枪支储备，在这里不需要特意呈现枪支转移的场景，伊丽莎白可以打开"裂境"进入平行现实，在那里枪支已经分发完毕了。另一些时候，"裂境"被用来进行时间旅行，比如年迈的伊丽莎白向年轻时的伊丽莎白和伯克介绍哥伦比亚可能的未来时。

　　围绕哥伦比亚的世界观构建与世界设计将熟悉和奇妙的事物结合在一起，使哥伦比亚充满了惊奇，但对于拥有美国历史知识的玩家来说，他们对这个世界又不会太陌生。哥伦比亚的大部分建筑、市民的服装、室内设

---

　　① 也译作"时空裂缝"或"裂隙"。——译者注

与平面设计都以 20 世纪头十年美国典型的历史元素为蓝本。例如，在游戏的加载画面中会播放这一时期流行的斯科特·乔普林（Scott Joplin）的拉格泰姆钢琴曲。这些视觉和听觉元素共同唤起了关于那个年代以及一个从未存在过的地方的情绪和氛围。飞船、武器和其他奇妙的技术，包括连接城市中的飘浮式结构体的基础设施遍布这个明亮多彩的城市景观。从功能角度观察城市中的场所，如商店、银行、酒馆、车站、政府建筑、纪念碑、私人住宅、科学实验室等，它们频繁出现在第一人称射击和冒险类型游戏中。玩家角色的需求与这些场所交织在一起，例如玩家可以在遍布游戏各处的自动售货机上找到食物、弹药、武器和金钱。然而有时候，这些设计惯例破坏了合理性，并消解了构建游戏世界观所付出的努力。你什么时候会吃从垃圾桶里找到的棉花糖，还想通过它变得更健康？

图 9-2 博物馆中的年表展现的是由政府操纵的对历史事件的记录

《生化奇兵：无限》中的哥伦比亚不只是为游戏存在的异国背景。虽然游戏的主线故事是随着伯克和伊丽莎白在城市冒险中的一系列发现而展开的，但他们也需要根据众多信息采取行动。这些信息——包括哥伦比亚的幕后故事等——都被融入了游戏世界的设计。广告牌、海报、纪念碑等都与过去的事件有关联，包含角色以及他们之间关系的信息。游戏中的媒体设备，如 11 台望远镜（通常瞄准纪念碑）、26 台电影放映机（含有关于哥伦比亚的简短默片）和 85 个录音装置（在录音片段中，角色讨论了他们的过去），也有类似的叙事功能。这些物品与角色的背景故事有关联，在游戏的叙事过程中，在玩家偶遇这些物品之前，它们已经预示了这个世界的漫长历史与角色的出现。这种策略的最终结果是，玩家会感到自己是这个世界的一部分。

信息并不是玩家能从这些物品中获得的全部。使用所有的望远镜和电影放映机可以为玩家赢得"观光客"成就或奖杯，收听所有的录音带则可以使玩家获得"窃听者"成就或奖杯。这样的奖励可以鼓励玩家去寻找这些可选的环境道具（environmental props）。这些工作并不是完成游戏的必要条件，但玩家对世界的探索变得丰富，为游戏角色提供了背景故事和动机。虽然世界中的细节不是理解或推进故事的必备因素，但它们可以强化故事效果。这证明了故事讲述既可以是直接的（如画外音），也可以间接地隐藏在世界细节之中（环境叙事）。两者可以一起使用，强化对方，也可以故意相互矛盾，促使玩家对游戏的主导叙事以及角色的动机和背景故事提出疑问。

游戏中的场所是哥伦比亚历史的叙事载体。充满好奇心的玩家利用在城市中的墓地、公共大厅和博物馆里发现的历史奇闻拼接出城市背景故事，在采集故事碎片并汇总解释的过程中收集环境线索。例如，哥伦比亚的"英灵殿"（Hall of Heroes）是专门用来纪念扎卡里·黑尔·康姆斯托克（Zachary Hale Comstock）的。他自称先知和哥伦比亚市的创造者。他持有奇特的宗教狂热，一边推崇美国的开国元勋，一边却在宣扬白人至上主义和种族隔离。到达英灵殿时，伯克和伊丽莎白发现售票处的员工和其他人员被科尼利厄斯·斯莱特（Cornelius Slate）上尉的部队杀害，斯莱特是康姆斯托克的敌人，他破坏了许多康姆斯托克的纪念碑。英灵殿主厅里设有哥伦比亚历史年表，配有机动爱国者（Motorized Patriots），他们不断进行政治宣传并提及一些历史事件，他们的发言都是一行行押韵的诗句。精心制作的博物馆展品在两个侧厅中展出，宣扬康姆斯托克所谓的"军事成就"。在展厅中，伯克和伊丽莎白与斯莱特的手下战斗，同时试图找到斯莱特本人。当玩家在探索哥伦比亚的不同空间时，他们会感觉到博物馆展品介绍的历史以及出现在媒体中的由政府操纵的"官方"历史与普通人的真实经历之间的分歧越来越大。游戏中的当权者为了宣传一些观点——支持当权者最为看重的意识形态——而编造国家历史。这个游戏设计是对这种行为的公开批判。

尽管玩家与争夺哥伦比亚未来的政治人物相处的时间相对较少，但游戏中的环境细节传达了大量关于政治斗争的信息。人们会看到冲突造成的破坏以及双方如何妖魔化对手。整体来说，游戏传达的信息是：权力使人腐化，刻意的宣传已经取代了诚实的辩论。仔细研究构建游戏世界观的设计选择，好奇的玩家可以了解到一款游戏中的世界如何变得逼真，并确定文化观念如何被有意识或无意识地嵌入这些虚拟空间。

《生化奇兵：无限》表明电子游戏不仅能够讲述引人入胜的故事，可以将我们带入无比细致的想象世界，而且能邀请我们反思自己的现实世界。即使电子游戏描述的世界是梦幻且不切实际的，它们依旧能够使受众产生欲望，就像许多乌托邦世界所描述的那样（反乌托邦也对此进行了批判），受众会对新技术（如能够飞行的汽车）或对架空的社会型构产生渴望。想象中的世界可以作为一个共享的推测"如果成真会怎样"的思想实验。例如，地球同步通信卫星是由科幻小说作家阿瑟·克拉克（Arthur C. Clarke）发明的，而为电影《少数派报告》（*Minority Report*，2002）构建的世界观最终给现实世界带来了100多项专利。[3]因此，想象中的世界有时可以让我们瞥见自己的未来。

无论可行性如何，想象中的世界都能锻炼我们的集体想象力，让我们看到未来的可能性，让我们敢于思考无数个我们从未想象过的"如果"。想象中的世界可以鼓励我们重新思考常见的假设，无论是技术、社会方面还是文化方面，这都是任何尝试范式转变的第一步。现实世界中新的发明和发现仍在继续，但想象中的世界可以提供关于人类的共同愿景和集体梦想更加广阔的见解。电子游戏的想象世界允许我们在一个又一个关卡中尝试可能的未来。

那么，鉴于想象世界所创造的可能性空间，当我们对想象世界以及这些空间所提供的游戏互动方式进行批判性分析时，应该提出如下问题："当

80

前有哪些游戏世界和游戏世界构建者正在塑造当今公众的想象力？""我们的想象世界在当前会把我们带到哪里？""反过来说，它们可能会避开哪些目的地？""我们的想象世界将通向怎样的未来的想象世界？我们的想象世界将会使我们未来所生活的现实世界成为什么样子？"

注释

1 参见本文集中埃马·维特科夫斯基关于《反恐精英》的章节（第33章）以及亨利·洛伍德关于《雷神之锤》的章节（第32章）。

2 哥伦比亚市的名字起源于1893年的"哥伦布博览会"，即芝加哥世界博览会。该博览会是为了庆祝克里斯托弗·哥伦布（Christopher Columbus）发现新大陆400周年而举办的。

3 根据《少数派报告》的美术指导亚历克斯·麦克道尔（Alex McDowell）在《关于故事讲述的未来》（The Future of Storytelling）（视频）中的介绍，https://futureofstorytelling.org。

延伸阅读

Carson, Don. "Environmental Storytelling: Creating Immersive 3D Worlds Using Lessons Learned from the Theme Park Industry." *Gamasutra*, March 1, 2000. https://www.gamasutra.com.

Morris, Dave, and Leo Hartas. *The Art of Game Worlds*. New York: Harper Collins, 2004.

Ryan, Marie-Laure, and Jan-Noel Thon, eds. *Storyworlds across Media: Toward a Media-Conscious Narratology.* Lincoln: University of Nebraska Press, 2014.

Wolf, Mark J. P. *Building Imaginary Worlds: The Theory and History of Subcreation.* New York and London: Routledge, 2012.

10 《塞尔达传说：时光之笛》：音乐

丹·戈尔丁（Dan Golding）

编者语： 电子游戏音乐是一种独特的形式，它从源远流长的音乐传统中汲取营养，同时也利用数字技术的可能性来创造全新的处理音乐的方式。通过对《塞尔达传说：时光之笛》的分析，丹·戈尔丁认为，电子游戏已经孕育出一种主题复杂、操作主导、交互性强的音乐形式，同时这种音乐也是粉丝文化的重要组成部分。

  我一直认为《塞尔达传说：时光之笛》（以下简称《时光之笛》）有几分类似音乐剧。这可能不太恰当，游戏中没有人声配音，更不用提让人联想到音乐剧的抒情唱段了。但音乐是《时光之笛》中不可或缺的一部分，需要我们对其进行研究。少年时玩《时光之笛》，我发现游戏中的大部分关键时刻与音乐相关：从骑着马翻越海拉鲁（Hyrule）山顶时紧接而至的塞尔达主题短曲，到与盖侬（Ganon）手下的邪恶怪物搏斗时悬念迭起的战斗音乐，甚至玩家还需要使用游戏名称《塞尔达传说：时光之笛》中所提及的陶笛来演奏游戏中的旋律，这就将游戏世界带入了现实。作曲家近藤浩治（Kondo Koji）和传奇制作人宫本茂（Miyamoto Shigeru）[1]一起为我创造了这样的游戏体验。如今，当我回忆起与《时光之笛》共度的时光，我认为那是一段由旋律、音效与节奏共同塑造的记忆。

  严格来说，《时光之笛》不是一部音乐剧，但它在许多方面可以作为经典案例来研究电子游戏音乐的运作模式，以及电子游戏音乐与其他形式音乐的不同之处。电子游戏似乎经常以类似于其他媒介形式的方式运作。与电影一样，电子游戏也有与角色和地点相关的主题音乐及旋律。但它们之间也存在显著的差异，在游戏中，音乐会随着玩家的操作与输入做出相应改变和回应。因此，某种程度上，在我们玩游戏的客厅里，游戏音乐是充

满生命力的。即使在《时光之笛》发布 20 年后的今天，考虑到任天堂 64
在"枯萎的技术"（withered technology）下有限的音频表现[2]，它的音乐
依然很好地诠释了电子游戏音乐的可能性。这是一种植根于传统、技术和
交互可能性之间的音乐形式。电子游戏音乐大量借鉴了电影中常见的声音
应用方式，但电子游戏技术的示能使一种只能发生在此媒介上的体验成为
可能：音乐的交互性所带来的体验。

　　如果失去主题音乐，《塞尔达传说》会变成什么样呢？1986 年，尽管
近藤最初考虑使用拉威尔（Ravel）著名的《波莱罗舞曲》作为这个系列
第一款游戏的主题音乐，但我们几乎无法想象，如果《时光之笛》中没有
大放异彩的由近藤原创的塞尔达主题曲和摇篮曲，如今的《塞尔达传说》
系列会是什么样子。事实上，这个系列中的每款游戏都有自己的变化，各
式各样的配角、地下城和虚构场所都配有不同的丰富多彩的音乐。

　　将音乐旋律与特定角色或地点相关联的想法有着悠久的文化历史，从
电子游戏、电视、电影、广播剧、戏剧到芭蕾舞和歌剧等多种艺术形式都
具备这种特点。这是一种被称为"主导动机"（leitmotif）的手法。提起主
导动机，通常会联想到理查德·瓦格纳（Richard Wagner）。瓦格纳是一位
19 世纪极具影响力的德国作曲家，以史诗般的《指环》系列四部歌剧而闻
名，其中便包含一个涉及几十个角色和相应主题音乐的复杂模式。利用主
导动机，一个角色、地点或叙事主题被赋予了一个乐思（musical idea），这
个乐思会在一部作品的呈现过程中反复出现，并通常会发展演变。在瓦格
纳时代之后，主导动机的逻辑在理查德·施特劳斯（Richard Strauss）和克
劳德·德彪西（Claude Debussy）等欧洲作曲家那里得到普及，当维也纳作
曲家马克斯·施泰纳（Max Steiner）[《金刚》（*King Kong*，1933）、《乱世
佳人》（*Gone With The Wind*，1939）] 和埃里克·沃尔夫冈·科恩戈尔德
（Erich Wolfgang Korngold）[《喋血船长》（*Captain Blood*，1935）、《罗宾
汉历险记》（*The Adventures of Robin Hood*，1938）] 移居美国并开始为好
莱坞作曲时，它被引入了流行的电影音乐。

　　尤其是在电影中，主导动机为观众提供了一种将音乐与图像联系起来
的便捷方式。例如，印第安纳·琼斯（Indiana Jones）出场时，他的主题

音乐［由约翰·威廉斯（John Williams）创作］便会响起，角色与主题音乐紧密地联系在一起，变得密不可分。当孩子们扮演琼斯时，他们会哼唱一段约翰·威廉斯的音乐；当他们扮演詹姆斯·邦德（James Bond）时，脑海中通常会响起蒙蒂·诺曼（Monty Norman）创作的"007"主题音乐。

近藤这样的电子游戏作曲家受到电影音乐语言的巨大影响，所以主导动机是一种用来思考《时光之笛》如何运作的方式。我们只需要想一想这个系列最经典的一支旋律——塞尔达的摇篮曲。当通常只出现在过场动画中的角色塞尔达公主现身时，这段曲目就会按照惯例响起。或许我们也会想到游戏里与特定地点相关的音乐，比如荒诞而欢快的商店音乐。作为玩家，在海拉鲁小镇的任何一家普通商店里，你都一定能听到这首用手风琴演奏的探戈风格曲子。它定义了你在商店购物的体验，并为你期望在那里找到些什么定下了基调。这首曲子十分欢快，甚至有点自我调侃的意味，这与居住在塞尔达世界中的古怪店主是完美契合的。大部分《时光之笛》的主要场景有自己的主题音乐，这些主题音乐会反复播放。卡卡利科村（Kakariko Village）、迷失森林（the Lost Woods）、隆隆牧场（Lon Lon Ranch）、格鲁德峡谷（Gerudo Valley）、鼓隆城（Goron City）、卓拉领地（Zora's Domain）和所有的神殿都有属于自己的独特音乐。《时光之笛》中的一些旋律来自《塞尔达传说》游戏的早期版本，同时大量的旋律也会被添加到游戏的后续版本中。

我们应该区分玩家操作时播放的音乐和在非交互的连续画面中播放的音乐。在这里回忆一下游戏的第一个过场动画中播放的音乐：动画画面从预兆着未来林克会意外撞见盖侬的噩梦开始，再到林克的妖精娜薇被召唤到他身边的神秘幻象，最后到娜薇飞过村庄进入沉睡中的林克的家。音乐随着每个场景的变化而变化：盖侬的背景音乐颇具戏剧性和恐惧感，召唤娜薇的背景音乐带有神秘感，娜薇穿过村庄的飞行的背景音乐带有俏皮感，最后，林克家的背景音乐是轻松和温馨的。当这些连续画面发生变化时，音乐就会随之做出回应。例如，盖侬颇具戏剧性的背景音乐只会在他进入游戏画面时播放。

这种音乐与电影和电视有很多共同之处。音乐被锁定到图像中（至少大部分情况下是如此，因为在《时光之笛》中，玩家也可以通过按下按钮来略过对话以控制部分游戏时段的长度）。在 1980 年一部优秀但鲜为人知的 BBC 纪录片《星球大战：约翰·威廉斯的音乐》（*Star Wars: Music by John Williams*）中，我们看到了这位作曲家在《星球大战：帝国反击战》（厄文·克什纳，1981）录音环节的工作场景。当威廉斯指挥时，他面对着正在同时放映的电影，他（和我们）不仅能看到电影的情节发展，还能看到叠加在电影上的一系列信号，以把控正确的时间点。"我首先关注节奏上的问题，"威廉斯在旁白中补充道，"我能感觉到一部电影的剧情节奏，每个场景似乎都有一个潜在的节拍或者一系列节拍。"一条线在图像上移动，表示速度和节拍，闪烁的大圆点标志新乐段的开始。音乐与影片的情感、剪辑和风格相匹配，带着我们从一个时刻到另一个时刻。

这是一种许多电子游戏音乐采用的运作方式，不仅应用于《咚奇刚》等早期的电子游戏，尽管这些游戏在其他方面也受到了无声电影的一些启发。[3] 尤其是在当代更有意识地呈现"电影化"的电子游戏中（我想到了《质量效应》、《使命召唤》和《荒野大镖客》等系列游戏），为了在恰到好处的场景节拍中唤起恰当的情感，音乐往往被锁定到画面上。然而，哪怕在电影界，这种方法也并非没有批评者。1947 年，在好莱坞式电影音乐被异乎寻常盲目模仿的鼎盛时期，西奥多·阿多诺（Theodor Adorno）和汉斯·艾斯勒（Hanns Eisler）提出，电影音乐"与银幕上发生的一切保持高度一致"，"通过使用标准化的布局，它为不太聪明的观众解释了电影情节的含义"。[4]

然而，尤其在主导动机体系方面，电子游戏音乐同在它之前的电影音乐一样，也是一种与图像和人物形象有着难以割舍的密切关系的音乐。当林克出现在不同的游戏中，比如《任天堂明星大乱斗》或《马力欧赛车 8》，我们知道会发生什么。他的音乐有助于在任何背景下表现他的身份。

当然，电子游戏音乐并不是只与图像挂钩。媒介理论家亚历山大·盖洛韦（Alexander Galloway）提出一个著名观点：电子游戏不仅是图像，也是玩家和计算机程序之间复杂的操作回路。[5] 玩家操作游戏，反过来，游戏也对玩家操作做出回应。玩家与游戏互动的时刻正是由无数这样的交互组成的，所以音乐与游戏之间的关系往往比音乐与电影或音乐与戏剧之间的关系更为活跃。因此，电子游戏音乐往往兼具不同程度的动态性和反应性：从在整个乐段反复播放的恬静背景音乐（如前文提到的《时光之笛》中的商店场景）到对游戏状态变化做出回应的音乐。电子游戏音乐中的这种活跃性一点儿也不新鲜，即使是《太空侵略者》的音乐节奏也随着敌人数量的减少而加快，而卢卡斯影业游戏公司（Lucasfilm Games）在20世纪80年代末90年代初创造和使用的SCUMM技术①使《猴岛小英雄》等游戏的音乐具有复杂的层次和活力。

在实际操作中，这意味着当我碰到游戏中众多敌人之一的那一刻，我在《时光之笛》中享受海拉鲁平原主题曲的过程就被完全打乱了。浪漫的主旋律音乐立刻停止，转而呈现出一种静态而紧张的氛围：小鼓颤动带来紧张的节奏，低音木管则增加了一些小调来表示威胁。这与电影音乐的运作方式，或者说事实上与其他任何媒介中的音乐运作方式相比都是截然不同的。当游戏原声音乐发生变化以反映玩家当前的操作时，玩家会被这种变化刺激得更加专注。

音乐并不是由运行中的游戏即时创作的，每个玩家听到的都是同一个版本，不同的是玩家何时听到以及如何听到这些音乐。电子游戏音乐同电影配乐一样与相关内容捆绑在一起，但在游戏中，音乐与内容的联系更加复杂。数字音乐学者卡伦·柯林斯（Karen Collins）提出电子游戏音乐可以划分为三个类别：直接对玩家的输入做出反应的交互式音频（interactive audio）；对游戏中的变化做出反应的自适应音频（adaptive audio）；包括这两种类别的动态音频（dynamic audio）。[6]虽然创作素材和编码材料是相同的，但玩家经常以独特、完全不可重复的方式体验电子游戏的音乐。

极端来看，在电子游戏中，音乐听起来就像为游戏设计的音效。当电

①　一个游戏引擎，全称是"Script Creation Utility for Maniac Mansion"，中文译为"疯狂大楼专用程序脚本创作开发工具"。——译者注

子游戏音乐被用来表现玩家的成功或失败时，它会对游戏世界做出反应，并向我们提供有关游戏世界的信息。回忆一下《时光之笛》中林克获得一个新道具时播放的主题短曲。这仍然是近藤的音乐作品，它也属于原声音乐的一部分，但在游戏中，它的主要功能不是突出情绪、角色或地点，而是体现玩家操作。电子游戏音乐远远超出了影视音乐的传统功能，也可以用来告知玩家操作的成功。

当然，《时光之笛》还通过游戏名称中的陶笛本身为我们提供了一个更加复杂并富有启发性的将电子游戏音乐与玩家操作融为一体的例子。作为林克，当我拿到这个神奇的乐器时，我必须学会几首短曲才能完成游戏。我通过按动控制器上的不同按钮来演奏这些乐曲，同时我用这些乐曲来解答谜题，改变天气和时间，并召唤我的马。在某种程度上，这很像在演奏一种真正的乐器，因为我可以控制选择哪些音符以及演奏的速度，这更证明了《时光之笛》有点儿像音乐剧。但在这种情况下，正如柯林斯所指出的，"我不仅在聆听音乐，还在与之交互"。[7]

尤其有趣的是，任天堂 64 控制器有限的按钮数量条件下，近藤仍然能够创作出有趣且令人难忘的旋律。近藤的解决方案非常机智：使用游戏中的陶笛演奏时，玩家需要有效地执行一系列短小的"触发乐句"（trigger phrases），若演奏正确，游戏就会用更长、更复杂的非交互式乐句和管弦乐来回应。作为林克，我只需要按动四个按钮（↓ A ↓ A → ↓ → ↓，如图 10-1）就能用我的陶笛演奏《炎之舞曲》（*The Bolero of Fire*），随后游戏会回应一段我根本不可能通过游戏中的陶笛演奏的复杂乐句。这表现出一种复杂的方式，电子游戏既可以预知玩家操作和生成音乐，也可以简单地让音乐伴随玩家的操作。因此，玩家能够学习、回应并演奏这些音乐片段。[8]

《时光之笛》也很好地预示了在它之后几年流行的事物，即音乐节奏游戏。这类游戏以《吉他英雄》为代表，要求玩家使用定制的控制器模仿实际的乐器，跟随屏幕上滚动的按钮符号来演奏流行歌曲。这个广受欢迎的游戏类型表明，电子游戏和音乐在表演方面存在一些有趣的联系，这种联系在《时光之笛》中得到了部分探索。

图 10-1　玩家控制林克使用游戏中的陶笛学习演奏《炎之舞曲》

然而，既然这些音乐如此令人难忘，那么人们会不会想在游戏本身的玩乐体验之外进行探索？人们当然会这样做，但同时也会带来一些有趣的问题。几十年来，对于人们来说，无论是聆听电影配乐的录音，还是前往演奏数个组曲甚至整部电影配乐的音乐会都很容易，但从电子游戏中提取出音乐可能是一项颇具挑战性的工作。电子游戏的旋律往往带着怀旧的色彩。导演埃德加·赖特（Edgar Wright）曾与任天堂接洽，希望获得在他的电影《歪小子斯科特对抗全世界》（*Scott Pilgrim vs The World*，2010）中使用任天堂游戏音乐的权利，他将这些音乐描述为"一代人的童谣"。[9]然而，官方发布的电子游戏原声带却糟糕地将音乐文件混在一起。音乐不是太长就是太短，并且很难找到。例如，虽然马克·格里斯基（Mark Griskey）为《星球大战：旧共和国武士2——西斯尊主》创作的配乐广受好评，但粉丝只能从安装游戏之后生成的文件目录中识别出来其71个wav格式的音频文件，其中一些音频的长度不到1分钟，并带有"战斗悬念6"（Battle Suspense 6）等乏味的名称。[10]

然而，电子游戏音乐以出乎人们预料的方式在粉丝中流传。例如，在YouTube上搜索"塞尔达主题翻唱／翻奏"（Zelda theme cover），结果超过600万条，播放量靠前的视频包括用吉他演奏《时光之笛》中的"格鲁德峡谷"、同一歌手多次混声录制的"阿卡贝拉"版本①主题曲（这是

———————

① 无乐器伴奏的纯人声音乐。——译者注

YouTube 上特别流行的音乐类型）、用马林巴琴表演的二人组以及用葡萄酒杯敲击出《时光之笛》中的"治愈之歌"（Song of Healing）①。粉丝驱动的表演成为电子游戏音乐网站上的主要内容，它的显著地位让人想起哲学家米歇尔·德塞都（Michel de Certeau）对人们如何在自己的语境和框架内进行文化挪用的理解。[11] 通过这样的表演，玩家能够在一定程度上将《时光之笛》及其音乐视为属于自己的一部分。这样的音乐表演能让表演者和听众（或 YouTube 上的观众）都重新审视和阐释他们与电子游戏音乐的关系，这种关系也能够使游戏音乐成为一种持续的民间表达的一部分，这种表达可以呈现出音乐是如何脱离媒介本身运作的。

电子游戏对玩家操作的需求意味着，电子游戏音乐相较电影、电视等更直接的形式，总是更复杂一些。电子游戏充满活力并且不断变化，游戏音乐不可能像电影音乐那样明显地依赖于节奏。玩家聆听音乐，但他们也可以巧妙地运用音乐，让音乐既回应他们的操作又回应游戏本身的变化。在这种情况下，《时光之笛》就是一个很好的例子，因为它的音乐功能跨越了许多不同的领域，这不仅改变了我们思考音乐的方式，也改变了音乐本身。

《时光之笛》并不是真正的音乐剧，但它或许更胜一筹：玩家聆听一个个主导动机，游戏以活跃的音乐做出回应，玩家用他们的陶笛进行乐曲表演。这是一种体现出召唤与回应的磋商。在《时光之笛》中，就像在许多电子游戏中一样，玩家和游戏一起创作音乐。

注释

1 关于宫本茂的更多信息，参阅本文集中珍妮弗·德温特撰写的第20章。

2 Roger Moseley and Aya Saiki, "Nintendo's Art of Musical Play," in *Music in Video Games: Studying Play*, edited by K. J. Donnelly, William Gibbons, and Neil

---

① 经与主编沟通，这里的"治愈之歌"来自《梅祖拉的假面》（*Majora's Mask*），而非《时光之笛》。——译者注

Lerner (London: Taylor and Francis, 2014), p.51.

3 Neil Lerner, "Mario's Dynamic Leaps: Musical Innovations (and the Specter of Early Cinema) in *Donkey Kong and Super Mario Bros*," in Donnely, Gibbons, and Lerner, eds., *Music in Video Games*, p.2.

4 Theodor Adorno and Hanns Eisler, *Composing for the Films* (Oxford: Oxford University Press, 1947), p.60.

5 Alexander Galloway, *Gaming: Essays on Algorithmic Culture* (Minneapolis: University of Minnesota Press, 2006), p.3.

6 Karen Collins, *Game Sound: An Introduction to the History, Theory, and Practice of Video Game Music and Sound Design* (Cambridge, MA: MIT Press, 2008), p.4.

7 Karen Collins, *Playing with Sound: A Theory of Interacting with Sound and Music in Video Games* (Cambridge, MA: MIT Press, 2013), p.4.

8 斯蒂芬妮·林德将其描述为主动式和回应式的聆听和演奏。Stephanie Lind, "Active Interfaces and Thematic Events in *The Legend of Zelda: Ocarina of Time*," in *Music Video Games: Performance, Politics, and Play*, edited by Michael Austin (New York: Bloomsbury, 2016), p.86.

9 Nancy Miller, "Director Edgar Wright, Actor Michael Cera Crack Wise about Scott Pilgrim," *Wired Magazine*, June 22, 2010, https://www.wired.com.

10 "Knights of the Old Republic II PC Soundtrack," *Mixnmojo.com*, accessed September 3, 2017, http://soundtracks.mixnmojo.com.

11 Michel de Certeau, *The Practice of Everyday Life* (Berkley: University of California Press, 1984), p.xiv.

延伸阅读

Austin, Michael, ed. *Music Video Games: Performance, Politics, and Play*. New York: Bloomsbury, 2016.

Donnelly, K. J., William Gibbons, and Neil Lerner, eds. *Music in Video Games:*

Studying Play. London: Taylor and Francis, 2014.

Kamp, Michiel, Tim Summers, and Mark Sweeny, eds. *Ludomusicology: Approaches to Video Game Music.* Sheffield, UK: Equinox, 2016.

Whalen, Zach. "Play Along—An Approach to Videogame Music." *Game Studies* 4, no. 1 (November 2004). http://www.gamestudies.org.

89

再现：社会认同与文化政治

11 《金·卡戴珊：好莱坞》：女性主义

希拉·切斯（Shira Chess）

编者语：金·卡戴珊（Kim Kardashian）因其创建的媒体帝国而备受关注，这其中也包括由格融移动（Glu Mobile）发行的以其名字命名的游戏。这款游戏的前提在希拉·切斯所描述的"女性玩乐风格"（Feminine Play Style）类游戏中扮演着重要角色。"女性玩乐风格"类游戏是电子游戏的一种新兴模式。这类游戏的成功运作基于对女性玩家的理想化愿景以及女性玩家与闲暇时间的关系所做出的假设。

对于电子游戏来说，女性主义是一个含混不清的话题。长期以来，电子游戏一直被视为"男孩俱乐部"，男性成年人与未成年人一起界定了这个行业。从20世纪80年代末到90年代，主要是由男性面向男性受众制作电子游戏。反过来，早期的女性主义对电子游戏的批评长期集中于对女性身体充满争议的再现上，比如《古墓丽影》系列（1996年至今）中的劳拉·克劳馥（Lara Croft）和其他女性角色，她们被制作出来主要为满足一般被认为来自男性的凝视。

然而，到了20世纪90年代末和21世纪初，游戏受众开始略有转变。研究表明，玩电子游戏的女孩更有可能对科学、技术、工程和医学等相关职业感兴趣，从而促进了游戏行业对于玩家身份政治的关注。[1]电子游戏公司开始向女孩推广游戏产品，有些公司这样做是出于对女性主义的支持，有些公司是为了扩大产品的目标受众。最终，到了21世纪头十年的中期，游戏营销和产品设计也开始面向成年女性。这些游戏通常被简称为面向"休闲游戏市场"的作品。休闲游戏（如《美女餐厅》等寻找隐藏物品的游戏和手机解谜游戏）价格低廉或免费，容易上手，叙事简约。根据需要，玩家可以自由选择参与游戏的时间长短。因此，这些游戏也很适合

93 日程安排繁忙的玩家。

技术变革使电子游戏迅速向更多不同的受众群体敞开大门。2006 年前后，任天堂通过其便携式的任天堂 DS 系统（NDS）和 Wii 游戏主机加大面向女性受众的营销力度。同样重要的是，智能手机的兴起和普及使游戏无处不在，并且使不同人群更容易接触到它们，其中许多人是成年女性。这样一来，从女性主义角度探究电子游戏的研究便从并非特别为女性准备的"硬核"游戏转向不断增加的特意为女性受众制作的游戏研究。这些游戏与女性主义有着含混不清的关系：它们往往支持性别本质化[①]但又呈现解放性色彩，带有优越感却又能使人沉迷其中。

正是在这样的背景下，我们可以研究《金·卡戴珊：好莱坞》这个精彩、混乱、迷人、华丽而又充满问题的世界。当然，无论是学者还是媒体评论员都曾对与这款游戏同名的艺人发表过评论，在过去十年里，她以各种方式在流行文化中占据了重要地位。《金·卡戴珊：好莱坞》（以下简称《卡戴珊》）在以卡戴珊为中心的媒体曝光和各类产品层出不穷的背景下面世。卡戴珊家族为市场带来了多个电视节目、化妆品系列、香水、图书、音乐和服装。然而，在很多方面，游戏《卡戴珊》都是独一无二的。这款由格融移动制作的游戏（较老的游戏《超级明星：一线巨星》的换皮版本）赋予了玩家能动性，玩家可以尝试、体验与涉足神秘的富人与名人生活的世界。

《卡戴珊》超高的受欢迎程度提醒我们这款游戏值得研究。这款游戏在第一年就带来了 2 亿多美元的收入，格融移动的股票市值也迅速上升了 42%。[2] 作为一款游戏，《卡戴珊》在市场上受到热烈欢迎的同时，也引发了广泛的讨论。但这款游戏是支持女性主义的游戏吗？

询问一款电子游戏是不是支持女性主义的游戏，有点儿像问一台电视机是不是支持资本主义的电视机。电视机可能是由认可（或不认可）资本主义理念的人士制造的，它可能播放宣传（或不宣传）资本主义的节目，它可能以各种具有不同含义的方式被解读，允许观众加强（或不加强）自己对资

———————

① 性别本质化强调男女之间存在本质差别。——译者注

本主义的信念。然而，电视机本身并不支持或反对资本主义，它只是一种会被灌输各种信念的技术。换句话说，各种市场形势、制度结构和个人信念都会同时影响游戏的结果。因此，以电子游戏与女性主义的关系来分析一款电子游戏，就是要读懂底层的文本和行业线索以了解游戏可能（有意地和无意地）传递出来的不同信息。同时，一款游戏与女性主义的关系是值得剖析的，尤其是针对一款如此乐于面向女性受众进行营销的游戏。通过提出"游戏与女性主义的关系是什么"这个问题，我们可以更好地理解游戏背后微妙的市场形势、社会结构和意识形态。

94

　　能不能把《卡戴珊》视为支持女性主义的游戏是个棘手的问题，因为这个问题在很大程度上取决于这款游戏与"交叉性"（intersectionality）的关系。交叉性是女性主义理论中的一个概念，它认为针对社会性别的压迫不是单独发生的，在受到其他模式的压迫的同时，每个人遭遇的社会性别压迫的情形也并非完全一致。交叉性女性主义主张除了社会性别之外，其他因素如种族、族裔①、社会阶级、残疾与否、性取向和年龄等，都会形成重重叠叠的压迫和歧视体系。交叉性女性主义意在重新思考早期女性主义理论中固有的白人性，并找到方法去探讨在全球层面和地方层面人们所经历的压迫体验和压迫模式的涵盖范围。交叉性最初是由金伯利·威廉斯·克伦肖（Kimberlé Williams Crenshaw）在 20 世纪 90 年代初提出的，它驳斥了"所有女性的经历都是相同的并遵循相似的发展轨迹"的设想。[3]

　　从交叉性女性主义角度来看，《卡戴珊》是一个矛盾集合体。一方面，游戏提供的选择给予玩家很大的能动性；另一方面，这些选择仅局限于特权阶级女性能够享有的体验。《卡戴珊》让我们思考一款游戏制品如何在追求一些女性主义目标的同时，又忽视了多样性和交叉性的体验。

　　玩家第一次进入《卡戴珊》的游戏世界时，除了雄心勃勃之外，一无所有。在叙事开始之前，玩家可以选择生理性别（仅限于男性或女性且在游戏开始之后不能修改）、名字以及有限的外观选项。除了生理性别，其

---

① race 以先天的外表来区分人们，ethnicity 强调后天的文化认同，前者翻译为种族，后者翻译为族裔或族群。——译者注

余的在随后都可以再做调整。游戏开始时，玩家被放在洛杉矶的一家小型高档服装专卖店里。游戏才开始几分钟，金·卡戴珊就来找玩家，她遇到一个"时尚紧急事件"，急需帮助。玩家帮助金挑选了参加活动的服装，随后也被金邀请和她一起拍摄个人写真，这是玩家参与的第一次拍摄活动，之后将参与无数次这样的活动。这次"加入"让玩家开始设法应对好莱坞的方方面面，从雇用经纪人和公关宣传人员，到结识名人（从卡戴珊家族的其他成员到著名的设计师和造型师），从成为"五线艺人"（E-List）中的一员到跻身"一线巨星"（A-List），步步高升。

除了参加演出换取现金外，玩家在游戏中还可以获得约会的机会，以及积极参与涉及个人生活以及恋爱关系的"戏剧性事件"。《卡戴珊》中的性取向是相对流动的。虽然玩家需要在游戏开始就决定好性取向，但游戏世界对这方面的选择态度暧昧，男性角色与女性角色都会挑逗玩家。然而，约会将引发一系列戏剧性事件，一段没有很好培养的关系最终也会以戏剧性的分手或愤怒的通话结束。游戏中其他的"戏剧性事件"来自非玩家角色，他们会干预玩家向巨星进阶的过程。

游戏的互动方式既简单又复杂。玩家需要努力提高排名（游戏会通过玩家的排名情况来决定其等级是五线艺人还是一线巨星[1]）。玩家可以通过在假的 Twitter 信息流上显示的虚拟关注者[2]获得经验点。关注者数量决定了玩家的人气，而人气又决定了玩家在游戏世界中的地位。玩家可以通过各种方式获得关注者，如成功的"演出"（时装秀、拍照、公开露面）、恋爱任务（从求婚到结婚再到最终领养孩子，培养一段成功的关系）以及举办聚会。此外，玩家还可以购买游戏中的道具来获得关注者，如服装、饰品、家具和宠物。然而，这种社会流动不只是向上的，玩家也会失去关注者。疏于培养恋爱关系而分手以及演出时表现不佳都会导致关注者数量减少。如果玩家有一段时间不玩这款游戏，也会失去关注者。换句话说，你

95

---

① 例如，若玩家的排名处于第 594~671 名，那么她（或他）就属于五线艺人；若玩家的排名升至第 100~155 名，那么她（或他）就属于一线巨星。——译者注

② 在真实的 Twitter 中，新的关注者信息并不会出现在信息流中，只会在"个人资料"的页面中显示目前的关注者个数。2023 年 7 月，Twitter 更名为 X。——译者注

玩得时间越长，失去虚拟粉丝的可能性就越小。

获得和保持粉丝数量是需要钱的。演出的报酬微乎其微（对于一线巨星来说也是如此）。同时其他事情也需要花钱：玩家必须花钱才能带着情人去约会，才能购买房子举办聚会，才能购买服装或游戏中的其他配饰来获得人们对其时尚偶像身份的认可。尽管游戏世界所复制的卡戴珊帝国在现实世界中拥有巨大的财富，但游戏世界中的金钱来之不易。除了完成演出，只有两种方式可以获得游戏中的现金：点击隐藏的"热点"（在每个游戏地点都可以找到几个）或使用现实世界的货币来购买游戏世界的货币。能够提高经验点、获取现金和能量的隐藏"热点"一般很难找到，可能藏在小鸟身子下面、灌木丛里面、啤酒玻璃杯下面或消防栓里。

尽管与游戏同名的现实世界的卡戴珊非常富有，但游戏中复现更多的是现实世界中的贫穷而非财富。玩家的目标是不断努力挣钱以获得粉丝，艰辛的奋斗最终会使玩家在游戏世界中沦落到流浪街头的境地，他们抓起能找到的每一张美元纸币，因从临时模特工作中赚得的几百美元而沾沾自喜。[4]玩家在快节奏的《卡戴珊》游戏世界中不断努力寻找金钱来维持生存。为了"跟上卡戴珊家族的步伐"（或许可以这么说），玩家要么一直玩下去，要么使用自己的真实资金，从而为现实世界中卡戴珊家族庞大的媒体帝国做出贡献。

对于一般的女性主义尤其是交叉性女性主义而言，《卡戴珊》与消费主义及消费的关系使这款游戏处于一个尴尬的位置。无论从内在叙事还是外在机制来看，这款游戏都不断暗示消费主义的重要性。为了获得成功，玩家必须不断地花费游戏世界里的金钱。最终，这种消费会转换成游戏外的真实消费。因为如果不使用现实世界的资金来兑换游戏中想要赢得的金钱，那么玩家几乎不可能获胜。

游戏采用了两种并行的货币形式，即现金和 K 星（K-star）。游戏中以美元纸币为再现形式的现金很少等同于实际的货币价值。例如，购买一件 T 恤可能需要几千美元，但飞往迪拜的航班可能只需要 90 美元。金钱和价格似乎被扭曲了，就像通过一面哈哈镜反射出来一样，它们失去了意义与合理范围。因此，从现实角度来看，游戏中的现金既是十分必要的，也

96

是毫无用处的。同时，K 星也是一种比较难获得的货币，它不代表任何实际的现金价值，而是将名人和卡戴珊家族本身的魅力货币化。K 星用于购买某些"特殊"的道具（更加精良的服装、宠物、私人飞机等），或者用来"迷惑"他人，令他们对你言听计从。这两种相互竞争的货币形式有助于证实，在现实世界中，除了普通的金钱，还存在有钱人的金钱，后者才让人有机会享有原本可能无法获得的东西。因此，《卡戴珊》中的货币体系既脱离现实，又非常现实而令人毛骨悚然。

《卡戴珊》有一个巧妙的底层构思：这种本质上作为一个购物和美容主题的游戏中的活动实际上就是成年与未成年女性渴望在玩乐中参与的事情。人们在网上或应用商店里不用花费太多时间就能找到明显面向女性群体的购物游戏和美容游戏。当然，这并不奇怪。针对成年与未成年女性受众的美容、时尚和消费主义营销由来已久，表明这一受众群体总是希望"改善"自己的外表，而实现这种改善的正确方式必然是通过消费行为。人们对于女性与消费之间被设想出来的联系感到习以为常，以至于当社会期待女性为了提升自己的魅力而消费并进一步期待她们信奉一种文化时，人们往往不会仔细思考女性需要面对的窘境。就像其他时尚和美容游戏一样，《卡戴珊》就是这样鼓励玩家消费的。近似的，正如研究者艾莉森·哈维所指出的那样，《卡戴珊》在游戏内外都使对于女性劳动行为的固有贬抑具象化了。[5]

从交叉性角度来看，游戏对消费①的关注同样令人不安。社会性别和阶级之间的交叉点往往很难说清。虽然在全球范围内社会阶级对男性和女性都会产生方方面面的影响，但这个话题往往是隐匿的或未被纳入考虑。在美国，霍雷肖·阿尔杰（Horatio Algers）创作的一系列穷孩子"白手起家"的故事已经成为能够更加全面描述"美国梦"的象征。就像灰姑娘的故事一样，其中存在一种暗示，即那些没有获得附着在美国梦上的财富或成功的人是懒惰的、不道德的或愚蠢的。当然，这不仅不真实，而且是一

---

① 由于本段将讨论的重点转移到阶级上，所以怀疑主题句想介绍的是阶级，而不是消费。——译者注

个危险的观点，因为低收入群体的不成功而指责他们，只会让他们面临系统性和制度性的压迫。

　　《卡戴珊》立基于霍雷肖·阿尔杰所创作故事的核心前提。⁶玩家扮演"主人公"的角色，沿着名誉、财富和成功的阶梯向上攀爬。虽然玩家可能会经历坎坷和失败，但只要他们继续玩下去就会名利双收。换句话说，这款游戏的主要叙事是推崇优绩制（meritocracy）①，但在优绩制下，玩家在游戏中轻而易举地收获金钱与荣誉，暗示着游戏实际上再现的是那些已经拥有特权而更容易获得成功的人的经历。

　　除了阶级特权，《卡戴珊》还允许玩家基于其他因素在游戏中试验交叉性理论。如前所述，《卡戴珊》中的性取向是流动的，这款游戏略微支持同性恋和双性恋。然而，尽管《卡戴珊》中的性取向是开放的，但并不意味着社会性别的指定也存在相似的流动性。玩家被其在游戏开始时选择的生理性别所束缚。虽然发型可能会使人感觉到在社会性别上的细微差别，但玩家无法改变体型（女性为曲线型，男性为平直型），这意味着虽然人们可以尝试不同的性取向，然而有些东西必须保持不变②。⁷

　　在《卡戴珊》中，身体既是固定的又是流动的。某些特征是可以无数次改变的，玩家可以无数次地改变自己的头发、脸部（鼻子、眼睛、嘴唇、面部结构）、皮肤颜色、头发颜色、眼睛颜色、妆容和服装。这些变化不会影响游戏互动。这种设置反映了电子游戏设计的一个重大趋势，在电子游戏行业中通常被称为"投入／表达"（invest/express）风格。在"投入／表达"风格的游戏中，玩家有一个极简的游戏面板以及赚取金钱的能力以在游戏空间中展现个人品位。例如，《乡村度假》游戏会按照玩家的奇思妙想生成个性化农场，但它对玩乐结果没有任何影响。同样，在《卡戴珊》中，游戏中的互动环节与允许玩家参与个性化设计的环节似乎

97

---

①　也译作优绩主义、精英领导体制、英才管理制度，指社会与经济的奖赏应当依据才能、努力和成就这些"优绩"（merit）来决定。人们在机会平等的条件下公平竞争，成绩优异者获胜。——译者注

②　游戏中，当玩家确定了生理性别（男或女），社会性别就需要与生理性别保持一致。——译者注

是相辅相成的，玩家花大量时间去参加演出和举办聚会，以获得足够的游戏金钱来换取酷炫的东西。换句话说，消费主义以及与之同时出现的对阶级流动的渴望是《卡戴珊》中"投入／表达"风格的核心。

　　然而，游戏中对身体的限制同样能够说明问题。体型是玩家无法修改的。如前所述，玩家只有两种体型选择，即女性的曲线型或男性的平直型（如图 11-1），而非玩家角色（尤其是名人角色或属于卡戴珊家族的角色）可以选择其他身材。例如，金的体型比其他角色更加丰满，而肯德尔·卡戴珊（Kendall Kardashian）的体型属于苗条娇小类型。同样，身高也不能改变。言下之意似乎是，你想长成什么样子都可以，但务必先拥有一个对应你的角色的正确体型。

图 11-1　本文作者在游戏《金·卡戴珊：好莱坞》中的化身

　　在身体特征的选择上存在内在矛盾，同时又在许多重要方面禁止玩家做出选择，这些证实了《卡戴珊》与交叉性女性主义的混乱关系。相较劳拉·克劳馥作为主角的《古墓丽影》等老式的化身外观不可调整的游戏，《卡戴珊》提供给玩家更多选择，这些选择也蕴含了强烈的女性主义。然而，即使选择中存在流动性，即使是在一个明显、刻意面向女性受众的游戏中，我们仍然困守于完美的身体——只有曲线没有脂肪的身体，以及不能对文化建构之美进行挑战的身体。

　　类似的，我们可以在《卡戴珊》中重新指定自己的肤色，但只有五种选择。游戏在这一点上表现得非常暧昧：游戏中的所有内容既不会因为你的肤色做出调整，也不会因为你的其他身体特征而有所改变。然而，鉴于好莱坞固有的性别歧视、种族主义、年龄歧视、能力歧视和阶级歧视，这好像是一种尴尬的遗漏，游戏中处于上升阶段的年轻女明星似乎根本不会受到这些事物的影响。这款游戏似乎暗示我们生活在一个对现代娱乐文化里所有根深蒂固的顽疾都视而不见的世界。

《卡戴珊》既是支持女性主义的游戏，又不是支持女性主义的游戏。游戏中的种种限制、身体设定以及对消费行为的强调都表现出游戏与玩家现实生活经历之间的脆弱联系。然而，游戏的某些方面以及面向女性受众设计游戏的决定，暗示了其对更传统的（也就是面向男性的）游戏模式的反击。就像为女性受众开发的其他游戏一样，其结果既支持性别本质化，又呈现出解放性色彩。这样来看，《卡戴珊》作为一个涉及女性主义的文本，承载了大批量生产的媒介所固有的所有可能性以及所有问题。

注释

1 Justine Cassell and Henry Jenkins, *From Barbie to Mortal Kombat* (Cambridge, MA: MIT Press, 1998).

2 Caitlin McCabe, "Hit Kardashian Video Game Lifts Glu Mobile from E-List," *Bloomberg Tech,* July 10, 2014, https://www.bloomberg.com.

3 Kimberlé Williams Crenshaw, "Mapping the Margins: Intersectionality, Identity Politics, and Violence against Women of Color," *Stanford Law Review* 43 (1991): 1241–1299.

4 玩家还可以从每天的"奖金"中获得现金，不过这些比赛的结果并不稳定，并且只是偶尔会获得现金奖励。

5 Alison Harvey, "The Fame Game: Working Your Way up the Celebrity Ladder in *Kim Kardashian: Hollywood*," *Games & Culture*, published ahead of print February 21, 2018, https://doi.org/10.1177/1555412018757872.

6 Shira Chess and Jessica Maddox, "Kim Kardashian Is My New BFF: Video

Games and the Looking Glass Celebrity," *Popular Communication* 16 (2018):
99 196 – 210.

　　7 这一点似乎很重要，因为在游戏发布后不久，卡戴珊家族成员布鲁斯·詹纳（Bruce Jenner）就去做了性别重置手术，之后以凯特琳·詹纳（Caitlyn Jenner）的身份公开。卡戴珊家族对跨性别者身份的了解与游戏中的角色必须保持顺性别的设定形成了鲜明对比。

延伸阅读

Chess, Shira. Ready *Player Two: Women Gamers and Designed Identity.* Minneapolis: University of Minnesota Press, 2017.

Harvey, Alison. *Gender, Age, and Digital Games in the Domestic Context.* New York: Routledge, 2015.

Kocurek, Carly A. *Coin-Operated Americans: Rebooting Boyhood at the Video Game Arcade.* Minneapolis: University of Minnesota Press, 2015.

Shaw, Adrienne. *Gaming at the Edge: Sexuality and Gender at the Margins of* 100 *Gamer Culture.* Minneapolis: University of Minnesota Press, 2014.

12 《最后生还者》：男性气质

苏拉娅·默里（Soraya Murray）

编者语： 主流电子游戏通常将玩家置于一个具备超男性气质的英雄角色。他拥有超人的力量、娴熟的战斗技巧、果断无畏并倾向于支配他人的性格。通过仔细观察一个标志性作品《最后生还者》，苏拉娅·默里讨论了该游戏中的男主角形象与既往游戏中永远立于不败之地的男主角形象之间的显著割裂，以及它如何呈现出西方文化中更大的矛盾和焦虑。

《最后生还者》是一款第三人称视角的生存恐怖动作游戏，背景设定在充满无序、绝望和暴力的后末日美国。《最后生还者》在发行时获得了高度评价，是该类型游戏的一个标志性作品，也是索尼 PlayStation 3 主机退出市场之前的巨作 [1]，在音乐、角色发展、配音、情绪共鸣和成熟的美学感知上都有异常出色的表现。主要可玩角色乔尔（Jole）是一位单身父亲，也是得克萨斯州的一名建筑工人。在以游戏发行的当下为背景的引发事件（inciting incident）① 中，乔尔辛苦工作一天之后在深夜回家，与金发白肤的女儿莎拉（Sarah）进行了一次轻松愉快的交流。今天是乔尔的生日，莎拉已经等不及要送他礼物了。但这也是一场毁灭性的真菌病暴发的前夜，它将摧毁整个美国。在我们意识到这一点之前，这个小镇已经充满暴力，陷入一片混乱。根据报纸和电视报道等披露的线索，全国都已陷入失序局面，人们惊慌失措。尽管乔尔竭尽全力，但还是无法保护女儿远离所有伤害。游戏的名称等片头信息还没正式出现，我们就已经看到小莎拉在黑夜中呜咽，伤口还在流血，这些都在提示玩家接下来的旅程注定是非

---

① 引发事件是指游戏中突然扰乱了主角原本习以为常的生活，并推动故事后续发展的事件，又译为"激励事件"或"刺激事件"。——译者注

101 常残酷的。

　　疫情暴发的 20 年后，我们再次见到了乔尔，他灰头土脸，饱受战斗的摧残，并且因为失去女儿精神上受到创伤。乔尔的身体具体表现出"中心区域"①的美国男性该有的样子：白人、身体健全、假定是异性恋、出生在基督徒世家、不苟言笑、身材魁梧，并且务实。乔尔足智多谋，但他也深深地感到厌倦，作为幸存者一直被一种内疚感所困扰，对于那些为了活命而做的事情，他在道义上也做了妥协。他是一个走私犯，也是个杀手，依靠补给品以及他和搭档泰丝（Tess）竭尽全力找到的任何机会维生。乔尔住在波士顿的一个军事化隔离区，这里被交战派系以及感染了通过空气大范围传播的真菌的攻击型受害者围困。随着真菌侵袭那些感染者的大脑并不断生长，他们的身体会变得越来越畸形，心理上也会更加暴躁和残忍。

　　补给匮乏是一个问题，因此搜刮道具是游戏的主要机制。对于喜欢电影中的后末日叙事的影迷来说，这是一个非常熟悉的世界，比如《惊变28 天》（*28 Days Later*，2002）、《恐怖星球》（*Planet Terror*，2007）、《末日危途》（*The Road*，2009）、《丧尸乐园》（*Zombieland*，2009）、《艾利之书》（*The Book of Eli*，2010）、《猩球崛起》（*Rise of the Planet of the Apes*，2011）和《僵尸世界大战》（*World War Z*，2013）。类似这些电影与《生化危机》和《寂静岭》等受到流行电影启发的生存恐怖游戏系列呈现的是西方文化破败不堪的景象。在这些叙事中，一个选择妥协的英雄往往会同西方进步观念的崩溃以及这种不可承受的生活方式进行抗争。这种英雄形象主要表现在两个层面上：首先是苦难中求生的个体叙事，其次是更大的背景中——生态危机以及随之而来的绝望情绪所导致的文明覆灭。

　　游戏中的一个复杂情况是由女孩角色艾莉（Ellie）带来的，乔尔需要将她偷渡到另一个隔离区。14 岁的艾莉处境危险，她对于叛军组织"火萤"来说具有神秘的意义，她也勾起了乔尔失去女儿的痛苦回忆，但艾莉重新点燃了乔尔一闪而过的使命感。在感染者和幸存人类所带来的威胁之

---

　　①　指美国的中西部地区。——译者注

间，以及在这个反乌托邦空间中的危险之间，一开始乔尔非常不情愿地为艾莉提供保护，随后他一再被迫正式守护这个天真烂漫的少女。在游戏过程中，乔尔对于艾莉来说从恼怒的监护人转变为导师，再到保护者，最后变成了类似父亲的角色。游戏的大部分互动方式涉及潜行、战斗、射击、解谜、搜刮道具和制作道具。由奥斯卡获奖作曲家创作的凄美配乐，结合动人的故事情节与残酷的场景画面，能够唤起人们的悲怆之情并且带来强烈的情绪冲击。视觉上的电影效果为人们提供了一种身临其境的感觉。《最后生还者》以后末日景象的形式呈现了一个极好的契机，让我们全面融入美国最深层次的关于顽强的个人主义、人与人的对抗、人与自然的对抗，以及某种程度上关于边疆叙事的迷思和幻想。上述所有方面都对男性气质的概念产生了重大影响。[2]游戏作为可玩的现实再现[①]，呈现出用户可以操纵的建构。用户控制这些建构来促进推动游戏叙事的行为。[3]因此，游戏中可玩的再现属关键元素，使玩家可以全面融入游戏以及故事的发展。

以视觉研究为基础的再现研究一直以来都认为文化中关于男性气质的概念是多重的、不断变化的，在特定的历史时刻由各种意指实践（signifying practice）[②]和社会风气所建立和支撑起来。[4]绝大多数设计人类角色的主流游戏仍然坚持使用传统的高度军事化的男性气质典范，涉及强大的力量、头脑机智、时刻做好战斗准备、竞争精神、偏好暴力，以及在战场上的支配地位。[5]斯蒂芬·克兰（Stephen Kline）、尼克·戴尔－威瑟福德（Nick Dyer-Witheford）和格雷格·德皮特（Greig de Peuter）解读了"军事化男性气质"这一概念与游戏的关系，提出了它在多个层面上的意义。"军事化男性气质涉及多个方面，既与创建关于暴力和社会性别的文化叙事有关，又与计算机技术在军事化应用上的传承有关，重中之重的是，还与针对具有商业价值的男性硬核玩家的营销手段有关。"[6]正如他们所观察到的，以下三者之间存在联系：游戏中对军事化男性气质的幻

① 由于再现是指真实事物在媒体上的建构，因此本文中的再现与建构近乎同义。——译者注

② 指通过符号、标志与其他文化形式来构建和传达意义及身份。这里指语言、媒体内容等文化产品共同塑造并加强了人们对男性气质的理解与期望。——译者注

想予以美化的再现、电子游戏所采用技术的军事起源以及游戏的主要市场受众。由于此类游戏获得了巨大成功,具备军事化男性气质的角色设定也在重复出现。但这类游戏的成功也可能是因为它们挖掘了玩家的恐惧、焦虑和希望等情绪,这些情绪会在深层次的文化层面发挥作用,并且能够引起主流观众的共鸣。德里克·伯里尔在其关于电子游戏、男性气质和文化的研究中指出,这类游戏是一个通道,使男性玩家进入一种"男孩子的童年时代,或者说进入一种男性气质还未完全成熟的状态。男性渴望重拾青春、活力、权力与支配地位,以压制住似乎正在侵蚀他们昔日稳固地位的力量……"[7] 在他看来,"参与 21 世纪的电子游戏成为一种主要的退行(regression)① 方式,电子游戏是一台允许玩家逃避、幻想、将其作为现实的延伸以及建立乌托邦的技术性怀旧机器,也是一个远离女性主义、阶级使命、家庭责任以及国家和政治责任的空间"。[8] 换句话说,游戏成为一个用来制定和商定一个人与来自现实世界压力的关系的空间。这种失去稳固地位的感觉尤其体现在现实的国家和政治层面上,对于理解什么促成了《最后生还者》的成功非常重要。

　　如今,游戏中主要的可玩角色(如果是人类的话)仍然最有可能是男性,并且频繁套用常见的"类型"(白人、棕色头发、留有胡须、不苟言笑)。这种类型因其普遍性、排斥性和单一性而容易引起人们的审视。与《马克思·佩恩》系列同名的马克思·佩恩,《神秘海域》系列中的内森·德雷克(Nathan Drake),《侠盗猎车手 4》中的尼可·贝里克(Niko Bellic),《荒野大镖客》中的约翰·马斯顿(John Marston),《生化奇兵:无限》中的伯克·德威特,《看门狗》中的艾登·皮尔斯(Aiden Pearce),这些只是游戏中主导"类型"的几个例子。这些再现角色的限制性往往将女性、非常规性别人士和有色群体边缘化或排除在外。这种系统性的排除引起了女性和少数族群玩家、记者和学者的反复批评,并且频繁出现在公共话语之中。

---

①　退行是一种防御机制,指个体在遭遇挫折时,表现出与其年龄不符的幼稚的行为反应,是一种反成熟的倒退现象,即停止使用逻辑的、时间定向的思维。——译者注

由于游戏行业、游戏文化和游戏本身仍然由男性主导，因此围绕性别与电子游戏的研究往往集中在女性特别是未成年女性身上。[9] 尽管有统计数据表明，男性、女性都玩游戏，而且玩游戏的女性几乎和男性一样多，但成年与未成年男性仍然是商业游戏、游戏营销和游戏文化的主要目标受众。[10] 尽管存在这种多样性，但在更广泛的电子游戏文化中仍然存在有毒的超男性气质的倾向。然而，一些学者如尤安·柯克兰已经注意到，人们对在游戏角色身上描绘并由他们成功演绎的男性气质的范围，包括那些可能会使游戏里表现得最为倒退的男性角色变得复杂和矛盾的男性气质，仍然知之甚少。[11] 作为这一话题的一部分，至关重要的是不仅要从男性气质的角度，还要从"白人性"的角度来审视假定的关于男性角色的传统规范。近年来"白人性"受到人们的审视，但它仍然是一种"普遍性"的存在，其他身份背景的玩家经常被要求将自己与之对应。

虽然乔尔肯定不符合标志性角色所拥有的传统军事化男性气质，比如《合金装备索利德》中的斯内克（Snake）更加浸染于围绕"战争、征服和战斗的强烈的性别编码场景"，但乔尔也确实发挥了密码的作用，帮助人们了解美国顽强的个人主义者是什么样子。[12] 虽然乔尔有时会爆发出非凡的力量，但他并不具备主流游戏中经常出现的能够表现出军事化男性气质的战术性战斗技能。他是一个脾气暴躁、有着强烈犬儒性格、自私自利的反英雄形象。作为游戏中主要的可玩角色以及男性气质的核心再现，乔尔在游戏中的形象常常被表现为脆弱的、处于危险之中，并且被毫无希望的生活所折磨。游戏中出现了很多暴力画面，虽然无可否认它们都具备电影效果，但既不华丽也不豪壮。大多数武器是临时性的，为了找到最基本的工具与补给来制造近战武器和干扰效果①，玩家需要不断地搜刮道具。人们根本感受不到压倒敌人的绝对优势，感受不到战斗的爽快，也感受不到高度科技化和物灵化（fetishized）的武器装备所带来的快感。在一些军事题材的游戏中，玩家可以完成一些优雅的动作，就好像在跳芭蕾舞一样，然

---

① 这种效果是指，面对失去视力的循声者，角色可以使用工具发出噪声来吸引他们聚集一起，再投掷燃烧弹杀死他们。——译者注

而《最后生还者》却拒绝复制这种传统，而是给玩家呈现一些窘迫的、猝不及防的小规模战斗。事实上，在游戏中的某一节点，在乔尔严重丧失行动能力后，艾莉承担起保护者的角色，她为两人寻觅食物，并单枪匹马地保护乔尔不被敌人伤害。

作为男性运动以及 2016 年唐纳德·特朗普（Donald Trump）的总统竞选活动的关键支柱，"白人男性受害说"绝对是针对美国多样性的政治逆流。[13] 考虑到在更为关键的文化时期，西方与所谓的"邪恶轴心"的两极分化日益严重，游戏中只有生存狂才能够幸存下来的极端场景表明，人们担心被占领、被殖民，或者担心有可能成为全球竞争和经济结构调整的失败者。乔尔将一位符合传统规范如今却处于困境的美国白人再现出来，我们很难不从西方并不太平的世界主导地位带给人们严重焦虑的角度去解读这个角色。例如，在美国国内，在不久的将来，当人口构成发生变化，白人成为"少数族裔"时，这对于国家来说意味着什么会使人们产生越来越多的基于种族的焦虑。[14] 在这个意义上，美国的"白人性"概念不仅表明一个种族类别、成为一个指代权力关系的术语，还是一个关于传统规范的术语。这个概念强烈地影响了作为再现角色的乔尔。他充满愤怒，感到权利被剥夺，受制于以感染者形式展现出来的彻底的他者，这些人已经占领了他的国家。

尽管玩家可以暂时以艾莉的身份参与游戏互动，她最终会发展出自主性并掌握一些生存技能，但几位评论家还是围绕电子游戏中更为显著的"爸爸化"（dadification）趋势讨论了这款游戏。批评人士指出，部分游戏已经转而采用了这样的剧本，即在游戏中突出一位主要的男性角色和一位需要保护的年幼女性角色之间的父女关系。有些人将这种转向归因于游戏开发者自己成为父亲，他们在自己的作品中表现了这种关系，或者也有可能这些成为父亲的开发者倾向于通过这种方式与年长的玩家群体交流，他们认为这些玩家在很多方面与自己相仿。然而也有人认为，这提供了一个机会，以一种全新的方式重申具有保护欲的男性主导角色的地位，同时避开了令人厌倦的拯救公主模式。[15] 乔尔和艾莉是这种关系的典范，在其他游戏中也存在很多类似搭配，如《生化奇兵：无限》中的伯克·德威特和伊丽莎白，以及《行尸走肉》中的李·埃弗里特（Lee Everett）与克莱曼婷（Clementine）。在《最后生还者》里，在游戏的引发事件中死去的女儿莎拉成为乔尔众多欲求的驱动力。人们很快就会推断出，他深深的苦闷来源于他作为一个父亲在最初没有能力保护好他的女儿。尽管他尽了最大的努力，这种保护欲还是映射到另一个年轻的女孩艾莉身上，艾莉生来就是疫情中的"原住民"，因此也更适应在残酷的现实中生存。

　　乔尔和艾莉之间显而易见的父女关系在他们互动的过程中不断发展，这种关系在游戏本身的叙事和视觉呈现上都得到了强调。乔尔被迫扮演一个保护者角色，尽管一开始，他几乎看都不看艾莉一眼。这暗示了他一直难以平复女儿逝世后的悲痛。乔尔和艾莉在游戏空间穿梭的过程中，艾莉经常会撞见这片土地上被践踏的美景，也会感受到发现全新体验的快乐。艾莉第一次离开波士顿隔离区时孩童般的好奇心不仅能让玩家代入式地体验到类似的感受，同时也逐渐将乔尔置于父亲的位置。当大自然重新接纳人类曾经的伟大文明，两人徜徉于壮丽的大自然空间中时，玩家能够随意触发他们之间的对话。这起到了建立每个角色的内心世界和角色之间关系的作用。玩家会注意到，作为游戏互动的一个环节，身材娇小的艾莉可以向上攀登进入狭小的空间，而身体更加强壮的乔尔则可以轻松地将艾莉推上两人都无法单独上去的岩石。他们将各自的物质装备有机地结合在一起而充分利用，形成了一种共生关系。这种关系有助于他们合作解决游戏中的障碍并在这个世界中穿行。

　　乔尔父亲般的冲动还体现于这个角色在游戏中做出的各种保护性动作上。当艾莉与乔尔一起蹲伏在隐蔽位置时，如果两人靠得很近，她最终会依偎在他的臂弯里。当站在墙后的隐蔽位置时，乔尔会以一个典型的家长姿态，将一只手臂挡在艾莉的身前，就好像形成了一个能够抵挡住伤害的屏障（如图12-1）。艾莉在乔尔身边时显得非常娇小，外形很少女，拥有一双大眼睛，代表着一种乔尔越来越想要保护的一尘不染的灵魂。他称她为"小鬼"。这种父女关系也通过乔尔在艾莉使用致命武器时的沉默不语与乔尔渴望艾莉远离杀戮的想法中再现出来。有一次，乔尔发现了一把弓，艾莉想使用它。"有了那个东西，我会是一个相当不错的射手"，她说。乔尔回应说："不如把这个东西留给我吧。"艾莉抗议道："不过，我们可以都带上武器，互相掩护。""我不这么认为"，乔尔告诫道。当然，乔尔想让艾莉不用背负这个重担的愿望是不现实的，并且他们之间的动态关系也在游戏中变得越来越亲密。随着两人向西前行，面对新的残酷现实，艾莉对困难的容忍度越来越强，最终在她和一个食人生物之间极其血腥的殊死搏斗中达到顶峰。在所有几乎失去艾莉的绝望时刻，乔尔称呼她为"宝贝女儿"，而这样的亲昵称呼是乔尔曾经留给自己的女儿的。在这个父亲般的角色中，乔尔被赋予了拯救自己女儿的第二次机会，同时这个角色也呈现了另一种男性气质，一种带有保护性但在情绪上脆弱的男性气质。父亲的角色在情感层面上提供了一个叙事切入点，在保持玩家对乔尔男性气质的认知不变的同时，能够使他们了解到身为父亲的男性的内在情绪。

图 12-1　在《最后生还者》中乔尔正在保护艾莉

资料来源：图片由索尼互动娱乐美国有限责任公司（Sony Interactive Entertainment America LLC.）提供。

通过在核心互动方式与再现元素上做出改变，《最后生还者》以显著的方式摒弃了其他游戏中典型的超男性气质。乔尔身上的男性气质能够体现出 3A 游戏大作中白人男性英雄的特点，但又通过一些方式与那些英雄角色有所背离，表现出对主流游戏中那种常见的令人厌倦的军事化男性气质的矛盾心理。整体上的匮乏感以及一切必要的工具和技能的缺失干扰了战斗时的支配感。尽管乔尔是一位具备男性气质的主角，在很大程度上贴合普通白人男性这个"类型"的特点，但他几乎从始至终都被设定成一个消沉的人，一个只有在迫在眉睫的时候才会不断冒出新点子的人。此外，在与年轻的被监护人艾莉的关系中，他被置于一个父亲的角色，这也使他处在一个与他的悲惨过去产生关联的情绪危机之中。旷日持久的寻觅和搜刮道具只会让人感到绝望与脆弱，而不会带来控制感和支配感。在这个世界里永远没有足够稳妥的藏身之处。此外，身体也会出现问题，计划总是落空，人人自危，联盟是不牢靠的，单独行动是不现实的。

　　尽管如此，这款游戏并没有完全抛弃传统的男性再现。相反，它还利用了人们在严峻时刻下的焦虑，尤其当下围绕"美国白人男性气质受害说"的更大范围的社会工程（social engineering）[①]正在发生作用，人们越来越担忧传统的男性气质受到威胁。由此，这款游戏具备一种能力，它会使玩家深深地沉浸于相互矛盾的情感之中。基于游戏中白人男性主角高度意识形态化的观念，人们认为他一方面是符合传统规范的英雄，另一方面也受到了更大的历史环境的威胁。这是一个具有传统男性气质的形象，这种男性气质能够调用自身因在国家内部遭受的迫害与异化（alienation）[②]而产生的道德优势。这个形象又表现出一个充满矛盾的"白人性"，其在这个以感染者形式展现的具有强烈威胁性的他者的世界中处于劣势。正是通过将英雄身份和受害者身份巧妙地合二为一，《最后生还者》支撑起一个在游戏中既被现实的威胁又被想象的威胁所围攻的白人男性气质的建构。

---

① "社会工程"一般包括两个含义：自上而下，通过法律、媒体宣传或其他方法来影响公众舆论及行为方式；通过操纵和／或欺骗他人获得机密信息。这里是指前者。——译者注
② 也译作"疏离"。——译者注

注释

1《最后生还者》于 2013 年 6 月上架。仅仅 4 个月后，索尼 PlayStation 4（PS4）就发布了。2014 年 7 月，该游戏的加强版《最后生还者高清复刻版》在 PS4 上发布。

2 See, for example, Sara Humphreys, "Rejuvenating 'Eternal Inequality' on the Digital Frontiers of Red Dead Redemption," *Western American Literature* 47, no. 2 (Summer 2012): 200 - 215.

3 相关讨论可参阅 Alexander R. Galloway, *Gaming: Essays on Algorithmic Culture,* Electronic Mediations 18 (Minneapolis: University of Minnesota Press, 2006)。

4 Sean Nixon, "Exhibiting Masculinity," in *Representation: Cultural Representations and Signifying Practices, Culture, Media, and Identities,* edited by Stuart Hall and Open University (London and Thousand Oaks, CA: Sage in association with the Open University, 1997), pp.291 - 336.

5 与游戏中的价值观"精通、支配、征服"相关联的"军事化男性气质"这个术语在下面这本书中得到了非常深入的探讨：Stephen Kline, Nick Dyer-Witheford, and Greig de Peuter, *Digital Play: The Interaction of Technology, Culture, and Marketing* (Montréal, London: McGill-Queen's University Press, 2003), p.238。

6 Kline, Dyer-Witheford, and de Peuter, *Digital Play*, p.196.

7 Derek A. Burrill, *Die Tryin': Videogames, Masculinity, Culture, Popular Culture and Everyday Life, v. 18* (New York: Peter Lang, 2008), p.137.

8 Burrill, *Die Tryin'*, p.2.

9 Justine Cassell and Henry Jenkins, eds., *From Barbie to Mortal Kombat: Gender and Computer Games,* paperback ed. (Cambridge, MA: MIT Press, 2000).

10 Entertainment Software Association, "2017 Essential Facts about the Computer and Video Game Industry," *The Entertainment Software Association*, April 2017, http://www.theesa.com.

11 Ewan Kirkland, "Masculinity in Video Games: The Gendered Gameplay of

Silent Hill," *Camera Obscura* 24, no. 71 (May 2009): 161 – 83.

12 Kline, Dyer-Witheford, and Peuter, *Digital Play*, p.247.

13 Hanna Rosin, *The End of Men: And the Rise of Women*, reprint ed. (New York: Riverhead Books, 2013); M. A. Messner, "The Limits of 'The Male Sex Role': An Analysis of the Men's Liberation and Men's Rights Movements' Discourse," *Gender & Society* 12, no. 3 (June 1, 1998): 255 – 76, doi:10.1177/0891243298012003002; and Michael Kimmel, *Angry White Men: American Masculinity at the End of an Era,* 2nd ed. (New York: Nation Books, 2017).

14 Hua Hsu, "The End of White America?," *The Atlantic*, February 2009.

15 Mattie Brice, "The Dadification of Video Games Is Real," *Mattie Brice* (blog), August 15, 2013, http://www.mattiebrice.com; Maddy Myers, "Bad Dads vs. Hyper Mode: The Father-Daughter Bond in Videogames," *pastemagazine.com*, July 30, 2013, https://www.pastemagazine.com; Jess Joho, "The Dadification of Videogames, Round Two," *Kill Screen*, February 11, 2014, http://killscreendaily.com; Richard Cobbett, "Daddy Un-Cool: How Fallout 4 Falls into the Parent Trap," *TechRadar*, December 2, 2015, https://www.techradar.com; and Sarah Stang, "Controlling Fathers and Devoted Daughters: Paternal Authority in BioShock 2 and The Witcher 3: Wild Hunt," *First Person Scholar*, December 7, 2016, http://www.firstpersonscholar.com.

108

延伸阅读

Murray, Soraya. *On Video Games: The Visual Politics of Race,* Gender and Space. London: I. B. Tauris, 2018.

Stang, Sarah. "Big Daddies and Broken Men: Father-Daughter Relationships in Video Games." *Loading... The Journal of the Canadian Game Studies Association* 10, no. 16 (2017): 162 – 174.

Watts, Evan. "Ruin, Gender and Digital Games." *WSQ: Women's Studies Quarterly* 39, no. 3/4 (Fall/Winter 2011): 247 – 265.

109

13《情圣拉瑞》：LGBTQ 的再现

阿德里安娜·肖（Adrienne Shaw）

编者语： 围绕电子游戏中女同性恋、男同性恋、双性恋、跨性别者和酷儿（LGBTQ）的再现，许多主流讨论与批判性讨论都集中在游戏中允许玩家介入的同性恋爱关系或明确的带有 LGBTQ 身份的主角上，然而更加小众但同样重要的关于 LGBTQ 的再现形式的文章很少。在本章中，阿德里安娜·肖分析了以异性恋雄性气质为核心的系列游戏《情圣拉瑞》，探讨 LGBTQ 的再现是如何遍布于游戏文本之中的，即使这些游戏"本身并不是关于 LGBTQ 的"。

与其他媒介相比，学术界很少关注数字游戏中有关女同性恋、男同性恋、双性恋、跨性别者和酷儿（LGBTQ）内容的历史。为了纠正这一点，我和我的合作者一直在完善一个数字档案，档案中记录了自 20 世纪 80 年代以来数字游戏中所有已知的 LGBTQ 内容。[1]这个档案除了让我们看到 LGBTQ 随着时间的推移在游戏中的再现，同时展现了 LGBTQ 群体及相关议题被整合在游戏媒介中的无数种方式。在这一章中，我以系列游戏《情圣拉瑞》为例来分析 LGBTQ 在数字游戏中的再现。虽然该系列游戏的主角是一个试图表现出支配性白人雄性气质的异性恋男性，但游戏中充斥着与 LGBTQ 相关的角色、内容和互动片段。虽然这些例子中有很多是以恐惧同性恋或恐惧跨性别的形式出现的，但该游戏提供了一个适用的案例，可以让我们思考游戏如何全面地融入 LGBTQ 内容，而不只是简单地通过游戏中允许玩家介入的同性恋爱关系来呈现这些内容。

《情圣拉瑞》是一个带有喜剧性色彩的面向成年人的系列游戏，最早发布于 1987 年，由阿尔·洛（Al Lowe）为雪乐山在线公司创作。对于第一代游戏，该公司几乎没有进行任何投资。阿尔·洛负责编写剧本和程序，美术工作由美术师马克·克罗（Mark Crowe）单独完成。阿尔·洛还被要求放弃所有预付款，交换条件是每售出一套游戏会得到丰厚的版税分成。[2] 虽然一些分销商拒绝销售或宣传这款游戏，但博客作者吉米·马厄写道："到 1988 年夏天，也就是这款游戏发行一周年，《情圣拉瑞：拉瑞在花花公子岛》成为雪乐山公司有史以来发行的销售数量最高的游戏，而非《国王密使》。"[3] 从那时起，这款游戏就受到了小众玩家的持续追捧。

在 2004 年这个系列重启之前，《情圣拉瑞》一直是一个点击式冒险游戏。（在第一代游戏中）玩家控制以一个中年处男形象出场的拉瑞·拉弗（Larry Laffer）与他试图引诱的女性进行一系列互动。发行商维旺迪集团重启的系列以拉瑞的侄子拉瑞·拉维纪（Larry Lovage）为主要角色，不过阿尔·洛没有参与开发，并且他对该游戏发表了批评意见。[4] 新的游戏拥有三维图形，除原本的逻辑谜题之外，游戏还有更多操作上的挑战。例如，《情圣拉瑞：优等生》要求玩家操纵一个面带笑容的精子绕过在屏幕底部区域持续滚动出现的障碍。若能够顺利前进，拉瑞付出的努力就会多多少少获得回报——成功引诱到女性。除了重制版和衍生游戏，《情圣拉瑞》的主打系列共有 8 代游戏。

在雪乐山公司开发游戏的过程中，《情圣拉瑞》开创了许多令人惊叹不已的"第一次"，包括其他游戏从未有过的在正式发售之前进行的贝塔测试和对玩家输入的语句命令做出响应的能力，这些语句命令①的多样化程度高到令人惊讶。[5] 但《情圣拉瑞》也顺应了长期以来以性为卖点的游戏潮流。根据马厄的看法，在雪乐山公司 1981 年发行了《软色情历险记》之后，以性为主题的游戏出现了名副其实的爆发式增长。[6] 但是随后，保守派的反弹，电脑公司对于将自己的产品与成人主题的软件联系在一起所表现出来的不情愿的态度，以及软件分销商对于销售这类软件的抗拒姿态，这些因素都让公司对于是否投资色情游戏感到踌躇不定。然而，20 世纪 80 年代中期游戏行业进入萧条，发行商再次转向了性爱游戏，以吸引主要由年轻男性构成的电脑爱好者。1986 年信息通信公司（Infocom）出

---

① 在这款游戏中，玩家通过使用键盘输入简短语句来控制角色。——译者注

品的《火卫一皮草女神》是新一轮性爱游戏浪潮中的首部作品，并在 1987
年为《情圣拉瑞》的发布奠定了基础。在《火卫一皮草女神》成功之后，
雪乐山公司的游戏开发者肯·威廉斯（Ken Williams）让阿尔·洛继续更
新《软色情历险记》并希望这款游戏变得更加有趣。[7]

关于《情圣拉瑞》的学术研究很少，尽管许多关于游戏中的性与性取
向的文章顺带提及过它，但没有一篇文章深入讨论这款游戏中的 LGBTQ
内容。[8]在这个系列游戏中，LGBTQ 角色的社会性别和性取向经常通过刻
板的能指①来传达（例如，行为举动非常阴柔的男人或者举止言谈非常阳
刚的女人）。不必从负面对其进行解读，就像电影学者理查德·戴尔所说
的，性取向的再现很难脱离这种展演式代码。[9]通常被批评为负面刻板印
象的也的确是部分 LGBTQ 人士生活中的身份展演（有的男同性恋表现得
女性化；有的女同性恋自我认同为男性化角色）。如果将这些展演视为荒
谬的或者令人不快的，就等同于否定了 LGBTQ 社群中的边缘群体。戴尔
认为，当我们批评同性恋的再现时，与其关注他们是否被准确地再现，不
如关注文本中使用这些刻板印象的目的。刻板印象是用来贬低他人和制造
异类，还是作为展演式线索来表明一个角色的性取向？那么，《情圣拉瑞》
又是如何运用 LGBTQ 角色的呢？

《情圣拉瑞》系列游戏总共 8 代，在其中 6 代中，有 9 个重要的非玩
家角色（NPC）和数个 LGBTQ 角色。例如，在《情圣拉瑞 3》中，拉瑞
的妻子卡拉劳（Kalalau）为了波比（Bobbi）而离开了他，波比是“一个
亚马孙人、哈雷骑手、女同性恋、老虎机维修女工，也曾是食人者”。游
戏的最后，拉瑞和一个叫帕蒂（Patti）的女人被一个女同性恋食人族部
落俘虏。《情圣拉瑞 6》中有担任更衣室助理的男同性恋加里（Gary）、
后来被拉瑞发现是跨性别女性的“黑人化妆师”沙布利（Shablee），以
及在一些网站上被粉丝描述为双性恋或女同性恋的健美操教练卡瓦里奇
（Cavaricchi）。[10]

在重启的该系列游戏《情圣拉瑞：优等生》中，拉瑞·拉维纪引诱

———————

① 即标志。——译者注

了一位名叫约内（Ione）的大学同学，她对女性主义诗歌很感兴趣。在游戏的后期，约内公开了自己的女同性恋身份，并和她的双性恋室友鲁巴（Luba）约会。在游戏的一个片段中，拉瑞在同性恋酒吧斯巴达克斯（Spartacus）碰到了约内。《情圣拉瑞：票房危机》中有一个据说是双性恋的色情电影明星达蒙·拉科克（Damone LaCoque）。在大多数情况下，这些角色是游戏整体幽默效果的一部分，展示拉瑞在寻找性和爱的过程中为何如此戏剧性地失败：他要么去追求那些对他不感兴趣的女人，要么被他不感兴趣的人追求。

112

有趣的是，虽然游戏中对社会性别和性取向的再现是有问题的，但它们确实展现出了不同类型的 LGBTQ 人士。每个游戏角色都借鉴了其他媒介应用在 LGBTQ 再现上的不同经典套路，前几代游戏中甚至还存在酷儿有色群体。波比是一个典型的会在同志骄傲大游行中骑着重型机车开路的女同性恋角色，虽然她没有在游戏中现身，但她被描述为一位来自虚构的近似太平洋岛屿的世居民，与拉瑞的妻子卡拉劳来自同一个地方。虽然这对情侣可能模仿了一个能够展示出处于"顶底"关系（butch‑femme relationship）①中的酷儿女性的传统，但处在伴侣关系中的两位太平洋岛国女性的再现在任何媒介中都是罕见的。在一个以恐惧跨性别为主题的笑话中，沙布利被设定为一个被嘲讽的对象，但据我们所知，她是第一个出现在游戏中的跨性别女性有色人士。她也被套路化，被描绘为热衷于调情、性欲化的，利用自己的性魅力来怂恿拉瑞为她争取利益。直到他们约会的最后一刻，她一直被再现为一个知道自己想要什么的妩媚女人。2004 年后的重启游戏实际上在很多方面存在问题，例如，所有 LGBTQ 角色都被设定为白人，包括斯巴达克斯的所有顾客；达蒙被设定为双性恋，这涉及混淆性工作与性取向认同的问题；约内显然是对"典型的大学生女性主义者"的戏仿，她不可避免地"成为"一个女同性恋并剪掉了自己的长发；鲁巴则被再现为一个（在喝醉时）可以向任何人张开怀抱的双性恋。虽然整个系列是关于性幽默的，但非异性恋和非顺性别角色在这种幽默中处于

---

① 一方扮演较为男性化的角色，一方扮演较为女性化的角色。——译者注

特别边缘化的位置。游戏中所讲述的或表现出来的笑话暗示现实世界里会有一位与拉瑞有着相似身份的玩家（一个异性恋、顺性别的男性）。当然，实际上游戏粉丝包含所有生理性别身份和社会性别身份，但这个游戏以一种边缘化的方式利用了 LGBTQ 角色。回顾戴尔的观点，在这款游戏中，实际上，加诸 LGBTQ 角色的刻板印象就是为了加强对他们的边缘化。[11] 此外，在前几代游戏中，这些角色的性取向认同通常是需要玩家去发现的，而没有表现为他们与众不同的外在标志被拉瑞取笑。这让 LGBTQ 玩家自己稍微多一些机会来欣赏游戏中的笑话，而不是仅仅作为被笑话嘲讽的对象。

　　LGBTQ 内容还零散地出现在游戏的背景或环境中。例如，在第一代《情圣拉瑞》中，玩家可以观看单口喜剧演员[①]的表演。演出中讲的几个笑话都是关于恐惧同性恋的，或者多多少少贬低了 LGBTQ 人士和女性。在《情圣拉瑞 5：热情的帕蒂做了一个小小的卧底工作》中，游戏中的纽约机场里有一则广告，上面写着："男同性恋？女同性恋？离婚了？单身？丧偶？伤心？对不起，但恶色徒（Blecchnaven）[②]中心每周只为快乐的异性恋夫妇举办交流会。"这是一个被随意插入的笑料，在游戏中随机出现，虽然看上去没什么必要，也没有意义，但它的出现显得十分具有目的性。游戏设计中的每一个选择都是有目的的，因此我们必须问："在背景广告中加入这种对同性恋不必要的冒犯，目的是什么？"很明显，这就是为了幽默，就像《情圣拉瑞 3》中顺带提及的食人族女同性恋一样，但这种幽默显然不是为了支持 LGBTQ，而是以消费他们为代价来呈现幽默。然而，有趣的是，当最初的游戏发布时，分销商拒绝公开展示它，在某些场合，分销商还拒绝出售。据马厄的记录，那时"肯·威廉斯本人也很紧张，他下令未来的游戏版本要删除所有关于'同性恋生活'的笑话"。[12] 然而，人们并不清楚肯为什么做出这个决定，也许是担心文本内容中对同性恋的提及让这个已经触犯了大众情感的游戏进一步越界，或者在 20 世纪 80 年代末伴随艾滋病危

---

① 在国内更习惯称之为"脱口秀演员"。——译者注
② 这是游戏自造的词语，blecch 是拟声词，用来表现看到恶心事物时的心理状态，naven 是好色之徒的意思。——译者注

机而爆发的酷儿运动中，这家公司不想被消费者视作出售恐惧同性恋笑话的软件公司。

　　在游戏的玩乐和叙事方面，它进一步强化了 LGBTQ 内容的边缘化。游戏的目标是帮助拉瑞与不同的女性发生性关系，扮演好他的异性恋、白人、顺性别男性角色。然而，在一个以异性恋雄性气质为追求目标的游戏中，游戏中的 LGBTQ 角色和主题会以合乎逻辑的方式阻碍这一目标的实现，并使有关性取向和社会性别的内容变得非常好笑。比如，在《情圣拉瑞 2》的结尾，拉瑞最终迎娶了卡拉劳。为了延续这个系列，至少在不需要大伤脑筋地再次思考每代游戏目标的前提下，在后续的游戏中拉瑞不得不再次变成单身。当然，他的妻子可以为了另一个男人而离开他，但考虑到同性恋元素在这个系列中时常起到搞笑作用，卡拉劳与波比的同性恋爱关系提供了一个叙事上的反转，《情圣拉瑞 3》的故事就这样展开了。

　　在后几代游戏中，玩乐与叙事的交互以更加负面的方式架构起来。比如，在《情圣拉瑞 6》中，加里在整个游戏中都在和拉瑞调情，但如果拉瑞反过来向加里调情，游戏的结尾就是拉瑞和加里手牵手走向夕阳的画面，并有如下文字："作为一位摇摆不定的终极单身汉，其出色的事业有了一个多么可耻的结局！"因为在一款玩家需要帮助拉瑞赢得女性青睐的游戏中，他与一位男性坠入爱河的结局显然是可耻的。然而，这种"这款同性恋游戏就这样结束了"所表现出来的轻度恐惧同性恋情绪，与拉瑞对沙布利明显的恐惧跨性别反应相比，简直是小巫见大巫。

114

　　有趣的是，虽然随着时代的发展，游戏在图形方面变得更加丰富，但削弱了玩家在探索自身操作与游戏回应方面的相对能动性。在前几代游戏中，很多乐趣来自玩家输入各种单词之后观察游戏如何响应（包括观察设计师设计了哪些非常规的响应）。在《情圣拉瑞 3》中，拉瑞与一位女性在其表演间隔发生性关系后，意外地穿上了她的滑稽戏服。玩家可以使用键盘输入任意单词，然后才会意识到"舞蹈"是唯一能让拉瑞成功前进的方法［也就是说，接受性别表现不一致（gender nonconformity）①才

---

　　①　指性别表达和社会常规定义下的性别角色有所不同。——译者注

是这个谜题的答案]。然而，在后几代游戏中，玩家被要求应对身体动觉
（kinesthetic）挑战[①]，而不是解答谜题。前几代游戏中对各种关于生理性别
表达或社会性别表达的趣味性探索在后几代游戏中一般都沦为一句话笑话
（one-liner）或视觉笑话（visual gag）[②]。

这个系列游戏有着 30 年的时间跨度，在 LGBTQ 的再现角色所属的
不同类型之中，虽然一些具体方面发生了变化，但以下几个核心信息是一
致的：男同性恋是令人讨厌的、女同性恋的重要性仅在于其对男性的挑逗
程度、性别表现不一致是离经叛道的特征、跨性别者是个笑话。这对一个
简单的假设——将边缘化群体纳入媒体能够促进一种线性向前的发展——
提出了挑战。不可否认的是，在该系列游戏的幽默中，那些针对拉瑞的尖
锐挖苦和对上述各个 NPC 的同样多，但最终玩家还是被设计成站在拉瑞
那边。虽然异性恋男性所拥有的雄性气质在游戏中会被打趣，但它本身并
不可以作为笑话。

开发者的政治立场明显地被写进了这些游戏。在一次采访中，阿
尔·洛声称《情圣拉瑞》系列游戏是主张女性主义的，因为女性总是占上
风，而且比拉瑞更聪明。[13] 这表明他对女性主义政治存在严重误解。正如
马厄所描述的那样，这个系列游戏"在本质上就是一种欺凌行为，站在特
权的位置上俯视安全的目标，然后发起猛烈攻击"。[14] 甚至阿尔·洛对游
戏为什么吸引人的说法也验证了马厄的批评。阿尔·洛坚持认为："那些家
伙喜欢他，因为连他们都不像拉瑞那样呆板。这是一个能够使他们感觉到
优越感的人，不管他们自己有多么差劲。而我认为女性喜欢这个游戏的原
因是……她们都和这样的混蛋约会过。而且我认为这些游戏是非常主张女
性主义的，是支持女性的。"[15] 然而，《情圣拉瑞 2》的结尾却与阿尔·洛
关于游戏主张女性主义的说法相左。游戏最后的画面上写道："当我们离开
我们的英雄……我们问自己一个迫切的问题……妇女解放运动真的死掉了

---

① 身体动觉挑战包括控制自己的身体运动的能力、操作物品的能力以及时间感和反应
  力。——译者注
② 一句话笑话指不用铺垫故事，直接用一句话表达的短笑话；视觉笑话是任何以视觉
  方式传达幽默的东西，往往不需要使用语言。——译者注

吗？女性运动还存在吗？……还是说阿尔·洛还得再写一部类似这样的愚蠢、邪恶虚假的好东西^①？"

　　根据阿尔·洛的设计，《情圣拉瑞》所对抗的"老大"（Boss）在元层面上就是女性主义。LGBTQ 的存在本身挑战了正统的异性恋白人雄性气质。每一个关于 LGBTQ 的笑话都不只是简单的笑话，而且是对他们的攻击。虽然该系列游戏试图通过幽默来削弱其内容的压迫性，但它永远无法真正摆脱设计中的政治立场。不过，我们的收获不仅仅是一个简单的结论——《情圣拉瑞》是带有压迫性的游戏。在整个系列游戏中，LGBTQ内容实际上也是叙事中不可或缺的。抛开那些幼稚的幽默，在不同框架和政治立场下工作的设计师可以从《情圣拉瑞》那里获得一些有益的启示，从而制作出一款再现 LGBTQ 人群多样性的同时又令人感到放松的游戏。追溯 LGBTQ 在游戏中或在其他任何媒介中的再现都不是简单地记录已经发生的事情。相反，这是一个起点，让我们弄清楚事情为什么是这样的，然后想象我们如何做才能让事情变得有所不同。

注释

　　1 Adrienne Shaw, *LGBTQ Game Archive*, accessed August 18, 2016, https://www.lgbtqgamearchive.com.

　　2 Jimmy Maher, "Leisure Suit Larry in the Land of the Lounge Lizards," *The Digital Antiquarian*, August 15, 2015, accessed September 12, 2016, https://www.filfre.net.

　　3 Maher, "Leisure Suit Larry."

　　4 Brenda Brathwaite, *Sex in Video Games* (Middletown, DE: Brenda Brathwaite, 2013); and Chris Kohler, "20 Years, Still Middle-Age: Two Decades of Leisure Suit

---

　　① 游戏中出现的词语是"sin-phonies"，将其翻译为"邪恶虚假的好东西"。该自造词由"sin"与"phony"组成，意思分别为"邪恶"与"赝品"，同时整体的拼写与发音又近似"symphony"（交响曲，和谐），以表达开发者自己对于游戏作品的正面态度。——译者注

Larry," *1up.com*, August 8, 2007, accessed September 12, 2016, https://www.1up.com.

5 Maher, "Leisure Suit Larry"; and Matt Barton, "Matt Chat 50 Part 1: Leisure Suit Larry Featuring Al Lowe," YouTube video, 10:02, published February 21, 2010, accessed September 12, 2016, https://www.youtube.com/watch?v=9PGGEFQdZuw.

6 Jimmy Maher, "Leather Goddesses of Phobos (or, Sex Comes to the Micros—Again)," *The Digital Antiquarian*, March 5, 2015, accessed September 12, 2016, https://www.filfre.net; and Al Lowe, "What Is Softporn?" *Al Lowe's Humor Site*, n.d., accessed August 18, 2016, http://www.allowe.com.

7 Maher, "Leisure Suit Larry."

8 Sue Ellen-Case, "The Hot Rod Bodies of Cybersex," in *Feminist Theory and the Body*, edited by Janet Price and Margrit Shildrick (New York: Routledge, 1999), p.141.

9 Richard Dyer, "Stereotyping," in *The Columbia Reader on Lesbians and Gay Men in Media, Society, and Politics*, edited by Larry P. Gross and James D. Woods (New York: Columbia University Press, 1999), pp.297 – 301.

10 "Leisure Suit Larry 6: Shape Up or Slip Out!," *Wikipedia*, n.d., accessed September 12, 2016, https://en.wikipedia.org.

11 Dyer, "Stereotyping."

12 Maher, "Leisure Suit Larry."

13 Barton, "Matt Chat 50 Part 1: Leisure Suit Larry."

14 Maher, "Leisure Suit Larry."

15 Barton, "Matt Chat 50 Part 1: Leisure Suit Larry."

延伸阅读

Benshoff, Henry M., and Sean Griffin. *Queer Images: A History of Gay and Lesbian Film in America*. Lanham, MD: Rowman & Littlefield, 2006.

Consalvo, Mia. "Hot Dates and Fairy-Tale Romances: Studying Sexuality in Video Games." In *The Video Game Theory Reader*, edited by Mark J. P. Wolf and

Bernard Perron. New York: Routledge, 2003.

　　Greer, Stephen. "Playing Queer: Affordances for Sexuality in *Fable* and *Dragon Age*." *Journal of Gaming & Virtual Worlds* 5 (2013): 3 - 21.

　　Shaw, Adrienne. "Putting the Gay in Games: Cultural Production and GLBT Content in Video Games." *Games and Culture* 4 (2009): 228 - 253.　　　　117

14 《NBA 2K16》：种族 [①]

特雷安德烈亚·M. 拉斯沃姆（TreaAndrea M. Russworm）

编者语： 在 2K 体育（2K Sport）的篮球游戏系列中，故事驱动的生涯模式已经从一个简单的角色创建系统发展成在每年发布的游戏中最令人期待和最受欢迎的部分。特雷安德烈亚·M. 拉斯沃姆在仔细研究了面部扫描技术的应用和《NBA 2K16》中"我的生涯"模式（MyCareer mode）里的故事（其中包括斯派克·李导演的置于游戏中的影片《活在梦中》）之后，探讨了在硬核玩家重现 NBA 超级巨星的辉煌事迹时，种族议题以及共情的难以实现如何成为他们绕不开的核心问题。

电子游戏行业中有一个种族再现的问题。当我们认为这个问题是由缺乏"多样性"与"包容性"的角色和化身所导致的时候，我们就很容易从数量上考虑这个问题，那么它就可以通过简单地多创作一些有更多种族多样性角色的游戏来解决。然而，电子游戏行业所存在的种族再现方面的问题比这个复杂得多。再现问题与在游戏中以可玩主角出现的有色群体的稀少数量关系不大，而更多地关乎这些角色所促进的意识形态，包括当这些角色其实是偶然出现在各种类型的游戏中时，硬核玩家如何看待并表达对这些角色的共情。

以体育游戏为例，这个行业每年都会产生数百万美元的收入，在所有游戏中，体育游戏中不同种族的再现角色数量也一直是最多的 [1]。体育游戏不仅在收入方面是行业中的"璀璨明珠"，在种族多样性方面也必然如此，正如戴维·J. 伦纳德所解释的那样，"10 个黑人男性电子游戏角色中有 8 个是体育选手"。[2] 如果说美国职业篮球联赛（NBA）中大约 75% 的

队员是非裔美国人，那么从数量上考虑体育游戏中的种族再现就会使上述言论指出的那种显而易见的情况更加直观。当然，十分畅销的《NBA 2K》系列就一直被认为具有"多样性"。该系列游戏不可避免地包括了相当数量的黑人"角色"，他们都是基于如勒布朗·詹姆斯（LeBron James）和斯蒂芬·库里（Stephen Curry）等真实 NBA 明星所创建的且大多数在动作捕捉下生成的数字还原。然而，除了角色数量之外，体育游戏还提供了叙事体验，就像那些基于故事、以多样性的再现角色为特点的更传统的游戏一样，例如《行尸走肉》、《黑手党 3》①、《机库 13》和《看门狗 2》等。本章认为，近年来已经成为叙事游戏的《NBA 2K16》在视觉层面上的不同种族再现尚可令人接受。然而，《NBA 2K16》中的电影故事和模拟游戏之间的竞争机制破坏了游戏所做的尝试，导致玩家与虚构的非裔美国人角色之间无法建立共情。在此游戏中，使用面部扫描技术表面上会加强玩家与游戏世界中角色的情绪联结，但实际上似乎妨碍了非黑人玩家从游戏中获得沉浸感和对黑人角色产生共情。

　　那么，一款篮球模拟游戏是如何成为一款叙事游戏的？备受赞誉的体育游戏开发商视觉概念通过逐步调整其"我的生涯"模式下的游戏体验，将其在业界领先的《NBA 2K》系列变成了一款叙事游戏。"我的生涯"游戏模式迎合了希望在围绕篮球的游戏互动中同时体验剧情和角色扮演的球迷。依托智能手机和游戏主机中所配备的摄像头，面部扫描技术变得广泛普及之时，视觉概念和发行商 2K 游戏开始将"我的生涯"作为一部可玩的"故事片"全面推广[3]。这些技术革新使创建逼真的数字自我再现成为可能，并同时提高了对由专业人员创作并被拍摄为影片的故事的需求，这些故事能够增强硬核玩家与游戏中另一个自己之间的情绪联结。

　　除了在数量上更多地表现出种族多样性，"我的生涯"中的虚构背景故事也强调了种族再现，并将非裔美国人的社会和文化背景作为主题。在《NBA 2K16》中，这些努力的最终成果是游戏中一部由斯派克·李（Spike Lee）执导的 90 分钟影片《活在梦中》（*Livin' da Dream*）。这位传

---

　　① 又译《四海兄弟》。——译者注

奇的非裔美国独立电影人因《为所应为》（*Do the Right Thing*，1989）和
《黑潮》（*Malcolm X*，1992）等电影而闻名。为了强调电子游戏中其导演
处女作的意义，在《活在梦中》影片开始时，李出现在镜头前，并宣布：

> 今年，《NBA 2K16》将为"我的生涯"模式带来一个新的故事。
> 你的世界会变得比以前更辽阔、更壮丽。成为一名优秀的球员所付出
> 的努力要比你在场上看到的多得多。读高中，上大学，选一个经纪
> 人，参加选秀，创立自己的品牌，以及组建家庭。明星身份带来的压
> 力对你还有你周围的人而言都是非常真实的，但回报也很丰厚。如果
> 你想深入你的工作，那么，让我来给你讲一个故事。

然后，当实景真人（live-action）环节通过一个跳切过渡到游戏场景，
李的数字再现站在正排练的演员的数字形象面前时，屏幕上的主演被替换
为与硬核玩家外貌相近的数字再现。"变！"李说，"进入我的世界，在这
里你会成为故事的主角。"

《活在梦中》是通过交替使用冗长的非交互式过场动画和互动游戏的
方式来创建的，这些互动游戏只包括你的玩家角色在早期职业生涯中的少
数几个亮点。在这个由过场动画和有限的篮球互动游戏交替出现所生成的
故事里，你的昵称是"节奏跃动"［Frequency Vibrations，也会被称呼为
"小节"（Freq）］，出生在纽约的哈林区，父母都是黑人，都属于工人阶
级。你还有一个异卵双胞胎姐姐，你们的关系非常亲密。当故事开始时，
你是一个高中篮球明星，是你所打位置的天花板级运动员。在父母、双胞
胎姐姐和最好的朋友维克（Vic）的支持下，你选择了一所大学，打了一
年的篮球，决定要获得 NBA 选秀的资格。你在 NBA 明星中的排名不断
上升，吸引赞助，运用你的天赋赚取利润，并且你的形象变成一个精心打
造的媒介化品牌，你的职业生涯中唯一真正的瑕疵是你与最好的朋友的交
往。维克——你当年的伙伴——频繁闯入狂欢派对，多次被捕，宣扬他与
你的关系（自豪地将"我是小节的朋友"的身份昭告天下），在社交媒体
上毫无顾忌，经常冒犯你的家人、经纪人和球队老板。与他的亲近关系使

你面临违反 NBA "道德条款"的风险。大家不断警告你要与他断绝关系，你和维克（如图 14-1）就你不为人知的过去发生了激烈的争吵：他曾经为你犯下的意外杀人案背黑锅。

图 14-1　维克和本文作者的玩家角色小节

当你在 NBA 的第一年结束时，维克开着你的车卷入了一场飙车事件并最终自杀身亡。他死后，尽管你也感到哀痛，但你依然会全身心投入自己的非凡事业，成为一名真正的球星。《活在梦中》以维克在镜头前发表的一段辛酸的自杀独白结束。在这个叙事体验结束后，"我的生涯"模式就成为一个更加偏向传统的篮球模拟游戏，没有再进一步使用过场动画或其他故事讲述手法。

在整个游戏开头对于这部黑人家庭剧的介绍中，玩家控制的角色小节与他的朋友维克始终保持着一种复杂的情绪联结。例如，在一段纪录片形式的过场动画中，可以听到斯派克·李在镜头外向小节提出的一些采访问题都是围绕由维克导致的负面媒体报道，小节坚定又饱含同情地维护了自己的朋友。"让我来告诉你维克的情况。他有他的坏毛病……我明白他的一些判断可能会掩盖他的真实性格。他根本不是那样的人……我们实际上对彼此都有感情。我们是兄弟，我们的关系甚至比亲兄弟还要亲密。"在这个场景中，小节承认维克的"真实性格"与人们从媒体上对他的了解是不同的。随着故事的发展，小节认为大家在本质上都存在会给维克带来毁灭性后果的错误认知，特别是媒体和球队老板，他们禁止维克作为小节的随行人员参加 NBA 比赛。围绕维克人物复杂性的叙事重点被斯派克·李的导演风格进一步突出，他使用了轨道车和旋转摄像机来强调这个角色的自省和内在本质。游戏中的影片将画面聚焦在维克身上，而没有将时间全部放在 NBA 球星上。这种方式将维克身上的情绪复杂性描写得更加深刻。维克在叙事的结尾坦率地吐露了心声。在最后的这段独白中，维克回忆起他的梦想、他的希望、他与死于艾滋病的父母一起生活的童年经历。他要求那些不分青红皂白地评判他的人"停下来，听我说话，来真正了解我维克多·范里尔（Victor Van Lier）"。

尽管游戏为了使角色更加复杂和人性化而使用了电影制作手法，但是许多"我的生涯"游戏模式的忠实粉丝附和了故事中其他角色对维克所表达的不满情绪（"不要逞英雄了，放弃那个废物吧"），他们同样很鄙视维克。无数的博客文章抱怨斯派克·李的故事"毁掉了游戏"。Reddit 上有一个名为"讨厌维克的来接龙"的主题，它的下面有一连串帖子；在Gamefaqs 上有一个名为"有谁真正喜欢维克多·范里尔吗"的投票（249名参与者投了"不喜欢"，80 名参与者投了"喜欢"）；其他网站上还有一些模拟维克死亡的 3D 动画。[4] 为什么在粉丝群体当中存在对这个角色如此大的蔑视情绪？这种在体育游戏中更加富有活力的讲故事方式，加上能让硬核玩家拥有与维克近似外貌风格的面部扫描技术，为何不能创造出带有参与性和共情性的游戏体验呢？

共情是艺术研究与美学研究中的概念，最初指一个人摸索着"融入无生命的艺术作品"的能力，后来被挪用到心理学中。[5] 在电子游戏研究中，共情经常作为一个受到特别重视的设计目标。正如凯瑟琳·伊斯比斯特在《游戏情感设计：如何触动玩家的心灵》中所说，玩电子游戏会"使玩家对其他人感到麻木"是一个错误的假设。[6] 与之相反，伊斯比斯特（本文集中也收录了她撰写的章节）认为游戏"在创造共情和其他强烈的积极情绪体验方面发挥强大的作用"。[7] 这种分析的基础是，游戏可以通过设计元素之间的精心配合，如有意义的选项、任务流和社交性玩乐（包括角色扮演和与非玩家控制角色的协同行动），使玩家产生强烈的情绪，例如共情。[8] 为虚拟世界中的角色创造叙事机会，促使玩家对他们发展出强烈的感情和怜悯心，如果共情在一定程度上被认为是这样培养出来的，那么正如哲学家南希·E. 斯诺所提示的，对一个角色产生某种情绪和与一个角色共享某种情绪之间存在重要的区别。斯诺解释道："共情应该被更准确地描述成与某人一起感受某种情绪，而且是因为对方正在感受这种情绪，而不应把它描述成替某人感到某种情绪。尽管这两种现象密切相关，而且往往属于同一种复杂的情感体验。"[9] 因此，回到《活在梦中》，在维克的独白中，能够真正共情的玩家并不会为维克怨恨命运的不公，而可能会在维克痛苦地诉说他根本无法融入小节对美国梦的追求时，与他一同感到悲恸。

如何解释硬核玩家和他们的自我再现玩家角色小节在情绪取向上的巨大差异？两个特别突出的设计元素导致了这种脱节。首先，游戏的封闭式叙事结构（作为影片的游戏）与一直以来这个游戏众人皆知的开放式模拟机制（作为体育模拟的游戏）之间相互冲突。其次，在这个游戏中，"参与故事"模式也意味着主演一部黑人家庭电视剧，因此作为电影的游戏和作为体育模拟的游戏之间的对立关系与游戏对种族的再现是紧密相关的。换句话说，游戏中的角色构建——默认的黑人特质——会通过种种方式使本应带来共情效果的角色扮演机制失去效力，而上述两种不应该同时存在的游戏模式也会促成这些方式。

这款游戏设计中最值得注意的一个方面是，与其他同样允许对玩家角色的种族和其他身体属性等视觉再现进行定制的游戏不同（例如《辐射》系列），当硬核玩家进入"我的生涯"模式的故事时，过场动画中其周围配角的种族并没有发生变化。这意味着，当亚洲人、拉丁美洲人和白人硬核玩家使用面部扫描技术在游戏中生成他们各自版本的小节时，小节在屏幕上的种族再现和肤色会有所改变以匹配硬核玩家本身的情况，但该角色的亲生父母、双胞胎姐姐和维克在游戏中总是作为非裔美国人出现。

当游戏以影片形式推进，在 90 分钟非交互式过场动画中的很多时刻，角色身上固定且默认的黑人特质被进一步明确。因此，粉丝的不满极为明显地来自他们需要在这款游戏的影片中与这位带有黑人特质的棘手角色产生密切联系。篮球迷无法在这些过场动画中准确地"看到"自己，因为他们无法改变维克或其他非玩家角色的种族以匹配自己的种族，这一设定被斥为"鼓吹种族主义的"①，同时证明了这个游戏"糟透了""像噩梦"一般。[10]一位球迷写道："我身为白人却必须成为黑人家庭的一员，与黑人姐姐成为双胞胎，这对我来说永远没有意义，也让我根本无法享受'我的生涯'带给我的游戏体验。"[11]另一位玩家抱怨道：

> 今年的"我的生涯"游戏模式强迫你成为一个来自布鲁克林低收入住宅区的名叫"节奏跃动"的球员，生活在非裔美国家庭，有一个双胞胎姐姐。游戏中影片的名字叫作《活在梦中》。不是在开玩笑。当我听到这个故事并看着我创造的与自己相似的西班牙人时，我正尝试理顺这些事情。我无法确定这是不是一个逆向盲点，还是我的角色拥有了瑞秋·多尔扎尔（Rachel Dolezal）式的妄想。斯派克·李就好像让"我的生涯"游戏模式故意排斥我，让我觉得参与其中就是在挪用一种不属于我的文化。这些根本就不是当下能够提升我的游戏体验的东西。[12]

尽管人们可能经常会误认为把所有玩家角色安排在一个黑人家庭的环境是强迫式的"文化挪用"，但这种游戏设定只是把所有体育类电子游戏玩家几十年来所做的事情逐字逐句地进行了解读：通过幻想自己拥有接近黑人体质特点的出色运动能力来假装自己变成了另外一个人。然而，《NBA 2K16》的市场接纳程度与其他游戏不同的主要原因在于，难以实现共情的硬核玩家更喜欢享受自己作为 NBA 传奇人物的宏大幻想，但不能将他们的想象力延伸到在家庭层面也要与黑人特质存在关联。

---

① 这里是指"黑人至上"种族主义。——译者注

正如玩家对故事模式的态度所表现出的，对于非黑人硬核玩家来说，他们在扮演自己的同时还要对周围的黑人角色产生共情是一件特别令人抵触的事情[13]。在任何关于电子游戏以及假定电子游戏具有创造共情的能力的讨论中，种族多样性都是一个复杂的因素。上述粉丝的抵触情绪揭示了人们对于在游戏中感知到的种族多样性的看法。此外，《NBA 2K16》将维克构建为一个年轻的黑人男性，在意识形态角度上，这样做也值得人们进一步思考其背后的原因。作为小节一个麻烦不断并且有犯罪前科的黑人朋友，维克出现在一个由 NBA 授权并认可的游戏中，最终以自杀的方式从 NBA 文化中被暴力驱逐出去。这传递出一个明确的信息，即联盟长期以来在黑人球员的行为准则上采取的惩罚性立场。虚构的球队老板仅仅因为小节与维克的关系而对小节使用了"道德条款"，这在一定程度上表现出大写的体育文化①如何成为"具有争议性种族意味的空间"，这个空间强调了白人至上主义关于什么是"好"的以及什么是"坏"的黑人男性气质的假定。[14] 或者，正如戴维·J. 伦纳德所说，体育文化中对一些黑人男性的诋毁和对另一些黑人男性的推崇成为其自身流行的"道德故事"，讲述的是"主角和反派之间的较量，后者在体育界内外会经常受到谴责、诋毁和管制"。[15] 与此相关的是，在游戏中尽管小节似乎能够感同身受地理解他的朋友，但维克死亡的事实否定了任何真正的机会，这些角色不能再把自身作为武器去批判 NBA 所信奉的"资本主义监管优先于人道主义同情"的理念。当然，到最后，维克必须死，因为只有这样小节对 NBA 负有声望的、带有例外主义色彩的政治化形象的道德忠诚才不会有任何含糊不清的地方。然而无论如何，在玩家进入非叙事性的篮球模拟游戏之前，故事展开的方式是固定的且非互动的，这样就抹杀了硬核玩家的任何机会，他们不能通过直接和关键的游戏操作参与争夺种族化意味的象征性竞争。

131

---

① 大写的体育文化是一种能够反映社会问题与价值观的文化，而不仅仅是一种狭义的突出竞技性质的体育文化。——译者注

注释

1 体育游戏中种族再现的数量远多于其他类型的电子游戏，纵观历史，后者大多由于缺乏多样性再现而受到批评。可参见 Williams, Dmitri, Nicole Martins, Mia Consalvo, and James D. Ivory, "The Virtual Census: Representations of Gender, Race and Age in Video Games," *New Media & Society* 11, no. 5 (August 2009): 815‒34。

2 David J. Leonard, "Performing Blackness: Virtual Sports and Becoming the Other in an Era of White Supremacy," in *Re:skin*, edited by Mary Flanagan and Austin Booth (Cambridge, MA, and London: MIT Press, 2009), pp.321‒322.

3 自 2005 年该模式首次亮相以来，游戏开始包括简要的剧情。这个模式现在被宣传为一种观看"影片"的体验。其中，开场影片的目的是向玩家介绍可操纵的篮球运动员，玩家会在这部自己的影片中作为明星出场。在近期发布的《2K15》《2K16》《2K17》《2K18》中，面部扫描技术已经在游戏中出现。

4 Tyus Tisdale, "Victor Van Lier Tribute (ACTUAL CAR ACCIDENT FOOTAGE)," YouTube video, 4:08, published October 20, 2015, https://www.youtube.com/watch?v=AmuaOTgwa5Q; and JaelenGames, "HOW VIC DIES! NBA 2K!^ MyCAREER (Vic's untold Story)—RockStar Editor," YouTube video, 5:11, published December 24, 2015, https://www.youtube.com/watch?v=956Fb50fNv8.

5 Warren S. Poland, "The Limits of Empathy," *American Imago* 64, no. 1 (2007): 90.

6 Katherine Isbister, *How Games Move Us: Emotion by Design* (Cambridge, MA: MIT Press, 2016), p.xvii. 中文版本《游戏情感设计：如何触动玩家的心灵》已由电子工业出版社于 2017 年 2 月出版。——译者注

7 Isbister, *How Games Move Us*, p.xvii.

8 Isbister, *How Games Move Us*, p.xviii.

9 Nancy E. Snow, "Empathy," *American Philosophical Quarterly* 37, no. 1 (2000): 66.

10 See, for example, this extensive Reddit thread about the game: https://www.reddit.com/r/NBA2k/comments/3mkw9e/livin_da_dream_more_like_livin_da_nightmare/#bottom-comments.

11 Comments posted by user "Schoonie30," *Metacritic* review, https://www.metacritic.com/user/Schoonie30.

12 这位评论者指的是电影《弱点》（*The Blind Side*，2009），其中一名非裔美国橄榄球运动员由一个白人家庭抚养长大。瑞秋·多尔扎尔是一名前民权活动家，因其以非裔美国人的身份经营个人生活与职业生涯而屡屡成为头条新闻，直到 2015 年被揭露她并非非裔美国人。Comments posted by user "Greedoinaspeedo," *Metacritic* review, https://www.metacritic.com/user/greedoinaspeedo.

13 玩家接受这个非裔美国人故事的程度与接受电子游戏中其他黑人角色的程度相比较是如何的？尽管对这样一个问题的完整回答超出了本章的范围，但我们可以注意到，一般来说，以黑人角色为主角的游戏（如《黑手党 3》和《看门狗 2》）与不以黑人角色为主角的游戏相比，粉丝对前者的接受度和评价较低。这并不意味着没有例外，如粉丝似乎很喜欢的《侠盗猎车手：圣安地列斯》或《行尸走肉》。然而，围绕黑人特质，这类游戏尝试传达的与现实社会存在关联的信息却在安抚而不是颠覆涉及"白人至上"和种族偏见的意识形态。《活在梦中》强调的是硬核玩家会看到自己与黑人家庭有生物学上的联系，这个想法中的种族再现不属于电子游戏行业中规范的、常见的种族再现方式。

14 David J. Leonard, "Never Just a Game: The Language of Sport on and off the Court," *Journal of Multicultural Discourses* 7, no. 2 (July 2012): 140.

15 Leonard, "Never Just a Game," p.138.

延伸阅读

Consalvo, Mia, Konstantin Mitgutsch, and Abe Stein, eds. *Sports Videogames*. New York: Routledge, 2013.

Oates, Thomas P., and Robert Alan Brookey, eds. *Playing to Win: Sports, Video Games, and the Culture of Play*. Bloomington: Indiana University Press, 2015.

Russworm, TreaAndrea M. "Dystopian Blackness and the Limits of Racial Empathy in *The Walking Dead* and *The Last of Us*." In *Gaming Representation: Race, Gender, and Sexuality in Video Games*, edited by Jennifer Malkowski and TreaAndrea M. Russworm. Bloomington: Indiana University Press, 2017.

133

15 《啪啦啪啦啪》：情绪

凯瑟琳·伊斯比斯特（Katherine Isbister）

编者语： 游戏可以唤起玩家的某些情绪，而其他诸如电影、小说等媒介则很难做到。在 PlayStation 的节奏游戏《啪啦啪啦啪》中，凯瑟琳·伊斯比斯特展示了这款游戏的核心设计手法：通过以目标为导向的坚持和玩家与角色的实时合作来激发玩家的自豪、喜爱等情绪。

什么让游戏变得有趣？这对游戏学者和游戏设计师来说都是一个永远没有确切答案的问题。玩家体验中的一个重要方面是，游戏会将玩家带入一个激动人心的情绪之旅，每时每刻都能够使玩家获得乐趣与满足感。其中一些情绪和我们在其他媒介中体验到的非常近似，比如疑虑、兴奋和恐惧，虚拟世界中故事的发展带来的快乐或悲伤。但还有一些情绪是游戏格外擅长唤起的，这些情绪产生于玩家在游戏世界中做出的相应动作。在这一章中，我将探讨经典的 PlayStation 游戏《啪啦啪啦啪》，利用我作为游戏设计研究者的学术经验和作为玩家的直接体验来说明设计师是如何唤起玩家的自豪和喜爱等情绪的。

《啪啦啪啦啪》最初于 1996 年在索尼 PlayStation 游戏机上发布，是第一个颇具影响的节奏类游戏。节奏游戏是要求玩家将游戏中的动作与节拍或配乐同步的游戏。该类型的其他主流游戏还有《吉他英雄》、《摇滚乐队》、《节奏天国》和《节拍神偷》等。在《啪啦啪啦啪》中，玩家在众多擅长不同音乐风格的 MC（Microphone Controller）① 的指导下学习如何成为一名说唱歌手（rapper）。为了"说唱"，玩家需要按照正确的顺序按动控制器上的按钮，模仿说唱导师的节奏。当导师 MC 说唱时，玩家会

① 可译为"麦克风的掌控者"，能够活跃现场气氛的说唱歌手。——译者注

看到该角色头上出现与 PS 控制器上的按钮相对应的符号，如三角形、方形、圆形等。当音乐响起时，玩家必须在正确的时间按下每个按钮。游戏屏幕的右侧会显示"糟糕"、"差"、"好"和"酷"的标准来评价玩家的操作（如图 15-1）。为了完成每个关卡，玩家必须努力在歌曲的大部分时间里保持在"好"的水平。在游戏中，如果被判定为偏离节拍或做出错误敲击，分数就会下降；如果失误太多次，分数就会下降到"差"；分数下降到"糟糕"后，游戏就会结束。第一次成功通关后，玩家在第二次玩该关时，可以在节奏上做一些即兴表演，按下那些指示以外的其他按钮，尝试获得"酷"的评分。如果玩家获得了足够多的"酷"评分，MC 会表扬玩家并走下舞台，让玩家独立表演这首歌的剩余部分。

图 15-1　啪啦啪跟着穆塞里尼老师学习驾驶

玩家的角色（也被称为"化身"）啪啦啪（Parappa）是一只天真烂漫的小狗（如图 15-1）。啪啦啪的背景故事和动机是通过供玩家观看的过场动画来传达的。这些预先制作的动画片段穿插在玩家与游戏积极互动的关卡之间，设定并推动叙事背景以调动玩家玩游戏的积极性。在第一个过场动画中，玩家了解到啪啦啪的主要目标是打动并保护桑妮（Sunny Funny）——一个脑袋类似雏菊的卡通角色。啪啦啪为了追求到桑妮要付出很多努力，他必须从每个导师那里学习到不同的技能，如功夫、驾驶和烘焙蛋糕。当然，实际上是玩家帮助啪啦啪获得这些技能。玩家通过在每个关卡中表演说唱来推进啪啦啪的目标。而在学习和表演说唱的过程中，玩家产生了一种只有电子游戏媒介才能带来的情绪体验。

135

负责《模拟人生》、《模拟城市》和《孢子》等畅销游戏的著名游戏设计师威尔·赖特曾说："人们认为游戏不能带给用户像电影那样的情绪冲击，但是我认为游戏能够做到，只是游戏拥有与电影不同的情绪调色板（emotional palette）而已。我在看电影时就从不感到自豪或内疚。"[1] 但是，这种情绪调色板从何而来？我在《游戏情感设计：如何触动玩家的心灵》[2] 一书中曾提到，游戏与电影或小说等功能固定的媒介之间的主要区别在于，玩家在游戏体验中扮演着主动的角色，其做出的选择会影响接下来发生的事情。小说读者和电影观众只能设想自己做出了与主角一致的选择，但一位硬核玩家实际上自己就能够做出那些决定——事实上可以做出非常多的决定（当然是在游戏设计师为角色规划的合理范围内）。由于玩家的每个选择都会获得游戏世界的反馈，优秀的设计师会为玩家提供有趣的选项。这些选项会给玩家带来如自豪和喜爱等情绪上的共鸣。

但是，游戏设计师究竟怎样设计游戏才能为玩家提供有意义的并且情绪上能够产生共鸣的选择呢？[1] 其中一个主要的实现机制是玩家角色或化身。化身是游戏叙事世界中的人物，由玩家直接操纵。并非所有游戏都有化身，但它们是该媒介最常见的设计元素之一（关于化身的更多信息，请参阅本文集中哈里森·吉什撰写的第4章）。化身在游戏世界中充当玩家的木偶，但这个木偶最终也会影响木偶师。游戏设计师围绕游戏角色思考了许多设计选择，这些设计选择共同决定了玩家在采取行动时每时每刻的感受。啪啦啪就是一个设计优良的角色，接下来会仔细解释。

《啪啦啪啦啪》的艺术风格能够让玩家轻松地与游戏名称中提及的化

---

① 接下来作者谈论的重点不再是游戏过程中玩家面对的具体游戏选项，而是关注设计师围绕玩家角色、叙事框架、游戏互动、非玩家角色等方面做出的多个设计选择（design choice），这些设计能够促进玩家在游戏中的积极性并且产生情绪波动。——译者注

身啪啦啪产生认同并建立紧密联系。由杰出的图形设计师罗德尼·格林布拉特（Rodney Greenblat）创造的全部游戏角色在视觉上都呈现出一种简单、卡通的风格，他们看起来像生活在三维世界中的剪纸。正如漫画家和漫画理论家斯科特·麦克劳德所指出的，简单、风格化的图像（而不是细腻、逼真的图像）让人们更容易与角色的经历产生共鸣，而不会被图像与观赏者之间的差异所干扰。[3]为什么会这样？以啪啦啪为例，玩家不会一边看着啪啦啪，一边想象他是一只存在于现实世界某处有自己的生活阅历和喜好的狗。想象一下，如果啪啦啪被画成了一只逼真的德国牧羊犬，你觉得接受并使用这个形象参与游戏是变得更容易还是更难呢？对大多数玩家来说，可能答案是更难。因为简洁的艺术风格会吸引玩家与啪啦啪的处境共情，而且因为它更加接近幻想而非现实，玩家更容易与化身的身份和目标融合在一起。这并不是一个新的现象，数字游戏在描绘虚拟世界时，使用简单和高度抽象的艺术风格已有很长的历史。[4]这种美学上的选择最初是出于技术上的需要——早期的计算机和游戏主机无法渲染出逼真的图形。然而，随着时间的推移，尽管技术的复杂性已经提升，但一些游戏设计师依然愿意使用更抽象和卡通的视觉风格来呈现他们的角色和游戏世界，因为这种设计选择能够使玩家更容易想象自己是虚拟宇宙的一部分。

　　另一个能够塑造玩家情绪的视觉艺术风格上的选择是将啪啦啪描绘成一只大眼睛、看起来很无辜的狗。他的外表是一只年幼的小狗，这种形象能够微妙地激发玩家渴望照顾、关心啪啦啪的心情。这也同样让玩家喜欢上他，甚至对他产生感情。人们普遍倾向于对具有婴儿特征（大眼睛、圆圆脸、高额头、小鼻子）的人或角色释放更多的爱意和信任，心理学家称之为"娃娃脸效应"（babyface effect）。[5]在《啪啦啪啦啪》中，设计师利用这种心理倾向，使玩家产生保护说唱化身并帮助他实现目标的意愿。

　　游戏设计师还围绕化身设置了一个强有力的叙事框架来引导玩家的情绪。《啪啦啪啦啪》的第一个过场动画是一个戏剧性场景，告知玩家啪啦啪需要保护桑妮免受欺负。这引出了第一个游戏关卡，啪啦啪在这个关卡要通过说唱来学会功夫，以便保护自己和桑妮。游戏设计师经常在背景故事中加入"需要照顾他人"的剧情，以此来激励玩家采取相应行动，因为他们知道玩家会将游戏与类似的现实情况联系在一起。此外，如果一个挑战能让自己以外的人受益，那么从玩家的情绪角度来看，这个挑战会更有趣。值得注意的是，虽然"落难少女"是电子游戏中一个有问题的套路，它加剧了女性是弱者并需要家长式保护的刻板观念，但在《啪啦啪啦啪》中，设计师选择了一种直白的玩笑方式来呈现桑妮的困境。[6]

每个过场动画结束时，在玩家控制啪啦啪之前，他会愉快地喊出在每个艰难情况下都会说的口头禅："我要相信！"这在情绪上会影响玩家，使他们充满热情并坚信以自己的能力能够应对每一个说唱场景，从而坚持下去并取得成功。啪啦啪夸张的热情让玩家在进入下一个关卡时情绪高涨。这种现象也有一个心理学基础。具体来说，"情绪传染"是指一个人的情绪状态会影响其他人并使之产生相似的情绪。[7]在这个例子中，游戏设计师的目的是通过公开展示啪啦啪对当前工作的热情来感染玩家的情绪状态。

游戏设计师还会基于玩家的表现实时改变游戏氛围，并且基于玩家的选择给予反馈，通过这些方式来塑造玩家的情绪。当玩家随着音乐节奏按下按钮来配合导师说唱时，他们不仅可以查看"你的说唱表现"（U Rappin）得分表，还可以通过游戏音乐的变化得知自己的表现。当玩家未能跟上屏幕上的节奏提示时，计分表会下降，声音也会变得微弱模糊；当玩家按照节奏提示表演时，声音质量会随着分数的上升而提高；当玩家完成关卡时，他们会收到导师的表扬和屏幕外的掌声。啪啦啪通过一个关卡后会上蹿下跳，热情地挥舞手臂庆祝。这些积极的反馈都会增强玩家成功完成关卡时的快乐和自豪感。

玩家作为啪啦啪会有一种自豪感和成就感，这是因为通过能够激发情绪的艺术风格和叙事动机，他们有理由认同和关心这个无忧无虑的角色，也因为他们在与游戏互动的过程中得到了积极的反馈。至少对我这个玩家而言，这些设计选择共同发挥了作用，使作为玩家的我感受到一种心满意足的成就感与自豪感。

游戏设计师还利用非玩家角色（NPC）来塑造玩家的情绪。尽管游戏设计师将游戏目标设定为啪啦啪想更接近桑妮，但玩家在与游戏互动的过程中最强烈的喜爱之情来自与NPC导师的接触。穆塞里尼（Mooselini）

老师教啪啦啪开车，以便啪啦啪能拿到驾照来给桑妮当司机，她很好地展示了这种师生关系。穆塞里尼老师一开始很霸道，还抱着怀疑态度，她告知玩家："你想学习如何开车，嗯？这比你想象的要难得多。"说这话时，她的鼻孔大张。在说唱过程中，她一度停下车，询问玩家（当然是用说唱的方式）是否知道为什么"我们停下了车"。这让玩家很紧张，担心他们会失败，但随后她说是因为"我忘记关车门了"。关上车门之后，玩家和导师又出发了。如果玩家能高质量地一边说唱一边驾驶，穆塞里尼在最后会再次询问玩家是否知道为什么又停下车，接下来她就会公布答案，这是因为玩家已经获得了驾照。啪啦啪会用热情的欢呼声来庆祝取得这一成就。

正如这个例子所示，像穆塞里尼这样的 NPC 导师在游戏中拥有真正的威信，能够影响玩家的成功或失败，所以他们也可以提供能够刺激玩家情绪的鼓励或批评。因此，如果导师不高兴了，投入了情绪的玩家就会真正地感到担心，但玩家也会在玩得好的关卡结束时寻求表扬。NPC 导师让玩家可以很容易地将其与老师、教练、父母或看护人联系起来。玩家对《啪啦啪啦啪》游戏中的每位导师都有一种尊重和依赖的感觉，希望他们不要发现自己的失误，同时自己也努力掌握每首歌曲。每位导师在开始时都有点儿严厉，但如果玩家表现良好，导师最后也会做出充满热情和鼓励的评论。这听起来可能很好笑，但被这些卡通导师表扬的感觉很好，这在很大程度上是因为他们的肯定是基于玩家在游戏中真实的表现。

能够体现《啪啦啪啦啪》中巧妙的 NPC 设计的另外一个因素与这款游戏所属的独特类型有关。作为一款节奏游戏，《啪啦啪啦啪》利用了人类的一种固有倾向，那就是与和我们的身体行为高度同步的人产生情绪纽带。[8] 要想成功，玩家必须严格模仿 NPC 导师，这样会促进玩家对 NPC 的喜爱之情。像大多数人一样，如果玩家第一次没有达到该有的水平，他们就会在每位导师身上花费相当多的时间，密切关注自己的说唱水平，并努力提升。当玩家战胜了这个挑战时，他们可能会觉得自己真的与这个角色一起经历了一些困难。玩家与 NPC 导师还有可能因为分享相同的节奏和歌词而变得亲密。想想你自己的经历，和某人一起运动、跳舞或做家务。随着时间的推移，一起参与集体行动往往有助于建立起情绪联结。

游戏的结尾巧妙地将针对玩家化身和 NPC 的设计手法融合在一起来唤起玩家的情绪。在最后阶段，啪啦啪与桑妮一起参加一个专场活动。他们进入俱乐部，发现啪啦啪的所有导师和一位 MC 在一起。最后的说唱挑战由所有教过啪啦啪的人——现在站在他身后的舞台上——与啪啦啪一起完成。整个队伍唱道："你要做什么？"啪啦啪回应道："我要相信！"啪啦啪看到观众席上的桑妮在微笑。在最后一轮游戏，啪啦啪向人群呼叫和回应（而不再作为回应 MC 导师的学生），巩固了他作为说唱大师的地位。在游戏结束时，啪啦啪感谢大家，并与其他人一起鞠躬。

游戏设计师通过将啪啦啪的地位从学生变为大师来回报到达此关卡的玩家。设计师通过把导师们带到舞台上与啪啦啪一起说唱、做他的后援来强调并继续营造玩家已经感受到的对于一路上帮助过他的导师们的喜爱之情。玩家看到桑妮和其他非导师 NPC 都在人群中欢呼。这些众多的设计选择凝聚在一起，使玩家对投入时间精通游戏机制这件事感到非常开心，并产生一种由衷的成就感、归属感和喜爱之情。

《啪啦啪啦啪》提供了一个窗口，让人们了解游戏设计师若想利用作为游戏互动核心的"玩家积极做出选择"来唤起他们的情绪，需要做出哪些设计选择。游戏的艺术性视觉设计，包括其领衔并充满魅力的主角的外观设定，激发了玩家对于啪啦啪的自豪和喜爱之情。此外，啪啦啪的叙事背景故事与玩家看到自己的音乐技能随着时间的推移而提高都会在情绪上激励玩家。游戏设计师通过在玩家角色和游戏中的 NPC 之间设定积极的关系来塑造玩家的反应，这建立起如同导师与学生一般的相互熟悉的关系。作为游戏的核心机制，模仿导师的节奏是一种公认的在日常人类交往中建立友好关系与紧密联结的方式。正如读者所见，其中一些手法与其他媒介使用的手法非常相似，例如，谨慎选择艺术风格或讲述一个具备强大框架的背景故事。但一些手法则是游戏互动所独有的，例如创造一个一呼一应的节奏性动作游戏机制。这些设计决策唤起了与其他媒介有所不同的情绪调色板，促进了一些情绪，诸如达成成就的自豪感以及对那些与玩家共度时光一起行动的游戏角色的持久喜爱。

139

注释

1 Alan Burdick, "Discover Interview: Will Wright," *Discover*, August 1, 2006, accessed August 24, 2015, http://discovermagazine.com.

2 Katherine Isbister, *How Games Move Us: Emotion by Design* (Cambridge, MA: MIT Press, 2016).

3 Scott McCloud, *Understanding Comics: The Invisible Art* (New York: Harper Collins, 1993).

4 Mark J. P. Wolf, "Abstraction in the Video Game," in *The Video Game Theory Reader*, edited by Mark J. P. Wolf and Bernard Perron (New York: Routledge, 2003), pp.47 – 66.

5 Katherine Isbister, *Better Game Characters by Design: A Psychological Approach* (Burlington, MA: Morgan Kaufmann, 2006).

6 Anita Sarkeesian, "Damsel in Distress," *Feminist Frequency*, https://feministfrequency.com.

7 Isbister, *Better Game Characters by Design*, p.79.

8 Isbister, *Better Game Characters by Design*.

延伸阅读

Fullerton, Tracy. *Game Design Workshop: A Playcentric Approach to Creating Innovative Games*, 3rd ed. Boca Raton, FL: A K Peters/CRC Press, 2014.

Karpouzis, Kostas, and Georgios N. Yannakakis, eds. *Emotion in Games: Theory and Praxis*. Cham, Switzerland: Springer Press, 2016.

Swink, Steve. *Game Feel: A Game Designer's Guide to Virtual Sensation*. Burlington, MA: Morgan Kaufmann, 2008.

Tettegah, Sharon, and Wenhao David Huang, eds. *Emotions, Technology, and Digital Games*. London: Academic Press, 2015.

16 《狙击精英 3》：死亡

阿曼达·菲利普斯（Amanda Phillips）

编者语： 本章尝试通过由反叛开发工作室（Rebellion Developments）开发的《狙击精英 3》来理解电子游戏中关于死亡的各种机制，从猎杀的快感到布娃娃身体的跌倒[①]。阿曼达·菲利普斯认为，理解游戏如何对待死亡可以揭示出死亡在更广泛的文化环境中的运作方式：死亡可以作为一种权力机制、一种精神创伤甚至一种共同经历。

当我们思考电子游戏中的死亡时，我们往往会联想到自己。当马力欧坠入深渊时，我们不会为他的离去而哀叹，只会忙着大喊怎么又死了。死亡在游戏中起到很多作用：在街机中，它提供给人们继续投入硬币的动力；在家用游戏主机上，它可以提醒人们调节难度并促进竞争；在 YouTube 上，它既是一个精彩景观，又是一个展示精湛技术的标志。在这些模式中，死亡是一种"自我优化"机制，也就是一个规范化的过程，硬核玩家通过这个过程来遵守电子游戏中玩乐系统和技术系统的要求。[1] 在电子游戏中，我们可以看到死亡的约束无处不在，从玩家一死亡游戏就结束的"永久死亡"游戏类型的兴起，到酷儿游戏学者对于拥抱失败乃至希望将死亡作为一种独特的酷儿玩乐模式的呼吁。[2]

但让我们现实一点：电子游戏鼓励玩家杀戮的程度至少和它们不鼓励玩家在虚拟世界中死亡的程度相当。在历史上，我们对于电子游戏中暴力后果的辩护使许多粉丝和学者得体地粉饰了这一事实，并列举了一些证明并非如此的游戏。然而，说死亡没有以任何方式充斥在游戏中则是虚伪

---

① 人们使用布娃娃物理系统可以制作一段由程序生成的动画，它经常被用来替代电子游戏和动画电影中的传统静态死亡动画。随着计算机算力的提升，布娃娃物理系统能够进行有限的实时物理模拟，这使游戏角色的死亡动画更加逼真。——译者注

的。《狙击精英 3》就是一款包含大量关键死亡机制的第三人称军事射击游
戏。本章通过对它的分析，探究在游戏中成为一个杀戮者意味着什么。

141

　　虽然并非所有的游戏都追求逼真视觉或极端暴力，但我们可以围绕任
何游戏中的死亡提出许多相同的问题：一个游戏是如何鼓励死亡或阻止死
亡的？它是如何将死亡视为人类感官上的事件以及电脑程序生成的事件
的？它鼓励或不鼓励玩家去杀谁？理解游戏如何对待死亡可以揭示出死亡
在更广泛的文化环境中的运作方式：死亡可以作为一种权力机制、一种精
神创伤甚至一种共同经历。

　　　　从我隐蔽的位置，我注意到多个目标在我的下方以可预测的模式
　　步行。我选择了其中一个，通过我的十字标线跟踪他，耐心等待能够
　　发出声音的发电机开始下一连串的咔咔声以掩盖我的枪声。随着噪声
　　增强，我屏住呼吸，调整准星，并扣动扳机。[3]

　　在《狙击精英 3》中，硬核玩家扮演卡尔·费尔伯恩（Karl Fairburne）。
他是一名美国狙击手，在第二次世界大战中被英国军方选中参加非洲战
役。在一个架空历史的游戏中，卡尔走遍了埃及、利比亚和突尼斯，打死
了整个连队的士兵，使用一颗子弹摧毁了炮兵阵地，并与坦克一对一地作
战，最终炸毁纳粹将军最为钟爱的秘密项目———一个名为"巨鼠"（Ratte）
如同巨型建筑物大小的坦克。这个情节荒谬且毫无意义，但与许多游戏一
样，这里的叙事只是一个容器，用于承载更加吸引人的游戏互动。

　　在《狙击精英 3》这个案例中，最引人入胜的游戏互动是使用步枪射
击的操作。与游戏对远距离子弹弹道特性的详尽模拟相比，游戏的潜行机
制和激烈的枪战都显得逊色不少。风、重力、步枪型号、枪口速度、后坐
力和敌方行迹都是射击时需要考虑的要素，重复的环境音响刺激硬核玩家
在扣动扳机前与环境的节奏同步。大多数军事射击游戏优先考虑快节奏的
操作，而不是深思熟虑的移动和有所选择的暴力。《狙击精英 3》所应用的
子弹弹道学打断了这种冲动。与其他游戏强调玩家的快速反应不同，这款
游戏需要耐心、缜密思考，并且要把握好每一次射击的时机。

这并不是说该游戏的互动比《使命召唤》系列或《荣誉勋章》系列等跑轰枪战类别的游戏（run-and-gun shooter）更加真实。太多当代游戏以现实主义为诉求，以至于通常很难分析出什么使虚拟幻想当中的任何一个方面与其他方面相比更加现实（关于电子游戏中现实主义的进一步讨论，可参阅本文集中彼得·克拉普撰写的第 5 章）。通常，现实主义是"精心模拟出来的细节"的同义词，从皮肤的毛孔到历史上准确的武器库。详尽的子弹弹道学属于现实主义这一类别，但《狙击精英3》中的追杀场面证明了其详尽的步枪计算只是一种虚假的操作。在现实世界中，军事狙击手通常来自一个更大的士兵团队，起码是成对部署的，从远方进行侦察和支援。他们的对手不会轻易放弃寻找打死其战友的人，也不会像无事发生一样回到一个孤立的哨所。此外，狙击手也不会将坦克作为追击目标。

精心模拟出来的步枪射击与不符合现实的作战环境之间的反差会鼓励硬核玩家更加热衷于充满细节的炮火模拟。当严谨的子弹弹道学认为未经改装的狙击步枪发射出的常规弹药可以穿透坦克外壳，那么这种效果就是可接受的。因为游戏提供了一个精心模拟的坦克内部视图，创建了一个视觉论证，即专业人士瞄准后射出的子弹恰巧滑到装甲板之间，导致坦克内部的高爆炸性油箱破裂。这些视觉论证以臭名昭著的"击杀特写"（kill camera）的形式呈现，贯穿游戏之中，这也能够反复证明开发者在模拟子弹时的确付出了大量心血。

当子弹离开我的步枪时，时间变慢了。镜头跟着子弹向命运的方向旋转，它的冲击波在空中荡起涟漪。快被击中时，我的目标皮肤脱落，然后是他的肌肉，就好像将 X 射线聚焦在他身上。我看着他的骨头碎裂，眼球爆炸，血液从伤口涌出，之后我的视线回到标线上。一个经验值报告在屏幕上滑动出来，记录着因为潜行成功以及伤害位置而获得的额外分数。头部中弹、心脏中弹、肺部中弹、睾丸中弹。这些中弹部位都是人类的重要器官。

击杀特写在《狙击精英 V2》中被首次引入《狙击精英》游戏系列，

142

并成为粉丝的最爱，该系列的最新作品中也继续使用这一效果。游戏每一次迭代都在上一次的基础上有所改进：《狙击精英 3》放大了时间膨胀[①]的效果，增加了人物的肌肉层次，改进了血液喷溅时的画面，并模拟了载具的内部结构；《狙击精英 4》则在弹片伤害和近战攻击中添加了击杀特写效果。击杀特写是 1999 年的电影《黑客帝国》（*The Matrix*）中流行的"子弹时间"特效的一种变体，纳入了一个将虚拟角色身体的外皮揭开展示身体内部构造的机制，呈现出一个让人联想到 X 射线一般的奇妙的医学画面效果。

　　在《狙击精英 3》这样的潜行游戏中，视线机制（line-of-sight mechanic）是游戏互动的一个重要组成部分。硬核玩家必须既了解怎样探察敌人，也了解敌人是怎样发现自己的。在这类游戏中，对计算机视觉[②]进行逆向工程[③]是赢得游戏的关键，而游戏中的非传统视觉模式则会让人们留意到由程序生成的视觉机制是如何构建游戏互动的。击杀特写作为动画效果，本身不属于游戏互动，只会在玩家控制角色开枪后出现，但它依赖的正是首先驱动《狙击精英》正常运行的模拟原理：在硬核玩家使用步枪瞄准并考虑到环境因素之后，子弹的具体速度、飞行轨迹和击中位置共同驱动了随后由程序生成的动画。最终，硬核玩家决定了动画的效果（如图 16-1）。

---

① 时间膨胀是指叙事时间大于故事时间，在艺术作品中时常以慢镜头特写来实现，受众会因此感受到画面中呈现的丰富细节。——译者注
② 计算机视觉是人工智能的一个领域，是指让计算机和系统从图像、视频和其他视觉输入中获取有意义的信息，并根据该信息采取行动或提供建议。这里是指设计师为游戏中的敌人角色部署了计算机视觉，从而使他们能够更加智能地发现玩家角色。——译者注
③ 逆向工程，又称"反向工程"，是一种技术仿造过程，即对一项目标产品进行逆向分析及研究，从而演绎并得出该产品的处理流程、组织结构、功能性能、规格等设计要素，以制作出功能相近但又不完全一样的产品。这里是指玩家通过种种分析，倒推出敌人会如何运用计算机视觉发现自己，从而有效地隐藏自己的位置。——译者注

图 16-1 反叛开发工作室的宣传图片详细展示了
《狙击精英3》中的击杀特写动画

令人惊讶的是，尽管使用 X 射线一般的透视画面来描绘暴力对身体的伤害是最近几年才兴起的，但是它在游戏的早期发展中就出现了。在一次采访中，制作人史蒂夫·哈特（Steve Hart）将击杀特写的灵感归功于 1999 年的一部关于伊拉克战争的电影《夺金三王》（*Three Kings*），其中有一个场景展示了胆汁如何渗入腹部的枪伤。[4] 这种效果后来被 2000 年播出的《犯罪现场调查》（*CSI: Crime Scene Investigation*）推广开来。1997 年，当玩家在《侍魂 64》中进行某些攻击时，这款游戏会在格斗对手身上制造一个简单的动画形式的骨头碎裂透视效果。2011 年，即《狙击精英 V2》发行的前一年，地狱界工作室（NetherRealm Studio）的《真人快打》重启版添加了称为"X 光必杀技"（X-Ray Attack）的精细考究的伤害场面，赢得了广泛好评。

理查德·斯威德尔斯基称 X 射线透视效果为超越技术本身的"图像式理念"，受众看到的不是真实的身体内部，而是将 X 射线的穿透性视觉幻想与文化中流传的其他解剖学知识相结合的"具有文化意义的内部结构"。[5] 尽管 X 光必杀技表明玩家即将看到的是肉身被极端暴力攻击后的状态，但它们带来的视觉类型在现实生活中是不可能出现的。真实的身体更复杂，也更平静，器官更不容易区分，而且每个器官都会与动画中放映的解剖学上的完美状态有所不同。根据底波拉·杰明的观点，《犯罪现场调查》中所谓的标志性枪击画面（CSI-shot）会带来矛盾的效果。一方面，这些画面通过对人类身体的客观中立的展现来增强观众对于现实主义的感知；另一方面，这些画面又通过科幻和奇幻体裁中的华丽效果削弱了美学现实主义。[6] 电子游戏中基于 X 射线透视呈现出来的伤害画面也是如此。

不出所料，玩家打爆敌人睾丸的能力是游戏中最受欢迎的特色之一。将"打爆睾丸"也添加上"击杀特写"的效果会放大一种焦虑的男性气概。这种焦虑的男性气概能够凸显出许多游戏，尤其能够使这款将引起怀旧之情的二战英雄主义与二战中的道德纯洁性变卖的游戏引人注目。在这里，斯威德尔斯基对于身体内部的文化可读性（cultural legibility）的注解变得十分清晰易懂。睾丸与我们通常可能认为的对于生命十分必要的器官如心、肺、肾和肝一起在击杀特写中被模拟出来。尽管医学研究表明，即使睾丸受到了军用武器造成的伤害，人类依然能够活下来，并且受到的伤害往往并不严重[7]，但在《狙击精英》中，这些伤害总是一招致命，在杀死对方时还会得到经验值加成。虽然《真人快打》中的开膛破肚和身体肢解等画面维系了游戏的虚幻装扮，但在《狙击精英》中间接感受到的阉割所带来的令人毛骨悚然的快感证实了一种令人绝望的恐惧：一个男人不能（或者，也许，不应该）没有睾丸。

> 当我的目标死亡时，他们的尸体以不同寻常的方式倒下。他们从山坡上缓缓滑下，随着游戏程序执行动画相关的运算而诡异地抽搐，然后一动不动地躺在地上。他们堆积在一起，并且很多人最后是以脸贴地、屁股朝天的姿势倒下的。有的时候这些尸体就飘浮在空中，这种场面也会令人毛骨悚然地感受到由算法生成的动画的非完美本质。

与许多游戏一样，《狙击精英》中被杀死的敌人会变成跌倒而死的布娃娃。布娃娃物理系统是一个将玩乐予以物化的完美例子：就在虚拟主体离开其身体的那个时刻，布娃娃物理系统创造了一具尸体而不再是一个角色。布娃娃物理系统依托程序生成技术，能够使游戏产生理论上数量无限的死亡动画。布娃娃在游戏中因异常行为而臭名昭著，但这也促进了硬核玩家的创新，如在游戏中"坐脸"①和创作出如《跳楼英雄》的基于物理学的恶趣味游戏。与《狙击精英》中的打爆睾丸相比，布娃娃并不会吸引太多的注意力，但它们确实能够在意想不到的时刻打破游戏的严肃性，无论是通过提醒硬核玩家注意游戏中物理模拟的局限性，还是通过在超男性气概的战斗空间中插入同性之间的性张力。

布娃娃基于不可思议的柔韧性和顺从的移动性，总是能够表现出色情的一面。一些类似上文提到的"坐脸"行为实际上就是虚拟形式下的性暴力，这种行径绝非无意之举。史蒂夫·哈特在接受《电脑硬核玩家》采访时说："狙击是一件如此亲密的事情，它有一种近乎窥视的感觉。在你开枪之前，你在研究那个人。你一定对他们有所了解。"[8] 当然，这并不是一个新颖奇特的幻想，但它在《狙击精英》中实施得特别出色。在狙击手凌厉的凝视和大型枪支的推动下，猎杀的亲密感一往无前，在子弹以慢镜头的形式击穿目标以及目标死后玩家对尸体进行搜身和处置中告一段落。

145

在我个人的游戏通关体验中，我经常在不经意间制造出一些带有色情意味姿势的尸体。一些敌人倒下时屁股朝上；一个人完全僵死，臀部撅向空中；一些人则在彼此的怀抱里平静下来，获得最后的安眠。一个YouTube视频博主甚至录制了他在游戏中遇到的一个运用布娃娃物理系统制作的死亡角色：它似乎是站着的，身体向后弯曲，脸上带着狂喜的表情。[9] 这些瘫软的尸体并不需要服从任何规则，如果没有明确的程序禁止这样做，它们可以以无数种形态死去。我们或许可以说，布娃娃物理系统是最古怪的死亡机制。布姓姓是一种无视人类身体形态可能性的工具，总是威胁着要爆发式地展现出来其性取向，并强行干扰到无辜的旁观者。

---

① 原文是 teabagging，原指男性重复地把阴囊放在性伴侣的口腔内又取出，就像将茶包浸泡在茶杯内又取出的动作。也被译作"吊茶包"。这里是指玩家角色坐在敌人尸体脸部做出近似动作。——译者注

随着我在战役中的进展，焦虑的守卫开始叫我"沙漠幽灵"（Wüstengeist）。"你认为你是安全的，然后……砰！你的头不见了。就像这样！"我在山脊上的一个隐蔽处听着这些传言。我已经很熟练地跟踪并打死了几十个士兵，以致游戏将我推进了幽灵模式，为我积累下来的每一次隐秘杀戮提供经验值加成。

虽然"幽灵"是狙击手文化中一个常见的称呼，但需要更准确地认识到，就像卡尔本人是一个幽灵一样，他也是一个幽灵制造者。作为一个关于潜行和秘密行动的游戏，《狙击精英 3》鼓励使用大量明显的暴力，与一个真正的潜行高手应该采取的更明智的战术背道而驰。与许多游戏一样，在这款游戏中获得的成就与尸体数量和杀死对手的创意方式有关，并且许多需要收集的道具只能在敌人的领地深处发现，因此为了完成非主线的可选任务目标，硬核玩家经常被要求清理战场。现实世界中没有哪个狙击手会在杀死眼前的每一个人的同时，还深入战场处理工作。这使卡尔不像是一个隐蔽的狙击手，反而更像一支单兵部队。

电子游戏的击杀特写最初是向玩家显示在多人游戏战场上的死亡情况，以便提供有关攻击者的些许信息。然而，《狙击精英 3》从未以击杀特写的形式表现过卡尔的死亡。当他因伤势过重倒下时，不会出现 X 射线透视所产生的戏剧效果，他也不会变成瘫软的布娃娃。他刚开始倒下屏幕就切换到"游戏结束"的画面。从某种意义上说，这象征着硬核玩家生死的无限循环，除非打通游戏，否则只会经历永不停歇的一次又一次的死亡。

在美国的历史上，是否可以拍摄阵亡士兵一直备受争议。我们也可以从这个背景下解读缺少击杀特写的卡尔的死亡场景。2009 年，在总统贝拉克·奥巴马（Barack Obama）的指示下，国防部长罗伯特·盖茨（Robert Gates）解除了长达 18 年的对抵达多佛空军基地的军方灵柩进行拍摄的禁令，让家属决定是否允许媒体拍摄阵亡士兵。莫布利指出，虽然围绕所谓"多佛禁令"的讨论主要集中在媒体对战争伤亡的描写如何影响美国民众对美国海外军事行动的支持，但同样重要的是，人们也需要领悟对于图像的控制如何帮助美国政府巩固其死亡政治权力（necropolitical power）。[10]

同样，通过拒绝让硬核玩家见到玩家角色可怕的死亡场景，游戏宣告其对自己拥有最高统治权，强调了卡尔作为叙事中唯一的死亡仲裁者的地位。他是一位无可匹敌的带有毁灭性的英雄，在被人们认为的符合现代道义的正义战争中战斗。然而，为了再现二战期间北非的叙事背景而精心制作的常见沙漠景观又脱离了原定的时间背景，将卡尔置于当下美国军事冲突的战场上。突然间，他作为一个为英军杀敌的美国士兵的奇怪身份变得更有意义了。《狙击精英3》最终在中东地区引发了争议。这其中不仅包含时间因素，也包含道德因素，因为横穿沙漠的轴心国军队就是当前全球反恐战争中西方意识形态里敌人的替身。

注释

1 Rolf F. Nohr, "Restart after Death: 'Self-Optimizing,' 'Normalism,' and 'Re-entry' in Computer Games," in *The Game Culture Reader*, edited by Jason C. Thompson and Marc Ouellette (Newcastle Upon Tyne, UK: Cambridge Scholars Publishing, 2013), pp.66–83.

2 Bonnie Ruberg, "No Fun: The Queer Potential of Video Games That Annoy, Anger, Disappoint, Sadden, and Hurt," *QED: A Journal in LGBTQ Worldmaking* 2, no. 2 (2015): 108–124. See also the "Queer Failures in Games" section of Ruberg and Adrienne Shaw, eds., *Queer Game Studies* (Minneapolis: Minnesota University Press, 2017).

3 这些文字片段是作者对游戏互动过程的叙述。

4 Henry Winchester, "*Sniper Elite V2*'s Testicular Animation Detailed by Dev: 'Sniping Is such an Intimate Thing'," *PC Gamer*, December 2011, https://www.pcgamer.com.

5 Richard Swiderski, *X-Ray Vision: A Way of Looking* (Boca Raton, FL: Universal-Publishers, 2012), p.191.

6 Deborah Jermyn, "Body Matters: Realism, Spectacle and the Corpse in CSI," in *Reading "CSI": Crime TV Under the Microscope*, edited by Michael Allen

(London and New York: I.B. Taurus, 2007), pp.80 - 81.

7 Abdulelah M. Ghilan, Mohammed A. Ghafour, Waleed A. Al-Asbahi, Omar M. Al-Khanbashi, Mohammed A. Alwan, and Tawfik H. Al-Ba'dani, "Gunshot Wound Injuries to the External Male Genitalia," *Saudi Medical Journal* 31, no. 9 (2010): 1005 - 10.

8 Quoted in Winchester, "*Sniper Elite V2.*"

9 GoldLion20, "Sniper Elite 3 Ragdoll What," YouTube video, 1:01, published August 4, 2014, https://www.youtube.com/watch?v= O5Dk6idceGA.

10 Kayce Mobley, "Hiding Death: Contextualizing the Dover Ban," *Journal of Military Ethics* 15, no. 2 (2016): 130.

延伸阅读

Christiansen, Peter. "Thanatogaming: Death, Videogames, and the Biopolitical State." In *Proceedings of 2014 DiGRA International Conference*, August 2014. 147 http://www.digra.org.

Kocurek, Carly. "Who Hearkens to the Monster's Scream? Death, Violence, and the Veil of the Monstrous in Video Games." *Visual Studies* 30, no. 1 (2015): 79 - 89.

Smethurst, Tobi. "Playing Dead in Videogames: Trauma in Limbo." *Journal of Popular Culture* 48, no. 5 (2015): 817 - 35.

Wenz, Karin. "Death." In *The Routledge Companion to Video Game Studies*, 148 edited by Mark J. P. Wolf and Bernard Perron. New York: Routledge, 2016.

17 《请出示证件》：伦理

米格尔·西卡尔（Miguel Sicart）

编者语： 电子游戏可以进行道德论证吗？在本章中，米格尔·西卡尔研究了《请出示证件》如何展现出电子游戏在探讨复杂道德议题时的表现力，同时还能够以趣味性的方式吸引玩家参与游戏，不仅仅使他们作为消费者，更关键的是，使他们成为对伦理进行反思的人。

自《创世纪4》提出运用一个道德体系来评估玩家的行为，游戏批评人士便开始研究游戏互动和道德之间的关系，设计师也利用游戏结构和机制来探索伦理议题。从《神鬼寓言》到《辐射4》，众多作品为玩家提供了道德选择。但我们所说的道德选择是什么意思？这些选择会吸引玩家进行伦理上的思考吗？以及如何设计游戏才能够鼓励玩家进行深刻的反思？为了回答这些问题，我同时根据以下三个关键问题对独立游戏《请出示证件》进行了研究。首先，我们是怎样理解伦理和道德的？其次，电子游戏如何介入伦理思考？最后，游戏在我们的道德生活中扮演什么角色？

当我们玩电子游戏时，一个普遍的想法是根本没有必要关注道德，毕竟人们会说"这只是一个游戏"。经典的玩乐理论，比如约翰·赫伊津哈的"魔术圈"（参阅本文集中史蒂文·康韦撰写的第1章）将玩乐描述为在空间和时间上与日常生活划清界限的活动，在此期间社会规则被短暂中止。因此，人们认为，我们不需要将生活中遵守的伦理规则应用于我们在玩乐时的行为。然而，无论是我们在游戏中快速评估形势时，还是计算潜在收益和后果时，我们都需要做出许多艰难的选择。叙事性游戏世界会经常给我们带来一些日常生活中不会遇到的道德困境，比如杀死敌人还是放过敌人、囤积个人资源还是与他人分享资源。然而，尽管我们在游戏中的选择可能不会立刻或直接对我们的现实生活产生影响（尽管这一点值得商权），但电子游戏还是会在我们参与游戏的时候对我们的道德产生影响，在结束游戏之后，也会潜在地继续对我们的道德品行产生影响。《请出示证件》就是一个极佳案例，能够说明电子游戏是如何产生伦理影响的。

卢卡斯·波普（Lucas Pope）的《请出示证件》将玩家变为虚构的东方集团国家阿托兹卡（Astorzska）的边境官员，该国与邻国交战多年，两国刚刚达成了一个脆弱的休战协议。玩家需要控制进入该国的人数，入境人数需要达到一定配额，这会影响玩家收入。玩家根据入境者携带的证件和电脑上的信息决定是否允许对方进入该国（如图 17-1）。《请出示证件》以一种悲观的方式模拟了边境管制协议、孤立主义（isolationism）修辞[①]以及对恐怖主义的惧怕心理。

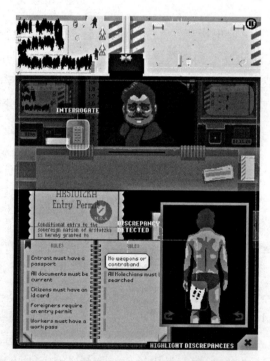

图 17-1 《请出示证件》的用户界面

---

① 指政府或其他有影响力的个人或团体为促进孤立主义政策或为其辩护所使用的说服手段。——译者注

在评估《请出示证件》之前,我们需要对一些基本术语做定义。伦理是对原则的分析性考察,我们从这些原则中得出道德规则并评估道德规则。例如,伦理可以提出一个体系:在做决定之前,我们应该看到自身的行为后果。如果我们的行为后果伤害到他人,那么这种行为就是不道德的。我们称这个体系为"结果主义"。一个与之类似的体系则关注谁会从一个特定的决策中受益以及这个决策的效用如何。如果我们的选择对许多人有积极影响,那么这些选择在道德上就是善的。我们把这个体系称为"功利主义"。

道德是一个指导与评估个人行为和集体行为的规则体系。更简单地说,道德就是实践中的伦理。在任何我们做决定或衡量困难处境的时候,我们都在进行道德思考,我们都在评估如何最好地解决道德冲突。此外,道德体系有两个主要目的——避免伤害以及鼓励个人和集体在伦理上的发展。所有的道德体系都有四个界定性特征,即公共性、理性、公平和非正式。接下来我们可以在游戏世界中理解这些要素。首先,玩一个游戏,每个人都需要知道这个游戏的规则。例如,参加一场即兴篮球比赛,你既需要知道篮球比赛的规则,也需要知道比赛场地所在社区的社会规则。每个人都应该知道这些规则,而且每个人都应该对哪些行为违反规则达成一致。人人都要遵守的管理一项活动的规则使这项活动成为一个公共体系。道德体系是公共的,这样文化就可以共享一致的是非观念——什么是既能防止伤害又能鼓励人性绽放的行为。在一个体系中,如果每个受体系运作影响的人都对该体系背后的基本准则有所了解,那么这个体系就是公共的。例如,法律就是一个公共体系,以确保每个人都知道在一个特定的社会中什么是合法的、什么是非法的。

《请出示证件》一个伟大的设计洞见是,就好像真实世界一样,它并没有将运行中的道德体系直观地展现出来,玩家会感觉到似乎他们就生活在一个不公平的社会中。玩家永远不知道一个行为是"善"还是"恶",也不知道他们的选择从长远来看会产生什么样的后果。玩家可能会同情一个看起来很无辜的人,他乞求进入该国探望他垂死的母亲,但后来玩家才知道,这个人是个杀人犯。或者更糟的是,有时玩家会让一个他们怀疑的人通过，但他们永远不会知道这个决定是对还是错。正是通过这些选择，《请出示证件》对极权主义下的官僚体制和平庸的恶进行了探索。极权主义下的官僚体制可以被设计成使决策者疏离他们所做出的选择的后果，同时从伦理角度让参与者感到他们与其做出的决策之间毫无关联。那些需要做出选择的枯燥杂事都被规则和程序所束缚，例如边防警卫的日常工作等，这可以进一步使参与者感到无须承担任何罪责。《请出示证件》带给玩家的情绪上的冲击主要是这种设计起到的效果。

　　除了公共性之外，道德体系也是理性的，因为道德体系的原则需要用逻辑思维而不是情绪或信念来论证（有一些道德体系来自信念，但这些是在宗教信仰和宗教结构的范畴内发展起来的，不属于本章的讨论范围）。同时，道德体系也是公平的，努力采取不偏不倚的方式对待人们。如果我们建立了一个道德体系，对人群中的某些群体采用比其他群体更严厉的评估标准，那么我们就建立了一个有偏见的体系，这会产生一个不公平且不合理的社会。为了使道德体系发挥作用，每个人都应该得到公平和一致的对待。

　　回到我们的实体游戏①和电子游戏的例子。理想情况下，双方球队的所有球员都受到规则和裁判的平等对待，以便在球员之间创造公平。我们赞美体育比赛，部分原因是我们欣赏运动员在公平的竞争环境中克服游戏中的挑战以及来自对手的挑战。当篮球裁判员不公平地运用比赛规则，对一支球队的犯规判罚多于另一支球队时，球员、教练和球迷可能会谴责比赛不公平，并对结果提出抗议。与此相反，《请出示证件》探索了在一个有偏见的道德体系中生活和工作的感受。玩家需要做出的一些选择显然是带有偏见的，仅仅因为一些人的来源国或有偏见的猜测而伤害到他们。《请出示证件》也尝试探索在一个道德败坏的国家中如何成为一个有道德的公民。在游戏中，玩家被告知要做什么，他们必须遵守允许人们进入或强制人们离开的法律和边境规则，却无法了解其背后的理由。这个国家拥有规则和法律，但这些规则和法律的来源不明，执行起来也很粗暴，而且是随

---

　　①　在这里指的是现实世界中的体育运动。——译者注

机变化的。这就是专制权力的运作方式。

最后，道德体系是非正式的。这意味着可以根据环境的需要来解释和调整行为。通过建立非正式的体系，我们可以根据具体情况来协商怎样评估规则。以即兴篮球比赛的非正式性为例，球场上有规则来管理行为，但通常没有裁判在场。因此，球员必须自我监督，并进行持续的协商，以确保每个人都在相同的规则下进行比赛。

《请出示证件》还有一个方面具有创造性：玩家不可以就其行为的道德影响与游戏商议。游戏系统会奖励玩家做出的那些道德上错误的选择，并且面对一个选择时，玩家不能拒绝做出决定。《请出示证件》中的伦理体系是私密的、不公的、僵化的，呈现出对极权主义政权下道德生活的模拟（如图 17-2）。

图 17-2 《请出示证件》中的选择和后果

正如即兴篮球比赛和《请出示证件》的例子所示，游戏和伦理拥有一些共同的特征。游戏是非正式的公共体系，它的规则指示玩家如何行事。 152

在游戏中，其玩乐规则告诉我们为了获得成功需要做些什么。类似的，道德将规则作为一种启发式工具，引导我们过上美好生活，避免伤害，以及开发我们作为人类的潜能。有些游戏的玩乐规则和其道德体系深刻地交织在一起，如《传说之下》、《行尸走肉》或《质量效应》系列。然而，《请出示证件》对电子游戏如何设计伦理体验提出了不同的看法。

让我们更仔细地审视《请出示证件》以评估其新颖性。这款游戏使玩家在面对有缺陷并且不完整的信息时陷入了一系列伦理困境。在禁止无辜移民入境而产生不良后果与允许他们入境而带来恐怖主义威胁之间如何做到平衡？玩家是否将个人的经济利益置于同胞、国家或寻求庇护者的利益之上？大多数时候，玩家得到的信息不充分，目标相互矛盾，而且除了履行其作为边境官员的官僚角色职责外，几乎没有任何权力。与其他基于选择的游戏不同，《请出示证件》并非根据游戏预设的价值观来量化玩家的行为；相反，玩家的工作是在探索游戏中呈现的选择时将自己的价值观融入其中。换句话说，在《请出示证件》中，人们唯一的道德指南是玩家的个人准则。例如，玩家可以通过观察他们的决定的潜在后果来评估游戏的挑战，因此他们接受的是结果主义的伦理观。同时，功利主义者会从对个人和集体造成的后果出发，权衡一个特定决定的利弊，决定是为了虚构的国家牺牲自己，还是自私地只保护他们所关心的人。

这款游戏设计了多达 20 种结局来结束这个提前编写好的叙事弧线。然而，如此多的结局使（休闲）玩家很难"为剧情而玩"。"为剧情而玩"是指玩家为了看到一个完整的叙事，试图通过故意做出一些选择来到达结局。大多数《请出示证件》的休闲玩家不知道多种结局的存在或如何到达这些结局，因此，在游戏中他们遵循自己的道德准绳来做出选择。那些想看到不同结局的热忱玩家是"为剧情而玩"的，但为了在游戏通关时看到不同的结局，他们必须谨慎地做出选择，因此他们很可能对这些选择的意义进行了反思，从而形成了一个道德反思的过程。

在具有伦理性质的互动性设计之中，《请出示证件》是一个杰出范例，因为它允许以游戏的方式应用不同的伦理理论。这正是计算机和电子游戏所能做到的事情：为探索不同的伦理选择及其产生的后果创造一个安全的空间。事实上，玩家的能动性是一个关键特性，使游戏有助于提出伦理问题并且测试可能的后果。凯蒂·萨伦和埃里克·齐默尔曼在其颇具影响力的《玩乐之道》[1]中将游戏描述为一个系统，它创造了一个供玩家探索的可能性空间。在游戏中，这个可能性空间限定了玩家可做的选择，而玩家又反过来开发了应对与穿梭于这个空间的战略和战术。

游戏提供了一个"可能性空间"的观念使我们能够将游戏视为道德体验的潜在载体，进而可以探索不同的伦理理论。在许多情况下，硬核玩家只需努力增加获胜机会就能够穿梭于这些游戏空间。然而，诸如《请出示证件》这样的游戏说明了游戏是如何模拟出一个邀请人们探索个人价值观和社会价值观的玩乐可能性空间的。这样一来，玩家在游戏中的互动不一定是为了满足取得胜利的条件，这些互动行为以一种道德反思的形式被直接推回给了玩家。《请出示证件》鼓励玩家审视其选择背后的价值观和逻辑以及支持这些规则和行为的哲学体系。

154

《请出示证件》展示了游戏中的伦理困境通过哪些方式让玩家感到不知所措，继而鼓励他们使用自己内心的道德准绳作为决策工具。特别值得一提的是，该游戏使用了不完整的信息和不充分的时间作为相辅相成的游戏互动机制。相比之下，其他许多游戏呈现的是完整的世界。在那里，所有的事情对用户来说都是清晰的，他们能够获得充足的信息，从而充满信心地行动。但如果目标是让玩家探索他们未被质疑过或未被充分审视过的价值观，游戏中就必须存在使玩家做出艰难决定的信息缺口和时间限制。就像《行尸走肉》中的计时决策序列（timed decision-making sequence）迫使玩家在没有时间思考其行为的性质和后果的情况下做出重大抉择。这样一来，由于可能性空间变成了一个道德可能性空间，游戏互动就变成了一种带有伦理性质的游戏方式。带有伦理性质的游戏互动不再是简单地在各种选项中做出选择的行为，而是运用道德思维去穿梭游戏的可能性空间的行为。

玩游戏是一种休闲行为，是一种为了逃避日常事务而开展的令人感到愉悦的活动。那么，期望游戏带有伦理内容是否公平呢？游戏应该鼓励我们进行伦理思考吗？游戏提出的问题是公平的吗？对于游戏而言，帮助作为道德生物的人类从所承受的重担中逃离是一个完全有效的设计和文化目的。游戏在社会中扮演的道德角色可能会使我们转变为更加松懈的道德动物。因此，游戏完全没有必要从道德角度使用伦理上容易引起争论的内容来吸引我们。

然而，如果说《请出示证件》给了我们什么启示，那就是游戏和游戏设计的修辞（rhetoric）①可以创造出有吸引力的道德体验。那么，为什么不利用这种媒介来探索不同的伦理理论呢？我们可以探索不同的行为方式，尝试以不同的角度去理解某件事情为何有可能成为道德困境，以及确定以什么判定一个决策是道德的还是不道德的。此外，除了创作单人叙事游戏，我们还要考虑如何设计多人的伦理游戏。一个抽象性或试验性游戏中的道德可能性空间会是什么样呢？² 这样的游戏可能很难实现或根本不可能实现。然而，这种不可能才会告诉我们一些关于游戏作为一种媒介的事实，包括它们的局限以及它们的示能。

游戏可以帮助人们进行关于伦理思考的锻炼，成为训练和磨炼我们道德本能的玩乐工具。就像文学和电影一样，游戏可以帮助我们制定、探索、理解或拒绝伦理规则。游戏的独特之处在于，这一过程发生在每个玩家以特定方式穿梭的计算机的可能性空间中。玩家可以在游戏中以及在对其游戏体验的反思中实践伦理理论并看到其效果。

亚里士多德将伦理学理解为一门实践科学。讨论道德规则是有趣的，155　前提是我们也以道德的方式生活，并亲身参与做出选择的复杂过程。游戏为我们提供了直接参与这种实践科学的可能性。这并不是说，因为我们有了《请出示证件》，电子游戏媒介就成熟了，而是说玩游戏可以是一种需要在道德上进行思考的行为，可以帮助我们更好地理解，对于自己，我们最重视的是什么，以及对于我们所处的社会，我们最重视的是什么。如果伦理学是一门实践科学，那么电子游戏就可以成为道德研究的理想实验室。

---

① 游戏和游戏设计的修辞指的是游戏及其设计向玩家传达信息和想法的手段。——译者注

注释

1 Katie Salen and Eric Zimmerman, *Rules of Play. Game Design Fundamentals* (Cambridge, MA: MIT Press, 2004).

2 See, for example, Joseph DeLappe and Biome Collective, *Killbox*, https://www.killbox.info.

延伸阅读

Flanagan, Mary. *Critical Play: Radical Game Design*. Cambridge, MA: MIT Press, 2009.

Flanagan, Mary, and Helen Nissenbaum. *Values at Play in Digital Games*. Cambridge, MA: MIT Press, 2014.

Sicart, Miguel. *The Ethics of Computer Games*. Cambridge, MA: MIT Press, 2009.

Zagal, Jose. *The Videogame Ethics Reader*. San Diego, CA: Cognella, 2012.   156

18 《帝国时代》: 后殖民主义

苏维克·慕克吉 (Souvik Mukherjee)

编者语: 尽管早期的电子游戏中存在对殖民的描述,如《席德梅尔的殖民帝国》或微软发行的《帝国时代》,但以后殖民主义为视角对游戏进行研究的学术文献较为罕见。通过对《帝国时代》的分析,苏维克·慕克吉着眼于游戏中历史的呈现、被殖民的他者的叙事以及帝国的控制和扩张过程,对电子游戏中帝国主义和殖民主义的呈现方式进行了极为必要的以后殖民主义为视角的介入。

从早期的即时战略游戏,如《席德梅尔的殖民帝国》和全效工作室 (Ensemble Studio) 开发的《帝国时代》(1997) 到如今它们的续作,全世界的硬核玩家都在游戏中掌控帝国、征服土地、进行殖民,甚至改变历史。通常,他们会选择自己的国家与人民作为在游戏中被征服和被殖民的对象。即使在虚拟世界中,这种默契的权力参与也会引起潜在的不安。最近关于电子游戏中多样性的讨论为重新评估对殖民主义的描述、殖民主义政治以及对被殖民的他者的刻板印象开辟了通道。本章以早期 PC 游戏《帝国时代》为例,沿着以帝国建设为主题的即时战略游戏发展轨迹,分析了这些描述的根源。在这个过程中,本章涉及了后殖民主义的关键思想,这些思想对游戏中殖民方面的描述提出了质疑,并促使人们重新思考数字媒介如何回应殖民主义问题。

《帝国时代》由位于达拉斯的三个人组建的公司全效工作室开发,由微软发行,在 1997 年取得了巨大的成功,并且衍生出许多续作。开发者将《文明》中的历史元素和战略元素以及《魔兽争霸》与《命令与征服》中的即时决策和动画"结合超来,目标是改进即时战略类型游戏。[1] 正如一位评论者所言,尽管有人批评游戏中的人工智能,但游戏得分较高的一个主要原因是其对历史的再现。"这款游戏最吸引人的地方在于它的感觉和氛围……游戏的灵感来自古老的历史，而不是科幻小说或奇幻小说。"[2]然而，正是这种受人称赞的历史再现需要重新审视。

这款游戏的标题非常明确地表明其将帝国作为核心内容。历史类著作中与这个标题最接近的是艾瑞克·霍布斯鲍姆的《帝国的年代：1875～1914》。这位著名的马克思主义历史学家在书中追溯了"漫长的19世纪"资本的发展。[3]作为三部曲中的最后一本书，《帝国的年代》描述了一个相对稳定的时期，尽管当时存在内部矛盾和冲突，但也存在西方殖民统治下西方文化与多个非西方文化的接触。与霍布斯鲍姆关于资本主义进程的马克思主义观念不同，电子游戏《帝国时代》系列几乎将所有人类历史都视为帝国主义的历史。从古代的赫梯人和巴比伦人开始，到19世纪的英国和其他西方帝国，这些游戏将帝国统治作为准则，并美化了帝国的逻辑（如图18-1）。游戏中的整个历史都是从帝国征服者的角度来书写（并将其制作成游戏供玩家参与）的。即使玩家可以（在多人游戏或用户模组中）扮演被殖民和被征服的人，这些游戏仍然推崇征服、控制和扩张的帝国主义逻辑。在上述情况下，征服者与被征服者可能已经调换了位置，但帝国主义的逻辑始终占据上风。

帝国主义的这种底层逻辑被嵌入被殖民者所生活的残酷现实，在其中，被殖民者的种族、阶级和经济状况都处于劣势。正如后殖民主义思想家弗朗兹·法农所述：

> 这个被隔开的世界，这个被一分为二的世界里居住着一些不同类别的人。殖民地背景的独特之处就是经济现实、不平等、生活方式的极大差异绝不能掩盖人类的现实。当人们直接察觉殖民地的背景时，很明显分割这世界的首先是属于或不属于这个类别、这个民族。在殖民地，经济的下层建筑同样是上层建筑。因就是果：因为是白人而富有，因为富有而是白人。[4]

158

图 18-1　在《帝国时代》中建立赫梯帝国

在《帝国时代》首次发行 20 年后重新评估该游戏时，人们不禁要问：为什么开发商在游戏设计中完全忽视了人们对帝国主义的批评？在许多发生于亚洲和非洲国家的从殖民者手中争取独立的自由斗争中，以及在此后它们作为新独立国家的岁月中，几十年里人们一直在表达对帝国主义的批评。后殖民主义"与它所涉及的众多不同文化体验的所有模糊情况与复杂情况产生共振，并从殖民接触开始就涉及了殖民过程的所有方面"。[5]"后"并非简单地意味着在殖民主义"之后"，而是包括一系列议题，这些议题既与西方帝国主义的主导话语有关，也与他者对这些话语的回应有关。除了对殖民地资源的掠夺，后殖民主义还涉及一些关键问题，即空间性、身份乃至文化历史是如何受到殖民主义影响的。

在继续讨论之前，有必要提醒一句。正如后殖民主义文学学者安妮亚·隆巴准确指出的那样，与早期的帝国扩张（如罗马或埃及帝国）相比，从 15 世纪开始的欧洲殖民主义是一个截然不同的现象。隆巴指出："现代殖民主义不仅从其所征服的国家榨取贡品、货物和财富，还重组了后者的经济，使它们与自己的经济形成了复杂的关系。因此，在被殖民国家与殖民国家之间存在人力资源和自然资源的流动。"[6]值得注意的是，《帝

国时代》系列并没有做出这种区分。虽然《帝国时代3》的互动方式有所 159
变化，添加了基于玩家经验值给予奖赏的游戏机制，并取消了原游戏中玩
家可以招降对手单位的能力，但这些游戏遵循类似的模式，甚至胜利条件
都相同（通常是军事征服、弑君、夺取遗迹或废墟，以及建造"奇观"，
也就是某个文化所特有的重要建筑）。可以说，这些游戏再现了帝国的一
种观念，即设想完全取代对手（或后殖民理论术语中的"他者"）。玩家与
其他国家之间开展的任何贸易通常对玩家有利（除非玩家与其他国家是盟
友关系）。游戏设计的上述特征以及其他特征都展现了一个耐人寻味的殖
民主义观念，下文对此进行研究。

　　殖民主义作为帝国主义的一种特殊形式，它的基本特征是"在属地的
定居、资源的掠夺或开发，以及对被占领土地上的本地居民进行统治的企
图"。[7]《帝国时代》系列游戏基本上符合前述所有特征，游戏基于帝国主
义逻辑反映了殖民主义的运作方式。就《帝国时代》而言，它对古代历史
中的"帝国"——如巴比伦、希腊和古代日本——进行了再现，实际上这
些国家与19世纪欧洲殖民体系下的国家截然不同。然而，游戏让所有帝
国按照同样的殖民主义逻辑运作。事实上，所有文明拥有的单位整体上看
起来也非常相似，尽管其中一些最显著的差异被保留下来，在游戏中用来
标记每个古代文明的关键社会经济特征。例如，与埃及不同，希腊人没有
战车，他们的牧师也不能招降建筑。玩家会根据每个文明的具体战术优势
来做出选择。在《帝国时代》系列游戏中，胜利通常是通过推翻对手的政
府和／或消灭其全部人口来实现的。这些游戏中的对手是后殖民主义中的
"他者"。爱德华·赛义德（Edward Said）提出了"东方主义"概念，他
认为东方是欧洲国家建构的产物，因此，欧洲需要通过他者来想象自我。

　　在《帝国时代》中，当玩家面对一个看起来是模拟出来的殖民体系
时，这些问题就会暴露出来。对于以中世纪为背景的《帝国时代2》，安
杰拉·考克斯谈到了这个议题，她评论说，该游戏涉及了"时间的他者
化"。[8]该游戏创造了一个想象中理想的中世纪，正如它创造了一个类似的
理想化的文化结构一样。从表面上看，这些想象由游戏所再现的各种文明
和文化中的标记性元素组成。然而，仔细观察就会发现一些不同的东西。

考克斯准确地观察到："日本、中国和韩国的建筑在外观上的发展轨迹是趋于一致的，这消除了这些东亚文化之间的差异。不列颠人和凯尔特人的建筑也是如此，两者都采用了醒目的英式外观。"⁹第一代《帝国时代》游戏中也是如此，希腊人和巴比伦人拥有相同的军事单位：斧兵看起来几乎是新石器时代的，而骑兵则装备精良，根本不考虑他们的军事文化历史的差异。考虑到利用既定的刻板印象来构建不同的文化与族裔是如何抹杀和消除文化差异的，这种做法就是有问题的。在某种程度上，这款游戏通过玩乐再造了像帝国和他者之间的关系一样的玩家和对手之间的关系。当所有对手都被看作来自东方的他者时，东亚文化之间的差异就很容易被抹去。这在后来的游戏中也很明显，大型游戏公司（Big Huge Games）的负责人布赖恩·雷诺兹（Brian Reynolds）评论《帝国时代 3》："还有一个有趣的细节……你可能知道，由于宗教原因，印度人不食用牛等家畜，所以他们在游戏中也不会吃牛肉。"¹⁰在这段评论中，他似乎没有意识到，虽然印度教徒不吃牛肉，但印度其他许多宗教团体的信徒是吃牛肉的（作为穆斯林的莫卧儿王朝的统治者就是这样一个例子），这里出现了过度简化的情况。即使出于准确描述文化的良好意图，这些游戏最终还是陷入了西方对东方的刻板印象。难怪游戏研究学者维特·希斯莱尔在评论《帝国时代 2》中对中东的描述时，将其比作"欧洲小说和 19 世纪绘画中的东方主义话语"。¹¹

　　殖民事业的一个关键要素是他者需要被知晓，殖民者对于他者的知晓使殖民者对于他者的控制成为可能。因此，游戏地图在《帝国时代》中极为重要，"战争迷雾"也是如此。作为黑暗空间的战争迷雾代表未被探索的区域，只有玩家的单位通过它时，迷雾才会消散。玩家越早探索地图上的黑暗区域并使隐藏的东西显现出来，他们找到金子、石头、木材和食物等资源的机会就越大。派遣侦察兵是探索未知领域的常用方法。在战争迷雾中的探索也让玩家注意到敌方文明的建筑，无论在字面意义上还是隐喻意义上，找到他者都是一次黑暗得到控制的旅程。这与殖民国家对测绘和勘查活动的重视非常相似，这些活动对世界进行了十分精确的地形测量，如"大三角勘查"活动中对珠穆朗玛峰高度的计算。在殖民体系中，由于可见意味着控制，测绘使殖民者得以监视属地。在《帝国时代》系列游戏中，玩家可以通过建造瞭望塔来提高可见度并对一些区域进行封锁。玩家也可以升级瞭望塔来提高其防御能力和扩大视野。玩家查看地图上未知部分的能力意味着他们拥有控制权力：某件事物如何被发现对于新知识的创造以及随后创造和拥有这些知识的人获得权力都至关重要。

技术升级是《帝国时代》的一个重要部分。随着文明的发展，从工具时代到青铜时代，再到铁器时代，技术的升级必不可少。不同的单位可以使用木材、石头、食物和黄金等上文提到的资源进行升级。游戏中提供的科技树（通常以一个充满光泽的折叠式小册子呈现）似乎特别推崇技术决定论的观念——拥有更加先进的技术就会确保拥有一个更加成功的国家。然而，一个文明在文化方面的成就甚至不会被注意到。游戏设计师在游戏中最接近文化方面的设计是玩家需要建立国家的"奇观"建筑。"奇观"建筑与其说是文化物件，不如说是通往胜利的途径："如果它被建造出来并超过两千年矗立不倒，玩家将自动赢得游戏。"[12] 在游戏中，大多数技术研究的目的是实现军事升级。这强化了一种观念，即成功是通过殖民其他国家和占领更多属地来实现的，而这往往是通过军事手段达到的。

玩家在试图占领和殖民土地的过程中遇到抵抗时，还有一个可以用来对付对手的游戏机制——招降。玩家文明中的牧师可以招降士兵，有时甚至可以招降建筑。招降使帝国有可能吸收原本不属于自己群体的人口。帝国也可以通过将外国人和抵抗人群转变成自己的士兵来控制他们，这在很多层面上与他者如何被殖民政权视为问题所在以及之后他们如何遭受各式各样的"招降"近乎一致。同时，人们试图通过让他者变得更像殖民者来控制他者。1835 年，英国历史学家托马斯·巴宾顿·麦考利男爵发表了《印度教育纪要》，宣称印度人需要遵循以"一个好的欧洲图书馆的一个书架就抵得上印度和阿拉伯的全部本土文献"为假定前提的西方模式来接受教育。[13] 该纪要影响了英国控制下的印度委员会在 1835 年通过的《英国教育法案》，该法案将用于印度语言教育的资金转移到西方课程和英语教学。从那时起，印度人的身份就开始从他者向更容易被人们接受的、受到欧洲教育的主体转换。在《帝国时代》的刻板方案中，这种"归降"被描述为立即且彻底的。牧师挥舞双臂之后对手单位的颜色就会变为玩家的颜色，这种行为类似彻底的洗脑，就像反乌托邦科幻小说中经常描述的那样，这种招降也可能是对奴隶制的隐喻。奴隶制是殖民过程的一个关键组成部分，但是在以帝国建设为主题的游戏中经常被忽略。

《帝国时代》的一大特点是，它让人们轻轻松松地就接受了如下设定：帝国的存在是必然的。《帝国时代》系列游戏的设计师布鲁斯·谢利（Bruce Shelley）指出："任何《帝国时代》游戏的关键元素之一都是真实性。这种真实性是指虽然游戏不必完全符合历史，但它应该包含足够准确的元素，使人能够感受到那个时代的味道。"[14] 埃丝特·麦卡勒姆－斯图尔特和贾斯廷·帕斯勒认为："历史游戏不能与世隔绝，需要对它们所呈现的历史版本负责，同时历史游戏有可能改变外界对于历史理论以及历史再现的态度，因此也应该对此影响负责。"[15] 谢利认为《帝国时代》旨在提供一种历史的"味道"，这让人疑惑这种"味道"究竟是什么。从名称中可以明显看出，《帝国时代》将帝国作为统治方式的关键体系和社会转型的引擎，在构建战略性游戏互动时，这种帝国模式将关于殖民的刻板印象放在首位。当然，也可以用其他方式讲述这个故事，毕竟游戏有多种结局。作为一种反事实的历史探索，我们有可能看到一些历史事件被颠倒，同时在对我们的现实世界进行再现时，一个在历史上并未出现过的胜利者会以征服者的身份出现。然而，这个架空的历史也是同样的帝国底层逻辑的产物。正如麦卡勒姆－斯图尔特和帕斯勒所指出的，在使用这些游戏作为教学工具时，我们应该谨慎行事。[16] 除此之外，玩家也有必要结合围绕世界历史的更大规模的讨论来看待这种游戏的局限性。无论它声称要描述历史，还是仅提供历史的"味道"，《帝国时代》都将历史视为帝国伟业的发展史，然而目前的历史学研究趋势对此表示质疑。这款游戏完全没有意识到半个多世纪以来在人文学科的话语中流行的针对后殖民主义的讨论。在发布20年后，在围绕历史的即时战略游戏里，《帝国时代》仍然受到人们欢迎；然而，通过后殖民主义的角度重读（和重玩）这款游戏，我们能够获得新的视角：游戏如何再现历史以及帝国本身如何被构建成一个可以参与并获胜的游戏。

注释

1 Jeff Sengstack, "Microsoft Takes a Stab at the Golden Age of Wargaming," *GameSpot*, March 1, 2004, https://www.gamespot.com.

2 Old PC Gaming, "Age of Empires (1997)—PC Review," *Old PC Gaming*, July 31, 1994, https://www.oldpcgaming.net.

3 Eric Hobsbawm, *The Age of Empire: 1875－1914*, repr. ed. (New York: Vintage, 1989). 中文版本《帝国的年代：1875～1914》已由中信出版社于 2014 年 2 月出版。——译者注

4 Franz Fanon, *The Wretched of the Earth*, trans. Homi Bhabha (New York: Grove Press, 2004 [1963]), p.155. 中文版本《全世界受苦的人》已由译林出版社于 2005 年 5 月出版，万冰译，书中本段翻译摘自中文译本第 6 页。——译者注

5 Bill Ashcroft, Gareth Griffiths, and Helen Tiffin, *The Post-Colonial Studies Reader* (Abingdon and Oxford, UK: Taylor & Francis, 2006), p.1.

6 Ania Loomba, *Colonialism/Postcolonialism*, 2nd ed. (London, New York: Routledge, 2005), p.21.

7 Elleke Boehmer, *Colonial and Postcolonial Literature: Migrant Metaphors* (Oxford, UK: Oxford University Press, 2005), p.2.

8 Angela Cox, "The Othering of Time in Age of Empires II | Play the Past," *Play the Past*, August 1, 2013, https://www.playthepast.org.

9 Cox, "The Othering of Time."

10 Steve Butts, "Age of Empires III: The Asian Dynasties," *IGN*, June 25, 2007, https://www.ign.com.

11 Vít Šisler, "Digital Arabs Representation in Video Games," *European Journal of Cultural Studies* 11, no. 2 (May 1, 2008): 203－220.

12 "Wonder (Age of Empires)," *Age of Empires Series Wiki*, 2016, accessed October 23, 2016, http://ageofempires.wikia.com.

13 Thomas Babington Macaulay, "Minute on Education (1835) by Thomas

Babington Macaulay," *Project South Asia*, accessed October 23, 2016, https://www.columbia.edu.

14 Esther MacCallum-Stewart and Justin Parsler, "Controversies: Historicising the Computer Game," in *Situated Play, Proceedings of DiGRA 2007 Conference* (Tokyo: The University of Tokyo, 2007) , pp.203 – 210.

15 MacCallum-Stewart and Parsler, "Controversies," p.206.

16 MacCallum-Stewart and Parsler, "Controversies."

延伸阅读

Fanon, Franz. *Black Skins, White Masks*, trans. Richard Philcox. New York: Perseus Books, 2007 (1967).

Loomba, Ania. *Colonialism/Postcolonialism*, 2nd ed. London: Routledge, 2005.

Mukherjee, Souvik. "Playing Subaltern: Videogames and Postcolonialism." *Games and Culture* 13 (2016): 504 – 520.

Said, Edward. *Orientalism*. New York: Vintage Books, 1979.

164

19 《无主之地》：资本主义

马修·托马斯·佩恩（Matthew Thomas Payne）

迈克尔·弗莱施（Michael Fleisch）

编者语： 马修·托马斯·佩恩和迈克尔·弗莱施认为，装备管理机制作为《无主之地》系列游戏的核心，该系列游戏对从财富与商品积累最大化产生的乐趣的赞颂反映出资本主义的仪式逻辑。此外，玩家既遵循又打破游戏中的交易规则的方式揭示了资本主义本身就是一个不平衡的和带有剥削性的游戏化体系。

有人说，想象文明的终点比想象资本主义的终点更加容易。和许多被广为接受的谚语一样，这句谚语的起源也存在争议。一些人认为其来自马克思主义文化理论家弗雷德里克·詹姆逊（Fredric Jameson），另一些人将其归给言辞激烈的哲学家斯拉沃热·齐泽克（Slavoj Žižek），还有一些人将它归给文化历史学家 H. 布鲁斯·富兰克林（H. Bruce Franklin）。但重要的是，这种说法本身几乎没有争议。人们广泛接受这种资本主义能够在各种灾难中——无论是巨大的小行星碰撞地球还是核尘埃——幸存的观点，因为它符合后末日小说带来的广为流传的共同想象。的确，无数虚构作品中的世界已经被自然灾害摧毁、被炸弹夷为平地或被敌对的外星人侵略。想想电视剧《核爆危机》（*Jericho*）、《陨落星辰》（*Falling Skies*）、《太空堡垒卡拉狄加》（*Battlestar Galactica*），电影《疯狂的麦克斯》（*Mad Max*）、《未来水世界》（*Waterworld*）、《人类之子》（*Children of Men*），或者电子游戏《辐射》、《狂怒》或《最后生还者》所呈现的世界。尽管上述世界遭遇了灾难性的事件，尽管上述世界由于社会与环境动荡成为现实世界的扭曲变体，但资本主义依旧以某种提炼的形式存在。它是一种以商品积累为前提、通过交易市场调和的私有制经济体系，而这一切都是由稀缺资源、逐利心理和不可避免的竞争所推动的。

165　　　在《无主之地》系列电子游戏中也是如此。在《无主之地》和《无主之地2》中，玩家是一名冒险家，在被摧毁的危险星球潘多拉上寻找财富。在玩家到来之前的几年，潘多拉的矿产资源吸引了一波又一波怀着发财梦的人和企业。在将能够开采的东西开采殆尽后，这些人丢弃了设备，又释放了作为强制劳工的罪犯。潘多拉上剩下的定居者被抛弃了，他们只能与星球上的怪物、失去监管的罪犯竞争求生。

　　　玩家被推进这样残酷的环境，其目标是寻找"秘藏"——一个传说中储藏了金钱、枪支、铠甲和各种科技的宝库。一路上，玩家需要赚钱并升级角色和武器，直到他们有能力面对游戏中最险恶的敌人。续集引入了更多的角色和设置，但游戏末期（endgame）①仍然是一样的内容：在发现和收集隐藏的宝藏的过程中杀死无数的敌人。该系列游戏以多种方式展示了资本主义的无节制特点及底层逻辑。从叙事上看，潘多拉星球的历史是它被肆意剥削的历史，游戏世界中锈迹斑斑的废墟以及企业铺天盖地的品牌营销与广告宣传也在不断强化这一设定。在程序上，游戏要求玩家参与无休止的道具积累和市场交易的循环。一些玩家会寻找与利用游戏中的程序故障和漏洞，这些行为淋漓尽致地体现了他们对于经济利益最大化的欲望。这些未经许可的"解决方案"以及针对它们的强烈反对意见揭示了资本主义——正如在《无主之地》玩家群体中呈现并施行的那样——本身就是一个建立在剥削资源以及权力不平等基础之上的非平衡的游戏化体系。

　　　一直以来，该系列游戏既受到硬核玩家的喜爱也受到批评人士的青睐，并催生了衍生作品《无主之地：前传》、图形冒险游戏《无主之地传说》、一部直到2018年仍在拍摄的故事片以及变速箱软件公司承诺制作的一部同系列新作品。该系列游戏因偏向玩家合作式游戏互动以及剧情战役模式中的黑色讽刺幽默而广受好评。作为《光环》（Halo）与《暗黑破坏神》（Diablo）的混合体，《无主之地》系列游戏结合了第一人称射击游戏

---

① 指玩家达到等级上限之后提供给这一群体的游戏内容，也被译作游戏后期。——译者注

的视角和狂野的动作表现以及角色扮演游戏的等级提升和道具收集系统。根据开发商视觉设计团队的说明，在游戏中，无谓的枪支暴力场面在视觉效果上被带有卡通渲染风格的图形①所调和，这给游戏带来了一种"粗野的异想"感。[1] 此外，游戏的程序化内容生成系统为原本重复的任务和战斗活动添加了互动上的变化与阶梯化激励机制。[2] 这些内容算法产生了大量各种各样的盾牌、枪支和道具，几乎可以保证任何两个宝箱或战利品箱子包含不同的宝物。《无主之地 2》的营销活动吹嘘游戏中有"87 千兆支枪"，这显然是在半开玩笑地表示游戏中有待玩家发现的装备与战利品的组合数不胜数[3]。

166

然而，这种夸张的营销手法意味着一个重大的设计挑战：如何避免创造重复和老套的工作，从而给人一种"反复刷任务"的感觉。尽管游戏的机制将敌人保持在适当的难度等级，让玩家保持体验式"心流"的平衡感[4]——敌人既不会太容易被杀死（导致玩家感到无聊），也不会太难被消灭（导致玩家感到焦虑和挫折），但仍有大量非战斗内容企盼着玩家去参与。也就是说，虽然这款游戏被竭力宣传为"角色扮演的射击游戏"（这个术语用来描述第一部《无主之地》的独特游戏风格，它混杂了不同的游戏互动类型），但是不少乐趣来源于玩家在收集、购买、出售与交易道具时保持镇定、沉着思考。

在漫画书的外表和卡通化的枪战游戏背后，人们发现了一个表面上是动作游戏，但实际上是基于游戏化文件管理的系列作品。《无主之地》是一个数据碎片整理（data defragmentation）游戏，支撑它的是一种将经济自由主义和私有财产奉为圭臬的意识形态使命。作为一个文件管理式的第一人称射击游戏，《无主之地》中杀敌（杀死敌人以获得奖励）和整理碎片（充分利用装备）不断循环，每个行为都在推动和强化另一个行为。成功的玩家为了解锁不同的作战效能和收益，努力优化无数的枪支、铠甲和特定等级的技能。较差的道具被交换或卖掉，以便获得更好的东西。事实

---

① 也被称为"三渲二"风格的图形，先通过 3D 技术建模，之后将 3D 模型渲染成 2D 的带有色块效果的图形。——译者注

上，在这些旷日持久的时段中，这个第一人称射击游戏系列更像第一人称电子表格。

如果把《无主之地》简单地理解为一个以动作为导向的角色扮演射击游戏，就会忽略一些游戏中围绕资本主义的根本的乐趣——无论这些乐趣的产生是否获得游戏的许可。游戏中呈现的自由资本主义能够通过对游戏中的资产进行战略管理，使玩家的（玩乐时间的）投资回报最大化，从而产生积累财富的乐趣。这就是玩这款游戏的"正确"方式。同样，利用程序漏洞和故障规避那些机制系统，玩家也可以获得未经许可的快乐。因此，此游戏系列成为一个围绕被设计出来的资本体系以及游戏用户如何参与和规避该体系的研究案例。

为了说明《无主之地》游戏是如何反映、内化并阐明关于自由市场资本主义的主导观念的，我们已经讨论了为积累道具而去打怪杀敌与为整理有限装备空间而做出种种决策之间的反复循环。接下来，我们将探讨财富积累如何暗中诱导玩家发现捷径，将原本乏味的文件管理工作有效升华。通过关注游戏有意设计出来的交易系统以及硬核玩家对捷径的追求，我们会以为潘多拉星球只是一个看起来像被资本主义摧毁并掠夺一空的后末日荒地。我们应该看到它的真实面目——一个理想化的蓬勃发展的晚期资本主义游乐场。在这里，财富积累最大化仍然是游戏的重点。同时，颠覆游戏中既定的经济体系虽然违背了资本主义的法律条文，却坚持了资本主义的精神。

枪支战斗以及对个人装备和技能树的精细管理是《无主之地》的主要互动。当有限的装备空间被从击败的敌人那里和通过完成任务收集的战利品填满时，硬核玩家就会反复前往遍布潘多拉星球的自动贩卖机。这些五颜六色的机器用于买卖枪支、铠甲、手榴弹和各种特定等级的强化道具（如图 19-1）。[5] 它们不仅对游戏的等级提升和资产管理过程至关重要，而且由于自动贩卖机与敌人之间存在安全距离，它们的周围不会出现敌人，这些场所成为玩家交易装备和交流技巧的社交枢纽。检查每天的特价商品、补充弹药、出售效果不佳的道具等活动是玩家在战斗前和战斗后的例行工作。玩家需要在一场大战开始之前装备起来，并在战斗后卸下战利品。这些自动贩卖机就好像办公室里的饮水机，它们的周围是名副其实的沟通场所，在这里可以制定有关优化角色构建（character build）①以及协调团队成员的互补技能的集体战略。随着时间的推移，自动贩卖机前的聚会转变为一种社交仪式。

图 19-1　一个玩家在认真地优化装备选项

不要把互动上的重复与仪式混淆。通过反复的试错过程，玩家会对游戏的规则和玩乐机制有所了解。重复是建立模式识别的关键，而模式识别是帮助玩家成功互动的基础。例如，绿色的蘑菇总能给马力欧带来额外的生命，能量弹总能把《吃豆人》中的鬼魂变成脆弱的蓝色攻击目标，在《俄罗斯方块》中只要填满一横排的方块就能清除这一排。但模式识别并不一定产生有意义的和仪式化的玩乐。所有的游戏仪式都涉及重复，但并非所有互动上的重复都带有仪式性的意义。正如艾莉森·加扎德和艾伦·皮科克所指出的："虽然重复在游戏世界中是必要的，但玩家执行一种超越了它的基本功能并被理解为仪式的重复时，他们才会体验到游戏逻辑中的重要时刻。"[6] 一个游戏的仪式逻辑是由能够带来一些本质转变的重复性行为所导致的最终成果。游戏互动中需要玩家执行的重复操作告诉他们

168

---

① 指对玩家角色的属性点数和／或装备的安排或调整，使之达到最佳状态。——译者注

在游戏世界中什么是可能的，游戏互动中的仪式性活动能让玩家洞察深层玩乐结构，深层玩乐结构能够再现更广泛的文化信仰和社会价值。

　　若将所有的行为放在一个光谱上，一些重复性行为在本质上是具有功能性①的，或者说是玩家"不假思索"就做出的事情（它们是游戏运转所必需的行为），而另一些重复性行为则涉及"意识觉知"，使它们具有乏味的活动中所没有的特殊意义。[7]反直觉的是，《无主之地》中玩家不假思索的行为是战斗，规划数据管理工作则更具仪式感。战斗和优化装备这两种行为都会重复发生，同时又能够互补。硬核玩家在自动贩卖机上挑选合适道具的判断力越高，他们与敌人作战的能力就越强。潘多拉星球是一个危机四伏的世界，到处都是数字和倍数，它们以五颜六色的敌人和战利品箱的形象呈现。当敌人被消耗的生命值②以层层叠叠的彩虹色数字显示出来时，面对这些量化的充满美感的反馈，硬核玩家会立即看到他们努力优化装备所收获的结果，《无主之地》也因此给他们带来发自内心的快乐。资本主义杀人，"美轮美奂"。

　　那么，《无主之地》的仪式逻辑是什么？那些共同构成了一个规范的框架，用来理解潘多拉星球作为一个虚构的世界如何运作，同时也揭示一些关于我们自己世界的情况的重复性行为是什么。在《无主之地》中，经常光顾自动贩卖机是提升等级的必要条件。当玩家查看他们的装备时，他们会共享大量游戏信息："谁需要一把杀伤力强的火枪？""你的刺客专精于发展'无赖'还是'枪手'的技能树呢？"③"你到底是怎么杀死巨兽斯卡斯拉（Skagzilla）的？"信息在任何时候都可以分享，但这种通常发生在自动贩卖机周围的安全空间里的信息分享现象将这些场所转化为对道具和游戏资本进行交易的市场（参阅米娅·孔萨尔沃撰写的第 21 章）。基于自动贩卖机的《无主之地》仪式将资本主义呈现为一个基于规则的体系，那

―――――――――

①　即目的性。——译者注
②　俗称"血量"。——译者注
③　原文如此，但是经与主编（同时也是本文第一作者）沟通，在这个系列游戏中，刺客专精于发展"狙击"、"狡诈"或"杀戮"的技能树，猎人专精于发展"狙击"、"无赖"或"枪手"的技能树，因此原句应该改为：你的猎人专精于发展"无赖"还是"枪手"的技能树呢？——译者注

些逐步地刷任务和参与公平经济交易的玩家会获得奖励。如果"恰当"地玩，《无主之地》就是关于优绩制资本主义美德和新教工作伦理的虚拟课程，是通过互动仪式逻辑模拟出来的后末日美国梦。但这并不是玩这款游戏的唯一方式。一个人究竟如何在资本主义的游戏中获胜？一个显而易见的解决方案是作弊。

如果说《无主之地》的仪式逻辑源于对经许可的并基于规则的数据进行的计量传输①，那么它就是一个乞求他人侵入的体系。当硬核玩家在剧情战役模式下进行一次比一次难的全局通关时，他们就会在经历过的游戏叙事过程之外寻找其他奖励。对许多人来说，收集高级道具是他们玩乐的持久动力，玩家对极为稀有的高级道具的追寻演变成全新的涌现性的游戏末期景象。

169

《无主之地》的玩家群体对什么构成了漏洞以及是否应该利用、如何利用这些捷径的理解存在很多的意见分歧。通过 YouTube 等社交媒体了解最新情况的精英玩家通常认为，漏洞可以分为以下几类：开发者有意设计的结果、符合游戏参数的意外效果、明显的软件故障以及用户上传的作弊脚本。同时，有关利用漏洞的在线讨论倾向于对它们进行道德定位，上述类别是按照玩家群体的接受度由高到低排序的，这恰恰与开发商对它们的排序相吻合。这在社会道德规范光谱上催生了一个生产者与消费者动态关系模型，在其中，硬核玩家社群根据他们所认为的开发商希望他们遵循的规则进行自我管理。因此，无论何种"作弊"形式，它们的重点不在于玩家自己的游戏体验，更多的是通过"努力工作"获得顶级道具的玩家与那些他们没有接触过的、热衷于"钻体系漏洞"的人相比，是否真正拥有更大的权力。这种对立的框架反映了多数围绕资本主义的批判所关注的核心内容——劳动与资本之间的权力斗争。为了获得更大的发展潜力，是通过反复刷任务来缓慢改善艰难的生存状态（劳动），还是一步登天获得特殊道具（资本）？你更愿意成为维护资本主义优绩制魔术圈神圣性的忠实的硬核玩

---

① "对经许可的并基于规则的数据进行的计量传输"是指《无主之地》以一种结构化和规范化的方式向玩家传达信息。这些信息既包括游戏软件的更新和补丁，也包括开发商与玩家在线上论坛围绕这款游戏该如何玩的讨论。——译者注

家，还是为了个人回报而钻体系空子或者展示体系漏洞的"作弊者"？

《无主之地2》中最著名的漏洞是两个传奇道具的组合，即"蜜蜂"伤害加成盾（为每个射出的子弹增加大量伤害）和"电话会议"霰弹枪（可随机发射5~77颗子弹）。硬核玩家很快发现，单个玩家可以在短短几秒内击败几乎无懈可击的超强对手。游戏发布后不到两周，这个漏洞引起了变速箱软件公司首席执行官兰迪·皮奇福德的注意，他在Twitter上说："……蜜蜂盾的效果因此将被削弱"。[8]一个月后，线上玩乐所需的补丁程序极大地降低了"蜜蜂"和类似的伤害加成盾的效果。为了应对不可避免的反对意见，皮奇福德再次在Twitter上发言："蜜蜂被毁掉了。（在我看来）它被削弱得还不够。你们中的一些人喜欢有漏洞的游戏，我就知道。"[9]变速箱软件公司也经常通过类似的补丁对游戏互动中的其他方面进行平衡性调整，而这通常会引起同样激烈的反应。"侵入"程序代码中的漏洞来让自己的角色或团队获益，这个行为将资本主义呈现为一个"元"游戏。在这个游戏中，玩家不是为了获得更好的战利品而与更多的怪物战斗，而是对游戏本身进行复杂但非法的革新。同时，在变速箱软件公司用补丁来"纠正"它的游戏的同时，忠于原作意图的粉丝则会运用讨论区驱
170 逐或羞辱那些操纵游戏系统的玩家。

后末日游戏中常见的核心挑战是以极少的资源生存下来。这些游戏的戏剧性张力，也就是这些游戏的真正乐趣来自对稀缺资源的管理。《无主之地》的仪式逻辑要求玩家根据任务要求和他们队伍的组成来平衡特定角色构建的优缺点并携带好装备。因此，《无主之地》就是一个需要不断调整和平衡的第一人称电子表格。该系列游戏所创造和延续的人为稀缺状态——由物品短缺导致的非友善环境（尽管游戏程序有能力来弥补任何此类不足）——会促使玩家寻找游戏中的漏洞和故障，因为这些漏洞和故障能够在游戏互动中提供舒适从容的捷径。

《无主之地》的内容生成算法经过校准（并通过补丁和更新再次校准）能够给玩家提供恰到好处的优势以激励他们参与更多的玩乐，而有进取心的硬核玩家则会找到击败这个体系的方法。虽然几乎所有的游戏都不会给玩家提供过于强大的物品，以维持平衡并带给玩家一种挑战感，但几乎没

有游戏会如此彻底地沉浸于一种新自由主义玩乐经济，其中的设计逻辑也表现出一种市场底层意识形态①。

从文化和经济角度来看，《无主之地》是非常典型的美式游戏系列。潘多拉是一个具有西部风格的自由市场经济模式的世界，到处都是为了提升一个等级而不知疲倦地反复刷任务的冒险家。一旦专注的硬核玩家完成了故事任务，达到了等级上限，他们就可以继续战斗来收集并炫耀稀有道具，展示他们的游戏才智。在玩家群体中口口相传的能够获得好东西的技巧虽然带有一种激进的姿态，却掩盖了其颠覆性的反击。玩家正在采取的行为不仅仅是"作弊"。

资本主义的意识形态权力一定程度上归功于资本主义表面上呈现的中立与自然，然而它的本来面目是一套偶然出现的②带有剥削性的社会条件，它们调和着我们彼此之间以及我们与这个世界之间的关系。近似的，《无主之地》的玩家为了填补他们感受到的资源短缺而进行无休止的追寻，游戏互动规则将资本主义模拟成了一种围绕商品积累的周而复始的幻象。然而，获得下一把强大的枪支所产生的镇静效果只带来暂时的缓解。游戏的进度机制是一个"诱饵推销"（bait and switch）的把戏，它模拟了资本主义中残酷的积累永不停歇的精神。在《无主之地》中，游戏互动所带来的满足感是非常短暂的。一个人永远不可能拥有足够的东西，而且总是有更多东西等着你去拥有。

《无主之地》游戏互动的仪式逻辑有效地为角色的定制和优化提供条件并予以支持。在该系列游戏充满活力的粉丝群体中，角色的定制与优化作为参与游戏的驱动力也一直受到欢迎。但是，为了维持潘多拉星球上资源的实用性与稀有性之间的完美关系，线上论坛起初讨论什么是"恰当"的游戏互动方式，后来却转变为道德争论，这些主题帖子配合着变速箱软

---

① 作者想强调的是，《无主之地》更进一步，玩家不仅不会获得游戏提供的强大物品，而且所有资源都需要通过竞争（或者作弊）获得。玩家需要信奉的是个人主义与自我利益。——译者注

② 作者希望指出的是，资本主义制度并不是必然存在的，而是人为的偶然的事物。——译者注

件公司不断发布的更新，也会一起批准和禁止某些游戏操作。这是优绩制资本主义神话般的理想状态。然而，每一个新发现的游戏漏洞都会揭示稀缺性只是一个可能的普遍前提，而玩家会逐步重新确认替代游戏常规互动方式的作弊手段，至少在下一个"补丁"发布之前会一直如此。因而，具有讽刺意味的是，游戏无意中揭示了如下事实：世界上不会存在一个单一的自然的资本主义，而是存在多个由社会、政治和文化因素共同有意设计和塑造的资本主义①。此外，剥削行为并不存在于体系之外，而是其本质上所固有的。

最后，值得一问的是，"即使在一个与我们的现实相距甚远的卡通式角色扮演的幻想游戏中，资本主义仍然存在，这在文化上、道德上意味着什么？谴责别人钻体系漏洞的《无主之地》玩家是在保护变速箱软件公司的玩乐规则，还是在保护那些管理自由市场资本主义的人？如何才能重新构想数字沙盒中的规则和仪式？"也许下一部《无主之地》中的潘多拉星球会包含如下特色：将用户的创造力置于算法之上，将用户的自由置于开发者的控制之上，将创意的丰富性置于资本主义的资源稀缺性之上。但是，唉，正如有人曾经说过的，那真是一个难以想象的世界。

注释

1 Aaron Thibault, "Postmortem—Gearbox's Borderlands," *Game Developer* 17, no. 2 (February 2010): 27.

2 Julian Togelius, Emil Kastbjerg, David Schedl, and Georgios N. Yannakakis, "What Is Procedural Content Generation?: Mario on the Borderline," in *Proceedings of the 2nd International Workshop on Procedural Content Generation in Games*, June 28, 2011 (Bordeaux France: ACM, 2011), p.3.

3 开发者没有分享《无主之地 2》中枪支的确切数量。然而，第一部《无主之地》作品以惊人的 1775 万把武器保持着吉尼斯世界纪录。参见 Wesley

---

① 作者希望玩家意识到资本主义的多样性，然而这款游戏并没有特意模拟出不同类型的资本主义。——译者注

Yin-Poole, "How Many Weapons Are in Borderlands 2?," *Eurogamer*, July 16, 2012, https://www.eurogamer.net。

4 Jeanne Nakamura and Mihaly Csikszentmihalyi, "The Concept of Flow," in *Handbook of Positive Psychology*, edited by Charles R. Snyder and Shane J. Lopez (New York: Oxford University Press, 2002), pp.89‐105.

5 Jacob Brogan, "Why Did This Guy Collect 500 Screenshots of Soda Machines in Video Games? Because He Is a Genius," *Slate*, October 21, 2016, https://www.slate.com.

6 Alison Gazzard and Alan Peacock, "Repetition and Ritual Logic in Video Games," *Games and Culture* 6, no. 6 (2011): 505.

7 Gazzard and Peacock, "Repetition and Ritual Logic," pp.505‐506.

8 Randy Pitchford (@DuvalMagic), "@AddyJohn_V Bee shield is so getting nerfed," Twitter, October 6, 2012, 12:38 PM, https://twitter.com/duvalmagic/status/254666987479904256.

9 Randy Pitchford (@DuvalMagic), "Bee was broken. Not nerfed enough, IMO. Some of you like broken games − I get it," Twitter, November 14, 2012, 7:38 AM, https://twitter.com/DuvalMagic/status/268709452096610304.

172

延伸阅读

Consalvo, Mia. *Cheating: Gaining Advantage in Videogames*. Cambridge, MA: MIT Press, 2007.

Kline, Stephen, Nick Dyer-Witherford, and Greig de Peuter. *Digital Play: The Interaction of Technology, Culture, and Marketing*. Montreal: McGill-Queen's University Press, 2003.

Mandel, Ernest. *An Introduction to Marxist Economic Theory*. New York: Pathfinder, 2005.

173

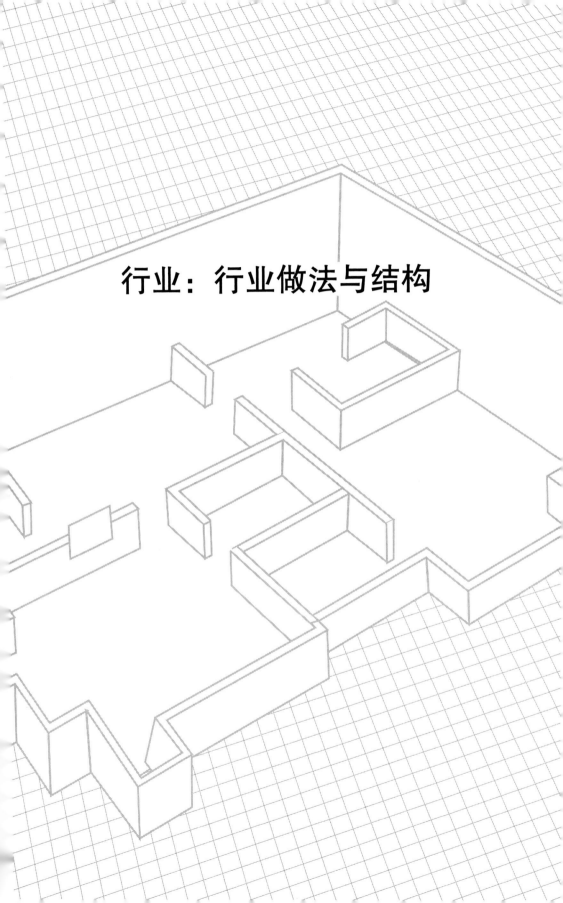

行业：行业做法与结构

20 宫本与小岛：游戏作者^①

珍妮弗·德温特（Jennifer deWinter）

编者语：游戏通常因玩家作为互动体验的共同创作者而备受推崇。然而，当关注点从玩家转换到游戏设计师时，话题的重点就会发生变化：游戏创作是一个由设计师精心策划的以他们的愿景为驱动力的工作流程。珍妮弗·德温特将两位背景和愿景都截然不同的日本游戏设计师——宫本茂和小岛秀夫作为例子，探讨了游戏设计师如何通过重要同时值得我们留意的方式创作电子游戏，这些创作方式也与他们个人的、历史的和文化的背景紧密联系在一起。

游戏设计师负责将人类体验转化到游戏系统中，如激烈的对抗、团队合作的亲密、同事的背叛，乃至是热爱或绝望的感情。游戏设计师必须知道游戏引擎、接口、控制器等游戏系统如何传递这些体验。玩家拿起控制器，开始玩游戏，巧妙地运用设计师精心设计的规则和示能。从表面上看，"好的"游戏是指那些设计师的愿景与玩家的体验保持一致的游戏。

把一款游戏作为一个由具体某位设计师的作品来分析的挑战是，游戏通常是团队项目，有多个需要投入创造力和进行技术决策的环节，如游戏引擎和物理引擎、人工智能、关卡设计、故事和角色撰写、概念艺术^②和美术资源等。此外，参与游戏的玩乐行为更像游戏和玩家之间的共同创作过程，可以说玩家也是游戏的创作者之一。玩家的选择会使游戏以不同的有时甚至惊人的方式展开。如此看来，作者论或许更适合阐释游戏设计师的身份。作者论认为，电影导演通过一系列电影元素来实现他们的愿景，

---

① 也被称作"游戏作家"。——译者注

② 作为游戏最初的核心工作之一，概念艺术是指为产品的视觉效果制定一个基调，并且总结成一些直观的多以概念艺术图的方式呈现的视觉符号信息。——译者注

177　如叙事设计、视觉风格、剪辑等。[1]同样，在游戏行业，有一些游戏设计师对于他们的游戏应该是什么样有着强烈的愿景，并且能够动员他们的合作者一起创造一个单独且统一的文本。[2]与电影导演、小说家或电视制片人不同，人们往往很难说出一些游戏设计师的名字。然而，这些设计师非常重要，他们创造了游戏的示能。贡萨洛·弗拉斯卡曾经简要论述："模拟作者（simauthor）（这是他对设计师的称呼）拥有决定权并保持着控制权，因为不可能给玩家绝对的自由，绝对自由意味着所有规则都是可以改变的，如果这样，毫不夸张地说，游戏不再是游戏，而可以成为任何东西。"[3]我们面临的艰巨任务就是将游戏解释为被创造出来的事物。

　　游戏设计师本质上是体验设计师。因此，基于作者论对游戏设计师进行分析，需要关注的是他们接受怎样的训练才能重视游戏体验、他们的文化背景如何塑造其世界观以及他们的工作环境如何使他们实现自己的愿景。通过比较宫本茂和小岛秀夫这两位当代游戏设计师，我们将了解上述因素是如何塑造这两位日本游戏作者不同的设计理念的。

　　宫本茂是任天堂的代名词。在拿到工业设计与艺术学位后，宫本于1977 年加入了任天堂。在一段时间里，他做着与游戏无关的设计，以及一些涂饰街机框体的工作。他获得的第一个游戏设计机会是重新设计《雷达范围》，这是一个失败的街机游戏，甚至公司的仓库里还积压着 2000 台卖不掉的街机框体。在电气工程师和玩具设计师横井军平的指导下，宫本从自己的业余漫画家背景中汲取灵感，创造了《咚奇刚》。这款游戏吸引人的原因是它采用了日本漫画式的角色以及垂直、连续的游戏场景：玩家角色跳人（Jumpman）爬上大楼，解救被困在大猩猩手中的女士。这些早期的游戏制作经历让设计师宫本开始崭露头角。

　　宫本的设计理念在很大程度上受到其硬件开发者与软件开发者双重身份的影响。他也深受其文化背景影响，有着完美主义与精益求精的态度。得益于他的大学教育和做学徒时横井军平的指导，宫本有着一种设计敏感性：他试图以低廉的经济成本来实现群体玩乐。横井的"基于枯萎的技术进行横向思考"（lateral thinking with withered technology）哲学深刻影响了宫本和任天堂在硬件设计与硬件重复使用上的态度。不一定非得采用前沿尖端的硬件配置去推动市场需求，即便是低价位的硬件，只要能够提供全新程序与体验即可使用（例如重新设计《雷达范围》街机框体的用途①）。事实上，这种早期在硬件示能上的训练在宫本的整个职业生涯中都处于核心的地位。他也积极参与硬件和控制器的开发，非常清楚控制器和游戏平台对互动体验的影响与他所设计的游戏关卡对互动体验的影响不分伯仲。最后，宫本致力于将他在生活中的体验转化到游戏中，例如他的日常爱好所带来的乐趣，这是他在设计游戏体验时的核心内容。这也在他同时为任天堂娱乐系统与超级任天堂娱乐系统设计游戏的事业中得到巩固，从而创作了《超级马力欧兄弟》和《塞尔达传说》。

178

人们可以在《超级马力欧兄弟》和《塞尔达传说》中感受到，宫本非常热衷于将他的童年经历转化为游戏中的互动方式。宫本经常谈到小时候在日本的园部町探索山洞的事情，因此，探索成为他标志性的核心游戏机制。探索机制在《塞尔达传说》中尤为常见（如图20-1），这种机制也是《超级马力欧兄弟》大获成功的核心原因之一。玩家会发现可以进入地下的管道，可以帮助他们爬到云端王国的隐形砖块，以及必须穿越的地牢。基于他对游乐场的热爱，《超级马力欧兄弟》将探索的乐趣与人们在游乐场的主要活动，例如滑行、奔跑和跳跃，全部融合在一个色彩鲜艳的景观中，这永久地影响了随后在世界各地出现的平台跳跃类游戏。

在早期设计文件中最初被命名为"马力欧冒险"（Mario Adventure）的《塞尔达传说》代表了另外一类需要在一张地图上进行空间探索的游戏。玩家控制主人公林克寻找并探索隐秘的洞穴。显然，这个游戏还加入了战斗和解谜元素，但在这种自上而下视角的动作角色扮演游戏中，探索和发现作为游戏的核心体验是显而易见的。因此，这两款游戏作为基于同一个设计愿景的不同实例，展示了宫本利用既有技术的示能：基于同一核心体验，如何实现不同的创作路径并使其具有细微差别。

---

① 改为运行《咚奇刚》游戏。——译者注

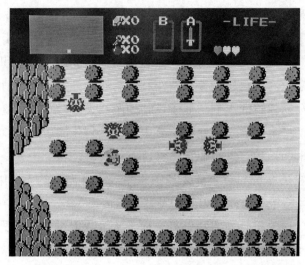

图 20-1　林克在《塞尔达传说》开始阶段的关卡中探索森林和山洞

179　　　　在某些方面，这两款游戏似乎都是偏离了街机设计时代的产物。然而，实际情况并非如此。宫本早年接受的街机游戏设计训练深刻地影响了他对家用主机游戏的设计方式。《咚奇刚》中的形象现在成为他的游戏设计的起点：跳人变成了马力欧，而那位女士则变成了碧姬公主 ①。在这些游戏中，玩家的行为动机基本上是相同的：他们必须拯救被绑架的女士或公主。宫本意识到一个容易被忽略的重要细节：在街机上设计的玩乐体验既要让玩游戏的人满足，又要吸引和逗乐旁观者。他希望人们能够一起欢笑，突出了参与电子游戏是一种公共体验。这能够在《超级马力欧兄弟》这样的游戏中体现出来，它被设计成一个双人游戏，节奏很快，人们可以坐在沙发上享受观看他人通关的乐趣。然而，即使是《塞尔达传说》这样的单人游戏，也会促使人们在学校或工作场所聚在一起谈论游戏，分享秘籍和策略。

　　　　这些游戏设计理念和游戏设计方式的种子在宫本在任天堂的职业生涯中不断生长，他设计的游戏核心体验也随着他的兴趣变化而变化。例如，当宫本学习园艺时，他将对种植、照料和培养植物的乐趣转化到游戏《皮

————————

　　① 旧译"碧奇公主"或"桃花公主"。——译者注

克敏》之中。同样，当他养狗后，对小狗的喜爱促使他创造了《任天狗》。重要的是，这些游戏并不是单纯地将处理园艺工作的感受或养狗所要承担的责任模拟出来，而是关于体验的"乐趣"，这种体验捕捉到将人们聚集在一起的感觉。因此，玩家可以在他们的任天堂 DS 掌上游戏机上连接无线网络，让他们的狗互相拜访。相反，如果玩家忽视了他们的狗（忘记清理垃圾或带它们去散步），也不会发生什么坏事，狗不会在游戏中死亡。没有妥善解决养狗会遇到的麻烦事并不会给玩家带来严重的后果。

　　虽然关于宫本的传说一直强调他是一个自由的灵魂，留着长发，喜欢弹班卓琴和画漫画，但事实上，他在工业设计方面的训练凸显出他在确定体系中工作的严肃身份。此外，受到任天堂的影响，他习惯站在硬件与软件的交点上工作，以尽可能低的成本将游戏体验推向市场并获得最大的利润。在理论上对于作者身份的正确理解应该能够解释游戏设计师的整体复杂性以及他们与公司结构和团队的关系。以宫本为例，人们一直不加怀疑地接受了一个令人信服但追溯起来并不全面的认知：宫本是一个对生意不感兴趣的"垮掉派"设计师。这与事实相去甚远。采用作者论的另一个风险是在分析一名设计师之后，以这些发现推断类似场景下的其他任何游戏设计师。但事实并非如此，小岛秀夫的故事就说明了这一点。

180

　　小岛于 1986 年进入游戏行业，比宫本晚了近 10 年。和宫本一样，他想成为一名艺术家，但他的家人和朋友劝阻他不要追求这个梦想，而要选择更稳定和常规的职业道路。有趣的是，小岛将宫本的《超级马力欧兄弟》作为激励他进入游戏行业的游戏之一。然而，两位设计师之间的相似之处也就到此为止了。小岛主修经济学，目标是成为电影导演。确切地说，这个想法源于他的童年，那时他是一个大部分时间独自在家无人照看的孩子，于是他看了很多电视和电影。这种早期对电影的重视在小岛的设计中得到了体现，无论是在他的作品的叙事结构中，还是在带有电影视效的过场动画以及游戏互动过程中。小岛于 1986 年加入科乐美，令他的朋友感到惊讶的是，他进入了电子游戏开发团队，没有从事电影或电视方面的工作。

　　科乐美是一家生产和发行娱乐产品的日本媒体公司，产品包括电子游戏、街机框体和弹珠机、动画和电影以及集换式卡牌。与任天堂不同，科乐美并不从事制造家用游戏主机的业务。因此，当小岛有机会创作《合金装备》[①] 时，他不得不在微软 MSX2 游戏主机（当时在日本很流行）的示能范围内进行创作，这限制了小岛在游戏色调（这足以让一个电影爱好者感到憋闷）和战斗机制方面的设计。尽管存在相当多的限制，但他还是完成了一款潜行游戏创作。玩家会透过摄影机的视角体验到电影式的呈现方式带给他们持续的威胁感和紧张感。这种手法也在《合金装备》系列游戏的后续迭代中进一步增强。电影给小岛带来的影响可以从广角镜头、叙事发展和角色成长、电影配乐技巧以及制造悬念的节奏变化中看到。

　　与宫本一样，小岛也是日本人，但小岛这代人成长的文化背景与宫本明显不同。宫本是看着《大力水手》（*Popeye*）（并且随后他也对其改编制作了游戏版本）和日本儿童木偶剧节目《葫芦岛漂流记》（*Hyokkorihyoutanjima*）长大的。小岛比宫本晚了 10 年，他收看了《高达》（*Gundam*）、《超时空要塞》（*Macross*）、《战区 88》（*Area 88*）、《泡泡糖危机》（*Bubblegum Crisis*）和《阿基拉》（*Akira*）等机甲和赛博朋克类作品。支撑这些作品叙事的各式各样的主题和套路在小岛的游戏中也能找到，比如看似无处不在的机甲装置、角色的主题命名（theme naming）[4]、叙事中受人尊敬的长者角色的背叛以及受过严重情感挫折的强大主角。这些都是在一个连贯的电影式情景中实现的，并非只呈现于将玩乐体验不相关联地组织在一起的各个关卡中。

　　当小岛签约为 PlayStation 设计《合金装备索利德》时，游戏制作技术终于可以帮助他实现那个苛刻的愿景——制作一款具备电影感的游戏。第三人称游戏视角仍然把主角置于前景，敌人的威胁总是暴露在玩家面前，而且叙事仍然围绕男性化的情节展开。然而小岛依旧热衷于利用游戏媒介将玩家融入电影式的情节（如图 20-2）。例如，他希望为这款游戏创造响应式音效和曲目（在后来的游戏中才实现）。在一次采访中，小岛解释说："音乐在电影和游戏中都是非常重要的。原声不仅仅意味着悠扬的背景音乐。音乐可以传达角色的内心情感或为未来的事件埋下伏笔，声音效果也

---

　　① 又译《潜龙谍影》。——译者注

可以协助辨别方向。"⁵然而，虽然他无法为 1998 年的游戏实现响应式音效，但这并没有阻止他对游戏达到电影水准的追求。他与日本科乐美电脑娱乐声音团队（Konami Computer Entertainment Sound Team Japan）合作，为游戏创作了电影级的高质量配乐和原声，该专辑随后在同年发行。此外，小岛不断从为其带来毕生影响的电影和动画中汲取强大的力量，完善了这款游戏的叙事框架与节奏。

图 20-2 《合金装备索利德》强调了电影特征，包括角色位置、摄影机视角和景深

对于曾经希望成为电影导演现在却是一位游戏设计师的小岛来说，这些经历证明了他的兴趣所在与所接受的训练。对我们特别具有启发意义的是，小岛是如何利用游戏系统将电影带给他的影响转化为游戏互动的。例如，他经常谈到希区柯克电影的影响以及希区柯克利用电影的媒介特性来制造紧张和恐惧的方式。在游戏中，因为玩家可以自由地做出自己的选择，这些决定可能会打破深层次的情绪卷入和情绪联结，所以小岛设计了另一种方式，能够创造性地利用游戏讲故事的潜力。例如，在《合金装备索利德》的"精神螳螂"（Psycho Mantis）①战斗中，为了从叙事层面上吸

———————————

① 也译作"意念螳螂"或"心理螳螂"。——译者注

182　引玩家，小岛玩弄了他们的预期：突然间，电视就好像失去了来自游戏主机的输入信号，此外敌人还可以猜测出玩家的所有操作，因此，敌人几乎是无敌的，除非玩家将控制器插头从玩家 1 的主控制器接口上拔掉，再插到玩家 2 的副控制器接口上。这样一来，整个游戏系统、电视、主机和玩家都成为电子游戏谜题的一部分，使魔术圈突破屏幕的限制而延伸出来，更加明确地将玩家的身体和物质实体纳入这个数字媒介化的游戏玩乐。[6] 电影的核心优势是能够讲好故事，小岛所做的正是以这种优势为基础并加以扩大，以便充分利用游戏媒介的可能性。这种媒介观念的演变使小岛被人们称为"第一位电子游戏作者"。

对游戏作者进行分析面临的挑战是，并非所有游戏都是基于一位杰出设计师的独特愿景，这就要求我们思考为什么有些游戏似乎带有设计师的独特愿景，而有些则没有。当许多游戏看上去是由默默无闻的设计师制作的时候，是什么让一个人或一群人获得了游戏作者的地位？无论如何，设计师（无论是公认的游戏作者、有名望的设计师还是不知名的创作者）的工作对于大写的游戏文化① 而言是十分重要的。缺乏独创性的游戏也是其创造者的作品和文化的产物。此外，由于游戏评论总是围绕游戏作者展开，这些意见有可能抹杀其他人的投入和劳动，他们可能也在很大程度上塑造了游戏互动体验。例如，宫本不关心叙事，但团队中负责叙事写作的成员需要重视这个方面。因此，尽管他因《塞尔达传说：黄昏公主》等游戏的叙事复杂性而受到赞扬，但这种赞扬应归功于其团队。换句话说，一个游戏作者的文化和商业背景、接受的训练和个人设计目标都很重要，但与其合作的团队也很重要。批判性游戏研究中的一个挑战不在于我们要简单地对游戏进行细致的解读，而是我们也要阐明游戏设计师的设计愿景、他们制定的游戏体验目标、他们与团队之间的关系，以及其设计愿景如何在游戏中表达。批判性游戏研究中的另一个也更重要的目标是以更广泛的视角看待游戏设计师，建立一个全面的创造性劳动者名单，而不仅仅关注

---

① 大写的游戏文化是一种广泛的并且与社会发生关联的文化，而不仅仅是一种狭义的突出娱乐性质的游戏文化。——译者注

那些获得作者头衔的人或那些在游戏包装盒上印有名字的人。一个更广泛的认定作者身份的方式能够更全面地审视设计师（和设计团队）的个人、历史和文化背景，以便更好地理解哪些因素影响了我们所参与的游戏。

注释

1 在这一理论的早期发展中，亚历山大·阿斯特吕克提出了"摄影机钢笔论"（camera-stylo）的概念，以将他作为导演的工作与作为小说家的工作进行类比。Alexandre Astruc, "The Birth of the New Avant-Garde: La Camera-Stylo / Du Styloàla caméra et de la caméra au stylo," *L'É cran Française*, March 1948.

2 然而，即使采用这种方式对游戏设计师进行分析，研究人员也必须小心。作者论可能会掩盖或抹杀其他人的贡献，它可能会维系一个意向论谬误，似乎声称所有的设计选择都来自认真和有目的的考量，并且过分强调设计师在为游戏进行意义构建时所发挥的作用，而忽略玩家如何创造意义，甚至忽略分销商和营销人员如何为游戏塑造意义并进行宣传。

3 Gonzalo Frasca, "Simulation versus Narrative: Introduction to Ludology," in *The Video Game Theory Reader*, edited by Mark J. P. Wolf and Bernard Perron (New York: Routledge, 2003), p.233.

4 主题命名是一个用于命名的典型手法，即角色或地理位置被赋予同一类别的名称。例如《合金装备索利德》中的猎狐犬部队成员都是以动物命名的。

5 Hideo Kojima, "Hideo Kojima at the Movies: Hitchcock Films," *Official PlayStation 2 Magazine*, August 2003, archived on http://www.metalgearsolid.net.

6 关于魔术圈的更多讨论，参阅本文集中史蒂文·康韦撰写的第 1 章。

延伸阅读

deWinter, Jennifer. *Shigeru Miyamoto: Donkey Kong, Super Mario Bros., The Legend of Zelda.* New York: Bloomsbury, 2015.

Kirkpatrick, Graeme, Ewa Mazierska, and Lars Kristensen. "Marxism and the Computer Game." *Journal of Gaming & Virtual Worlds* 8, no. 2 (2016): 117–130.

Kocurek, Carly A. *Brenda Laurel: Pioneering Games* for Girls. New York: Bloomsbury, 2017.

Salter, Anastasia. *Jane Jensen: Gabriel Knight, Adventure Games, Hidden Objects.* New York: Bloomsbury, 2017.

21 《部落冲突：皇室战争》：游戏资本

米娅·孔萨尔沃（Mia Consalvo）

编者语： 本章探讨了游戏资本——对于游戏如何运转的深入了解——是如何在由超级细胞公司（Supercell）开发的本体免费内购付费（free-to-play）的玩家对玩家塔防策略游戏《部落冲突：皇室战争》中运作的。通过研究知名的 YouTube 内容创作者，米娅·孔萨尔沃探讨了电子游戏攻略指南的制作者如何赢得游戏迷和行业的更多关注，以及如何在内容制作方面投入更多以跟上不断更新的游戏。

20 世纪 90 年代和 21 世纪初，家用游戏主机和日益复杂的电子游戏不仅为游戏也为辅助玩乐的各种产品开辟了新的市场。可以把这些产品视为"副文本"——界定了如何理解游戏或帮助玩家掌握玩好一款游戏的文本，包括游戏评论、游戏杂志、介绍"作弊码"的图书和攻略指南。[1] 对于许多极为复杂的游戏，尤其是带有喀普康（Capcom）①、美国艺电公司和动视等 3A 级开发商的知名品牌的游戏来说，攻略指南是必不可少的，它可以帮助玩家完成游戏中困难的部分（甚至程序错误的部分），让他们回到正轨，或帮助他们找到隐藏的道具或奖励。

在这个生态系统中，至少在一段时间内，两个十分知名的攻略指南出版商是布雷迪游戏（BradyGames）和普里马（Prima）。它们经常为了给史克威尔、任天堂和科乐美等知名游戏开发商的热门游戏制作官方授权的攻略指南而竞争。出版商雇用特约作者或自由撰稿人，给他们几周或几个月的时间来创作攻略指南。攻略指南创作者的创作有时依据游戏开发商提供的说明，有时仅依据自己的游戏体验。这项工作是不稳定的，攻略指南

185

---

① 旧译"卡普空"。——译者注

创作者通常不被署名为作者，并且许多创作者的工作形式是完成一个合同之后再签另一个合同。伴随互联网的兴起以及随处可见的免费指南，布雷迪游戏和普里马最终于 2015 年合并，宣告了游戏指南业务的极度萎缩。[2]

　　然而，玩家在玩游戏时仍然需要帮助，由个人制作并发布在 Gamefaqs 等网站上的在线指南填补了这一需求空白。但现在我们看到更多的内容创作者转向了制作视频指南、通关攻略和游戏技巧并发布在 YouTube 上。这只是大量用户生成内容（参阅本文集中詹姆斯·纽曼撰写的关于该主题的内容）的一部分，用户生成的内容还包括实战视频（如"让我们一起玩"）、对具体游戏的评论以及关于游戏和游戏行业的评论。这些副文本属于游戏资本里最新的形式——玩家获取信息不仅是为了玩好游戏，也是为了表现出对某一特定游戏、某一类型游戏或整个游戏文化的知悉和深入了解。[3]

　　在 YouTube 上发布这类视频的人中有一部分已经取代了原来的指南创作者，成为（或继续作为）自由职业者，他们的劳动带来了成千上万的浏览量和未知的收入。他们的努力不只被玩家认可，我们也越来越频繁地看到游戏开发商和发行商与更成功的 YouTube 视频博主合作，让他们提前并独家接触新游戏和游戏更新，邀请他们到公司总部商议游戏，并为他们提供物质刺激，让他们继续围绕特定游戏创作内容。

　　为了更好地理解这个过程，我们可以看一下具体的例子。在下文中，我重点介绍围绕由芬兰超级细胞公司在 2016 年开发的本体免费游戏《部落冲突：皇室战争》的游戏资本。超级细胞公司在《部落冲突：皇室战争》上的成功一定程度上依赖于与他们有正式和非正式联系的知名 YouTube 内容创作者所生成的游戏资本。这些游戏资本随后被《部落冲突：皇室战争》玩家消费，在不同程度上惠及玩家、视频博主，当然还有超级细胞公司。与原来的攻略指南出版公司创作者相比，这些内容创作者可能从行业和玩家那里得到更多的认可。但在其他方面，他们的工作仍然是不稳定的，尤其是在当今的游戏行业之中，游戏是以服务的形式提供的并且不断更新和改进。因此，独立视频博主创作策略视频所生成的资本的适用期很短，尤其是与之前的纸质版本指南相比。

　　《部落冲突：皇室战争》是一款卡牌收集风格的多人塔防策略游戏，

以超级细胞公司之前的热门游戏《部落冲突》中的角色为基础，玩家可以在手机和平板设备上参与游戏。在游戏中，玩家必须收集并升级地面单位和空中单位的不同卡牌，将它们组合成"卡组"与其他玩家作战，并通过8个关卡，到达传奇竞技场，与世界上最强大的玩家竞争（如图21-1）。游戏被设计成玩家不需要花费任何金钱就可以获得卡牌或晋级。当然，如果玩家通过付费获得非常稀有的卡牌和提升现有卡牌的等级，他们就会更快获得成功。超级细胞公司一直谨慎地确保付费不是成功的唯一途径，玩家利用本体免费游戏中的可行策略能够获得胜利，但许多玩家承认花了钱，即使只是为了让他们的游戏之旅更加轻松或更快地进入更高级别的关卡。无论是付费还是仅使用免费的游戏本体，技能对于获胜都是至关重要的，因为玩家必须学会用卡牌来平衡他们的"卡组"以对抗可能的对手，他们还必须确定在战斗中使用最有利的策略，哪些卡牌何时需要升级，以及管理他们在游戏中使用的不同货币。

图 21-1　《部落冲突：皇室战争》中的竞技场战斗

为了写这一章，我又回到了《部落冲突：皇室战争》游戏中。几个月前，我在这个游戏中四处碰壁并经历了一连串的失败，后来就把它搁置在一边。我开始重新寻找关于游戏的攻略，特别是当我进入新的竞技场，面对那些我从未偶然遇到也未曾拥有的卡牌时。因此，我对游戏资本的寻求不仅出于一种学术兴趣，也出于个人需要。据我所知，游戏已经变得非常复杂，以至于传播这些知识很可能需要花费海量时间。

为《部落冲突：皇室战争》玩家创造游戏资本可能是一项全职工作，对某些人来说这项工作是值得的，回报的形式是 YouTube 视频的内容浏览量和不断更新的网站的页面浏览量。没有供玩家学习的能够确保他们在战斗中取得胜利的永恒的"元"（meta）策略，也就是公认的最佳游戏策略。游戏开发者会不断更新、扩充和平衡变化，以确保没有任何一张卡牌、卡组或策略能主导一场游戏。这可以给每次玩乐都带来新鲜感，能够避免任何一个玩家或一伙玩家一定会获胜，还能使视频博主忙于研究和解释在这个星期、这个月或这一年应该如何以最佳方式玩这款游戏。

用来学习《部落冲突：皇室战争》游戏策略的最受欢迎的 YouTube 站点之一是橙汁游戏（Orange Juice Gaming，OJG），拥有 333245 名 YouTube 订阅者。橙汁游戏由 3 个人组成，每隔几天发布 2~12 分钟的短视频，主要关注《部落冲突：皇室战争》的游戏新闻和策略。浏览量从 91000 次（关于玩家锦标赛的视频）到数百万次（介绍 4 张全新"巨型亡灵"卡片的视频）。橙汁游戏的两类工作十分受欢迎，即详细介绍即将发布的新卡以及解释如何使用新卡并利用它们来对抗流行的卡牌和卡牌组合。

另一个用来学习在《部落冲突：皇室战争》中如何具有策略性与竞技性地玩乐的站点是阿什（Ash）的 YouTube 频道（有 324550 名订阅者）。阿什的视频稍长，通常为 6~16 分钟，一些较长的视频多为录制的挑战赛。视频观看次数从 40000 多次（对新宝箱"先睹为快"的视频）到 933000 多次（介绍"如何对抗以及如何使用地狱飞龙"的视频）。[4]

这两个频道都利用广告来获得收入，同时为玩家提供高质量的指导性片段。它们的内容提供了游戏策略、详细解读了游戏更新、展示了挑战赛等活动，还充当了《部落冲突：皇室战争》的积极推动者。目前还不清楚负责这两个频道的内容创作者从超级细胞公司那里获得了什么收入，但是为了保持玩家高涨的热情并且使游戏发生改动时那些专注于游戏的玩家能够获得优势，他们确实会比普通大众更早收到关于游戏的新闻和更新。仔细研究这两个站点的视频，能够得到一种有价值的方法：我们可以观察到哪些元素是因足够重要而被提及的，也能了解内容创作者是如何在YouTube 的茫茫视频中脱颖而出并获得玩家信任的。

看一看站点介绍新卡牌戈仑冰人的视频有助于了解上述内容创作者认为什么是有价值的游戏资本。重要的是，每个视频都很简短（不到 7 分钟的长度），但都充满了信息和独特的品牌营销。[5] 橙汁游戏频道里由亚恩（Yarn）制作的视频长度只有 5 分 10 秒，而阿什频道的视频是 6 分 43 秒，但每个视频都有背景音乐、专业旁白、图形叠加[①]、分屏和说明新卡牌的统计数据，以及戈仑冰人卡牌相较其他大多数游戏卡牌的属性表现。同样，每个视频也不是简单的一两场展示戈仑冰人能力的对战（大多数《部落冲突：皇室战争》的对战持续 3~4 分钟）。相反，它们是经过大量编辑之后的多场对战或测试活动的集锦，展示了戈仑冰人为玩家提供的一系列可能性，同时也展示了玩家应该如何更好地使用这张卡牌或在对手使用它时如何防范。

亚恩在视频开始时介绍了戈仑冰人的生命值和移动速度，并在一个分屏中比较了戈仑冰人与掘地矿工在一条路线上行走的相对速度和伤害。视频中充满了相似的镜头：展示戈仑冰人与骑士的速度比较（"它比骑士慢"）；与其他同样可以施放减速法术的单位相比，它的法术如何发挥作用；如何在它后面放置一个更快的单位来"推动"它前进；以及戈仑冰人如何作为一个避雷针来吸收对手使用的雷电法术的能量，使敌方攻击不会伤害戈仑冰人周围弱小的单位。阿什的视频做了类似的工作，呼应了亚恩关于戈仑冰人的许多观点。阿什进一步解释了喜欢戈仑冰人卡牌的原因："我在游戏中最喜欢的卡牌都是能够提供大量效用的廉价卡牌。"阿什指出

---

① graphic overlay，指在视频画面上添加一些图形素材。——译者注

了戈仑冰人的相对优势和劣势，他常用的"卡组搭配"策略，介绍了他更喜欢那些被施放时消耗较少圣水的卡牌，比如戈仑冰人，玩家使用它只需要消耗 2 滴圣水（卡牌的圣水消耗从 1 滴到 10 滴不等，玩家在游戏中不断积累圣水，但最多只能储存 10 滴圣水）。

在介绍时，阿什提到游戏的"元"——关于最佳游戏方式与能够获得成功的大局策略。亚恩也使用了类似的术语，他曾解释说，使用戈仑冰人牵引迷你皮卡等消耗较多圣水的卡牌时，玩家相当于做"优势性圣水交易"。通过使用这样的术语，亚恩同时做了几件事情。首先，他向观众传授了一种被关注他的玩家群体视为精明的策略。使用恰当的单位来消除威胁当然是明智的，但也可以在使用一个单位的同时消耗较少的圣水，从而使玩家有更多的圣水或能量采取其他行动。其次，这种方式能够表现出他是这方面的专家。使用戈仑冰人是具有战略意义的，不仅因为该单位在某些方面很强大，而且因为它的使用成本很低。通过使用玩家群体已经接受的行话作为讨论这些问题的"正确"方式，例如"优势性圣水交易"，亚恩成为一个值得信赖的专家，他的意见被赋予了更多的分量。

亚恩和阿什在视频创作上孜孜不倦的努力也是持续地为他们自身、他们的个人频道与事业打造品牌。这显然与往往将攻略指南创作者的名字隐藏在书中而非清楚地印在封面上的普里马纸质指南不同。在亚恩的视频播放过程中，屏幕右边的 1/3 被擦除，显示出标题"与来自橙汁的亚恩一起玩《部落冲突：皇室战争》"，旁边还有一个毛线球①图片，提醒观众他们正在观看的是谁的节目。亚恩在视频的结尾感谢观众的观看，如果他们喜欢他的视频，欢迎订阅频道。正如赫克托·波斯蒂戈所解释的，订阅数给视频博主带来了收入，并有助于向其他观众表明某个频道的重要性或影响力。拥有数十万订阅者及观众的频道（就本身而言）比只有数百次观看量的频道更有影响力。[6] 阿什更进一步打造个人品牌形象，将他的这个视频定位为关于戈仑冰人"你需要知道的一切"，将他的频道定位为一个不仅可以了解更多游戏信息的站点，也是一个获得"免费宝石和卡牌"的地

_____

① yarn 也有毛线的意思。——译者注

方、一个加入他的部落"精英祭坛"的机会，在这里"我们正在寻找游戏中奖杯数量不少于 4000 的优秀玩家"，并请那些还没有点赞或者订阅的观众行动起来。

尽管这种视频的长度很短，但创作者需要大量的时间来汇总信息并将内容制作出来。像亚恩和阿什这样的视频博主必须不断地玩游戏，试验新的卡牌，分析刚刚经过平衡性调整的卡牌，并检查涌现出来的新卡组以及全新的玩乐方式，最后决定放弃哪些内容与采纳哪些内容。他们必须打多场游戏或练习赛以积累视频制作素材，为视频编写脚本、制作旁白，制作视频时运用图形叠加，并让视频风格与自己的品牌风格保持一致。玩家每周都在玩这款游戏，他们也要每周多次重复上述工作。超级细胞公司不断调整卡牌的运作方式，他们会定期更新游戏，更改卡牌的数值。例如，将巨人的伤害输出降低 10%，给亡灵加 100 个生命值来增强其耐久度。这种变化不仅对被更改的卡牌有影响，对与之对抗的卡牌或依赖它们的卡牌组合也有影响。

像橙汁游戏和阿什这样的站点不仅为想玩并想在《部落冲突：皇室战争》中获胜的玩家做了有价值的工作，对超级细胞公司而言也发挥着重要作用。当他们担当起推动者时，这一点就非常明显了。他们会围绕即将到来的卡牌或活动制作简要的预览视频，促进游戏宣传并提高玩家兴趣，鼓励玩家继续参与游戏并且可能会使他们持续（或开始）付费。但创作剖析军队卡牌能力以及管理越来越复杂的卡组的指南才是他们真正的收入来源。这也是超级细胞公司和玩家十分依赖的：为更多的"严肃"玩家提供看似基于证据的分析，说明参与竞技性玩乐时什么是可行的、什么是不可行的。

然而，他们也在做没有尽头的枯燥乏味的工作。超级细胞公司不断调整不同军队卡牌的数值，不仅改变了玩家使用特定军队卡牌进行攻击或防守的方式，可能还会破坏某种卡组的平衡。这样一来，游戏资本就会不断流失，就像玩家消耗的圣水一样。哪怕仅仅忽视一个单位的更新，都有可能使自己的指南和策略陷入毫无价值的被废弃的境地，并且使视频博主失去更大的玩家群体对于他们的信任，信任的缺失会导致收入的丧失。

190

那些制作视频、撰写指南和发布论坛帖子，试图为《部落冲突：皇室战争》制定最佳游戏策略的玩家必须注意游戏中的所有元素。超级细胞公司一直在遏制玩家或视频博主可能创造的任何持久的元游戏策略。因此，视频博主必须不断努力，提供适用于不同竞技场的策略，提供给那些爱玩游戏但从不为卡牌付费的人一些策略，以及提供能够应对游戏持续更新的策略，等等。在这个过程中，与纸质攻略指南的创作者相比，视频博主因他们的付出会获得更高的知名度，但随着名气的增加，为了制作视频而付出的繁重劳动也随之而来。在这款游戏中，游戏资本不是稳定不变的。像亚恩和阿什目前所做的那样成功地传播了游戏资本的人就会被视为专家，但这也意味着面对一款游戏及其无休止的更新和变化，他们需要坚定的意志力并付出辛勤的劳动才能够保持住自身这种状态。

注释

1 Mia Consalvo, *Cheating: Gaining Advantage in Videogames* (Cambridge, MA: MIT Press, 2007).

2 Jeff Grubb, "Prima Publisher Buys BradyGames and Merges the Strategy-Guide Giants," *VentureBeat*, June 1, 2015, accessed February 13, 2017, http://venturebeat.com.

3 Consalvo, *Cheating*.

4 Ash, "Clash Royale—How to Use Ice Golem! (Strategy Guide)," YouTube video, 6:44, published October 13, 2016, accessed February 13, 2017, https://www.youtube.com/watch?v=INmS5OrsiWE.

5 Ash, "Clash Royale"; Orange Juice Gaming, "Clash Royale | Intro to Ice Golem | New Sponge!," YouTube video, 5:10, published October 13, 2016, accessed February 13, 2017, https://www.youtube.com/watch?v=XGCrH__nPp8.

6 Hector Postigo, "The Socio-Technical Architecture of Digital Labor: Converting Play into YouTube Money," *New Media & Society* 18 (2014): 332–349.

延伸阅读

Banks, John. *Co-creating Videogames*. New York: Bloomsbury Academic, 2013.

Nieborg, David. "Crushing Candy: The Free-to-Play Game in Its Connective Commodity Form." *Social Media + Society* 1, no. 2 (July 2015): 1－12. https://doi.org/10.1177/2056305115621932.

Postigo, Hector. "The Socio-Technical Architecture of Digital Labor: Converting Play into YouTube Money." *New Media & Society* 18 (2014): 332－349.

192

22 《游戏开发大亨》: 劳动

凯西·奥唐奈（Casey O'Donnell）

编者语：《游戏开发大亨》是一款关于经营一个电子游戏设计工作室的资源管理类游戏。在这一章中，凯西·奥唐奈分析了一个关于制作游戏的游戏围绕这种创造性劳动形式给予了我们哪些启示，以及围绕游戏开发过程中的各种考验和磨难它未能传达出哪些内容。

既然有游戏可以模拟出过山车的建造和维修（如《过山车大亨》）、企业制现代化农场的管理（如《模拟农场 2016》）、大型卡车的操作（如《美国卡车模拟》），甚至让玩家成为一只有"故障"的山羊（如《模拟山羊》），那么为什么不能有一款关于运营游戏开发工作室的游戏呢？资源管理类型的游戏（《模拟山羊》不属于这一类型，但上述其他游戏都属于这一类型）似乎已经非常成熟，能够将日常工作变成模拟式的游戏。《游戏开发大亨》也不例外。在这一章中，我将研究《游戏开发大亨》在电子游戏行业的背景下围绕电子游戏、游戏互动和职业劳动能够带给我们哪些启示。

首先，我们必须认识到《游戏开发大亨》深受另一个模拟游戏开发工作室的游戏《游戏开发物语》①的启发。[1]我第一次提及《游戏开发物语》是在我的第一本书中的一个脚注里，那个项目研究了电子游戏开发者的日常工作和文化。在那个脚注中，我观察到：

> 奇怪的是，一个关于游戏行业的游戏已经出现。面向苹果的 iOS 平台，《游戏开发物语》于 2010 年 10 月发布。这个资源管理和策略游

---

① 该游戏的日语名称为《游戏发展国》。——译者注

戏挑战玩家能否成功管理一个游戏开发工作室。该游戏对游戏行业的 193
许多方面进行了小小的嘲讽，从主机制造商到发行商再到游戏名称。
特别值得注意的是，即使开发人员在你的公司工作期间不断升级和进
步，这款游戏的重点仍然只放在整体的工作室层面。游戏开发者本身
消失在背景中，成为另一种需要管理的资源。并且游戏突出了如下观
点：游戏的程序性修辞（procedural rhetoric）[1]将游戏开发者的劳动边
缘化。然而在现实世界，游戏软件开发者才是游戏文化的关键组成部
分与创造性协作社群，基于他们的工作，《游戏开发物语》中的游戏行
业才能够正常运作，他们不应该是被遗忘的资源。[2]

《游戏开发物语》最初是为 Windows 系统的电脑设计的，10 多年后才
被移植到 iOS 和安卓平台。游戏的基本前提是，你扮演一个游戏工作室的
CEO，负责管理《游戏开发物语》中的基本资源，即点数和金钱。你有
20 年的时间来创建一个成功的游戏工作室，并尽可能多地赚取资金。当
然，这似乎是大多数资源管理类游戏的核心目标：尽可能高效地获取尽可
能多的资源。在《游戏开发物语》中，你可以根据系统提供的少量特性开
发游戏，随心所欲地组建团队，每个团队都会对所要开发的游戏的底层系
统产生影响。游戏的开发主要是通过选择项目和移动"滑块"（如图 22-
1），也就是移动滑动控件来实现的，这表明你要在游戏的任何特定方面投
入的精力。在游戏的某一特定方面（如人工智能或图形）花费的时间越
多，在该技能上获得的经验就越多。[2]和大多数资源管理类游戏一样，在
《游戏开发物语》中，通过游戏的底层算法结构运行各种属性的集合，就
会生成最终"产品"。因此，在《游戏开发物语》中，围绕虚构的电子游
戏开发过程，玩家对工作室的"管理方向"最终决定了在非常抽象的层面
上会诞生一款什么样的游戏产品。在游戏产品发行之后，它要么吸引众多
受众，要么销售惨淡。《游戏开发物语》以不那么严肃的方式嘲讽了整个

---

① 指利用游戏规则和机制传达给玩家特定信息和观点的手段。——译者注
② 经与主编沟通，以上两句话实际上描述的是《游戏开发大亨》中的游戏机制。——
译者注

游戏行业，甚至以调侃业界知名人士的方式间接指出哪些虚构开发者实际上影射了真实人物。

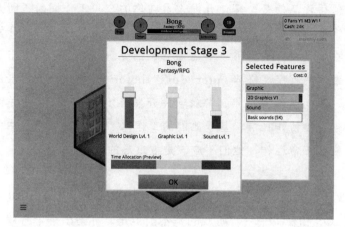

图 22-1　在《游戏开发物语》中管理游戏的开发资源

注：经与主编沟通，这张图实际上来自《游戏开发大亨》。——译者注

　　从许多方面来看，《游戏开发物语》对游戏开发过程进行抽象化处理的方式遗漏了许多内容，相较现实环境下的游戏设计与开发，这款游戏以一种没有太大意义的方式将游戏开发过程分割成了不同阶段。[3] 然而，尽管这款游戏的特色非常有限，但它还是展示了游戏开发团队必须处理的问题。这款游戏告诉我们，开发者在考虑他们制作的游戏的类型时，经常会引用各种配方或公式①。"海盗"＋"解谜"游戏或"动作"＋"汽车"游戏成为一种简略的表达方式，表示游戏可能采取的大致形式和试图吸引的受

194 众类型。

　　澄清一下，一些游戏开发者可能会考虑以《游戏开发物语》和《游戏开发大亨》模拟出来的极简方式来制作游戏。但游戏创作过程并非这些游戏所暗示的那样简单或直接。开发者的确会采用游戏的一般类型，使用"游戏用语"作为内部话语，以便彼此交流设计特色和设计目标。[4] 例如，我在本章开篇将《游戏开发大亨》称为"资源管理类游戏"，但我是在试

① 　即游戏不同元素之间的搭配组合。——译者注

图描述一款游戏，而不是制作一款游戏，这就是其中的关键区别。这种对于游戏运作方式的简单描述和对于玩乐机制的复杂设定之间的持续脱节，任何热衷制作关于游戏开发的游戏的设计师都会感到烦躁。毕竟，如果不把游戏的开发过程抽象化到荒谬的地步，一个人能在多大程度上真正描述清楚游戏制作中那些莫名其妙需要迭代的且技术上难度极大的工作呢？

不出意外，早期对《游戏开发大亨》的批评指责它只是《游戏开发物语》的"克隆"，对于那些在游戏互动机制和／或视觉设计方面与早期作品非常相似的游戏来说，这样的指责屡见不鲜。灵感、致敬和抄袭之间的界限在哪里？⁵《游戏开发物语》的基本前提只提及了这里有一些开发者会偶然遇到的关于游戏制作的神奇配方。若产品上市后好评如潮，工作室就可以利用其资产继续制作游戏；反之，若未正确地管理自己的资源最终会导致工作室破产。这种不稳定的繁荣和萧条交替循环的生产环境有助于解释为什么众多工作室倾向于利用商业上已经成熟的通用公式来设计游戏，而不是进行改革并创造全新、有趣的游戏机制和叙事情节。

尽管《游戏开发大亨》与《游戏开发物语》存在相似之处，但它既不是对《游戏开发物语》的克隆，也不是对《游戏开发物语》的致敬。相反，它试图设想一个关于游戏开发的游戏可能会是什么样子。《游戏开发大亨》既落入了与它的前作相同的过度简化开发过程的陷阱，又成功地将工作室的管理流程游戏化（毕竟，围绕软件开发的日常琐事几乎很少能够转化为有趣的互动机制）。 195

《游戏开发大亨》成功表明了优秀的游戏开发是离不开组织中的每个个体成员的。围绕一款虚构游戏的设计、技术与研发，玩家可以在《游戏开发大亨》中获得各种点数。游戏开发的过程体现在你和你的团队可以承担的各种项目中。你会不会花费时间开发一个新的引擎或一种新的游戏机制？你会不会投入时间来支持一个新的主机或设备，或改进自身的游戏技术？再如，对程序员投入过多的资金而不对美工进行相应的投资会使一个组织对突破技术极限更感兴趣，而不会考虑进行游戏的视觉效果设计。游戏开发经常被想象成直接以软件开发为核心的过程。我认为这一点导致人们对游戏开发产生误解。实际上，人们不应该将软件工程置于成功创作电

子游戏所需的其他方面之上。⁶

　　游戏开发人员为了在长期零工之间生存或者在项目失败之后维持生计，会找一些不稳定、非正式的工作机会。《游戏开发大亨》也探讨了这类工作带来的令人担忧的情形。这款游戏的确为玩家提供了在项目失败时接手外包的"合同短工"①的机会。具有讽刺意味的是，在我多次通关《游戏开发大亨》的过程中，我从来没有这样做过，然而当我在现实的游戏行业工作时，我确实做过一些不令人满意的合同短工。当有游戏制作工作可做的时候，我为什么还去开发一个学习管理系统或内容管理系统呢？但这是有抱负的独立游戏开发者面临的非常真实的抉择。只要看看绿心游戏团队就会知道，这些开发者极有可能非常清楚为了挣钱而接手外包工作所带来的真正痛苦，然而他们依旧会充满激情地继续创作一款尚未完成的游戏。

　　也许《游戏开发大亨》在很大程度上属于圈内的游戏。我做了近25年的电子游戏，又从事了近10年的游戏开发和更广泛的游戏行业研究，所以我理解这些笑话。我对游戏类型的配方和公式也有所了解。显然，我对《游戏开发大亨》的看法与行业外的玩家不一样。这款游戏具有职业教育意义，但只是在一定程度上。它不会让你成为一名较为优秀的游戏开发者，但它会让你了解到大多数游戏是如何做到"新瓶装旧酒"的。

　　《游戏开发大亨》很好地概述了制作游戏所需的一般类型的创造性劳动力，但它并不擅长就劳工政治展开讨论。游戏中的虚构工作室与现实世界的工作室不同，在流失大量员工之后，公司的命运不会发生翻天覆地的变化。⁷在许多方面，玩家在《游戏开发大亨》中对团队成员的投资与现实相比会更加持久，也具有令人更加满意的战略意义。团队成员随着时间的推移能够升级，这种能力映照了现实中的游戏开发者在行业中工作时的经验积累，他们会学习游戏开发过程中的各种"黑魔法"（dark art）②。但

196

---

① 指从事与外包商（人力资源公司、供应商等）签合同的短期工作，而没有与用工单位签订雇佣合同，类似"劳务派遣"。——译者注
② 并无贬义，指在游戏开发过程中较为复杂并且难以传授的环节，例如设计游戏机制、创建游戏情节等。——译者注

是在我个人的游戏通关体验中，这持续地使我感到焦虑并且保持沉默。我不想雇用任何人，因为如果我不得不让他们离开怎么办？如果我是一个管理上的失败者，影响他们的生活和生计怎么办？游戏传达了对员工的技能和对他们的未来进行投资的价值；然而，它没有充分地模拟出经营失败在生活和工作上给员工带来的恐慌。

也许《游戏开发大亨》最大的概念优势在于它对游戏行业结构基本历史的再现。20 世纪 80 年代，游戏行业与现在相比有所不同。游戏开发者不停地从一个游戏主机跳到另一个游戏主机去开发游戏，这并不只是因为他们沉溺于创造性的奇思妙想，实际上这是为了赚钱才出现的局面。《游戏开发大亨》再现了这一点以及游戏行业中的其他结构性问题，促使玩家询问自己希望制作出什么样的游戏以及最终这些游戏有没有市场。究竟是什么在驱动游戏开发者制作游戏？答案并不总是金钱，但游戏开发也会产生非常具体的成本。《游戏开发大亨》使玩家一窥那个已经不复存在的游戏行业。然而，有些人也会认为，现在已经没有 20 世纪 80 年代和 90 年代那样真正统一的游戏行业了。如今，在产品"四处开花"的局面下，市场已经四分五裂而与原来彻底不同，这种局面也迫使游戏开发者提出新的问题。虽然开发者继续从一个主机跳到另一个主机，但同时现在他们也在从一个应用商店跳到另一个应用商店，从手机跳到平板电脑再跳到浏览器甚至跳到电视。20 世纪 90 年代和 21 世纪头 10 年似乎呈现出一种可预测的不确定性，但在 21 世纪初期那种状态让位于一个更加动荡和分裂的行业现状。

归根结底，就核心而言，游戏是围绕玩乐的系统。[8] 正如游戏设计师和游戏学者科琳·麦克林（Colleen Macklin）在一些演讲中所说的，"如果现实世界像一只老虎，那么游戏就像一只蓬松的白色小猫"。换句话说，游戏允许我们摆弄复杂的系统，这些系统会告诉我们关于我们所栖身的那个绝对真实的系统的一些信息。虽然游戏永远不能代替现实的系统，但我们可以通过这些更好玩的"小猫一样的"模型了解一系列议题，包括劳动。的确，我可以把一个游戏工作室经营得一塌糊涂，挑选出最古怪的游戏组合，从中得到一个真正令人费解的产品，最终使公司陷入困境，但这并不会带来任何现实后果。我开始理解现实世界中在游戏设计上相对而言的一种胆怯情绪，这种情绪常常笼罩于游戏行业，导致市面上充斥着毫无新意的老旧游戏类型。同时，我无法真正体会到对于那些制作3A级大作的公司和经营独立工作室的人来说，做出一个雇用员工的决定到底有多复杂、多伤脑筋。虽然不是所有的资源管理类游戏都会遇到这种程度的与现实世界之间的情感脱节，但它们仍然仅仅是对现实世界的抽象模拟。也就是说，虽然我们可能会在《模拟城市》或《席德·梅尔的文明》等游戏系列中模拟出社会进程，虽然它们也可以为我们提供关于这些系统如何运作的深刻见解，但由于它们总是带有一套自己的假设和偏见，因此它们永远都是带有局限性的模拟（关于这一点请参阅彼得·克拉普在本文集中撰写的第5章）。

　　《游戏开发大亨》揭示了游戏行业的一些结构，一些不熟悉游戏生产流程大致轮廓的玩家可能并不了解这些内容。在游戏中玩家必须支付许可费才能在新的游戏开发平台上进行开发工作，这对许多人来说可能是闻所未闻的，但这会给玩家所制作的游戏类型带来影响。但是，这款游戏也忽视了这种创造性过程中的一些其他重要方面。当转移到一个新的游戏平台时，现实中的开发者往往不得不将他们的整个游戏引擎移植到新的硬件上。幸好在《游戏开发大亨》中，我可以毫不费力地将我的游戏引擎从一个平台转移到另一个平台。作为一个在跨平台游戏引擎技术还未普及之前就从事这项艰苦工作的人，我可以证明这个过程并不那么容易。除了许可费之外，平台的选择还伴随着实际的人工成本。

　　当人们问"我们应该怎样玩电子游戏"并将《游戏开发大亨》作为一个解释性视角时，一个合理的回应是我们应该关注开发者的职业生涯，至少在一段时间内，他们付出的劳动往往隐藏在丰富多彩的虚构角色和沉浸式世界背后。然而，在制作这种以职业追求为主题的游戏时，这些作品必然会将这种创造性过程简化和抽象为容易管理的点数系统。这些系统必然会忽略影响游戏开发者、他们的伴侣和大家庭的一些非常现实的压力。这些人力资源与其说是人，不如说是资源，他们已经被转化为需要管理的单位，而不是我们被要求认同的创造性劳动力。我曾对我的学生说过，电子游戏是"由人构成的"。这个说法借用了因电影《绿色食品》（*Soylent*

Green，1973）而变得广为人知的一个表述（向那些不熟悉这句话的人解释一下，影片中的绿色食品是一种字面意义上的由人构成的"食品"）。事实上，游戏是由人构成的，就像文化是由人、技术、经济、媒介等构成的一样。

《游戏开发大亨》在本质上既鼓励玩家把它当作一款普通游戏来玩，也鼓励玩家把它看作一个对充满挑战性的游戏生产流程的自觉反思。这款游戏在多年来的各种迭代中嘲弄和利用了硬核玩家文化，并识别出游戏的本质，即人类完成的具有创造性的商业产品。这就是《游戏开发大亨》的真正贡献：围绕该行业历来的发展状况及一批批创造性开发者团队在未来几十年内可能带领该行业前进的方向所进行的（在很大程度上）带有趣味性的自觉反思。

198

注释

1 Patrick Klug, "About Greenheart Games," *Greenheart Games*, accessed March 6, 2017, https:// www.greenheartgames.com.

2 Casey O'Donnell, *Developer's Dilemma: The Secret World of Videogame Creators* (Cambridge, MA: MIT Press, 2014), p.284.

3 Jason Schreier, "What's Right (and Wrong) with'*Game Dev Story's* Addictive Simulation," *Wired*, December 3, 2010, accessed March 6, 2017, https://www.wired.com.

4 甚至让我感到疑惑的是，考虑到《游戏开发大亨》的确非常反对同样影响游戏开发者的盗版等问题，那么为什么"克隆"其他游戏的行为没有被包含进这款游戏对于现实的模拟？参见 O'Donnell, *Developer's Dilemma*, pp.43 – 44。

5 Casey O'Donnell, "Institutional Alzheimers: A Culture of Secrecy and the Opacity of #GAMEDEV Work," *Gamasutra*, February 20, 2014, accessed March 6, 2017, https://www.gamasutra.com.

6 Casey O'Donnell, "This Is Not a Software Industry," in *The Video Game*

Industry: Formation, Present State and Future, edited by Peter Zackariasson and Timothy L. Wilson (New York: Routledge, 2012), pp.17‑33.

7 Patrick Klug, "What Happens When Pirates Play a Game Development Simulator and then Go Bankrupt Because of Piracy?," *Greenheart Games Blog,* April 29, 2013, accessed March 6, 2017, https://www.greenheartgames.com.

8 Casey O'Donnell, "Getting Played: Gamification, Bullshit, and the Rise of Algorithmic Surveillance," *Surveillance & Society* 12, no. 3 (2014): 349‑359.

延伸阅读

Kazemi, Darius. *Jagged Alliance 2*. Vol. 5. Boss Fight Books. Los Angeles: Boss Fight Books, 2014.

Meadows, Donella H. *Thinking in Systems: A Primer.* White River Junction, VT: Chelsea Green Publishing, 2008.

Shaw, Adrienne. *Gaming at the Edge: Sexuality and Gender at the Margins of Gamer Culture.* Minneapolis: University of Minnesota Press, 2015.

199

23 《无尽的饼干》：游戏化

塞巴斯蒂安·德特丁（Sebastian Deterding）

编者语：像《无尽的饼干》这样的增量游戏是游戏化的一个完美典范，它利用进度机制和其他游戏特征使像鼠标点击这样的枯燥行为变得引人入胜。塞巴斯蒂安·德特丁分析了《无尽的饼干》中能够增强人们游戏动机的特征，以说明游戏化的逻辑和局限。

当我在文本编辑器中输入这些文字时，旁边打开的浏览器标签页告诉我，当前我正在以每秒 62526 的 10 的 21 次方块的速度烤制饼干。自从我开始认真玩《无尽的饼干》，我已经解锁了游戏中 252 项成就中的 233 项，购买了 319 项升级中的 312 项，并烤制了 712105 的 10 的 27 次方块饼干。这一切花费了我——令人特别心痛的——8432 个小时，而且时间还在不断增加。的确，在我的浏览器的众多标签页中，我并没有切换到这款游戏的页面，然而玩乐时间和饼干数量仍在继续累积。但是，我的确每隔几分钟就将注意力转移到游戏页面上并四处点击，算上这些小时，我在《无尽的饼干》上投入的总时间比我生命中交给其他任何电子游戏的时间都多出好几个数量级。

本不应该如此。《无尽的饼干》和类似的所谓增量游戏从来就不应该被认真地玩。它们的目的就是戏仿其他作品[1]，尤其讽刺了像《无尽的任务》一样的在线角色扮演游戏和像《乡村度假》一样的社交网络游戏。这些游戏严重依赖角色扮演游戏开创的所谓进度机制[2]：玩家通过杀死怪物或收获庄稼来获得资源（经验值、金币），他们可以使用这些资源来升级角色属性或装备，进而提高杀死更多怪物或收获更多庄稼的能力。游戏设计者的一个共同观点是，游戏的乐趣在于通过克服挑战而产生的一种技能熟练感。[3] 然而，进度机制并不涉及这种挑战或技能，只需花费时间将一个不断增加的数字（每秒伤害）搅动成另一个数字（经验值），在不断加速的正反馈循环中周而复始。从《无尽的进度条》开始，游戏设计师创造了无数个小型的戏仿游戏，也就是最初的增量游戏。设计者通过对进度机制进行归谬来证明这些游戏多么缺乏吸引力，并且一点儿也不像游戏。

　　《无尽的饼干》是一个完美的例子。作为法国艺术家朱利安·蒂埃诺（Julien Thiennot）在 2013 年推出的一项"互联网实验"，这个浏览器网页游戏向玩家展示的只是一块巨大的虚拟巧克力碎片饼干。点击这块饼干就会在银行里产生一块烤好的饼干。[4] 玩家可以使用烤好的饼干购买光标，接着这个光标会自动点击最初的那块大饼干（如图 23-1）。随着越来越多的饼干被生产出来，价格更昂贵并且功能更强大的自动饼干制造者就出现了，有烤饼干的老奶奶、从利息中产生饼干的银行、饼干工厂、巫师塔和宇宙飞船，以及配套的可以提高生产力的道具升级（镀钢的擀面杖）和指数式上升的数字——玩家可以赚取和花费几十块、几千块、几万亿块乃至无数块饼干。游戏自嘲式的荒谬是显而易见的，同样不言而喻的是，这个游戏根本没有任何挑战，也不需要任何技巧。事实上，在早期，玩家可以让游戏自动运行。《无尽的饼干》不仅是一个以增加数字为目标的增量游戏，也是一个不需要玩家参与就能自己取得进展的放置游戏。[5]《无尽的饼干》没有任何挑战性的互动方式，但它（像其他增量游戏一样）体现了财务的复利原则，也表现出资本回报率迟早能够超过劳动回报率。即使我购买了所有的升级，我的饼干工厂和银行也会以至少 10∶1 的比率超过我手动点击所产生的饼干数量。虽然我敲击鼠标的手指在几秒钟内就会疲劳，但我的资本资产永不眠。我需要做的就是在早上回到电脑前将隔夜的收益重新投资。

　　尽管如此，成千上万的《无尽的饼干》的忠实玩家在网上写下了他们对游戏"上瘾"的忏悔。[6] 在一个具有讽刺意味的游戏历史转折中，增量游戏成为一种具有高度黏性的游戏类型，并且自成一派。在托管了超过 12 万个免费游戏的在线游戏平台 Kongregate 上，相比其他游戏类型，增量游戏更能留住玩家并从他们身上获得收益。[7] 这就提出了一个显而易见的问题：这是如何做到的？这个"互联网实验"是如何把鼠标点击这一枯燥的

201

行为变得如此具有吸引力的？答案是:《无尽的饼干》将鼠标点击进行了游戏化处理。

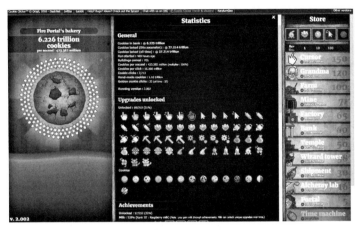

图 23-1 《无尽的饼干》的大部分界面由进度
追踪器（计数器、升级、成就）构成

"游戏化"通常被定义为在非游戏环境中使用游戏设计元素。[8]在 21世头十年末期，它作为交互设计和网络营销中的一种策略出现，以提高用户的参与度，此后发展为教育、健康、生产力提高和公民参与等领域的设计惯例。[9]早期一个有影响力的先驱是主打本地生活服务推荐的手机应用程序 Foursquare。这个应用要求人们在去过的地方"打卡"，从而创建一个数据记录，之后将记录"投喂"给推荐算法，它便能够给用户推荐下一个他们可能感兴趣的地点。但为什么人们一开始就想"打卡"呢？为了加入进度机制。每次"打卡"都会产生积分，用户可以在应用内的排行榜上与朋友竞争，看谁在一周内获得的积分最高。在某些地方"打卡"可以解锁一些成就，例如在一个月内"打卡"10 次健身房就可获得"健身狂魔徽章"。这种由积分、徽章和排行榜组成的三要素成为大多数游戏化体验的设计蓝图。例如，2006 年推出的"耐克＋"能量腕带运动追踪器和手机应用会记录用户的健身活动并将它们转化为"耐克能量积分"，这些积分可以解锁成就，并可用于同朋友竞争。

人们从一开始就将游戏化与增量游戏进行类比，认为两者都是"将游戏中最不重要的东西作为体验的核心"。[10] 两者几乎都完全依赖相同的进度机制。对本书来说，重要的是，两者都吸引我们对电子游戏进行特殊的解读：它们要求我们找出使游戏具有吸引力的"有效成分"。就游戏化而言，增量游戏和相关类型体现了其"基于模式的设计"。[11] 就像预制的房屋组件一样，它们通过识别和重复使用模式来减少设计的时间、成本、风险和所需的专业知识。运用模式就是通过可复制的解决方案来处理重复出现的问题，例如"大门"或"墙体"。这种对于模式的关注使得游戏化类似于修辞学中那些能够起到说服效果的不同套路。[12] 同时，它也凸显了将游戏（或文本）视为多个可分离的、模块化积木之后所产生的局限。就像一栋房子的吸引力还取决于它的所有组件的组合方式、周边社区以及住户的需求，同样，游戏和其他设计出来的体验的吸引力也取决于包含事物、人和社会环境的系统整体。[13] 然而，游戏化的常用术语和底层理论，包括游戏机制、设计元素、设计模式，都表明了一个更直接并更具确定性的媒介效果理念，即人们认为相同的模式会在所有用户身上产生相同的效果。[14]

为了说明如何利用游戏化"解读"游戏，我在下文分析了《无尽的饼干》是如何将点击行为游戏化的。我会挖掘玩家的游戏动机和相关的设计元素，并且阐明这种游戏化的局限性。但在此之前，有一点需要提醒：与修辞学不同，游戏化研究仍处于起步阶段，缺乏成熟可靠的方法来识别游戏化的"套路"或提供实证证据。事实上，文献中充斥着如下形式的后此谬误：成功的网络应用程序 Slack① 允许用户自定义应用中的机器人，这看起来非常像流行的《魔兽世界》游戏中允许玩家定制化身。因此，Slack之所以成功，就是因为它从《魔兽世界》中复制了自定义功能来吸引用户。[15] 这样的故事很有诱惑力，但几乎永远都是没有证据的猜测，只是看上去有道理而已。这种想当然的因果关系仅是基于类比与相关而产生的认

---

① 这是一款团队协作交流软件。Slack 是一个首字母缩略词，意思是"所有可搜索的会话和知识日志"（Searchable Log of All Conversation and Knowledge）。——译者注

知上的猫薄荷①。所以读者要小心。尽管我在下文中提到的动机有文献依据，但除了8432个小时的自我民族志之外，我没有证据证明这些动机与《无尽的饼干》的设计有任何联系。

2011年，心理学家特雷莎·阿马比尔（Teresa Amabile）提出了"进步原则"（progress principle）。在分析了超过12000个小时的工作日志后，她发现没有任何一种体验比"取得了有意义的进展"更能增强人们的动力。[16] 在成年人的工作中，取得进展往往需要漫长的时间并且难以实现，一个个任务被困在嵌套的等待循环中，待办事项清单一天比一天长。阿马比尔认为，管理者应该从电子游戏中学习如何组织工作，因为游戏的目的就是提供持续、丰富、清晰的进度反馈。[17]《无尽的饼干》为玩家提供了无数的计数器和可视化效果，展示饼干烘焙总数、每秒烘焙的饼干数量、购买的升级数量、解锁的成就次数，这一切都指向同一个目的——向上增加。每次点击都会增加一些数字，取得一些可衡量的进展。最常见的游戏化特征——积分、徽章、等级——都提供这样的进度反馈。

批评人士称由此产生的取得进展的感觉是"虚假的"，因为它并没有记录实际的技能水平提高。[18] 若希望"真正"的游戏提供一种激励性的胜任感，那么游戏中就需要包含只有通过"真正"的技能才能克服的"真正"的挑战。然而角色扮演游戏或《无尽的饼干》的进度机制只通过升级提供了"虚拟的"技能水平提高，而升级除了需要时间的积累就不再需要其他的了。[19] 然而，这种批评在两个层面都是错误的。

首先，无论是完成一本书的章节还是在墙上铺满一行行瓷砖都属于进展，会带给人们积极感受，通常也会带来能力上的提升，但也不一定。能力是——如铺设复杂的瓷砖马赛克图案时没有失手——随着技能增长而累积的经验。[20] 研究人员伊（Yee）和督切内特（Ducheneaut）观察到获得成就动机（打通游戏以及在游戏中获得更多能量）与精通游戏动机（克服挑战）之间存在类似区别，他们发现增量游戏玩家主要在寻求前者。[21]

---

① 猫薄荷是另一款放置游戏《猫国建设者》（Kittens Game）中需要玩家采集的事物。在这里作者认为这种想当然的因果关系是一种认知上的错误捷径。——译者注

此外，仔细观察《无尽的饼干》实际的游戏互动方式，可以发现玩家社群已经构建了自己的精通挑战。首先是纯粹的坚持。坚持这个唯一的"愚蠢"追求而花费成百上千个小时是一种真正的自我管理的技能。其次，玩家还积极分析和制定战略，了解如何以最佳方式投资来获得资源，他们玩的是争取以花费最少的玩乐时间获取最多资源的元游戏。[22] 充斥着速通联赛不同榜单（例如，最快烘烤出一定数量的饼干的人）的粉丝网站和维基、计算各个升级道具之间相互作用的复利收益率的数学公式和工具，以及决定何时转换投资的策略指南，这些都是玩家在观察游戏互动的过程中逆向设计出来的。这种高参与度、准科学的游戏互动方式，与那些在传统电子游戏里技术精湛的"滥强玩家"（power gamer）[①] 的游戏互动方式没有任何区别。[23] 批评人士也经常忽视有策略地"玩"（最初的）游戏化系统所带来的明显乐趣和技能，例如能够积攒飞行常客里程的系统。[24]

除了进度和挑战，《无尽的饼干》的进度机制也以一种目标设定的形式存在。当人们有明确的艰难但可实现的目标时，他们会更努力工作、更专注，也更有毅力。[25] 在玩家参与玩乐的任何时候，《无尽的饼干》里的计数器和玩家收集的道具总是提议他们争取实现一系列更多的目标（例如，再买 7 个巫师塔就可以解锁一个更有效的巫师塔，再存 10 万亿块饼干就可以购买一块更强大的饼干）。

重要的是，对于一个新玩家而言，存在哪些升级和成就还是个谜。《无尽的饼干》充分利用了"制作饼干的世界"这个奇思妙想，将其发挥到极致，并取得了最大的喜剧效果。炼金术实验室会"把金子变成饼干"；当光标升级到"10 的 24 次方根手指"之后真的会出现文字提示"简略的风味文字（flavor text）[②]"。有许多复活节彩蛋是以令人费解的方式被触发的，例如最小化浏览器窗口，让牛奶动画碰到那块大饼干（解锁"泡饼干专员"成就）。普通玩家首次打开游戏之后，经历 200 个小时左右能够购买"宾果中心 / 研究设施"，解锁一系列额外的升级，（剧透警告）它们将解锁"老

---

① 指专注于使自己控制的游戏角色尽可能强大的玩家。——译者注
② 用于游戏中的背景描述，也被称为"韵笔"，但在此仅做调侃，没有太大意义。——译者注

奶奶启示录"，老奶奶会变成一个肥胖的、怪物般的超级生物体。这些丰富的隐藏内容提供了源源不断的新奇事物和惊喜，激发了玩家的好奇心。[26] 　　204

　　进度机制唤起了稳定的成就感，游戏被视为以小搏大的元游戏，已有成就提供了持续不断的新目标，隐秘和新奇的内容助长了好奇心，等等，这些都说明了《无尽的饼干》是如何将点击行为转化为一种引人入胜的体验的。然而正是这种强迫行为引发了批评，人们认为进度机制"诱骗"玩家参与游戏，玩家还交出了他们的用户数据、提供了免费劳动，支付了游戏内购的费用，这些都在损害玩家利益。手机程序开发商和网络公司如 Facebook 开始被指责使用类似的"暗黑模式"（dark pattern）① 来使用户"上瘾"，利用和转售他们的注意力与数据给广告商。尽管当前迫切需要对此现象进行伦理评估，但人们仍然很难从伦理上分辨它究竟是中立的还是有问题的：任何一个设计既能为人们未来的行为或思考提供更多的可能性，又会将其限制在某个区域。因此，任何设计都能产生说服性效果。如果说有任何不同，那么游戏化和它的同类产品、说服性技术、助推（nudge）② ，以及以改变行为为目的的设计都具备更加鲜明的优点，即它们坦诚地表现出自己的说服意图，不会规避伦理的审议。[27]

　　最后，在游戏化和增量游戏展现出设计的力量的同时，它们也提醒了我们设计的局限。毕竟，在玩家持续、热情地成千上万次玩《无尽的饼干》和其他早期的增量游戏时，他们所做的与游戏设计者最初的意图和期望背道而驰。

　　以游戏设计师和批评人士伊恩·博格斯特（在本文集中他撰写了第29章）和他的 Facebook 游戏《点击奶牛》③ 为例，这是一个值得警惕的故事。博格斯特在 2010 年发行了这个游戏，作为"一个保质期很短的讽刺作品"，以"最清晰的方式展示社交游戏最糟糕的滥用情况"。[28] 玩家可以每 6 小时点击 1 头奶牛，产生一个"点击"数值和 Facebook 帖子。点

---

① 指产品或服务中诱导用户行为的精心设计。——译者注
② 原意为用肘轻推，这里指通过合理的设计来推动人们做出更好选择的方法。——译者注
③ 又译《点牛达人》。——译者注

击奶牛和帖子可以产生更多的点击数值，玩家可以用这些点击数值购买高级奶牛。《点击奶牛》没有进度循环，高级奶牛不会比基础奶牛生成更多的点击数值。但令博格斯特失望的是，《点击奶牛》成为病毒式的热门游戏，高峰时有超过 5 万名玩家在线。这款游戏打动玩家的理由也很讽刺，玩家都清楚这个笑话的精髓在哪里。在其他时间，这款游戏也成为一个社交纽带，在其中人们讨论《点击奶牛》的荒谬性。然而，还有一些人玩《点击奶牛》是为了参与一种"嬉皮笑脸式的抗议"。即使"奶牛启示录"（Cowpocalypse）删除了所有的像素奶牛，玩家仍然可以并且愿意点击这些空白区域。正如一位用户所说，"没有内容的点击非常有趣"。[29]

尽管在表面上往往没有结果，甚至适得其反，但这种抗议式玩乐可以满足一个重要的心理需求，即在一个强制的环境中重新确认自己的自主性。自主性本身就是游戏乐趣的一个重要来源，这让我们看到了一个根本的悖论。一方面，通过游戏化强迫人们参与进来，可能会耗尽它所试图开采的源泉——自主玩乐的喜悦；[30]另一方面，面对旨在强迫他们的游戏，玩家仍然可以通过参与游戏来回应，因此玩家也是在自由地参与游戏。什么也没得到，什么也没学到，什么也没点击。"人们肯定会联想到西西弗斯的快乐。"[31]

205 这并不是说，所有人玩《无尽的饼干》《点击奶牛》或其他任何增量游戏都是出于一种受到存在主义哲学观的影响而产生的怨恨①。在我自己的8400 多个小时中，大部分时间里我当然不是这样。但是，我们可以而且偶尔会这样做的事实证明，游戏的吸引力并没有被耗尽，也没有被它们的设计所决定。当设计者将能够提供给人们某些动机并推动某些行为的游戏和游戏化的体验放进这个世界之后，人们会找到自己参与游戏的理由和方式，而这是设计者既无法完全预测也无法完全控制的。

---

① 这种怨恨的对象是设计者在游戏化系统下设置的各种带有强迫性的游戏玩法及目标。表达怨恨的方式是参与看起来可能毫无意义的事情，例如继续参与这些增量游戏，以此来主张自主性与收获自由。——译者注

注释

1 Sebastian Deterding, "Progress Wars: Idle Games and the Demarcation of 'Real' Games," in *DiGRA/FDG'16 Abstract Proceedings* (Dundee, Scotland: DiGRA, 2016), http:// www.digra.com.

2 José P. Zagal and Roger Altizer, "Examining 'RPG Elements': Systems of Character Progression," in *Foundations of Digital Games 2014* (Fort Lauderdale, FL: SASDG, 2014).

3 Raph Koster, *A Theory of Fun for Game Design* (Scottsdale, AZ: Paraglyph Press, 2004).

4 Cookie Clicker, last modified July 24, 2016, http://orteil.dashnet.org.

5 Sultan A. Alharthi, Olaa Alsaedi, Zachary O. Toups, Joshua Tanenbaum, and Jessica Hammer, "Playing to Wait: A Taxonomy of Idle Games," in *Proceedings of the 2018 CHI Conference on Human Factors in Computing Systems* (CHI'18) (New York: ACM Press, 2018), Paper No. 621.

6 Kevin Ohanessian, "How Idle Clicking Games Took over My Life," *KillScreen*, November 22, 2013, https://www.killscreen.com.

7 Anthony Pecorella, "Idle Chatter: What We All Can Learn from Self-Playing Games," *Slideshare*, March 18, 2016, http://www.slideshare.net.

8 Sebastian Deterding, Dan Dixon, Rilla Khaled, and Lennart E. Nacke, "From Game Design Elements to Gamefulness: Defining 'Gamification'," in *MindTrek'11* (New York: ACM Press, 2011), pp.9 – 15.

9 Steffen P. Walz and Sebastian Deterding, "An Introduction to the Gameful World," in *The Gameful World: Approaches, Issues, Applications,* edited by Steffen P. Walz and Sebastian Deterding (Cambridge, MA: MIT Press, 2015), pp.1 – 13.

10 Margaret Robertson, "Can't Play, Won't Play," *Kotaku*, November 10, 2010, https://www.kotaku.com.

11 Ahmed Seffah and Mohamed Taleb, "Tracing the Evolution of HCI Patterns as an Interaction Design Tool," *Innovations in Systems and Software Engineering* 8

(2011): 93 - 109.

12 Edward P. J. Corbett, and Robert J. Connors, *Classical Rhetoric for the Modern Student,* 4th ed. (Oxford: Oxford University Press, 1989).

13 Marc Hassenzahl, *Experience Design: Technology for All the Right Reasons* (San Rafael, CA: Morgan & Claypool, 2010).

14 Katie Seaborn and Deborah I. Fels, "Gamification in Theory and Action: A Survey," *International Journal of Human-Computer Studies* 74 (2015): 14 - 31. 关于更全面地将游戏的有效成分概念化为动机示能的介绍，参见 Sebastian Deterding, "Eudaimonic Design, or: Six Invitations to Rethink Gamification," in *Rethinking Gamification*, edited by Mathias Fuchs, Sonia Fizek, Paolo Ruffino, and Niklas Schrape (Lüneburg, Germany: Meson Press, 2014), pp.305 - 331。

15 See, for example, Amy Jo Kim, "Bots, MODs & Multiplayer Co-Op: Why Slack Is Game-like—NOT Gamified," *Medium*, accessed September 22, 2015, https://medium.com/@amyjokim.

16 Teresa M. Amabile, *The Progress Principle: Using Small Wins to Ignite Joy, Engagement, and Creativity at Work* (Boston, MA: Harvard Business Review Press, 2011). 本书中文版《激发内驱力——以小小成功点燃工作激情与创造力》已由电子工业出版社于 2016 年 9 月出版。——译者注

17 Amabile, *The Progress Principle*, p.87.

18 Jonas Linderoth, "Why Gamers Don't Learn More: An Ecological Approach to Games as Learning Environments," *Journal of Gaming and Virtual Worlds* 4 (2012): 45 - 62.

19 Deterding, "Progress Wars."

20 Richard M. Ryan and Edward L. Deci, "Self-Determination Theory and the Facilitation of Intrinsic Motivation, Social Development, and Well-Being," *The American Psychologist* 55 (2000): 68 - 78.

21 Nick Yee, "The Surprising Profile of Idle Clicker Gamers," *Quantic Foundry*, July 6, 2016, http://quanticfoundry.com.

22 Sultan A. Alharthi, Zachary O. Toups, Olaa Alsaedi, Josh Tanenbaum, and Jessica Hammer, *The Pleasure of Playing Less: A Study of Incremental Games through*

the Lens of Kittens (Pittsburgh, PA: ETC Press, 2017).

23 T. L. Taylor, *Play between Worlds: Exploring Online Game Culture* (Cambridge, MA: MIT Press, 2006), pp.67 - 90.

24 Jason Margolis, "Obsessed with Your Frequent Flier Miles? You're not Alone," *PRI*, September 24, 2015, https://pri.org.

25 Peter M. Gollwitzer and Gabriele Oettingen, "Goal Pursuit," in *The Oxford Handbook of Human Motivation*, edited by Richard M. Ryan (Oxford: Oxford University Press, 2012), pp.208 - 231.

26 Paul J. Silvia, "Curiosity and Motivation," in *The Oxford Handbook of Human Motivation*, edited by Richard M. Ryan (Oxford: Oxford University Press, 2012), pp.157 - 167.

27 Deterding, "Eudaimonic Design."

28 Jason Tanz, "The Curse of Cow Clicker: How a Cheeky Satire Became a Videogame Hit," *Wired*, December 20, 2011, http://archive.wired.com.

29 Tanz, "Cow Clicker."

30 Sebastian Deterding, "Contextual Autonomy Support in Video Game Play," in *Proceedings of the 2016 CHI Conference on Human Factors in Computing Systems* (New York: ACM Press, 2016), pp.3931 - 43.

31 Albert Camus, *The Myth of Sisyphus and Other Essays* (New York: Alfred A. Knopf, 1955), p.123.

延伸阅读

Pedercini, Paolo. "Making Games in a Fucked up World." *Molleindustria*, April 29, 2014. https://www.molleindustria.org.

Seaborn, Katie and Deborah I. Fels. "Gamification in Theory and Action: A Survey." *International Journal of Human-Computer Studies* 74 (2015): 14 - 31.

Walz, Steffen P. and Sebastian Deterding, eds. *The Gameful World: Approaches, Issues, Applications*. Cambridge, MA: MIT Press, 2015.

24 球与拍类游戏：家庭生活

迈克尔·Z. 纽曼（Michael Z. Newman）

编者语： 正如游戏《乓》这个名字所暗示的那样，20世纪70年代的球与拍类游戏（ball and paddle game）是由人们熟悉的娱乐项目改编而成的。这类娱乐项目除了乒乓球，还有在图版和桌子上模拟的足球、曲棍球和其他运动项目。家庭电子游戏的出现始于球与拍类游戏，迈克尔·Z.纽曼认为，这些游戏继承了家庭空间中的家庭休闲传统，将典型的女性化家庭空间转变为雄性竞争和体现技术创新的游乐场。

在电子游戏刚出现时，一个典型的游戏是在电视上玩的电子版乒乓球。其中最著名的是雅达利公司的《乓》，它于1972年作为一款投币游戏被布置在公共场所。不久之后，一个新版本的《乓》推向了市场，消费者购买后可以在家里通过电视机玩。同样在1972年出售的世界上第一款电子游戏的米罗华奥德赛（Magnavox Odyssey）就是球与拍类游戏。它的原型也影响了雅达利出品的上述那款更受大众欢迎的街机版本游戏（也有人说雅达利的游戏是抄袭之作）。包括科莱科公司（Coleco）的电视之星（Telstar）和APF的电视欢乐机（TV Fun）在内的几十个《乓》的模仿品也都是球与拍类游戏，其中许多使用了通用仪器公司（General Instruments，GI）于1976年推出的AY-3-8500集成电路，或者与之类似的集成电路，要么增减了游戏项目，要么提供了彩色画面。这些芯片包含供单人玩或双人玩的不同版本的网球、足球、曲棍球、篮球、壁球、步枪游戏以及坦克和驾驶游戏，成百上千个基于通用仪器公司芯片的不同游戏主机推向市场。与20世纪70年代末80年代初出现的"可编程的"①主机如雅达利的VCS、美泰公司（Mattel）的智能视觉（Intellivision）和科

---

① 指可以更换游戏卡带的。——译者注

莱科公司的科莱科视觉（ColecoVision）不同，球与拍类游戏主机不支持
含有游戏软件的卡带，它们都属于硬件。随后主机与游戏软件分开，游戏 208
需要单独购买，这种可以玩种类繁多的游戏的游戏主机促使电子游戏成为
一个庞大行业与流行文化热潮，但球与拍类游戏是最早面世的。

　　游戏主机上的球拍是一个旋钮，玩家用大拇指、食指和中指顺时针或
逆时针转动，控制屏幕上的一条线或一个矩形，上下或左右移动。球拍既
是这类游戏控制器的名称，也是再现了乒乓球拍（或曲棍球棒等）的图像
的名称，乒乓球拍图像与电子光点（球）接触并将其打回另一侧。这些游
戏被誉为技术奇迹："太空时代的弹球机"，"你的电视能做出的新花样"。
这类游戏既是新奇的事物，也是对人们熟悉的家庭中已经存在的娱乐项
目——不仅是乒乓球，还有其他在图版和桌子上进行的运动，如桌上足球、
桌上曲棍球或空气曲棍球、电子橄榄球和斯特拉·奥·马蒂克（Strat-O-
Matic）棒球桌游——的改编。球与拍类游戏继承了家庭空间中的家庭玩乐
传统，但它们也将典型的女性化家庭空间转变为雄性竞争和体现技术创新
的游乐场。我们很容易把一个新的媒介看作对日常生活的大胆背离，看作
对过去的革命性突破，并把时间恰好地划分为之前和之后。实际上，随着
时间的推移，延续性与变化同样重要，新鲜事物也会因同老旧的普通事物
之间的联系而不会令人感到陌生。

　　关于球与拍类游戏本身可能没有那么多可以分析的东西。与后来具备
更复杂的计算机图形和声音效果以及更复杂的玩家输入形式的体育游戏相
比，它们没有叙事性，在视听上也是抽象的。它们的图像由线和点组成，
第一款球与拍类游戏只有黑白两色。奥德赛的包装盒里附带塑料覆盖薄膜，
薄膜因静电电荷黏附在电视屏幕上，游戏图像在半透明的游戏区域下会发
出辉光。奥德赛的《网球》游戏使用的是象征网球场的绿色薄膜，《冰球》
游戏使用的是再现出冰场的白色薄膜。但是，球与拍类游戏带给人们的玩
乐体验有助于确立新媒介的身份，因此其在电子游戏历史上具有特殊的意
义。在电子游戏的驯化过程中，这类游戏作为人工制品或许比作为用于批
判性解释的游戏文本更加重要。

　　"技术的驯化"（domestication of technology）是一个包含了几个相关

语意的术语。当新产品被引入市场时，对人们而言，它们往往是新奇而陌生的事物，没有明确或固定的含义。驯化是一个熟悉陌生事物的过程，是驯服野性的过程，它类似于自然界的驯化：为了农业生产，使植物和动物变得对人类无害并且按照人类期望发展的做法。驯化媒介技术意味着人们对其功能——谁出于什么目的使用它——达成广泛的共识。例如，当无线电是新生事物时，人们不清楚它究竟是一种点对点的还是一种大范围的传播技术。长期以来，它同时应用于这两个方面，但在 20 世纪 20 年代，对大多数人来说，广播成了无线电的主要用途，无线电从那时起发展为一种商业性的大众媒介。在大众的心目中，无线电最后被坚定地认定为需要使用接收器收听的空中广播。在大众的心目中，电子游戏也可以被认定为不同事物，并被驯化为一种具有特殊价值并使我们产生特殊联想的事物。[1]

对于包括无线电和电子游戏在内的许多媒介技术，更加确切地说，驯化同样是指将新奇的事物融入家庭以及家庭空间。家不仅是住在其中的人的庇护所，也是一个具备不同含义的地方，它塑造和定义了居住在里面的人的体验。这些含义涉及了内部和外部、公共和私人、工作和休闲、成人和儿童、男性和女性之间的区别。媒介技术的驯化也意味着将新的事物纳入家庭生活的日常。谁使用这种技术？出于什么目的？技术是由社会建构的，它与用户存在关联。球与拍类电视游戏以一种近似于当时已有的娱乐和技术被驯化的方式融入家庭空间，即美国的家庭空间，从已经被驯化的事物——像乒乓球这样的家庭娱乐室内游戏和电视这样的媒介技术——那里获得自身的意义。

我们可以从两个方面来解读球与拍类游戏：依据当时广告和促销中的宣传话语，将其作为一种让全家人一起玩乐的方式，或者背离这些欢快的广告语，将其作为一种手段，让一些家庭成员摆脱房间束缚、实现在竞技性体育中获得名次的梦想。游戏本身告诉了我们一些关于其含义的事情，但诸如电视广告和大众媒体文章等渠道也提供了一些证据，展现了那时的人们是怎么偶遇这些新事物的以及人们是如何被鼓励去考虑使用它们的。我们可能无法了解几十年前人们的想法和经历，但我们可以找到他们当时观看和阅读的东西。[2]产品包装、广告和其他框架话语（framing discourse）①中的营销信息提供了一些思路，从中我们可能获悉那时的用户是如何解读这些新媒介形式的。

作为需要连接家中电视机的设备，球与拍类游戏主机首先能够扩展电视的潜能。20 世纪 70 年代，电视的名声总体上相当糟糕。人们认为它是一种高度商业化的大众媒介，迎合了低级趣味，看电视就是在浪费时间，同时它也可能是社会问题的根源。电视的各种绰号，无论是"傻瓜盒子"（idiot box）、"蠢材显像管"（boob tube）、"茫茫荒原"（vast wasteland）还是"插着电源的毒品"（plug-in drug），都说明了其低下的文化地位。但 20 世纪 40 年代和 50 年代电视向消费者推出以后，它也曾被理想化过，被认为是一种促进家庭团结的力量，一种能让家庭成员在闲暇时聚在一起的方式，一种所有人都可以共享的集体体验。在广告中，电视机经常被再现为"电子壁炉"，是整个家庭圈子的中心。³ 许多家庭产品的营销图像上都描绘了这样的场景。例如，在美国电话电报公司（AT&T）的广告中，人们围着电话；在帕克兄弟公司（Parker Brothers）的产品目录中，人们围着图版游戏。早期的电子游戏会重振家庭中的高科技设备所带来的家庭观念，但它们也会对低级的电视机进行补救，将其转变为一种新的参与式技术，使用户与它互动起来。

在新闻报道和向消费者出售的首批游戏主机的广告中，电子游戏通常以这种方式再现出来：一个家庭被未来的技术聚集在一起，享受在电视机上玩游戏的乐趣。米罗华作为一家电子产品制造商，也作为奥德赛背后的公司，在其营销信息中，一家人围着电视玩新的电子游戏的场景（如图 24-1）与过去其电视机的广告场景非常相似。电视游戏在广告和杂志页面中的典型再现方式将电子玩乐描述为一种社交活动。如果不是由整个家庭构成的广告画面，那么这个场景会由不同年龄和性别的玩家组成，比如一个男人和一个女人，或者一个父亲和一个儿子。虽然单人玩乐是此新媒介的用途之一，但是画面上很少出现单独的玩家。电子游戏被宣传为能够在

210

---

① 指运用种种手段突出某个事实或观点，同时又排除不重要的事实或相反的观点，把受众的注意力紧紧抓住的文本。——译者注

家里将人们聚集起来，就好像他们玩图版游戏或纸牌游戏时聚集在一起一样。在百货商店的宣传册页面中，印有电子游戏图片的页面与印有台球、空气曲棍球、沙狐球和桌上足球的页面相对。然而，无论是电子的还是实体的，任何游戏产品都很昂贵，在玩具店里卖不出去，价格超出了大多数孩子节省下来的零花钱。电子游戏的广告信息提出首先要为儿童和成人的家庭娱乐建立一个创新的、尖端的技术升级，其次游戏会拉近家人之间的距离而让他们感到开心。如果说电视已经收获了无脑的、有害消遣的名声，那么参与电子游戏是电视机的一种新用途，它将提升电视机的地位，把它变成一个运动场，鼓励用户积极参与，而不会再发生那种本来会出现的被动情况——人们只能习以为常地收看空中电视信号。

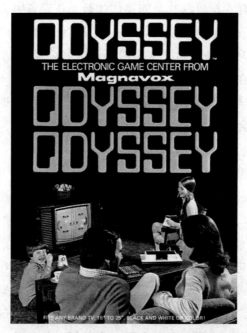

图 24-1　米罗华公司的奥德赛广告
描绘了家庭成员围聚在游戏主机旁边的场景

在奥德赛发行初期的广告中，一位男播音员将该游戏主机描述为"未来的电子游戏"和"为你的电视带来的一个新维度"，它将"创造一个闭路的电子游乐场"。米罗华公司承诺"为整个家庭提供 11 款可供玩乐或学习的游戏"，勾勒了一个男人和一个女人在曲棍球、网球和其他游戏中相互竞争的画面。一个广告的结尾是一家人一起玩奥德赛，画外音描述道："适合所有年龄段的全面的玩乐和学习体验。"当时许多报纸对奥德赛改造电视机的潜能给出了类似的说法。1972 年《纽约时报》的一篇报道称，电子游戏主机"将电视从被动变为主动的媒介"。[4] 一段分发给米罗华经销商的宣传片展示了一起参与游戏的家庭成员，通过画外音推销产品："想通过电视满足自己需求的人都在使用奥德赛来让自己畅享欢乐。"科莱科公司的电视之星广告展示了一对男女的对战（他们在进行曲棍球和网球运动），最后的广告语是"把你的电视拴在电视之星上"。这一时期广告的通常诉求是，表现出在一个家庭娱乐室里的所有玩家出于全新、更正当和更积极的目的而使用电视机的场景。

　　游戏看起来被驯化成了一种娱乐活动，家庭成员通过参与电子玩乐聚集在一起来达到放松休闲的目的。但与此同时，游戏在许多方面也被单独划分出来成为男孩子的玩具，这并非瞬间发生的事情。20 世纪 70 年代后期到 80 年代，在球与拍类游戏占据市场优势地位之后，性别诉求变得更加普遍，当时业界已经清楚意识到男性青少年是最有利可图的市场群体。

　　表现出这种趋势的一个典型例子是球与拍类游戏《打砖块》①。《打砖块》由史蒂夫·沃兹尼亚克（Steve Wozniak）和史蒂夫·乔布斯（Steve Jobs）在他们创立苹果电脑之前为雅达利公司开发的一款产品。这款游戏建立在《乓》和其他球与拍类游戏的基础之上，但将它们转化为一款能够提供更具挑战性的单人游戏体验的产品。在《打砖块》中只有一个球拍，它位于屏幕的底部，可以横向移动，玩家使用球拍将球弹向屏幕顶部排成的若干层砖块，砖块被球击中时就会从屏幕上消失。游戏的目标是冲破一行行的砖块，直至将它们全部清除，然后就会进入下一关卡，呈现出不同样式的多行砖块。这款游戏令人上瘾，一位玩家将它与其他雅达利游戏一

211

212

---

①　这款游戏也被翻译为《突出重围》，被认为是随后各种不同版本的《打砖块》游戏的鼻祖。——译者注

起描述为"终极的肾上腺素"。[5]

和许多成功的街机游戏一样,《打砖块》也被移植到家用游戏主机雅达利 VCS 上。在最初的街机游戏中,《打砖块》是通过描绘一个越狱场景来进行叙事的:在屏幕上方的街机遮檐、屏幕上的四周以及框体四周都绘制了正被拆除的砖墙。在街机遮檐的地方,一个身着条纹囚服的卡通囚犯挥舞着大头锤,击碎了那里的砖块。20 世纪 70 年代后期,雅达利家用游戏卡带的电视广告里有一个囚犯 [由著名电视喜剧明星唐·诺茨(Don Knotts)扮演] 逃脱监禁的越狱场景。这个广告宣传活动的标语是:"今晚不要看电视。玩游戏吧!"这条广告肯定了电子游戏的价值,认为它比看电视更具参与性,并承诺新技术会弥补一些人们对于常见媒介所感受到的缺陷。

当雅达利公司在 1978 年发布了技术改进的新版本《超级打砖块》时,游戏卡带上的图案和其他宣传图像都描绘了一个男性宇航员在外太空背景下进行球与拍类运动的场景(如图 24-2)。星际冒险已成为 20 世纪 70 年代后期青年文化中最引人注目的主题之一,吸引了以男孩子为首的广大受众群体。《星球大战》和《太空侵略者》是 20 世纪 70 年代末和 80 年代初针对年轻人最流行的文本,符合男孩文化(boy culture)的传统,强调了无所畏惧的雄心、与死敌英勇斗争的精神以及积极进取的行为。流行的《星球大战》玩具,如角色动作人偶,让孩子有机会在太空歌剧的叙事世界中参与幻想中的角色扮演,游戏的营销人员也在产品包装上展现了近似的诉求,希望消费者相信通过游戏就可以参与他们熟悉的戏剧化场景。《超级打砖块》不仅通过产品的包装进行叙事,也通过《超级打砖块的故事》(*The Story of Super Breakout*,1982)进行叙事。《超级打砖块的故事》是一套有声读物(包含每分钟 $33^{1/3}$ 转的唱片 ① 以及图画书),封面上这样描述:"基于你最喜欢的雅达利电子游戏,这是一场令人兴奋的阅读冒险。"在这个版本的《打砖块》中,游戏再现了一架航天飞机,它将有价值的矿石从木星的一颗卫星运送到环绕金星运行的一个名为"新加利福尼亚"

---

① 这里指密纹唱片(Long Playing record,LP),是一种每分钟 $33^{1/3}$ 转的乙烯基(如聚氯乙烯)材料制成的唱片,一般直径为 10 英寸或 12 英寸。——译者注

的太空中心。正如书中所叙述的那样，在《超级打砖块》中，要向阻碍航 213
天飞机飞行路线的彩色力场层发射导弹。当宇航员成功穿透力场时，旁白
描述道："他正在努力，他突破了，他赢了！对于地球之子，对于约翰·斯
图尔特·张（John Stewart Chang）上尉，这是多么伟大的胜利啊！"在这
里，这款游戏突出的群体是年轻的男性玩家，他们受到吸引而产生一个幻
想，其中最为关键的事情是在充满挑战的电子游戏中获得成功。

图 24-2　雅达利公司的《超级打砖块》
游戏包装封面以唯一的男性宇航员为主角

　　《超级打砖块的故事》呈现的理念与当时电子游戏图像中再现的针对
男孩子的玩乐画面中的许多理念类似。男孩子常常被兜售这种理念，认为
电子游戏中的玩乐不仅具有沉浸性、变革性、潜在的危险性，而且令人
兴奋、充满力量。这些宣传内容与早期作为促进家庭和谐的工具的球与拍
类游戏主机的驯化形成了鲜明的对比。从过去——家庭成员一起玩奥德赛
《网球》时在相互陪伴的快乐中打发时间——一直到现在，我们已经走了

很长的路。针对男孩子和青年男性的广告宣传并没有将成人和儿童、男性和女性家庭成员聚集在一起，反而促进了截然相反的游戏体验：逃离到一个英勇的充满男性气质的戏剧世界。电子游戏的含义在该媒介的第一个十年中证实了该技术是对电视的改进。虽然电子游戏可能会履行一些电视无法实现的诺言，能够为家庭提供更多的参与性体验，但它们也促使一些玩家——男孩子——成为家庭中游戏主机的主要拥有者。球与拍类游戏在两个方面都发挥了作用：首先是作为一种通过电子娱乐来重建并加强家庭关系纽带的手段，其次是作为一种使年轻男性玩家逃离家庭进入体育运动和太空冒险的游戏微观世界的方式。

注释

1 Roger Silverstone and Leslie Haddon, "Design and the Domestication of Information and Communication Technologies: Technical Change and Everyday Life," in *Communication by Design: The Politics of Information and Communication Technologies*, edited by Robin Mansell and Roger Silverstone (Oxford, UK: Oxford University Press, 1996), pp.44－74.

2 Lynn Spigel, *Welcome to the Dreamhouse: Popular Media and Postwar Suburbs* (Durham, NC: Duke University Press, 2001), p.11.

3 Lynn Spigel, *Make Room for TV: Television and the Family Ideal in Postwar America* (Chicago: University of Chicago Press, 1992); and Ceclila Tichi, *Electronic Hearth: Creating an American Television Culture* (New York: Oxford University Press, 1992).

4 "Magnavox Unveils TV Game Simulator," *New York Times*, May 11, 1972.

5 David Sudnow, *Pilgrim in the Microworld* (New York: Warner Books, 1983).

延伸阅读

Flynn, Bernadette. "Geographies of the Digital Hearth." *Information Communication and Society* 6, no. 4 (2003): 551－576.

Herman, Leonard. "Ball and Paddle Consoles." In *Before the Crash: Early Video Game History*, edited by Mark J. P. Wolf. Detroit, MI: Wayne State University Press, 2012.

Kirkpatrick, Graeme. "How Gaming Became Sexist: A Study of UK Gaming Magazines 1981‑1995." *Media, Culture & Society* 39, no. 4 (2016): 453‑468.

Newman, Michael Z. *Atari Age: The Emergence of Video Games in America.* Cambridge, MA: MIT Press, 2017.

215

25 《愤怒的小鸟》：移动游戏

格雷戈里·施泰雷尔（Gregory Steirer）

杰里米·巴恩斯（Jeremy Barnes）

编者语： 格雷戈里·施泰雷尔和杰里米·巴恩斯通过考察移动游戏《愤怒的小鸟》最初版本的市场欢迎程度、设计和分销，展示了作为游戏类型一种的移动游戏如何在玩乐行为的构建与体验上代表了一个全新模式。

  尽管硬核玩家会对这种说法感到不满，但罗维奥公司（Rovio）[①]的《愤怒的小鸟》可能的确称得上进入 21 世纪以来最成功的电子游戏。《愤怒的小鸟》于 2009 年 12 月在苹果和诺基亚智能手机上发布（次年又发布了安卓、黑莓和其他版本），迅速成为有史以来最畅销的付费移动应用程序，在 2010 年从感恩节到元旦的假期，每天的下载量高达 100 万次。[1] 游戏发行一年后，其下载次数达到了前所未有的 5000 万次，据罗维奥公司统计，平均下来，全球用户每天的总玩乐时间为 2 亿分钟。[2] 网站触碰街机（TouchArcade）的撰稿人伊莱·霍达普（Eli Hodapp）因此将 2010 年称为"《愤怒的小鸟》年"，记者保罗·肯德尔和埃里克·霍特·埃里克森则将该游戏产权[②]的长期前景比作迪士尼的米老鼠。[3] 即使仅对正统题材感兴趣的文化批评人士也迫切地想要对这款游戏发表一些看法。例如，《纽约时报杂志》的萨姆·安德森宣称《愤怒的小鸟》是"我们整个文化在狂喜或焦虑的时刻可以拨弄的一串数字念珠"。[4] 尽管其他电子游戏产权在其生命周期中产生的收入比《愤怒的小鸟》多，但很少有游戏能在首次推出后不

[①] 2023 年 8 月，罗维奥公司被世嘉收购。——译者注

[②] 即 IP。——译者注

久就被这么多人体验或讨论。

在本章中，我们认为《愤怒的小鸟》是2009年相对较新的电子游戏形式——移动游戏——的缩影。尽管这种说法一开始似乎是显而易见甚至是多余的，但在接下来的内容中，我们拒绝接受大多数人认可的移动性就等于便携式硬件的说法。我们认为，《愤怒的小鸟》之所以成为移动游戏，不仅仅因为人们可以在手机或平板上参与游戏，更重要的是玩乐本身的构建方式：不仅是通过移动应用的代码，也需要考虑到围绕玩乐的社会互动和工业流程。《愤怒的小鸟》成功的秘诀在于罗维奥公司早期对移动游戏运作方式的重新构想。事实上，《愤怒的小鸟》体现了我们认为的移动游戏的四个核心组成部分：互动方式的可及性、软件的可及性、日常的普遍性和盈利手段的可变性。

《愤怒的小鸟》的故事和互动方式对于新老游戏玩家来说都可以立即上手。《愤怒的小鸟》的背景故事在游戏中只用了一张水平移动的截图①和一些声音效果予以说明：一些鸟蛋被猪偷走了，小鸟必须把它们找回来。随后，游戏进入第一关，玩家会发现猪藏在不稳定的建筑结构中，而小鸟奇怪地不能自己飞行，于是它们制造了一个超大的弹弓，用弹弓将自己发射出去并击倒这些建筑，从而打败猪。游戏中的主要操作是用弹弓将小鸟投向作为敌人的猪。这种操作简单、让人满足而又直观。玩家只需用手指触及并按住已准备好的小鸟，手指（同时向后拖动弹弓的皮兜）向后滑动，瞄准，然后将手指从屏幕上松开，让小鸟飞出去（如图25-1）。许多小鸟有特殊的能力，它们一被弹射到空中就可以点击屏幕来激活其能力，玩家还可以使用特殊的道具来扩大小鸟的尺寸或更加直观地预览弹出的轨迹。这些强化道具可以帮助玩家提高分数，但它们并不是完成游戏中任何一个关卡的必要条件，所有关卡都可以无限地重复，没有任何犯错成本或惩罚。《愤怒的小鸟》对玩家的认知能力和灵活性的要求非常低：没有复杂的按钮组合需要记忆，没有统计数字或角色属性需要管理，也没有必要

---

① 由于这张图片描绘的是瞬时的场景，所以作者将其理解为一个动画片段中的某一瞬间的截图，但实际上它就是游戏设计者特意绘制出来的一张单独图片。——译者注

的游戏资源需要获取。要想在《愤怒的小鸟》中取得成功，玩家只需知道
如何瞄准和发射。

图 25-1 《愤怒的小鸟》的游戏屏幕没有任何杂乱无章的东西，
无论是电子游戏的老手还是新手都很容易上手

　　尽管《愤怒的小鸟》和其他移动游戏所采用的简单而直观的游戏互动
方式与主机游戏中针对所谓休闲玩家的游戏所采用的游戏互动方式类似，
但是移动游戏有意将通常在空间上和时间上对玩乐的限制都降到最低，这
使它们与通常被称为休闲类型的游戏仍有部分区别。电子游戏学者杰斯
珀·尤尔（在本文集中他撰写了第 8 章）在其《休闲革命》一书中将休闲
游戏定义为"容易学会，适合大多数玩家，在许多不同的情况下供人参与
的游戏"。[5]他确定了休闲游戏的两个基本特点：首先，游戏具有模仿界面
（在这种游戏中，"玩家执行的身体动作需要模仿屏幕上的游戏动作"）；其
次，游戏可下载，"这种游戏在网上购买，可以在短时间内迅速玩一把，而
且一般不需要对电子游戏历史有深入了解就能玩"。[6]《愤怒的小鸟》多多
少少算是满足了这两组标准①，但它与尤尔书中的大多数例子不同，因为
它对游戏地点或游戏时长几乎没有任何限制，也不需要玩家全身心投入或

217

────────────

①　经与主编沟通，他们认为虽然《愤怒的小鸟》并不像《舞力全开》那样需要玩家使
　　用四肢模仿屏幕上的角色动作，但当玩家使用手指向后拖动弹弓的皮兜时，在一定
　　程度上是模仿现实中的动作。——译者注

花费太多的注意力。《Wii 运动》(*Wii Sports*)、《吉他英雄》、《俄罗斯方块》、网页游戏及其他典型的休闲游戏往往需要玩家在参与游戏时处在一个特定的玩乐场所。例如，尽管你的祖母可能更愿意也更擅长在《Wii 运动》中打一轮网球，而不是在《战争机器》这样的"硬核"游戏中进行一场处决赛，但这两款游戏都需要她在一个特定的房间里玩，并在参与游戏时投入大部分注意力。相比之下，《愤怒的小鸟》对玩家的身体和注意力的要求都很低，他们可以在乘坐列车上班、坐着上课、去厕所、发邮件的间隙、看电视或深夜学习的时候玩。

除了对上述条件要求不高之外，《愤怒的小鸟》对玩家设备的要求也不高。它是我们所说的软件可及性的典范。由于该游戏最初是在苹果手机上发布的，当时已经有数千万人拥有这个平台，因此潜在的玩家不需要额外的硬件或配件就可以玩。当它扩展到安卓、黑莓和 Windows 手机，它的市场几乎包括了所有拥有智能手机的用户。事实上，罗维奥公司非常渴望让潜在的硬核玩家使用该软件，因此，这家公司将《愤怒的小鸟》的发布平台扩展到任天堂 DS、3DS、PlayStation Portable（PSP）、Wii 和 PlayStation 3（大概是针对没有智能手机的儿童），以及苹果的 Mac、基于 Windows 的 PC、罗库（Roku）等流媒体机顶盒，甚至社交媒体平台 Facebook。这种广泛供应的结果是，在 2012 年底该游戏最流行的时候，每月有超过 2 亿的活跃玩家。[7] 事实上，从柯南·奥布莱恩（Conan O'Brien）和贾斯汀·比伯（Justin Bieber）等名人到迪克·切尼（Dick Cheney）和戴维·卡梅伦（David Cameron）等政治家，似乎每个人都在玩这个游戏。[8] 这在很大程度上归功于游戏的广泛普及，到 2016 年，最初版本的《愤怒的小鸟》已经被下载了 30 亿次。[9] 相比之下，《Wii 运动》作为一款"休闲游戏"，得益于与任天堂 Wii（历史上最畅销的电子游戏主机之一）的捆绑销售，截至 2017 年 3 月，其总销量为 8300 万套（综合了独立销售和与 Wii 捆绑销售的数量）。[10]

当然，《愤怒的小鸟》并不是第一个成为文化热点事件的游戏，也不是第一个玩家数量达到数千万的游戏。但很少有其他游戏，即使像《吃豆人》、《俄罗斯方块》和《魔兽世界》这样的大热门游戏，能够如此无缝地

218

融入玩家的日常生活。事实上，《愤怒的小鸟》和其他移动游戏刻意地抵制了将玩乐作为一种与非玩乐活动分开的具有独特互动模式的传统构建；相反，《愤怒的小鸟》将玩乐融入日常生活中平凡和普遍的非玩乐活动。我们把移动游戏的这一特征称为"日常的普遍性"。移动游戏之所以能实现这种普遍性，部分原因在于其互动方式和软件的可及性：几乎没有任何条件限制人们玩《愤怒的小鸟》，无论他们在公司、学校、家里，还是在通勤途中，都可以与游戏进行互动。[11] 人们甚至可以在与非游戏玩家进行社交互动时玩这款游戏，由于游戏的设计，那些非游戏玩家也随时有可能成为玩家。例如，人们可以在午餐时把手机递给朋友，让朋友在一个特别困难的关卡中尝试一把。除《愤怒的小鸟》外，在其他移动游戏中，玩家需要等待能量条再次注满才能继续参与游戏，这种游戏机制可以限制一局玩乐时间的长短，以实现日常普遍性①。还有一些移动游戏使用断断续续的推送通知作为触发器，鼓励玩家反复打开游戏应用。

虽然最初版本的《愤怒的小鸟》很少使用这种触发器，但罗维奥公司通过媒介扩展、授权和销售周边产品达到了大致相同的效果。事实上，在游戏最初发布的几年里，《愤怒的小鸟》不仅是一款移动游戏，而且已经成为一个移动品牌。《愤怒的小鸟》主题的 T 恤衫、图书、毛绒玩具、可动人偶、牙刷、咖啡杯、台灯、背包、麦片甚至泳池中的游泳圈（如图 25-2）都曾经作为商品出售（在撰写本文时，市面上仍然存在）。罗维奥公司希望成为 21 世纪的迪士尼，为了部分实现这个目标，这家公司还签署了一些协议，包括创作《愤怒的小鸟》动画片、在 2016 年拍摄一部长篇电影、在英国和芬兰搭建一系列游乐园设施以及在中国设立品牌零售店。[12] 通过让玩家在不玩游戏时也能够与《愤怒的小鸟》互动，产品和媒介的延伸帮助这款游戏实现了令人惊叹的普遍性[13]。事实上，罗维奥公司甚至还参与了我们称为"反向授权"的商业行为：获得了在其《愤怒的小鸟》产品系列中使用其他流行媒体品牌的权利，如《星球大战》和《变形金刚》（正如德里

219

---

① 在这种游戏机制下，非付费玩家不能享受不间断的游戏，所以会时不时地打开游戏查看能量条是否已经恢复。——译者注

克·约翰逊在本文集其他章节所探讨的，这种做法与乐高集团为其乐高玩具套装获得多个媒体品牌的授权类似）。这种做法将《愤怒的小鸟》品牌植入了更年长、更成熟的粉丝群体，从而（至少在理论上）进一步扩大了这款游戏在日常生活中对其他媒体产权粉丝的影响力。

图 25-2　以《愤怒的小鸟》游戏中的角色为主题的毛绒玩具系列

资料来源：迈克·莫扎特（Mike Mozart），https://creativecommons.org/licenses/by/2.0，图片未做修改。

到这里，我们已经从如下角度界定了移动游戏：这是一种当人们参与通常同电子游戏相关的玩乐时不会让他们感受到各种限制的游戏类型。有人认为玩乐是一种与日常生活分割的行为。事实上，我们建议，在游戏的背景下，人们甚至可以把移动性理解为对这种玩乐概念的消解。此外，在开发阶段，移动游戏与其他平台的游戏相比也存在不同之处，移动游戏为发行商和开发商提供了较低的市场准入门槛。一般而言，移动平台的游戏开发比传统的主机或 PC 容易得多，成本也低得多。PlayStation 4 或任天堂 3DS 上的开发工作通常需要得到平台所有者（上述主机的所有者分别是索尼或任天堂）的明确许可，购买由特殊硬件和软件组成的昂贵开发套件，提供详细的商业计划，并签署各种合同使平台所有者能够监测和控制 220

被许可的开发商的活动。例如，在 PlayStation 4 推出时，据说开发套件价格为 2500 美元，而 3DS 的开发套件价格为 3000~4000 美元。[14] 相比之下，移动端开发的许可费用极低（苹果目前每年收费 99 美元，而谷歌一次性收费 25 美元），开发套件不需要特殊硬件，合同规定也更为宽松。因此，制作一款移动游戏的成本通常是几千美元，而非几百万美元，在某些情况下（如非常成功的《飞扬的小鸟》）开发成本几乎都没有超过开发套件的费用。《愤怒的小鸟》的制作成本约为 10 万美元，这个费用仅仅是大多数主机游戏的一小部分（作为对比，摇滚之星的《侠盗猎车手 5》的成本估计为 1.375 亿美元）。[15]

尽管低准入门槛使移动游戏的开发变得相对容易，但这也导致零售市场上充斥着大量游戏。苹果的 App Store 或谷歌的 Google Play 上游戏数量众多，这就带来了游戏发行商提出的"搜索和发现"（search and discovery）问题，即消费者是否有能力在线上零售环境中找到或偶遇来自某家发行商的游戏。虽然营销可以帮助解决此类问题，但大多数移动游戏发行商并没有开展昂贵的宣传营销活动以覆盖到目标人群的预算。罗维奥公司在推出《愤怒的小鸟》时也没有资金可以用来做广告；相反，它几乎完全依赖苹果公司在其英国商店中对这款游戏做了特别推荐的好运气，以及随之而来的没有花费一分一毫而获得的用户关注。[16] 相较缺少营销预算，更严重的问题是，移动游戏失去了在传统电子游戏文化中发挥巨大作用并有助于降低营销成本的专业杂志和粉丝社群。长篇文章、评论或粉丝制作的维基页面，这些都能为游戏提供额外的曝光率，但对于移动游戏来说，这些几乎都不存在。

面对这种在不使用传统营销手段的情况下获取客户的挑战，许多移动游戏发行商开发了能够让它们免费提供游戏的盈利模式。像罗维奥公司目前对《愤怒的小鸟》的定价为 0（该游戏在推出时价格为 0.99 美元），在某种程度上缓解了获取玩家的困难，因为这大大降低了消费者在购买一个他们不了解的游戏时所面临的风险。然而，这样的定价会给发行商带来新的盈利问题，它们被剥夺了最常见的创收手段，因此必须构建它们的游戏以便找出其他的盈利方法。我们把移动游戏的这一方面称为灵活的盈利手

段。例如，《愤怒的小鸟》通过游戏中的广告、提供道具的游戏内购以及前 221
面详述的授权许可和周边产品销售来获得收入。神鹰道具可以让购买它的
玩家在关卡中施展终极必杀摧毁全屏的猪，这款道具本身就产生了近 200
万美元的收入。[17] 其他移动游戏则通过游戏币、提供新的关卡、延长玩乐
时间、增加角色或美化皮肤来收费。例如，波克程序工作室的《城堡猫
咪》提供游戏币（1.99 美元起）以及用于制作道具的"普通"资源包（每
包 2.99 美元）和"稀有"资源礼包（每包 9.99 美元）；贝塞斯达的《辐
射：避难所》提供"午餐盒"，盒中包含随机组合的武器、宠物、服装和
其他道具，每盒 0.99 美元。在某些情况下，游戏内购的价格可能相当高。
例如，赛车游戏《愤怒的小鸟卡丁车》的"大爆炸特别版汽车"售价为
99.99 美元；而玩家若想在小公司（TinyCo）的《漫威复仇者学院》中获
得一个新的角色，需要支付高达 50 美元的游戏币。虽然大多数玩家不愿
意在游戏（移动端或其他平台）上花费如此多的钱，但只要一小部分人这
样做发行商就能使游戏盈利。这些花大钱的玩家在行业术语中被称为"鲸
鱼"（whale），有效地补贴了被称为"小鱼"（minnow）的低消费或不消
费的玩家的玩乐成本，但这些付费玩家的存在也要求移动游戏必须按照常
规方式构建。《南方公园》中的一集专门讨论了这一游戏类型，正如其中
一个角色所解释的那样："它们只勉强算得上好玩而已。如果游戏太好玩，
就没有理由为了让它更好玩而选择游戏内购了。"[18]

　　当然，对像《愤怒的小鸟》这样的移动游戏好不好玩的判断是很主观
的。但我们已经在本章中提出，当我们玩移动游戏时，好不好玩很可能是
无关紧要的。移动游戏的独特之处在于它提供了一种方式，通过消解通常
用来定义玩乐的界限来重新构想玩乐。作为移动游戏的两个特征，越来越
明显的可及性和灵活的盈利手段有助于产生一种玩乐模式，这种模式在日
常生活中无处不在，与非玩乐行为融为一体并相差无几。正如硬核玩家会
迅速观察到的那样，以这种方式改变玩乐会带来一些潜在的令人难过或反
感的事物。与此同时，我们希望表明，在移动游戏同时挖掘和扩大玩游戏
的含义时，在它所采取的方式里也存在一些令人兴奋甚至能够带来天翻地
覆变化的事物。

注释

1 Tom Cheshire, "In Depth: How Rovio Made Angry Birds a Winner (And What's Next)," *Wired*, March 7, 2011, https://www.wired.co.uk.

2 Hillel Fuld, "Peter Vesterbacka, Maker of Angry Birds Talks about the Birds, Apple, Android, Nokia, and Palm/HP," *Tech n' Marketing*, December 27, 2010, http://technmarketing.com.

3 Paul Kendall, "Angry Birds: The Story behind iPhone's Gaming Phenomenon," *The Telegraph*, February 7, 2011, http://www.telegraph.co.uk; and Erik Holthe Eriksen and Azamat Abdymomunov, "Angry Birds Will Be Bigger than Mickey Mouse and Mario. Is There a Success Formula for Apps?" *MIT Entrepreneurship Review*, February 18, 2011, http://miter.mit.edu.

4 Sam Anderson, "Just One More Game...," *The New York Times Magazine*, April 4, 2012, https://www.nytimes.com.

5 Jesper Juul, *A Casual Revolution: Reinventing Video Games and Their Players* (Cambridge, MA: MIT Press, 2012), p.5.

6 Juul, *A Casual Revolution*, p.5.

7 J. J. McCorvey, "Birds of Play," *Fast Company* (December 2012/January 2013): 103.

8 Jenna Wortham, "Angry Birds, Flocking to Cellphones Everywhere," *The New York Times*, December 11, 2010, https://www.nytimes.com; and Chesire, "In Depth."

9 Andy Robertson, "'Angry Birds 2' Arrives 6 Years and 3 Billion Downloads after the First Game," *Forbes*, July 16, 2015, https://www.forbes.com.

10 Nintendo, "Hardware and Software Sales Units: Total Unit Sales," *Nintendo. co.jp*, March 31, 2017, https://www.nintendo.co.jp.

11 其他学者将这种与游戏的关系描述为"氛围玩乐"（ambient play）或对于虚拟世界与现实世界的"共同关注"（co-attentiveness）。参见 Hjorth and Richardson, "Mobile Games and Ambient Play," in *Social, Casual, and Mobile Games: The Changing Gaming Landscape,* edited by Michelle Wilson and Tama Leaver (New

York: Bloomsbury, 2016), pp.105－116; Brendan Keogh, "Paying Attention to Angry Birds: Rearticulating Hybrid Worlds and Embodied Play through Casual iPhone Games," in *The Routledge Companion to Mobile Media*, edited by Gerard Goggin and Larissa Hjorth (New York: Routledge, 2014), pp.267－276。

12 McCrovey and Hennttonen, "Birds of Play," p.128.

13 因此，塔玛·利弗（Tama Leaver）言辞激烈地将《愤怒的小鸟》描绘为一个"社交网络市场"。Leaver, "Angry Birds as a Social Network Market," in Wilson and Leaver, *Social, Casual, and Mobile Games,* pp.213－224.

14 Colin Campbell, "So How Much Does It Cost to Develop for PlayStation 4?," *Polygon*, July 24, 2013, https://www.polygon.com; and Peter D., "Price of 3DS Dev Kits Leaked, Cheaper than Expected," *3DS Buzz*, February 16, 2011, http://www.3dsbuzz.com.

15 McCrovey and Hennttonen, "Birds of Play," p.107; and Brendan Sinclair, "GTA V Dev Costs over $137 Million, Says Analyst," *Gamesindustry.biz*, February 1, 2013, https://www.gamesindustry.biz.

16 Ryan Rigney, "The Origins of Angry Birds," *PCWorld*, October 2, 2010, https://www.pcworld.com.

17 Cheshire, "In Depth."

18 *South Park*, season 18 episode 6, "Freemium Isn't Free," directed and written by Trey Parker, aired November 5, 2014, on Comedy Central.

延伸阅读

Evans, Elizabeth. "The Economics of Free: Freemium Games, Branding and the Impatience Economy." *Convergence* 22, no. 6 (2016): 563－580.

Feijoó, Claudio. "An Exploration of the Mobile Gaming Ecosystem from Developers' Perspective." In *The Video Game Industry: Formation, Present State and Future*, edited by Peter Zackariasson and Timothy Wilson. New York: Routledge, 2012.

Leaver, Tom, and Michele Willson, eds. *Social, Casual and Mobile Games: The Changing Gaming Landscape.* New York: Bloomsbury, 2016.

26 《乐高次元》：许可

德里克·约翰逊（Derek Johnson）

    编者语：《乐高次元》这款互动实体玩具游戏横跨娱乐行业不同领域以及数字体验和实体体验模式，调集了一个围绕品牌联合关系与许可协议的复杂结构，允许玩家控制来自众多不同跨媒介运作（media franchise）系列①的角色。德里克·约翰逊认为，这种行业联合模式催生了一款在娱乐业的授权许可方面最能够突出乐高的中介力量的游戏。在这款游戏中，带有互换性与接合性的乐高玩乐机制提供了在游戏内打破知识产权所有权界限的方法。

    尽管使用乐高积木拼砌的设计构思一直支撑着《乐高星球大战：电子游戏》和《乐高宇宙》等游戏的互动方式，但直到最近，新的游戏玩法才不再单纯依赖积木玩具在游戏空间中的虚拟再现。"互动实体玩具"（toys-to-life）游戏类型将数字空间的玩乐与现实世界中塑料小人仔的收集和互动式操作结合起来。《乐高次元》作为此类型兴起（和衰落）过程中的一员，它将普普通通的带有凸起螺柱的积木玩具转变为电子游戏周边道具，类似于控制器或输入设备。购买了主机游戏的玩家不仅获得了软件，还获得了一堆可以在游戏过程中与之互动的乐高积木。确切地说，在面向 Xbox One、PS4 和 WiiU 的新手入门包里一共有 269 块积木。在第一次购买的 269 块积木中，玩家能够利用几十块积木拼砌在游戏中用到的蝙蝠侠（Batman）、甘道夫（Gandalf）和狂野妹（Wyldstyle）化身（以及一辆蝙蝠车）的小人仔版本。然而，这些积木中的大部分用于建造沃顿

---

    ① 指将角色等要素以特许经营等方式拓展至其他媒体形式的产品系列，等同于"特许经营项目"（franchise），近似于 IP 的概念。——译者注

中心（Vorton Hub）。如同游戏画面所再现的那样，那是一个可以引导玩家进入许多不同的可玩关卡和沙盒区域的圆形传送门①。除了DC超级英雄（DC Super Heroes）、《指环王》（*Lord of the Rings*）和《乐高大电影》（*The LEGO Movie*）之外（新手入门包的3个角色即来自上述三例），沃顿中心将众多不同的流行文化作为灵感来源所构建的叙事世界连接在一起。沃顿中心围绕贯穿古今的游戏、电影、电视等媒体娱乐提供了通往更多宇宙的入口。在认真开始数字玩乐之前，建造沃顿中心的积木数量和时间（可能需要15分钟或更多时间，对于有经验的乐高玩家来说也是如此）与游戏最为关键的核心乐趣和巧妙构思相呼应：它专注于将不同的知识产权统一在共享的乐高品牌旗下。

　　换句话说，沃顿中心代表了乐高玩具产品的力量，它横跨娱乐行业众多领域以及数字体验和实体体验模式，构建了一个需要与不同公司建立伙伴关系并签署许可协议的复杂结构。《乐高次元》是一款最能够突出娱乐行业的授权许可与乐高中介力量的游戏，其中带有互换性与接合性的乐高玩乐机制提供了打破游戏内知识产权所有权界限的方法。尽管"特许经营"这个术语在游戏本身中并不会频繁出现，但开发者、新闻报道、批评人士和玩家都在讨论沃顿中心，认为它是获得娱乐行业中多个流行的特许经营项目的一种手段。¹从这个意义上说，沃顿中心里的玩乐以及穿过中心后的更多玩乐已经超越了对来自不同媒体宇宙的角色的切换和集结。该中心还在对知识产权的行业管理以及不同媒体公司之间复杂关系的处理中制造了玩乐。乐高的沃顿中心不仅开启了不同游戏互动空间的大门，也开启了由它连接在一起的诸多特许经营行业所拥有的不同结构之间的大门。首先，通过对乐高、游戏开发商和许多同意在游戏中对其持有的特许经营项目进行品牌联合的媒体公司三者之间的合作关系网络和许可协议网络进行观察，我们可以发现使产品成形的行业力量。其次，鉴于玩《乐高次元》本身的体验，我们便可以理解行业联合是如何基于许可的逻辑和机制

---

① 虽然玩家使用实体积木玩具拼砌出的沃顿中心很大程度上就是一个传送门，但是游戏中的沃顿中心是一个可供玩家漫步并包含了众多传送门的枢纽式建筑。——译者注

创造出一款将众多的特许经营项目放在一起的游戏。在娱乐行业不同公司之间的动态关系中以及在游戏参与的动态过程中，无论是出现在屏幕上的游戏世界中，还是出现于玩家将他们的数字游戏和塑料玩具配对的现实空间里面，乐高就像沃顿中心一样成为焦点，在行业中发挥了关键作用。最终，《乐高次元》使玩家能够亲身感受到不同的跨媒介运作系列之间的界限以及乐高玩乐机制中可以打破这些界限的潜在力量。

在 2017 年停止开发更多的附加包之前，《乐高次元》联合了至少 25 个跨媒介运作系列，这些内容来自多个媒体并触及众多不同公司持有的知识产权。这个覆盖范围要求我们仔细思考如下问题：哪些机构与这款游戏有225 密切的利害关系？哪些机构为了这款游戏的面市贡献了哪些创造性劳动、权限和许可？显然，总部位于丹麦的乐高集团在该游戏的周边产品销售和包装上起到了突出作用——设计并制造了玩家为了进入虚拟游戏空间必须购买的塑料积木和角色小人仔。虽然其中一些材料可以从已有库存中取得，里面都是为传统玩具市场上的积木套装生产的产品，但乐高公司仍要为《乐高次元》游戏中特有的零件和角色制作新的拼砌组件。然而，乐高公司自己并没有开发和发布这款游戏软件，这项工作由华纳兄弟互动娱乐（Warner Bros. Interactive Entertainment）的子公司 TT 游戏工作室（TT Games）承担。乐高和位于英国的 TT 游戏之间的这种合作关系始于 2003 年《乐高星球大战》游戏的初期开发阶段。最初，乐高互动部门计划开发该游戏，扩展其与卢卡斯影业在积木玩具市场上的既有关系。[2] 卢卡斯影业作为《星球大战》系列的许可方，在 1998 年授予乐高生产基于《星球大战》角色的玩具和其后开发相关游戏的权利，以获得许可费和销售版税。[3] 然而，到 2003 年，乐高关闭了互动部门，但是《乐高星球大战》游戏还在开发。为了维持这个项目，几个主要的互动部门经理成立了巨人互动娱乐公司（Giant Interactive Entertainment），它成为乐高品牌的发行商和为其开发游戏的独占被许可方，同时与独立工作室旅行者故事签订合同，继续开发这款游戏。[4]2005 年《乐高星球大战》发行后，旅行者故事和巨人互动娱乐合并为 TT 游戏，它与乐高之间的持续关系意味着，它不仅可以向卢卡斯影业很快也向华纳兄弟等公司提供分许可来让自己创作类似的游戏，如《乐高蝙蝠侠：电子游戏》（乐高开发蝙蝠侠积木套装之后，TT 游戏跟随它的步伐，开发了同主题的电子游戏版本）。2007 年，华纳兄弟将 TT 游戏作为收购目标，寻求"与我们的品牌非常匹配的伙伴，以及一个能够有效利用我们现有的全球基础设施的机会"。若将官方说辞翻译一下，更加直白的说法是，它试图从 TT 游戏与乐高成功的合作关系中分得更大一杯羹。5

这种合作关系促成了乐高与其他跨媒介运作系列联动的众多游戏，包括华纳兄弟旗下的《乐高哈利·波特：1~4 年》，以及《乐高印第安纳琼斯：最初的冒险》、《乐高侏罗纪世界》和《乐高漫威超级英雄》等，这些游戏依赖于 TT 游戏将它与乐高的协议分别向卢卡斯影业、环球（Universal）和迪士尼（Disney）提供的分许可 ①。然而，与之不同的是，《乐高次元》的开发并不完全依赖于这种覆盖了玩具、游戏和影像媒体的新型许可协议。它没有牵涉单独的乐高品牌游戏，而是将这些许可协议集中于一种统一的玩乐体验。《乐高次元》的开发也因此备受瞩目。

可以肯定的是，《乐高次元》游戏的成功的确更依赖由华纳兄弟或由乐高直接控制的特许经营项目，而不是那些没有对《乐高次元》或这种长期合作关系进行同等程度投资的公司所控制的特许经营项目。2017 年《乐高次元》的阵容包含了基于华纳兄弟持有的特许经营项目所制作的游戏化身和实体玩具产品，具体包括 DC 超级英雄、《哈利·波特》（*Harry Potter*）、《神奇动物》（*Fantastic Beasts*）、《绿野仙踪》（*The Wizard of Oz*）、《史酷比》（*Scooby Doo*）、《探险活宝》（*Adventure Time*）、《飞天小女警》（*The Powerpuff Girls*）、《小精灵》（*Gremlins*）、《七宝奇谋》（*Goonies*）和《阴间大法师》（*Beetlejuice*），以及基于乐高产品线的跨媒介运作系列，如《幻影忍者》（*Ninjago*）、《气功传奇》（*Chima*）和《乐高都市：卧底风云》（*CITY Undercover*）。《乐高次元》中也包含由乐高制作、由华纳兄弟发行的动画影片《乐高大电影》中的角色。《乐高次元》

226

①　首先，乐高提供给旅行者故事/TT 游戏许可，允许其为乐高 IP 制作乐高式电子游戏。随后，旅行者故事/TT 游戏提供给其他公司分许可，允许他们提供 IP，由自己为其创作乐高式电子游戏。——译者注

还运用了现已不复存在的中途游戏（Midway Games）品牌 ①，这家游戏发行商于 2009 年被华纳兄弟收购并控制。在这些案例中，TT 游戏能够依靠乐高和华纳兄弟围绕《乐高次元》的共同利益来促进合作，同时基于共同利益，乐高与华纳兄弟也会用所持有的具备商业价值的特许经营项目来支持该游戏。然而，十多年来乐高（以及不那么瞩目但同样重要的 TT 游戏）作为品牌联合的一方所取得的成功也促成它与其他主要的电影公司、电视公司和游戏公司达成了更多的许可协议。《乐高次元》利用与如下公司签订的协议扩展了游戏内容：拥有《回到未来》（*Back to the Future*）、《天龙特攻队》（*The A-Team*）、《侏罗纪世界》（*Jurassic World*）、《外星人》（*ET*）和《霹雳游侠》（*Knight Rider*）版权的 NBC 环球公司，拥有《不可能的任务》（*Mission Impossible*）版权的派拉蒙公司，拥有《辛普森一家》（*The Simpsons*）版权的二十世纪福克斯电影公司 ②，拥有《捉鬼敢死队》（*Ghostbusters*）版权的索尼公司，以及拥有《神秘博士》版权的英国广播公司。作为竞争对手的游戏发行商也看到了将它们持有的特许经营项目提供给乐高和 TT 游戏的商业价值。例如，维尔福提供了《传送门 2》的许可，允许《乐高次元》在游戏中以及在实体游戏套装中使用其跨媒介运作系列；世嘉也提供了《刺猬索尼克》（*Sonic the Hedgehog*）的许可。

　　这些协议也揭示了乐高作为玩具制造的被许可方和 TT 游戏作为负责数字游戏制作的被许可方之间的双向关系。游戏总监詹姆斯·麦克劳克林（James McLoughlin）解释说，《乐高次元》的一些许可交易是由乐高高管推动的，他们首先对基于市面上的特许经营项目来制造相应的乐高积木玩具产生兴趣，随后会向 TT 游戏团队寻求将这些特许经营项目也带到游戏中的"反馈"。但设计总监阿瑟·帕森斯（Arthur Parsons）表示，TT 游戏也在追求设计师最希望在游戏中出现的特许经营项目，鼓励乐高获得将该特许经营项目放在游戏中的权利。6 因此，乐高和 TT 游戏之间并不存

---

① 玩家可以购买包含小人仔、汽车与街机模型的中途街机关卡包，之后在游戏中可以参与数款中途制作的街机游戏。——译者注
② 2019 年 3 月，二十世纪福克斯电影公司被迪士尼收购，随后在 2020 年 1 月更名为二十世纪影业。——译者注

在线性等级的许可结构，而是共同参与了一个许可循环：双方都创作了玩乐产品来支持对方，同时向外寻找其他娱乐公司作为持续的特许经营项目来源。

迪士尼公司显然不在这个广阔的许可协议网络中。该公司拥有《星球大战》和"漫威"两大品牌，然而仅授权乐高基于这两个特许经营项目制作传统积木套装，但不允许在《乐高次元》游戏之中使用。2016 年，迪士尼发行了自己的互动实体玩具游戏《迪士尼：无限》，因而没有将其与乐高和 TT 游戏的现有协议扩展到游戏类别。类似于《乐高次元》，《迪士尼：无限》也依靠以特许经营为重点的战略，将迪士尼拥有的"皮克斯"、《星球大战》、"漫威"和"迪士尼公主"等品牌纳入单一的专有的游戏互动体系。尽管在 2016 年 5 月迪士尼决定不再生产新的《迪士尼：无限》内容，这可能会为《乐高次元》带来新的许可协议，但许多分析家推测，互动实体玩具游戏的"发展趋势似乎已经达到顶峰"［另一个市场领先的互动实体玩具游戏《小龙斯派罗》在其最新的版本中缩减了规模］。[7] 由于《乐高次元》进入互动实体玩具游戏市场较晚，被迫经受了这种游戏类型的衰退，没有再大举扩张到迪士尼放弃的围绕特许经营的业务版图。然而，在迪士尼和其他公司放弃该市场后，TT 游戏和乐高集团仍然继续投资《乐高次元》，直到 2017 年 10 月底才最终宣布结束新的开发活动。[8]

虽然在计划的三年运营周期的第二年就不再开发新的内容，但《乐高次元》在风靡一时而热度逐渐消退的互动实体玩具游戏市场中的相对持久依然少不了乐高品牌的贡献。乐高品牌在结合特许经营模式下的媒体娱乐内容、实体玩具和电子游戏的过程中，作为中介力量发挥了独特作用。一方面，《乐高次元》不仅将影像媒体中各不相关的特许经营项目混合在一起，而且有效地利用了乐高品牌，从而为游戏带来更多价值。根据英国品牌评估机构"品牌金融"（Brand Finance）的排名，在品牌力量方面，乐高可以与整个迪士尼帝国相媲美（2015 年全球排名第一，2016 年全球排名仅次于迪士尼）。[9] 另一方面，围绕游戏互动，多个跨媒介运作系列在乐高旗下的融合体现出独特的主题和动态关系，而这是基于乐高积木玩具系统中的互换性与接合性美学。多个跨媒介运作系列在游戏世界中的碰撞是建立在十多年的品牌联合历史之上的。在过去的品牌联合模式下，在乐高曾经带给消费者的不同体验中，各个公司拥有的知识产权就被乐高组织在一起并呈现出来。例如，《乐高大电影》这样的影片不仅将不同的特许经营项目作为基础角色在戏中构建他们的喜剧性偶遇，而且在更加日常的层面上，使以乐高小人仔形式出现的黑武士、蝙蝠侠和哈利·波特被一起放置在消费者存放乐高积木的各种盒子、抽屉柜和易于携带的容器中，这些特许经营项目也因此实现了和平共处。此外，发行商 TT 游戏为乐高设计的游戏互动方式建立了一个久盛不衰的市场，《乐高次元》也主要采用了这种设计方案，因此该方案能够为《乐高次元》提供额外的可及性、熟悉性和风险减缓。

　　因此，在玩《乐高次元》时，消费者会以不同于《迪士尼：无限》的方式体验不同跨媒介运作系列的混合。虽然《迪士尼：无限》允许玩家在开放的探索区域内选择自己的角色，甚至可以用不同特许经营项目中的元素来建立自己的玩乐空间，但游戏里预先设定好的任务和关卡通常要求玩家在大家熟悉的故事情节中使用与之呼应的特定角色。例如，《迪士尼无限：漫威超级英雄》中的复仇者将"漫威"角色引入游戏，其中包括一组新任务，玩家化身为钢铁侠（Iron Man）、美国队长（Captain America）和黑寡妇（Black Widow）对抗洛基（Loki）与冰霜巨人（Frost Giant）。购买了额外的漫威小人仔（如绿巨人）的玩家可以在任何时候将他们替换到游戏中，但是不能将《迪士尼：无限》中的非"漫威"角色带入其中。相比之下，《乐高次元》并不存在这些限制：玩家可以使用他们拥有的任何角色来完成任何任务。正如总监詹姆斯·麦克劳克林所承诺的："在我们的游戏中，任何角色都可以在任何时候出现在任何场景中。"[10] 乐高的玩乐理念以及重新组合兼容组件的理念一起管理着不同的特许经营项目。因此，在叙事层面上，这款游戏遵循的是一种覆盖了不同特许经营项目的互动性与互换性的美学。

　　在《乐高次元》游戏中，即使任何角色都可以应对任何情况，玩家也不能充分并平等地使用所有角色。事实上，除了入门包中的蝙蝠侠、甘道夫和狂野妹，游戏还鼓励玩家购买其他小人仔。巧妙的是（至少从营销的角度来看），游戏的确有一种机制，使玩家无须额外购买就能暂时获得其他角色。在贯穿游戏不同关卡的不同地方，玩家会遭遇入门包中的三个角色根本无法通过的障碍。在这种情况下，玩家可以选择"雇用英雄"（Hire-a-Hero），利用在玩乐过程中收集的成千上万枚五颜六色的"螺柱"①来换取30秒，在这个时间段可以使用一个需要的但还未拥有的角色。实际上，这种游戏机制并不允许玩家拥有某个角色，而是租用该角色，也就是在某种程度上从乐高公司获得使用该角色的临时许可。此外，由于这种可以被称为"许可费"的费用往往会随着使用次数的增加而增加，这项费用也会鼓励喜欢雇用角色的玩家随后购买实体玩具来获得永久许可。

尽管"雇用英雄"机制会使人或多或少地联想到许可机制，但沃顿中心的设计能够更加清楚地表明，游戏是如何将玩家置于其许可之下的特许经营逻辑之中的，以及如何将在乐高产品上的消费构建为应对这些特许经营项目界限的手段。沃顿中心会敦促玩家在入门包里14个提前编写好的按顺序解锁的任务关卡中逐一闯关，或者在基于不同跨媒介运作系列的开放沙盒空间中自由探索。玩家可以自由地在沃顿中心里漫步，查看通往每一个沙盒空间的传送门，但当他们拥有一个与特许经营项目相对应的角色时才能进入其中一个传送门。换句话说，拥有入门包的玩家可以前往蝙蝠侠、甘道夫和狂野妹（作为角色和知识产权）分别所属的DC漫画超级英雄、《指环王》和《乐高大电影》系列的世界，但他们必须购买《哈利·波特》团队包才能进入通往开放世界霍格沃茨学校的入口②。通过这种方式，游戏中沃顿中心的设计不仅尊重不同跨媒介运作系列之间的界限，而且尊重拥有这些跨媒介运作系列的相互竞争的公司各自的所有权主张，敦促玩家在探索沃顿中心时识别这些界限并与它们互动（如图26-1）。

尽管《乐高次元》的确提供了一种互换性的美学，但沃顿中心还是要求玩家将每个特许经营项目视为独立的行业构成要素。这样一来，游戏将乐高品牌和参与乐高的游戏体验定位为克服这些界限的手段：只有通过购买

---

① 游戏中也称作"铆钉"，作用类似于在其他游戏中角色需要收集的金币。——译者注
② 这一点与上文中提及的任何角色都可以完成任何任务并不矛盾。为了前往某个开放世界，玩家首先必须在现实世界中拥有与之对应的特定小人仔，通过传送门进入该世界之后就可以任意更换角色了。——译者注

图 26-1 《乐高次元》促使玩家从不同品牌授权的特许经营产品中购买
大量实物玩具，以通过沃顿中心里的传送门前往各个世界

更多的实体积木和小人仔，玩家才能自由地穿越这些明显的分界线。通过
这种方式，《乐高次元》鼓励玩家近距离接触娱乐行业，利用乐高看似独
特的力量，突破特许经营的严格结构，穿行于娱乐行业内的不同属地。最
重要的是，这些许可办法在《乐高次元》出现之前就已经存在，而且在围
绕特许经营的整个结构体系消失不见甚至互动实体玩具游戏市场崩溃的时
候，它们也依然有效。尽管随着《迪士尼：无限》关闭，迪士尼失去了其
专有的游戏平台，但当 TT 游戏简单地回归只发行与单独的特许经营项目
捆绑的游戏作品时，比如《乐高旋风忍者大电影电子游戏》和《乐高超人
总动员》，这种利用乐高作为娱乐行业内多个特许经营项目的中介通道的
策略在《乐高次元》之后仍然能够持续下去，玩家仍然可以不断购买乐高
品牌的游戏，在不同的特许经营项目的属地之间切换。《乐高次元》没有
存活下来，但乐高和 TT 游戏继续按照已有方式创作趣味性的游戏产品，
在不同的特许经营项目之间发挥中介作用并确保不同内容之间相互兼容，
同时也提供了一个其他开发商可能会在未来效仿的许可模式。①

①　在这些与单独的特许经营项目捆绑的乐高单机游戏中，兼容性主要体现在通过彩
　　蛋、解锁新角色或者下载扩展包的方式，玩家可以遇到来自其他 IP 系列中的角
　　色。——译者注

2013 年，乐高集团的品牌关系总监迈克尔·麦克纳利（Michael McNally）对行业分析师提出的乐高公司可能是一家"娱乐公司"的说法持保留意见，强调公司的目标是让儿童参与搭建积木的过程。[11] 然而，《乐高次元》表明，该公司的实际业务是在娱乐行业内的特许经营世界中，确切来说是在娱乐行业内的不同公司之间的关系中发挥中介作用。虽然将娱乐行业中的特许经营项目组织起来以及将其与玩具制造等领域联系起来的许可关系有助于我们理解作为一件商品的《乐高次元》游戏，但它还有助于我们更好地理解这款游戏核心的玩乐模式。《乐高次元》的玩家不仅在游戏空间中扮演蝙蝠侠、甘道夫或狂野妹的角色，还参与了一个表面上看只有具备互换性与接合性的乐高玩乐机制才可以打破的为知识产权所有权主张设定界限的体系。讽刺的是，尽管《乐高次元》游戏缺乏更具实质性的自由和创造性的搭建机制，而这正是《迪士尼：无限》的特色所在，但建造和踏入沃顿中心传送门的行为使玩家获得了乐高的行业力量，能够将不同的跨媒介运作系列转变为玩乐体验的基石。

230

注释

1 See, for example, "Franchises," *LEGO Dimensions Wiki*, http://lego-dimensions.wikia.com; Riley Little, "5 Franchises We Want to See in 'LEGO Dimensions'," *GameRant*, 2015, https://gamerant.com; Andy Robertson, "'Lego Dimensions' Wave 6 Expands Features and Franchises," *Forbes*, June 15, 2016, https://www.forbes.com; and Roar Rude Trangbaek, "Warner Bros. Interactive Entertainemnt, TT Games, and The LEGO Group Announce LEGO Dimensions," *LEGO.com*, April 2015, https://www.lego.com.

2 Allstair Wallis, "Playing Catch up: Traveller's Tales Jon Burton," *Gamasutra*, November 9, 2006, https://www.gamasutra.com.

3 "Lego in 'Star Wars' Deal with Lucasfilm," *Los Angeles Times,* May 1, 1998, http://articles.latimes.com.

4 Wallis, "Playing Catch up."

5 "Warner Bros. Home Entertainment Group Agrees to Acquire Highly Successful UK Game Developer and Publisher TT Games," *Warner Bros.*, November 8, 2007, https://www.warnerbros.com.

6 Chris Baker, "The Ludicrously Lucrative Licensing Deals Behind 'Lego Dimensions'," *Glixel*, November 15, 2016, https://www.glixel.com.

7 Bake, Matt Weinberger, "Disney Cancels Its Hit 'Disney Infinity' Video-Game Series and Take a $147 Million Charge," *Business Insider*, May 10, 2016, https://www.businessinsider.com.

8 Mitch Wallace, "'Lego Dimensions' Officially Cancelled," *Forbes*, October 23, 2017, https://www.forbes.com.

9 Will Heilpern, "These Are the 10 Most Powerful Brands in the World," *Business Insider*, February 1, 2016, https://www.businessinsider.com.

10 Wallis, "Playing Catch up."

11 Sam Thielman, "How Lego Became the Most Valuable Toy Company in the World," *Adweek*, April 15, 2013, https://www.adweek.com.

231

延伸阅读

Bak, Meredith. "Building Blocks of the Imagination: Children, Creativity, and the Limits of Disney Infinity." *The Velvet Light Trap* 78 (2016): 53 - 64.

Elkington, Trevor. "Too Many Cooks: Media Convergence and Self-Defeating Adaptations." In *The Video Game Theory Reader 2,* edited by Mark J. P. Wolf and Bernard Perron. London: Routledge, 2009.

Johnson, Derek. *Media Franchising: Creative License and Collaboration in the Culture Industries.* New York: NYU Press, 2013.

Wolf, Mark J. P., ed. *LEGO Studies: Examining the Building Blocks of a Transmedial Phenomenon.* London: Routledge, 2014.

232

27 《古墓丽影》：跨媒介

杰茜卡·奥尔德雷德（Jessica Aldred）

编者语：电子游戏作为电影或文学中原始素材的跨媒介扩展，人们对于其叙事和世界观构建的可能性分析已经取得了显著的成效。然而，当游戏角色作为"主要"原始素材向其他媒介提供资源时，其中存在的问题显然没有得到足够的重视。通过仔细研究《古墓丽影》中的劳拉·克劳馥以及劳拉作为游戏角色与其作为电影角色之间不断变化的关系，杰茜卡·奥尔德雷德认为，电子游戏角色对于知识产权在跨媒介转译的成功方面起着至关重要的作用。

自从劳拉·克劳馥在 1996 年的游戏《古墓丽影》中首次亮相以来，这个角色在随后的众多游戏和其他媒介形式（包括漫画书、小说、动画系列和电影）中经历了演变（evolution）、转译（translation）和转变（transformation），这让她成为跨媒介角色构建的重要案例。亨利·詹金斯对跨媒介叙事的定义极具影响力，即跨媒介叙事为一个过程，在这个过程中，"为了创造一个统一协调的娱乐体验，小说中的构成元素被系统地分散到多个传播渠道"。[1] 然而，劳拉·克劳馥的形象指出了角色尤其是那些源自数字游戏的角色如何对最完美的跨媒介计划的统一性和协调性提出挑战并使之变得复杂。在这个层面上，我们可以从跨媒介玩乐（transmedia play）的视角更有效地理解劳拉·克劳馥和《古墓丽影》系列。正如马修·托马斯·佩恩和德里克·弗兰克所认为的，"跨媒介玩乐的重点不在于为不同的媒介而改编故事或人物，而是更多地强调给用户提供不同的方式，让他们在不同空间的多种媒介设备上同时和异步地与他们的 IP 进行互动"。[2]

在劳拉·克劳馥的虚拟生涯中，虽然她的版权持有方发生了变化，但她被构建为 IP，观众可以通过多种方式与她接触并互动，而这些方式并不一定符合跨媒介故事叙述的统一性。在劳拉的虚拟身份中，尚有许多不连贯的地方，而这些内容的缺失往往是她的粉丝最大的乐趣来源。通过分析劳拉在游戏和电影中的不同化身如何代表不同的"跨媒介玩乐"模式，我们可以纠正跨媒介故事叙述中的一些偏见，并且清除大多数跨媒介系列中"主要的"和"次要的"媒介形式之间的最后壁垒。尽管电子游戏作为电影或文学中原始素材的跨媒介扩展，人们对于其叙事和世界观构建的可能性分析已经取得了显著的成效，但当数字游戏尤其是游戏中的角色作为主要原始素材向其他媒介提供资源时，人们显然并没有细致地关注其中的问题所在。通过仔细研究《古墓丽影》中的劳拉·克劳馥，重点关注作为游戏角色的劳拉和作为电影角色的劳拉之间变化的关系——人们发现在最新版本的游戏中，劳拉表现出的活生生、情绪性的现实主义在现实中引发了关于哪个真人明星能够"与之比肩"的辩论，可以看到电子游戏角色对于知识产权在跨媒介转译的成功方面起着至关重要的作用。

为了理解这种变化的意义，我们必须首先认识到，电影和游戏之间以及电影角色和游戏角色之间的关系是复杂的。虽然游戏在历史上一直与"电影羡妒"（cinema envy）①做斗争，致力于创造出与电影一样能够为用户带来情感投入与叙事沉浸感的数字空间和角色，但电影也越来越迷恋于复制某些"游戏式的"视觉语法、叙事结构和角色建构模式。因此，游戏和电影体现了杰伊·戴维·博尔特和理查德·格鲁辛对再媒介化（remediation）的定义。这是一个双重逻辑，对于新媒介的理解必须始终与它们如何模仿和重新利用现有媒介形式相关联，而同时，旧的媒介必须在形式上和叙事上回应新媒介带来的挑战。³前者的一个例子是《黑色洛城》中动作捕捉下逼真到令人毛骨悚然的角色表演，而最近的大片就是后者的典范，从《霍比特人 3：五军之战》（*The Hobbit: The Battle of the Five Armies*，2014）到《美国队长 3：内战》（*Captain America: Civil War*，2016），都展示了在数字空间中通常以第一人称方式进行的令人眩

---

① 这里指游戏对于电影的羡妒。——译者注

晕的探险。正如罗伯特·艾伦·布鲁基所指出的,这种相互影响和相互欣赏的复杂关系只会变得更加复杂,因为当人们认为有必要将某项知识产权从电影转移到游戏或者从游戏转移到电影时,共同的媒介存储格式与共享的数字成像软件和硬件会不断推动电影及游戏的技术融合。[4]

234

尽管制作廉价的和 / 或仓促完成的基于电影授权的配套游戏曾经是标准的行业运作程序,但许多媒体制作人已经意识到,游戏可以在扩展并丰富某个系列的故事世界方面发挥至关重要的作用。这种经授权的游戏作品的文化声望越来越高,这一点在 2015 年的游戏开发者选择奖(GDC Awards)的获奖名单上体现得淋漓尽致,当时有两款基于其他媒介授权的高预算、高知名度的游戏——《中土世界:暗影魔多》和《异形:隔离》被提名为"年度游戏"奖,《中土世界:暗影魔多》也最终获得了这个最大奖项。[5]然而,这种跨媒介的成功并不只是依靠扩大某个系列的故事情节和故事世界,它们还必须提供与原始素材不同的角色阵营和玩家参与机会。例如,在《中土世界:暗影魔多》中,玩家不再是需要承担道德义务的佛罗多等人,转而扮演家人被索伦(Sauron)杀害的游侠塔利昂(Talion),对无数兽人进行报复性的杀戮。同时,在《异形:隔离》中,玩家扮演艾伦(Ellen)的女儿阿曼达·雷普莉(Amanda Ripley),在驾驶"塞瓦斯托波"(Sevastopol)宇宙空间站时,要忍受幽闭恐惧症带来的痛苦(和无法忍受的磨难)。玩家主要依靠游戏的潜行机制和躲避操作来揭开其母亲艾伦在"诺史莫号"(Nostromo)上所经历的事件真相。尽管习惯于夸大宣传的行业声称他们的"融合"式生产手段不仅使无缝跨媒介转译成为可能,甚至可以达到令人满意的水准,但在上述这些例子中,跨媒介玩乐并不是通过从电影到游戏的无缝跨媒介转译,而是通过有意的角色区分和不同于电影的趣味性参与模式获得了成功。

尽管由数字游戏改编的电影在获得影评界与商业认可方面明显进展缓慢,但最近一系列知名演艺人才的作品表明,行业正推动在不同背景下以充满趣味性的方式重新利用那些成功的 IP,以及当曾经被认为"次要的"媒介形式走上前台并成为能够派生出衍生作品的原始素材或成为"主要的"原始素材时,风险会是什么。《古墓丽影》系列为探索以数字游戏为原点的跨媒介玩乐的示能和局限提供了一个理想的案例。

　　自劳拉·克劳馥首次亮相以来，她凭借多重性的人物形象，不会给《古墓丽影》的玩家带来"统一和协调的娱乐感受"，而这一点往往让她的狂热粉丝感到高兴与激动。即使在劳拉的早期生涯，她的背景设定也从初出茅庐的贵族形象转换为热爱环球旅行、挥舞双枪的考古学家。在每一代游戏中，这些改动不断发生，不同代际的游戏之间前后矛盾，因此很难实现连贯性（retcon）[6]。这些变化引发了玩家群体中对于什么才是劳拉"真正的"起源故事的大量讨论（从这个意义上说，劳拉分裂的虚拟身份非常类似于那些目前十分成功的以角色为驱动力的跨媒介系列中的核心形象——漫画书中的角色，这些角色在其所处的"主要"媒介形式和其他媒介中不断重生和重塑，同时也摆脱了来自整齐一致的线性故事叙述的束缚）。为了摆脱每年都要粗制滥造一部新的《古墓丽影》游戏的折磨，在《古墓丽影4：最后的启示》的结尾，气急败坏的核心公司开发人员杀死了劳拉，在游戏中把她埋在了废墟之下。但在发行商的坚持下，不久后她又复活了，而且没有文字解释她是如何在如此明显的劫难中幸存的。[7]填补游戏之间的叙事空白并将分离的角色弧线（character arc）①连接起来的小说和漫画进一步增强了这种多重性，它们要么提供在劳拉的冒险经历中自成体系的小插曲，要么提供与前作完全矛盾但在随后的游戏中也不会得到呼应的角色造型。同时，劳拉的外表不仅根据下一代游戏主机日益提升的图像性能而发生改变，还为了适应她所亮相的媒介而被反复改变。例如，她在杂志的"写真拍摄"和广告中的形象与她在游戏互动中的低分辨率图像大相径庭。

　　在这个意义上，劳拉·克劳馥参与的跨媒介玩乐需要持续地议定一系列各不相同且仍在不断变化的表演风格与人物设定。尽管在叙事上有很大差异，游戏中劳拉·克劳馥的强硬和精明可能会转译到《古墓丽影》小说和漫画里的女主角劳拉·克劳馥身上，但是这个形象又与汽车广告中穿着性感比基尼浮出海面吸引潜在买家的劳拉或在《上膛》（*Loaded*）杂志封

---

　　①　即角色发展曲线。——译者注

面上赤裸上身摆出诱惑姿势的劳拉，或在游戏大会和展会上扮演劳拉的众多现实世界的模特和女演员形成了鲜明对比。正如玛丽·弗拉纳根所言，劳拉·克劳馥是第一个完全源于数字世界的女性"赛博明星"，在几乎没有先例可循的情况下，她在跨媒介玩乐的严峻考验中开启了自己的旅程。[8]弗拉纳根断言，劳拉的多重性源于一种具有解放意义的计划性报废，她不断变化的格式使消费者能够享受她被不断重塑的过程：

> 与真人电影明星在屏幕上的固定形象不同，电子屏幕上的数字图像在一年内就会因技术发展而显得落伍。虽然数字明星的身体模型可以随着时间而改进，应用最新的技术进行调整，但是他们之前的化身形象将变得越来越过时。在未来，一个数字明星的全部作品将由一套过时的胶片格式和媒介组成。数字明星带给人们的"体验"发生在持续的当下，他们的历史会随着技术的更新而迅速被抹去。[9]

因此，讥讽劳拉·克劳馥的一些化身涉及性别歧视或剥削的观点也许忽略了更关键的部分：一个完全数字化的女明星因为没有一个"真实"的自我所以不需要对固定形象尽职尽责，但可以实现千人千面。穿行于她的各种转变以及每次转变之间明显的不一致可能恰恰是这种跨媒介玩乐带给人们的最大乐趣之一。

在 2001 年第一部《古墓丽影》电影上映之前，由于劳拉·克劳馥多变的数字形象，选出一位"真正"的演员，而非巡回展上的模仿者去饰演她变得尤为困难。在公众和粉丝对"谁能成功地呈现出世界上第一位数字明星"的问题做了很多猜测之后，安吉丽娜·朱莉（Angelina Jolie）入选后饰演的劳拉很大程度上又被迅速地纳入了劳拉分裂的经典形象，成为"变形人"劳拉又一个充满趣味性的转变。尽管朱莉在之前的角色中希望实现身体改造的意愿通常被认为是演员对于无论在形体方面还是情绪方面都需要达到逼真效果的一种承诺，她被选中饰演劳拉却让这种执着精神被进一步重塑，她渴望实现劳拉无论在外表上还是行动上对于物理规律的有意反抗。尽管朱莉、导演西蒙·韦斯特（Simon West）和许多特技指导在多次媒体采访、宣传物料和 DVD 特辑中都证明为了"成为"劳拉，朱莉在身体训练和改造方面付出了巨大努力，但围绕此话题的主要论述仍然是朱莉能否实现由劳拉近乎非人的虚拟特技动作所开创的先河。[10] 朱莉坚持要求接近劳拉精瘦但肌肉发达的身材，报道中反复提及和描述的帮助她增加 15 磅肌肉的高蛋白饮食能够完全证实这一点。电视采访和娱乐新闻专题报道则展示了据说朱莉为了独自完成特技表演而接受的武术、骑术和武器训练。[11] 尤其是朱莉的特技指导（参与了《古墓丽影》电影及 2003 年续集《古墓丽影 2：生命摇篮》）在训练开始后不久就指出朱莉不仅十分容易地掌握了这些技能，而且非常迅速地超越了她的所有老师的知识积累和技术水平，这不经意般复现了玩家作为劳拉在学习如何穿行游戏空间时技能水平逐渐提升的经历。然而，针对朱莉明显带胸垫的内衣的冷嘲热讽以及对她是否做过丰唇手术以看起来更像劳拉的猜测，都表现出了真人女星仍然需要面对的挑战：人们期望她们清楚地知道自己与生俱来的容貌是什么样子。[12]

随着 2013 年《古墓丽影》游戏重启，劳拉·克劳馥的重塑为《古墓丽影》电影的重启计划带来了一连串新的挑战。重启的《古墓丽影》重新设定了劳拉的起源故事。这个故事中的劳拉本来是一个天真无邪的研究生，但这一切因为她接手的任务而发生了转变，她试图揭开已故的父亲曾经调查过的圣岛邪马台（Yamatai）的秘密。她从脆弱的受害者成长为熟练的杀手（在发生冲突的情况下）。尽管这次对劳拉背景故事的修改似乎与之前的无数次修改没有特别大的区别，但当将其与劳拉在游戏中表现出活生生、情绪性的现实主义一起呈现时，这次修改被看作对该系列的一次全面重塑。

自从朱莉在大银幕上扮演劳拉，负责创造劳拉的动作捕捉演员和配音演员逐渐增多，作为全数字明星的劳拉获得了更加鲜活的真人形象。例如，在《古墓丽影：地下世界》中，劳拉的许多动作是由体操运动员海蒂·玛尼梅可（Heidi Moneymaker）提供的，她的声音则由女演员凯莉·霍威（Keeley Hawes）提供。然而，2013 年的重启版是第一款将劳拉与知名女演员卡米拉·卢丁顿（Camilla Luddington）的个人统一表演紧密联系起来的游戏。卢丁顿提供了声音、面部表情和身体动作，同时她在游戏的宣传物料中也占据突出位置，视频剧照和片段展示了渲染完毕的劳拉在游戏中的场景以及卢丁顿在动作捕捉舞台上的实景真人表演（如图27-1）。[13]

图 27-1　游戏《古墓丽影：崛起》制作过程中的宣传片段，这部游戏突出了英国女演员卡米拉·卢丁顿的作用，她的饰演使"新"劳拉·克劳馥栩栩如生

　　虽然卢丁顿的大部分声音表演与她作为劳拉的肢体表演是分开录制的，但将两者统一起来的话语尝试也在努力复现一直以来用于提升电影文化声望的真人演员的表演话语。游戏记者不断围绕卢丁顿对于劳拉这个角色的情绪投入向她提出问题，认为她"为这个角色注入活力"，但他们忽视了同样对劳拉的表演做出贡献的众多动画师和程序员。在一部关注游戏制作过程的纪录短片中有一段长时间的画面，在其中扮演劳拉的卢丁顿身处一个特别艰苦的场景，这位女演员向她的采访者坦言，"这是我做过的最耗情绪和体力的工作之一"。[14] 随后对《古墓丽影》及 2015 年续集《古墓丽影：崛起》的评论迅速指出，卢丁顿"不可思议的表演"[15] 对于让我们相信这个重新塑造的劳拉的存在并对其产生认同至关重要。"卢丁顿就是劳拉。她使这个角色既带有旺盛的好奇心，又带有坚定的信念，这是其他表演者无法比拟的"[16]，一位评论家这样称赞道。而另一位评论家则断言：

238

"卡米拉·卢丁顿扮演的劳拉令人印象深刻，在整个冒险过程中，你真的会对劳拉产生感情。"[17]

以人们对卢丁顿的表演感知到的真实性为出发点，对谁能在重启的电影中扮演劳拉的猜测与十年前在选择朱莉出演时的猜测之间存在一个显著不同：此时影迷和评论家都想知道哪位女演员能够达到由卢丁顿演绎的劳拉的现实主义高度[18]。从黛西·雷德利（Daisy Ridley）（出演《星球大战7：原力觉醒》）到西尔莎·罗南（Saoirse Ronan）（出演《布鲁克林》《伯德小姐》）等女星都在候选之列，最终因在《丹麦女孩》和《机械姬》中出演重要角色并做出细腻演绎而闻名的奥斯卡获奖者艾丽西亚·维坎德（Alicia Vikander）入选，这表明在历代《古墓丽影》电影和游戏之间，劳拉充满趣味性的形象差异可能就此结束，《古墓丽影》系列可能会将劳拉·克劳馥重新塑造为一个明显的"统一且一致的"跨媒介角色，她将在不同媒介上以天然、情绪上的真实性和一致性而闻名。尽管2018年的《古墓丽影：源起之战》电影上映后反响平平，但电影评论家普遍赞扬了维坎德的表演，相关评论与游戏评论家在卢丁顿的作品上使用的措辞类似。她"在坚忍不拔的魅力和富有同情心的人道主义之间做出了平衡"[19]；"在情绪上，她无可挑剔——既极容易受到伤害……又很强烈"[20]。与朱莉形成鲜明对比的是，她"有些近似卡通，就像兰博（Rambo）与杰茜卡兔（Jessica Rabbit）进行了基因拼接……新面孔的劳拉没有任何性感妖娆或令人血脉偾张的特点。她想成为一名战士，而不是一个性幻想对象，她的女性主义资历是无可挑剔的"。[21]

然而，正如弗拉纳根提醒我们的那样，数字明星的形象一直是由其战略性的计划性报废决定的：需要不断更新和升级，有必要从一种格式转移到另一种格式，并且必须做到满足（有时是挑战）消费者持续变化的期待。考虑到这一点，我们可以更加全面地把维坎德的入选以及劳拉向推崇"现实主义"和"真实性"的跨媒介形象的进军看作劳拉"赛博皮肤"的又一次蜕变。这种变化不仅必然与之前的版本以某种方式产生冲突，而且注定在随后出现的任何化身中被重新塑造和改动。

《古墓丽影》系列和劳拉·克劳馥的形象在历史上一直得益于通过一

种充满趣味性但经常自相矛盾的方式进行的跨媒介角色构建。虽然最近劳拉的化身似乎准备缩小她在游戏和电影之间的形象差异，但我们必须牢记 239 劳拉真正的起源故事——不是她的贵族式培养或她作为冒险家的训练，而是她作为世界上第一个赛博明星的技术工业起源——在多大程度上将永远鼓励多重解释与多重可能性。最终，劳拉并没有被锁定或"固定"为一个统一、易于跨媒介的存在，而是提供了一个并不常见的空间，在那里，除了真实的和数字的身体，更广泛地讲，也包括经常发生冲突的游戏和电影媒介，会以引人入胜又极具挑战性的方式重叠在一起。

注释

1 Henry Jenkins, *Convergence Culture: Where Old and New Media Collide* (New York: NYU Press, 2006), pp.95‐96.

2 Matthew Payne and Derek Frank, "Transmedia Play," Proceedings of *2013 DiGRA International Conference*, Atlanta, Georgia, August 26‐29, 2013, http://homes.lmc.gatech.edu.

3 Jay David Bolter and Richard Grusin, *Remediation: Understanding New Media* (Cambridge, MA: MIT Press, 1999), p.5.

4 Robert Alan Brookey, *Hollywood Gamers: Digital Convergence in the Film and Video Game Industries* (Bloomington: Indiana University Press, 2010), pp.1‐29.

5 Eddie Makuch, "Middle-earth: Shadow of Mordor Wins Game of the Year at GDC Awards," *Gamespot*, March 4, 2015, https:// www.gamespot.com.

6 "retconning"（"retroactive continuity"，追溯连贯性的流行简称）是指通过补充新的、看上去往往与之前内容相互矛盾的信息来修改粉丝关于虚拟宇宙或角色的已有认知。

7 See Wesley Yin-Poole, "20 Years on, the Tomb Raider Story Told by the People Who Were There," *Eurogamer*, October 30, 2016, https://www.eurogamer.net.

8 Mary Flanagan, "Digital Stars Are Here to Stay," *Convergence* 5, no. 2 (1999): 16‐17.

9 Flanagan, "Digital Stars," pp.17－18.

10 See, for example, Prairie Miller, "Angelina Jolie on Filling Lara Croft's Shoes and D-Cups," *NY Rock*, June 2001, https://www.nyrock.com.

11 See, for example, "Angelina Jolie: Workout, Diet and Fitness Training for Tomb Raider," *Celebrity Fitness Training*, http://celebrityfitnesstraining.com.

12 See Stephen Hunter, "One Game Dame: Tomb Raider Is a Few Pixels Short of Two Dimensional," *Washington Post*, June 15, 2001.

13 GameNewsOfficial, "Tomb Raider Making of: Episode One," YouTube video, 6:35, published July 10, 2012, https://www.youtube.com/watch?v=yf-WFePbH1o.

14 GameNewsOfficial, "Tomb Raider Making of."

15 Alessandro Barbosa, "Rise of the Tomb Raider Review: Master of Their Croft," *Lazygamer.net*, November 9, 2015, https://www.lazygamer.net.

16 Peter Paras, "Rise of the Tomb Raider Review," *Gamerevolution.com*, November 9, 2015, https://www.gamerevolution.com.

17 Keza Macdonald, "Tomb Raider Review," *IGN.com*, February 25, 2013, http://ca.ign.com.

18 许多人建议选择卢丁顿出演，但他们也很现实地认为她缺乏"明星魅力"。作为一个相对成功的经常出现在电视和电子游戏中的女演员，她还没有主演过一部电影大片。

19 David Sims, "Tomb Raider Is a Gritty Reboot of a Video-Game Classic," *The Atlantic*, March 15, 2018, https://www.theatlantic.com.

20 David Edelstein, "Tomb Raider is the Sort of Pulpy Action Fun That We Undervalue," *Vulture*, March 15, 2018, https://www.vulture.com.

21 Anthony Lane, "Tomb Raider and the Isle of Dogs Reviewed," *The New Yorker*, March 26, 2018, https://www.newyorker.com.

延伸阅读

Aldred, Jessica. "I'm Beowulf! Now It's Your Turn: Playing with (and as) the Digital Convergence Character in the Transmedia Franchise." In *The Oxford Handbook of Sound and Image in Digital Media*, edited by Amy Herzog, John Richardson, and Carol Vernallis. Oxford, UK, and New York: Oxford University Press, 2013.

Brooker, Will. *Hunting the Dark Knight: Twenty-First Century Batman*. London: I. B. Tauris, 2012.

Elkington, Trevor. "Too Many Cooks: Media Convergence and Self-Defeating Adaptations." In *The Video Game Theory Reader 2*, edited by Mark J. P. Wolf and Bernard Perron. New York, London: Routledge, 2009.

241

28 《宝可梦 GO》：全球化

兰迪·尼科尔斯（Randy Nichols）

编者语： 我们对电子游戏的思考大多集中在设计、玩乐和趣味等直接问题上。兰迪·尼科尔斯以 2016 年的移动游戏《宝可梦 GO》为例，对游戏产品（无论是软件系列还是硬件产品）作为全球化的象征进行了分析，对于电子游戏是如何制作的以及这对玩家意味着什么提供了一些深刻见解。

2016 年耐安堤克公司（Niantic）的移动游戏《宝可梦 GO》推出后不久，世界各地开始出现投诉，包括华盛顿特区的大屠杀纪念馆、麦加的卡巴圣堂和大清真寺、波兰的奥斯威辛纪念馆以及纽约市的 911 纪念馆。[1]大多数问题与这款游戏的核心功能之一宝可驿站（PokéStop）有关，玩家可以在宝可驿站为他们的背包补充道具，更有可能在上述场所捕捉到宝可梦，但同时，这种行为也是对神圣不可侵犯的空间的不敬。这款由旧金山开发商耐安堤克创作的游戏能够将宝可驿站放置在世界各地。这只是该游戏依赖全球化的一个例子。

全球化可以被看作现代化进程的一部分，尤其是从现代化进程中不断变化的商业性质的角度观察。16 世纪的全球贸易就是一个早期的例子。然而，自 19 世纪以来，信息和通信技术的发展加快了全球化进程。全球化历史漫长，加之其对一系列社会发展的依赖性，所以全球化的概念非常复杂，涉及经济、文化和政治。在经济上，全球化使产品的生产和分销遍及世界各地。例如，耐安堤克不仅在其家乡旧金山或美国本土销售游戏，而且可以利用苹果和安卓设备上的应用商店在全球范围内销售游戏。在游戏向全球受众扩张的过程中，仅有两个因素会限制其市场渗透率，即玩家是否拥有智能手机以及该区域是否拥有允许玩家下载和参与游戏的足够带宽。

经济限制与这样一个全球产品所引起的文化问题有着深刻的联系。由于全球大部分电子游戏软件的开发集中在少数国家，比如美国、加拿大、少数几个欧洲国家和日本，大多数玩家参与的游戏并没有反映出他们自己的文化，而是参与根据另一种文化理念——一款游戏应该如何在全球范围内体现出娱乐性——设计的游戏。因此，围绕游戏出现的一些基于文化差异的负面反应也就不足为奇了。例如，由于宝可梦被视为违背伊斯兰教的游戏，沙特阿拉伯神职人员为此更新了一项宗教禁令。[2] 此外，还有一个政治层面的问题。在全球化背景下，权力开始由民族国家转移到跨国的权力中心。这些权力中心通常是跨国公司，但也包括一些其他机构。因此，当大屠杀纪念馆和奥斯威辛纪念馆想要移除宝可驿站时，他们不得不向参与游戏制作的公司呼吁，而不是向地方政府或国家政府呼吁。

并不意外的是，日本一直在支持这一基于特许经营的跨媒介运作项目。一位政府官员公开表示："（日本政府）很高兴来自（日本）的内容在海外广为人知，并将在未来全力支持日本内容的海外扩张。"[3] 当然，并非所有政府都以如此正面的态度看待这款游戏。对该游戏的政治反对意见集中在两个关键问题上：第一，它利用公共空间和私人空间进行游戏互动；第二，它将一套文化价值观强加给其他文化。由于担心来自朝鲜的安全问题，韩国禁止使用谷歌地图，因此该游戏在韩国也受到限制。科威特禁止在政府场所附近玩这个游戏，埃及官员也呼吁出台类似的禁令。俄罗斯警告人们不要在克里姆林宫附近抓捕宝可梦，并一直在考虑是否对那些被发现在教堂里玩游戏的人处以监禁。也许最引人注目的是，波黑向玩家发出警告，玩家在探索途中可能会踩到近期冲突中留下的地雷。[4]

《宝可梦 GO》只是宝可梦公司（Pokémon Company）管理的一个历史悠久的全球化跨媒介运作项目，该公司是由三家日本公司——任天堂有限公司（Nintendo Co., Ltd.）、游戏狂想家（Game Freak）和酷利恰姿（Creatures, Inc.）组建的联合企业。这些公司管理着各式各样的宝可梦产品，包括各种平台上的电子游戏、集换式卡牌游戏、电影和电视剧以及周边产品和玩具。宝可梦的跨媒介运作系列产品甚至还包括一张销量超过了100 万张的音乐 CD。[5]

　　思考谁拥有宝可梦并从中获利是另一种揭示全球化复杂性的方式（见图 28-1）。对《宝可梦 GO》跨媒介运作项目的批判性研究能够使我们跨越规则、玩家和再现角色，更好地理解生产、分销和企业关系在打造一个有利可图、长期的全球媒体产权的过程中的重要性。追溯宝可梦跨媒介运作系列的源头能够提供依据来说明该产品的全球覆盖范围以及参与生产和维护该品牌的全球网络。到 2016 年，宝可梦显然已成为一个全球性的跨媒介运作系列，经估计有 55% 的销售额是在日本之外的地区产生的。[6] 1996 年 2 月，日本发布了第一款宝可梦电子游戏，同年 7 月又发布了一款集换式卡牌游戏。1997 年 4 月，宝可梦跨媒介运作系列下的卡通片在日本发行。在这些商业成功的基础上，该跨媒介运作系列从美国开始在世界其他地区推广。[7]

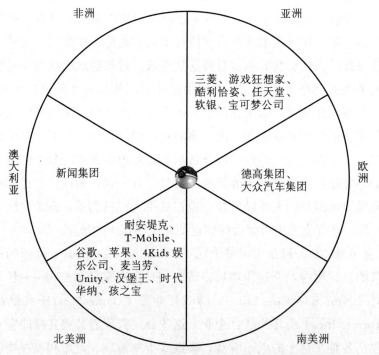

图 28-1　与《宝可梦 GO》和《宝可梦：超梦的逆袭》
有关的企业合作伙伴和创作者的全球分布情况

在美国，宝可梦产品也获得了巨大的成功，但耐安堤克公司采用了与日本不同的策略。1998 年 9 月，该公司推出了动画片和电子游戏，随后在 1999 年 1 月推出了集换式卡牌。也许最令人印象深刻的是，宝可梦游戏在美国上市的 2 个月内，已经有 100 多家公司参与为美国市场制造宝可梦产品。[8] 这款为任天堂掌上游戏机 Game Boy 发行的游戏所创造的销售纪录令人印象深刻。上市的前两周内，它在美国的销量超过了 2 亿套①，成为当时便携式设备中销售速度最快的游戏。事实上，该游戏的销售速度大约是当时任何以马力欧或咚奇刚为主题的游戏的 3 倍，迅速卖出了最初生产的 4 亿套②。[9] 到 1999 年 7 月，该游戏卖出了 250 万套③，成为任天堂 Game Boy 10 年历史上最畅销的软件作品。[10] 该游戏也被认为起到了拓宽市场的效果。软件零售企业巴贝奇（Babbage's Etc.）的总裁丹·德马泰奥（Dan DeMatteo）称赞该游戏"（为零售商）带来了包括女孩的全新的硬核玩家群体"。[11]

在日本公司的美国合作伙伴中，至少有两家获得了巨大收益。曾在不同时期与时代华纳（Time Warner）旗下的 WB 电视网（The WB Network）和新闻集团（News Corp）旗下的福克斯电视网（Fox Network）合作的 4Kid 娱乐公司（4Kids Entertainment）将其早期的成功主要归于它与宝可梦跨媒介运作系列的关系。1999 年圣诞节到 2000 年初，宝可梦跨媒介运作系列将两部电影、52 集新的电视节目和多款电子游戏推向市场。[12] 另一个合作伙伴汉堡王用它的儿童套餐宣传第一部电影《宝可梦：超梦的逆袭》（Pokémon: The First Movie，1999）。该公司开展的快餐促销活动规模比宣传迪士尼的《狮子王》（1994）或尼克国际儿童频道（Nickelodeon）的《淘气小兵兵》（The Rugrats Movie，1998）时还要大。在促销活动中，汉堡王以每周 8 个的速度制作了 57 个不同的玩具，还有专门为促销活动制作的 150 张集换式卡牌和 6 张镀金卡牌。一些门店每天售出超过 1200 个玩具，许多门店的玩具被抢购一空，这使人们开始关注这股消费热潮对消费者产生的影响。[13]

---

① 原文如此，经与主编沟通，应该是 20 万套。——译者注
② 原文如此，经与主编沟通，应该是 400 万套。——译者注
③ 该数字存疑，主编也未找到确切销量。——译者注

　　除了 1998 年第一款宝可梦产品和 2016 年 10 月的《宝可梦 GO》，耐安堤克公司已向全球发布了 210 款游戏和相关应用软件，全世界总销量超过 2.5 亿套[14]。该公司发行了 18 部宝可梦电影，总收入超过 1.49 亿美元。[15]宝可梦电视剧于 1997 年在日本开播，1998 年开始在美国和其他地区播出。[16]到 2016 年，宝可梦电视节目在近百个国家和地区播出。该公司的集换式卡牌有 11 种语言版本，在 70 多个国家销售。据估计，全球已售出超过 210 亿张卡牌。全球共有 400 多家公司获得授权来销售宝可梦产品，仅在日本就有 5000 多种相关产品在销售[17]（关于游戏和授权许可的更多信息，请参阅本文集中德里克·约翰逊撰写的第 26 章）。

　　宝可梦一直是世界上最畅销的基于电子游戏的跨媒介运作系列，销售量超过 2.77 亿套，仅次于"马力欧"的跨媒介运作系列。[18]宝可梦跨媒介运作系列销售额在 1999 年突破了 10 亿美元，仅 2014 年销售额就达到 20 亿美元。[19]

　　鉴于宝可梦跨媒介运作系列的历史性销量，《宝可梦 GO》游戏会有如此好的表现也就不足为奇了。在游戏上线的第一周，有超过 750 万名美国人下载，注册的用户比社交网络 Twitter 上的用户还多。[20]该游戏最初在澳大利亚、新西兰和美国发布，一周后在日本和欧洲部分国家发布。[21]尽管游戏只在部分国家发行，但在第一周结束时，该应用的下载次数超过了苹果应用商店历史上其他任何产品。[22]这是最快达到 5000 万次下载的应用。2016 年 8 月初，即首次发布一个月后，它的下载量达到 1 亿次，收入达到 2 亿美元。[23]它仅用几天时间就击败了之前位于榜首的免费应用《糖果传奇》。[24]到 2016 年 10 月，该游戏已在 110 多个国家上市。[25]与《糖果传奇》一样，《宝可梦 GO》是一款免费应用，其主要收入来源是游戏内购。

　　这款游戏的成功不仅建基于特许经营的跨媒介运作系列的力量上，也建立在它所利用的全球公司网络上。《宝可梦 GO》是由耐安堤克公司开发的，这是一家总部设立在美国的公司，自 2010 年开始作为谷歌的一个初创子公司，负责探索娱乐、地理位置和移动设备之间相互交融的可能性。[26]2015 年，当谷歌重组时，耐安堤克成为一家独立的私人公司，希望此举能够让它与一些公司展开合作，之前这些公司可能会对与谷歌这种规模的企业合作感到犹豫。[27] 据称该公司雇用了 50~100 人，分析师对其估值约为 30 亿美元。该公司的第一个项目于 2011 年发布，是一个名为"郊游"（Field Trip）的移动应用。它的第一个游戏《虚拟入口》于 2013 年发布。这两个产品都利用了与谷歌地图的连接，建立了对其功能至关重要的数据库。截至 2016 年下载量已超过 1500 万次的游戏《虚拟入口》在这方面更进一步，直接为《宝可梦 GO》提供了关键支持。[28] 该游戏允许玩家提交与地点相关的图片，这些图片在游戏中可以作为传送门使用，该公司还允许当地商家在游戏中成为传送门以推广其业务。[29] 来自《虚拟入口》的传送门成为《宝可梦 GO》中的第一批宝可驿站，耐安堤克公司也希望在游戏中增加由商家赞助的宝可驿站。[30] 从遍布全球的肉桂卷连锁店（Cinnabon）到纽约的思存书店（Strand Bookstore），商家都希望这款游戏给他们带来更多顾客，有预估显示，最终游戏一半以上的收入将来自游戏中的广告。[31]

这种复杂关系还产生了其他不那么明显的影响。《宝可梦 GO》的发布促使任天堂的股票估值激增，在游戏发布的头 10 天，其估值提高了 86% 以上。但当投资者意识到任天堂并不是该产权的唯一所有者时，其股价随即下跌。在苹果和谷歌取走各自的利润份额之后，该游戏的剩余利润随即被耐安堤克和宝可梦公司分割，任天堂只能获得游戏利润的 10%~18%。[32] 即使估计该游戏到 2017 年可能价值 10 亿美元，但任天堂拿到的份额仍然很小，不足以帮助它改善 2016 年低迷的资产负债表。[33] 由于制作移动游戏的主要好处之一是开发成本较低且易于更新，因此不难想象，该游戏可高居下载榜榜首多年。[34] 这就解释了为何一些估计认为，到 2019 年，这款线上游戏本身就可以单独成为一个价值超过 30 亿美元的跨媒介运作系列①。[35]

通过追踪《宝可梦 GO》及其设计者能够涉足的业务范围，我们能够清晰地看到耐安堤克可以利用世界各地众多企业集团的全球权力网络。它还清晰地描绘出一幅权力分配不均的画面——大多数主要合作伙伴位于北美或亚洲。虽然该跨媒介运作项目出现在了全球 100 多个国家，但利润很

254

---

① 人们可以基于《宝可梦 GO》的角色或概念制作或授权制作不同商品，构成一个单独围绕这款游戏的跨媒介运作系列。——译者注

集中。这种情况为全球化的批评者提供了一些证据，他们也一直在担忧资本单向流动的问题。

《宝可梦 GO》的例子也提出了成功的游戏是如何制作出来的问题。这款游戏的成功首先在于全球可及性，其次是它非常依赖全球网络，因此制作一个希望获得类似成功的游戏变得极具挑战性。这也可能影响到游戏本身的内容类型。正如本章开头提供的例子所示，游戏要想在更广泛的市场上取得成功，就必须注意各种文化规范和禁令。因此，尽管《宝可梦GO》在经济上取得了相当大的成功，但由于某些国家或地区对于文化强加（cultural imposition）的顾虑，它还没能进入部分市场。这也引出了一个问题，即那些没有广泛的企业联盟网络的公司所推出的游戏产品如何在日益全球化的市场中与他人竞争？

注释

1 Allana Akhtar, "Holocaust, Auschwitz Museums Say No to Pokémon Go," *USA Today*, July 13, 2016; "Pokémon Mania Near Holy Kaaba Slammed," *Arab News*, July 28, 2016; and Karen Zraick, "Nations of the World Confront the Pokémon Menace," *New York Times*, July 20, 2016.

2 Zraick, "Nations of the World."

3 "Japan Gov't Kicks off Safety Campaign for Pending Pokémon Go Launch," *Kyodo News Service*, July 21, 2016.

4 Zraick, "Nations of the World."

5 David Bloom, "Will Pokemon Be Godzilla of Holiday Gift Season?," *Sun Sentinel*, September 19, 1998, 12D.

6 *Pokémon in Figures*, last modified October 2, 2016, https://www.pokemon.co.jp.

7 "The Fabulous History of Pokemon," *The Salt Lake Tribune*, October 10, 1999, J1.

8 "The Fabulous History of Pokemon."

9 Business/Technology Editors, "Nintendo Pokemon Game Sets Sales Record;

Fastest Selling Handheld Game in U.S. History," *Business Wire*, October 14, 1998, p.1. 255

10 Gordon Johnson, "Attack of the Pokemaniacs through Game Cartridges, Trading Cards, TV Shows and the Internet, Nintendo's Pokémon Characters Are a Monster Hit with Inland Area Youth. And More Goodies Are on the Way," *The Press—Enterprise*, April 18, 1999.

11 Business Editors, "Babbages Predicts Record Holiday Sales for Gaming Industry," *Business Wire*, September 15, 1999, 1.

12 Business and Entertainment Editors, "4Kids Entertainment Announces Record Revenues and Net Income for Fiscal Year 2000; Net Cash Rises to Record $91.9 Million, New Contracts, Properties Slated for 2001," *Business Wire*, March 29, 2001.

13 "Toying with the Customers, Pokémon Craze Providing Royal for Burger King," *Daily Press*, November 13, 1999, C7.

14 "Franchise Report: Pokémon," last updated October 8, 2016, https://www. boxofficemojo.com; and "Pokémon Global Sales (in millions of units) per Game," last updated October 8, 2016, https://www.vgchartz.com.

15 "Franchise Report: Pokémon" ; and Aaron Zheng, "I Still Choose You, Pokémon: Real-Life Trainer Aaron Zheng on 20 Years of Catching 'Em All," *The Daily Beast*, February 28, 2016.

16 "The Fabulous History."

17 "*Pokémon in Figures*," last updated October 2, 2016, https://www. pokemon.co.jp.

18 Zheng, "I Still Choose You."

19 Zheng, "I Still Choose You" ; and Greg Hernandez, "Pokémon Fever Turns into a Headache at Burger King; Promotion: Frantic Demand for Popular Toys Exhausts Supply, Leading to Children's Tears and Parents' Anger," *Los Angeles Times*, November 12, 1999, 1—A, pp.1, 5.

20 Mark C. Anderson, "Pokémon Go… Mad," *Monterey County Weekly*, July 14 – July 20, 2016, p.22.

21 Allegra Frank, "Is Pokémon Go Available in Your Country?," *Polygon*, July

15, 2006, https://www.polygon.com.

22 Romain Dillet, "Apple Says Pokémon Go Is the Most Downloaded App in its First Week Ever," *TechCrunch*, July 22, 2016, http://social.techcrunch.com.

23 Paresh Dave, "Technology; 'Pokémon Go' Maker's CEO Expects Big Future," *Los Angeles Times*, August 4, 2016.

24 Bobbi Booker, "Social Media Phenom 'Pokémon Go' Is Here," *Philadelphia Tribune*, July 22, 2016.

25 Alina Bradford, "Here Are All the Countries Where Pokémon Go Is Available," *CNET*, October 20, 2016, https://www.cnet.com.

26 Tim Bradshaw, "Man behind Google Earth Puts Pokémon Go on World Map," *Irish Times*, July 16, 2016, p.17.

27 Michael Liedtke, "Pokémon Go: From Prank to Sensation," *Charleston Gazette Mail*, July 23, 2016.

28 "Pokémon Hunt Leads to Glory for Google-Born Niantic," *Daily Nation*, August 15, 2016.

29 Paresh, "Technology; 'Pokemon Go' Maker's CEO."

30 Damon Van Der Linde, "Can Nintendo Replicate Pokémon Go Success?; Company Isn't Making Much Money on Game, But Investors Are Buying," *The Vancouver Sun*, July 18, 2016.

31 James Covert, "Pokémon Go Wild TV Show, Movie, $3B Value in 3 Yrs.: Forecasts," *New York Post*, July 13, 2016, p.27.

32 Van Der Linde, "Can Nintendo Replicate."

33 Covert, "Pokémon Go Wild."

34 Van Der Linde, "Can Nintendo Replicate."

35 Covert, "Pokémon Go Wild."

256

延伸阅读

Dyer-Witheford, Nick, and Greig de Peuter. *Games of Empire: Global*

Capitalism and Video Games. Minneapolis: University of Minnesota Press, 2009.

Gray, Jonathan. *Show Sold Separately: Promos, Spoilers, and Other Media Paratexts*. New York: NYU Press, 2010.

Kerr, Aphra. *Global Games: Production, Circulation and Policy in the Networked Era*. New York: Routledge, 2017.

Nichols, Randall J. *The Video Game Business*. New York: Palgrave Macmillan on behalf of the British Film Institute, 2014.

257

游戏实践：媒介、技术与日常生活

29 《贝利的足球》: 平台

伊恩·博格斯特（Ian Bogost）

编者语：平台是支撑电子游戏等计算机程序的硬件和软件的具体配置。本章中，伊恩·博格斯特认为，了解平台如何影响搭建于其上的游戏，可以让我们知道游戏的本质是什么进而欣赏它，同时让我们知道游戏的本质不是什么进而谅解它。

《贝利的足球》一点儿都不好玩，不管是此时我撰写这篇文章的 2017 年，还是彼时它刚发布的 1980 年，它都是一款糟透的游戏。在游戏发布一两年后，当我第一次在雅达利视频计算机系统（Atari VCS）上玩《贝利的足球》时，我盘腿坐在邻居卧室的地板上，张着嘴，双手抽筋，大脑混乱，感觉异常糟糕。不管我玩的是什么，反正它不是足球。多年以后我才意识到，这确实是一款足球游戏，但通过雅达利 VCS 的平台看到的足球是独一无二的（如图 29-1）。

《贝利的足球》在一个绿色球场上的中场开始游戏。一个白色的球在那里等待着比赛开始。各球队在球场中心的上方和下方列队，如果你可以称它们为"球队"的话。每队有 3 名球员，以椭圆形的色块来表示，排列成三角形。当玩家按下控制杆上的按钮，球员就能把球踢出去。可能令玩家感到惊讶的是，组成三角形的 3 名球员会像花样游泳队或舞蹈演出团体一样，在球场上整体移动。这完全不像我曾经玩过或看过的足球。

为了靠近球，玩家可以控制 3 名球员中的任何一个向球的方向前进。一旦球员和球相接触，该队队友就会控制住球，每隔几步就触球一次。当玩家按下雅达利 VCS 控制杆上那个单独的红色按钮，球员就可以传球或射门。但是这样简单的描述与玩《贝利的足球》的真正难度大相径庭。当一个球员控制住球时，它不会自动保持对球的控制，而只是把球往它所面

对的方向轻踢一脚，射门和传球也是如此。因此，为了让球朝正确的方向
前进，人类玩家需要小心控制在球附近的球员。

图 29-1 将最初的雅达利 VCS 和老式阴极射线管显示器
连接之后呈现的《贝利的足球》的画面

无论如何，传球都是徒劳的，因为 3 名球员总是一起移动，一名球员
无法将球传给前进中的前锋来射门。而且，由于对方球队（可由另一名人
类玩家或计算机操纵）受到相同条件的限制，游戏所生成的比赛与它理应
模拟的运动几乎没有任何相似之处。如果球员能把球送到球门前，射门也
会因为守门员的位置而受到阻挡——守门员就在球门线内，这样即使球通
过球门线也会被守门员成功扑出。

这怎么会是足球呢？重要的是，做出这样的游戏的雅达利公司怎么会
安然无事？更进一步说，他们是如何让被称为史上最伟大的球员贝利 ① 为
其代言的？

1980 年，贝利已经有点儿过气了。他的国际职业生涯在 20 世纪 70
年代初就已经结束了，而他作为现在已经不复存在的北美足球联赛成员

---

① 贝利出生于 1940 年 10 月 23 日，2022 年 12 月 29 日过世，享年 82 岁。——译者注

的职业生涯也在 1977 年结束，这一年雅达利 VCS（后来被称为"雅达利2600"）发布。同年，一部关于这位足球运动员生涯的纪录片上映。贝利从超级明星运动员转变为体育界的传奇人物，这个角色一直延续到今天。

彼时，坐在邻居家橄榄绿色的绒毛地毯上，我对贝利的身份知之甚少。那是美国青年足球组织联赛的全盛时期，尽管这项运动在美国不受欢迎，但孩子们对它并不陌生。然而我对国际比赛的复杂情况一无所知，更不用说近年这个领域的风云人物了。但我很清楚，或者说似乎贝利也很清楚，首先，在电视上玩计算机足球游戏就是一件不大可能实现的事情。

最早的电子游戏中就有体育类型的游戏，这类游戏也属于最早获得商业成功的电子游戏之一。1958 年，布鲁克海文国家实验室的一位名叫威利·希金博特姆（Willy Higinbotham）的工程师将一台模拟计算机（analog computer）、一台示波器和一套临时代用的控制器连接起来，玩一个有点儿类似于网球的游戏。1967 年，拉尔夫·贝尔（Ralph Baer）为桑德斯联营公司（Sanders Associates）设计出"棕色盒子"（brown box）原型，这是第一个与传统电视连接在一起的电子游戏机。它后来被商业化为米罗华奥德赛游戏机，可以玩网球和曲棍球等运动类游戏。1972 年，雅达利成功推出一款投币式乒乓球游戏《乓》，它开创了电子街机时代。诸如此类的先例为《贝利的足球》等游戏奠定了基础，这些游戏都有一个共同点，而这个共同点有助于解释为什么 1980 年前后基于"美丽的游戏"（Beautiful Game）[①]的理解，《贝利的足球》不会让雅达利和贝利感到尴尬。

这个共同点就是抽象性。这些游戏都对与之对应的真实运动的各个方面进行了简化、删减、浓缩和提炼。今天，由于美国艺电公司的《FIFA》和《麦登橄榄球》系列游戏的出现，人们开始以现实主义程度和复杂性来评价体育游戏的好坏。但即使是这些游戏，其视觉上的现实主义程度、更新的运动员名单和现实世界般的赛场也是简化之后的样子。当玩家按下控制器上的类比摇杆[②]时，屏幕上的球员就会移动；玩家按下按钮时，球员

----

① 贝利在 1977 年出版的自传名为 *My Life and the Beautiful Game*。他认为足球运动是"美丽的游戏"。——译者注
② 也称作模拟摇杆。——译者注

就能传球。这些提供给玩家的选择简化了不管是真实的还是模拟的有形身体的动作。必须这样做，否则，模拟世界和真实世界之间就没有任何区别。

在计算机发展早期，硬件本身对创作者如何将乒乓球等运动再现为——也就是说如何简化为——《乓》这样的游戏施加了比现在更多的限制。雅达利的游戏将定制化设计的数字电路与标准的光栅扫描电视显示器连接。《乓》游戏中的球拍总是位于球场的边缘，这在一定程度上是受到硬件成本与街机框体中留给数字电路的空间等因素的综合影响。事实上，《乓》被认为是一款乒乓球游戏，而不是像希金博特姆的《双人网球》那样的模拟网球游戏，这在很大程度上是偶然的结果，一方面是由于球拍的位置固定，另一方面是由于这款游戏借用了"乒乓球"的名字而得到一个令人回味的名称。

对于 1980 年前后拥有雅达利 2600 家用游戏主机的人来说，体育本该是非常有趣且有吸引力的，但是以家用计算机游戏的形式呈现的体育项目数量很有限。20 世纪 70 年代中期，《乓》的家用版本已经问世，奥德赛公司也基于对网球、壁球和其他球类运动的理解分别开发了它们的游戏版本。但流行的运动——足球、美式橄榄球、篮球、棒球等——在电子游戏中仍然罕见。

《贝利的足球》其实在 1980 年初就已发行，但那时没有名人代言，名为《冠军足球》。游戏的画面和玩法完全相同，后来的版本只改变了名称和包装，在盒子和卡带上增加了贝利的名字和照片。贝利愿意把他的名字和肖像提供给世界上最受欢迎的也是他为之奉献一生的运动的游戏版本。这个游戏看上去很糟糕，但在当时的时代背景下，贝利的想法有着重大意义。玩家通过雅达利游戏主机能够在家用电视上玩一个多多少少有点儿合理的足球游戏。这一客观事实足以成为一个奇迹，值得世界上最伟大的球员点头同意。

《贝利的足球》之所以有这样的画面和玩法，是因为雅达利 VCS 的硬件平台有很大的局限性。该系统设计于 20 世纪 70 年代中期，是雅达利公司对那款仅能玩一款游戏的家用乓游戏主机成功营销之后的产品。人们

通过家用乓游戏主机可以在家里的电视上玩改造过的热门投币式街机游戏
《乓》。但是，当一个家庭买了一台家用乓游戏主机后，就没有必要再买另
一台，这给雅达利公司从街机扩展到消费类电子产品带来了严重的商业问
题。解决这个问题的答案是制作一个可以通过可互换卡带玩多种游戏的家
用系统。雅达利 VCS 并不是第一个实现这个想法的游戏主机，仙童公司
（Fairchild）在 1976 年就发布了竞争性产品 F 频道，但雅达利 VCS 是第一
个在市场上真正获得消费者欢迎的游戏主机。

　　当雅达利的工程师开始设计该系统时，如何将成本和复杂性降低下来
是他们最为关心的问题之一。一个家用系统必须足够实惠，使消费者愿意
购买，但又不能太便宜，否则雅达利无法承担其制造成本。它要能够用来
玩不同的游戏，但当时没有人知道玩不同的游戏可能意味着什么，也没有
人知道该设备的生命力可能保持多久。

　　雅达利的工程师把他们发行过的成功的投币式街机游戏作为范例。游
戏《乓》当然很受欢迎，还有一款由雅达利的一家子公司基游戏（Kee
Games）制作的名为《坦克》的双人参与的坦克对战游戏也很不错。他们
决定，将 VCS 设计成可以玩这两个游戏以及其他一些类似的游戏。雅达
利没有预料到 1977 年推出的系统会以某种形式一直持续生产至 1992 年，
也没有预料到开发这个系统的程序员会找到那么多新方法来利用该系统原
始硬件的有限性能。

　　从两个范例游戏《乓》和《坦克》的运行状况可以直接观察机器的性
能。这两个游戏都假定有两个人类玩家参与对战比赛。在这两个游戏中，每
个玩家占用屏幕的一侧，并排站立操作与自己那一半屏幕相对应的控制器。
每个玩家在游戏中都有某种标识可以控制——球拍或者坦克。像《乓》这样
的球类游戏会假设出来一个可以用球拍打击来偏转路线的球，而像《坦克》
这样的战斗游戏会假设出来每个玩家都可以用坦克发射的炮弹。

　　每台计算机都包含一个中央处理器（CPU），它执行操作和计算，以控
制计算机的其他部分——对其内存、控制装置和显示装置进行读写。1975
年，莫斯技术公司（MOS Technology）发布了一款新的 8 位微处理器，称 264
为 6502，其价格约为当时其他处理器售价的 1/10 [6502 还被用于 Apple

Ⅱ、康懋达 64（Commodore 64）、任天堂娱乐系统和许多其他早期计算机］。但是，为了在电视上显示图像和生成声音，雅达利需要一种方法来连接卡带中的只读存储器（ROM）、6502 处理器、容量非常有限的 128 字节的随机存取存储器（RAM）和电视。为此，雅达利公司设计了一种定制的芯片，芯片的开发者恰当地把它命名为电视接口适配器（TIA）。TIA 本身包含了管理雅达利 VCS 发送到电视上的不同视觉和听觉元素的电子电路。为了使游戏正常运行，程序员将数据存储在 TIA 中，并向它发送指令，接下来 TIA 对它们进行配置并在电视屏幕上创建适当的画面与声音。

CPU 有时被称为计算机的大脑，但对于电子游戏系统来说，图形和声音系统才是其灵魂所在。在雅达利的例子中，这个灵魂被设计出来用于配置《乓》和《坦克》假设出来的游戏特色。具体来说，TIA 支持两个玩家精灵（sprite）①、与每个精灵分别对应的 1 个炮弹（共 2 个）、1 个球、1 个底层背景，以及一个在屏幕上以块状形式组成的球场背景。TIA 的所有设计都是为了将其需要的硅用量降到最低。例如，由于玩家图形的大小为 8 位，一个单独的由 8 个块（chunk）组成的角色图案可以在特定时间存储在内存中。炮弹和球是点状的，其大小可以调整。而 40 个"块"宽的球场被存储为 20 个数值，这些数值从屏幕的一边直接复制到或镜像到另外一边就得到了完整背景。

TIA 实现了关于电子游戏可以做些什么和应该做些什么的设想。例如，两个玩家一起参与游戏的设想是通过屏幕上的两个精灵呈现的，每个玩家控制一个。同样的，电子游戏很有可能就是围绕运动（球）或战斗（炮弹）主题的设想直接基于机器硬件实现的，而不仅仅是创造者和玩家赋予这个媒介的文化假设（cultural assumption）。两个玩家大概率都是人类玩家，他们并排坐着或站着面对屏幕相互竞争，这个设想也在球场的创建方式中得以实现，即在屏幕的左右两边各有一个完全相同的界限或范围。

---

① 在计算机图形学中，当一张二维图像集成进场景中，成为整个显示图像的一部分时，这张图就称为精灵图。——译者注

最后，雅达利 VCS 的内存非常有限，其 RAM 只有 128 字节。这意味着它不能像大多数现代计算机图形系统那样存储和显示一整屏的图像。因此，程序员必须了解一些阴极射线管电视的运作方式。现代显示器通过对屏幕上的所有像素同时寻址来显示图像。但老式电视机是一种光栅显示器——电子枪以连续的行（称为扫描线）水平扫描画面，使磷光屏发出辉光，呈现出与预期图像相对应的图案。鉴于这种复杂性，雅达利公司的程序员必须仔细调整 TIA 的设置，以使电视对图像中的 192 行扫描线中的每一条进行渲染，并顺利显示出该有的画面。

TIA 的设计者实现了一些特殊功能，努力使芯片拥有更大的灵活性。在其中，一组数字与大小寄存器可以为每个玩家最初的单个精灵生成 2 个或 3 个副本，位置可近可远。这些设置以及 TIA 直接控制光栅显示器的必要性可以解释游戏《贝利的足球》对于"足球"这一概念的独特见解。由球场上 3 名球员组成的三角形并不是一个真正的三角形，而是两组球员精灵，三角形顶端是一个单独的精灵。然后，使用数字大小寄存器在随后的扫描线上创建顶端精灵的两个副本，并将它们重新定位以形成三角形的底部，从而创建两个新的队员。当玩家移动控制杆时，3 个（实际上是"两组"）精灵都通过同一个操作发生移动。

了解了雅达利计算机的硬件限制后，《贝利的足球》突然变得更容易理解了，也更加耐人寻味了。与其说它是对足球的糟糕演绎，不如说它是在一台原本就被认为不能成功运行足球游戏的设备上对足球运动独特且奇妙的呈现。与该游戏类似的是桌式足球。这是一种玩家通过转动球杆来控制固定在球杆上的木头或橡胶运动员的足球游戏。将桌式足球视作足球的"糟糕"再现是荒谬的，因为它实际上只是足球的一种特殊版本。当然，区别在于玩家可以看到桌式足球中限制他们的物理约束，而雅达利游戏中的物理约束被隐藏在电子器件之中。

由于技术上的限制，《贝利的足球》游戏对足球运动做了相当大的改动，雅达利公司并没有忘记这一点。这家公司为《冠军足球》（及由贝利代言的后续产品）中的抽象概念默默地表示诚挚歉意，同时也竭尽全力地将它们融入游戏背景，使玩家对它们形成更加具体的理解。当时，游戏主要依靠包装与用户手册来解释其主题和玩法。《贝利的足球》的用户手册读起来就像一个比实际操作更复杂、更微妙甚至更有戏剧性的游戏。4 名球员（包括守门员）都拥有名字和鲜明个性，包括"碰撞"·摩根（"Crash" Morgan，因为他"总是撞向门柱"而得名）、尼克·丹吉尔（Nick Danger，"刻薄而令人讨厌"）、"笨重"·杜兰（"Lumpy" Duran，"足球世界里最笨拙的球员"）和阿莱克西·普茨诺夫斯基（Alexie Putsnowski，"一个特别像女人的男人"）。

　　很少玩家会被这种设定所蒙骗，但有些人可能会产生一些联想。鉴于这些球员只是一个个色块，并非通过复杂方式渲染出的现实世界运动员，玩家可以自由地在它们身上投射任何背景或个性。"笨重"和"碰撞"两名球员可能看起来就不是很聪明，但它们是很好的例子，表现了玩家如何对《贝利的足球》中抽象的图形和互动方式做更多的解读，如何给它们添加细节并做出个性化的设定。

　　雅达利公司使用同样的方法在包装盒和卡带的图片上绘制了与其简单抽象的游戏玩法完全不相符的内容。早期的游戏以复杂、逼真的绘图为特色，以描绘游戏的主题。《贝利的足球》包装上突出展示了贝利英俊的上半身肖像，还绘制了这位著名球员在球场上踢球时的样子（见图 29-2）。一些雅达利游戏的玩家可能会讥讽盒子上的图案和游戏画面之间的巨大差异，但雅达利采用的方式的确有助于展示现实世界和电子游戏对现实世界的诠释之间存在巨大差距。在开发过程中为使游戏符合足球的真实本质所付出的努力也成为玩乐体验本身的一部分。

　　虚拟游戏不可能与真实运动一一对应，这一点甚至成为游戏本身的一个卖点。在雅达利的游戏目录中，《贝利的足球》乐于使用这个诚实而令人惊讶的广告语："要想赢得一场足球比赛，需要大量的练习。在球场上是如此，在你的雅达利视频计算机系统的游戏中也是如此。《贝利的足球》挑战你通向成功的每一步。"①

---

① 广告语强调若想玩好游戏，无论现实足球技艺如何，都需要在游戏中多加练习。这体现出现实运动的经验绝对不能直接代入虚拟游戏。——译者注

图 29-2 《贝利的足球》卡带，标签上图案的现实主义与
游戏的抽象性形成了反差

　　最终，对于流行的体育游戏的评价标准发生了变化并不断更新。智能视觉是 1979 年由美泰公司发布的一款与雅达利相互竞争的游戏主机，它有一个完全不同的硬件设计，能更好地支持更加真实的体育再现。美泰公司在为该系统进行营销宣传时，这个硬件性能成为他们特别突出的一个要素。到 1983 年，雅达利 VCS 的程序员已经积累了足够多的经验，可以使有限的硬件性能实现新的效果。那一年，雅达利公司发布了一系列打着"真实体育"（Realsports）旗号的体育游戏，这些游戏能够更加真实地描绘出棒球、篮球、橄榄球和足球等流行运动该有的样子。这时，游戏 ROM 卡带也更便宜了，允许游戏占用更多空间，从而存储更多指令、图像和声音。

267

　　人们很容易做出判断，仅把《贝利的足球》看作体育类电子游戏早期发展中的一个错误开始。然而，受到硬件的限制和经验不足的影响，这已经是在 20 世纪 70 年代末能够做到的最好的作品了。人们的这种态度假定电子游戏中的体育运动只能对传统专业的体育运动中的玩乐行为进行效仿，他们没有考虑到在制作游戏时的硬件限制与当时年代背景下独有的产品样式，因此认为电子游戏中的体育运动不应该以一种与众不同的抽象化的形式呈现出来。就像桌式足球一样,《贝利的足球》既可以吸引一些人又可以让一些人感到困惑。享受这款游戏的诀窍在于，在《贝利的足球》定制化设计的独特平台上，我们应将这款游戏视为一个成功的奇妙之物，而不应将其看作在游戏世界中对足球主旨的失败再现。如果把它看作 1980 年前后雅达利平台的表现，即使这样一个简陋的游戏也能体现出贝利本人在"美丽的游戏"中发现的美。

延伸阅读

Altice, Nathan. *I Am Error: The Nintendo Family Computer / Entertainment System Platform*. Cambridge, MA: MIT Press, 2015.

Lapetino, Tim. *Art of Atari*. Runnemede, NJ: Dynamite Entertainment, 2006.

Montfort, Nick and Ian Bogost. *Racing the Beam: The Atari Video Computer System*. Cambridge, MA: MIT Press, 2009.

Newman, Michael. *Atari Age: The Emergence of Video Games in America*. Cambridge, MA: MIT Press, 2017.

268

30 任天堂娱乐系统的十字键：接口

戴维·奥格雷迪（David O'Grady）

编者语： 电子游戏控制器塑造、增强并限制了数字游戏的虚拟性与玩家的身体能动性及目的性操作之间的关系。戴维·奥格雷迪对有史以来开发的可能最重要的电子游戏控制器——任天堂娱乐系统的十字键控制器——的研究，回溯了游戏接口的物质史（material history），并分析了控制器的设计和使用如何深刻影响作为可玩的交互艺术形式的电子游戏带给玩家的审美体验。

为了向电子游戏控制器的演化史致敬，《游戏线人》（*Game Informer*）杂志在 2016 年评选出它认为有史以来与主机捆绑销售的最优秀的控制器。但文章一开始就承认，当代几乎所有的控制器都特别得益于同一个设计，即任天堂的标志性十字键（Directional Pad，或称 D-pad）①。当它在《咚奇刚》的手持游戏版本中首次出现时，任天堂直白地把它叫作"加号"（PLUS）按钮。在 1983 年该公司开创性的电子游戏机红白机（Famicom）上［更为人所知的称呼是任天堂娱乐系统（Nintendo Entertainment System，NES），这是该游戏主机在北美的版本］，这个加号按钮就是"+控制板"（+Control Pad）的一个主要特征（见图 30-1）。正如《游戏线人》所言："任天堂并没有发明控制器，但随着 1985 年 NES 的发布，它确立了我们期待的现代控制器原型：在左边控制角色移动，在右边控制角色行为，中间则是与菜单相关的按钮。"[1]

上述赞誉只是初步阐释了十字键在电子游戏历史和文化上的贡献。同时，上述赞誉也初步阐释了在追溯历史上不同阶段的游戏制造商、设计

---

① 也被译作方向键。——译者注

师、艺术家和玩家渴望通过游戏互动来实现的硬件想法与软件想法时，人
机交互接口（interface）^①发挥了较为突出的作用。人机交互接口或者控制
269　器是电子游戏的基本美学品质——玩家操作行为——的代名词，它提供了
一个有趣的研究领域。它是真实世界与数字世界相结合的地方，在这里，
基于屏幕的视听行为与生物力学能动性相互转化。在被大拇指按下后，十
字键负责控制屏幕中的对象在 4 个或 8 个方向上的移动，这个就是历史上
影响最大的控制器中的结构。探索这个结构的起源和局限可以让我们对作
为交互媒介的电子游戏有更多了解，以及告诉我们想要从作为情绪体验与
审美体验的游戏过程中获得什么。本章强调了任天堂在为手持游戏机和主
机游戏开发十字键时所面临的一些技术和实际考量，同时也概述了十字键
对 8 位游戏以及其他游戏所做出的美学贡献。

图 30-1　1985 年发布的 NES 版本中的控制器

注：十字键控制器统一了手持游戏机和主机的接口设计，并且加号按钮在 8 位电子
游戏时代占据了主导地位。

资料来源：图片来自埃文·阿莫斯（Evan Amos）。

电子游戏控制器是人机交互接口中可触知的、手持的硬件元件。在计
算机中，接口将硬件及软件与视听再现结合起来，在人和机器之间建立

———————

①　也译作"界面"。——译者注

一种交互关系。例如，由打字机衍生的键盘通过生成语言和符号来实现交互，鼠标则使用了图形用户接口来实现交互，后者能够有效运用空间再现和屏幕上的移动比拟（例如指向和点击）技术。正如布伦达·劳雷尔所描述的，计算机接口已经成为大多数文化活动（无论是工作还是玩乐）的"接触面"。[2]作为人类构建的——因此在文化上也会略微受到影响的——能够带来间接体验的透镜，接口促进了人机交互的两个关系：首先，提供给玩家操作的接口或者说控制器的配置（按钮、操纵杆、旋钮等）和呈现在屏幕上供玩家使用的元素（化身、对象、符号等）之间的关系；其次，控制器和通过使用它将最终想法输出到屏幕上的玩家之间的关系。无论我们认为电子游戏所提供的玩乐拥有什么特性，这些特性都来自控制器与屏幕以及控制器与玩家的关系。

尽管不容易描述什么才是"优秀的"接口设计，但许多接口表现出交互设计师所称呼的直接操纵原则。[3]直接操纵包含多种类型，从依靠比拟和"自然映射"（例如，将控制杆向右移动就能使屏幕上的元素向右移动）的控制器到支持更多文字或手势输入的设备，如触摸屏和手写笔。不管是哪种实现方式，直接操纵接口都追求直观的使用，避免转译的"噪声"，并缩短人类行为和计算机回应之间的延迟（反之亦然）。图形用户接口的先驱艾伦·凯（Alan Kay）和阿黛尔·戈德堡（Adele Goldberg）把控制器和接口的使用比作演奏乐器。随着不断练习直到完全精通，乐器的琴键和琴弦会逐渐"消失"，成为音乐家大脑和身体上富有表现力的艺术延伸。[4]可以认为包括电子游戏控制器的几乎任何一种主流接口都被设计为随着用户使用而逐渐消退或消失的表现器具。[5]

270

接口不仅会在外形上消失，它们还像变色龙一样，转化为屏幕上的再现和动作。电子游戏控制器"变成"了一把枪，按X键就会"实现"跳跃等。随着玩家对控制器的全部功能越来越熟悉且最终他们的游戏技能显著提高，这样的转变会越来越自如与流畅。街机通过为不同游戏设计不同接口来实现这一点，但游戏主机的控制器必须基于统一的配置来支持多种玩乐体验（事实上，当下能够在不同游戏之间起到相同动作效果的按钮映射惯例已经出现了，例如预计能够控制游戏角色跳跃、射击、下蹲和奔跑的具体按钮在不同游戏里都是一样的）。简而言之，控制器不仅是为了获得玩乐体验而使用的一种带给人们顺滑感受或神秘感受的工具，也是互动美学本身的一个必要构成部分，下面将结合 NES 的十字键控制器展开分析。

20 世纪 70 年代末，任天堂总裁山内溥（Yamauchi Hiroshi）委任工程师横井军平帮助公司扩大在电子游戏领域的影响力。横井那时已经开发了各种机械玩具和电子玩具，他帮助任天堂进入日本的游戏主机市场，开发了源于米罗华奥德赛和雅达利家用乓游戏机等系统的早期游戏主机。1979 年，当横井注意到火车上的一个通勤者正在无所事事地玩弄着一个袖珍计算器时，他迸发出为任天堂开发手持电子游戏的想法。横井意识到可以低成本把计算器改装成一个玩手持游戏的平台，从而设计出流行的任天堂游戏手表（Game & Watch）系列。这样的洞察力成为横井和任天堂在游戏接口方面总体思路的缩影，即放弃昂贵的尖端技术，而为旧硬件找到有趣的新用途。横井后来将任天堂的哲学描述为"基于枯萎的技术进行横向思考"，有些人认为这个说法中"枯萎的技术"更像是指"饱经风霜的"（weathered）或"破旧的"（well-worn）技术。[6]

在将流行的任天堂街机大作《咚奇刚》改编为游戏手表手持游戏机时，这一理念得到了检验。在由宫本茂设计的《咚奇刚》（具体参阅本文集中珍妮弗·德温特撰写的章节）中，著名之处在于玩家需要在一个包含梯子的平面环境中控制角色朝 4 个方向移动并在空中跳跃。面对这些动作组合，横井意识到，应该将常规的导航操作整合到一个单独的控制方向的结构中，并将其与跳跃动作分开。因此，横井和他的团队设计了一个简单而优雅的加号或者说十字形按钮，以取代 4 个独立的按钮（控制器里 4 个控制横向和纵向移动的按钮被十字键掩盖）。加号按钮很容易制造出来，它看上去复制并实现了街机控制杆所能提供的快速并精确的控制。这个加号在玩家的左手大拇指下面，而跳跃按钮在右手那边，便携式版本的《咚奇刚》给游戏接口的设计带来了一种全新思路。

尽管 1983 年电子游戏市场崩溃了，但在日本，《咚奇刚》在街机和游戏手表系列上取得的成功还是刺激任天堂开发了新的家用游戏主机。由于常见的控制杆接口在制造、设计甚至儿童安全方面存在一些问题，开发主机的团队经理上村雅之（Uemura Masayuki）寻求控制杆的替代方案。[7]
任天堂的另一名员工——游戏手表系列的首席程序员泽野贵夫（Sawano
Takao）——凭直觉找到了解决方案，即用横井设计的手持游戏机中的加号
按钮取代控制杆。尽管开发团队最初意见有所保留，但泽野还是将一个带
有加号按钮的手持游戏机连接到主机的原型机上。随后的演示证明，加号
按钮可以消除手持游戏机和主机控制器之间的隔阂。[8] 1983 年新的加号按
钮在任天堂的家庭电脑也就是红白机上首次亮相，任天堂美国分公司又将
红白机重新调整并更名为任天堂娱乐系统（NES），并于 1985 年发布。20
世纪 80 年代末，俗称十字键的"+ 控制板"已成为全球 8 位游戏控制器
默认包含的结构。

　　与美泰公司的智能视觉（1979）、雅达利 5200（1982）、科莱科视觉
（1982）以及其他 8 位或第二代游戏主机所提供的控制器处处都是按钮的
复杂结构相比，事实证明十字键的流线型设计和快速的游戏响应效果更好
且更具亲和力。但是，十字键的简单性掩盖了它的巧妙性。围绕基于手
的人机交互设计，它至少解决了两个在实际应用中的挑战。首先，十字键
凭直觉巧用了大拇指的能力，使用大拇指才是我们在接口上操作的主要方
式。虽然大拇指不是我们所独有的，但大拇指不寻常的鞍状关节、相对较
长的长度以及广泛的支持性肌肉组织使其能够在其他手指所不能进行的大
幅度运动中精确移动。[9] NES 控制器的水平布局和外形尺寸共同决定了其
主要操作按钮所在的方位（十字键位于左手大拇指下面，A 和 B 按钮位于
右手大拇指下面）。这些按钮的方位允许玩家将手指弯曲成摇篮的样子以
轻轻握住控制器，并将手腕置于非常自然的位置。这创造了一个稳定、对
称的平台以供大拇指在上面操作。在很大程度上归功于十字键的方位和其
为控制器带来的潜在摇篮式握法，"使用大拇指操作"已经成为数字时代围
绕交互的成功案例（但是大拇指也会因为重复使用而受到损伤），因为几
乎所有的接口（发短信、打游戏、滑动移动设备触摸屏、按遥控器）都需
要用到大拇指。

　　除了利用大拇指独特的生物力学特征之外，十字键还解决了接口设计
中面临的第二个问题，即在不直视手的情况下，在空间中如何准确"找

272

到"它。认知科学家注意到身体是如何将我们的手放在视野范围内使用的，从而培养出视觉和触觉之间的强烈关联。在没有视觉监控的情况下，我们对手部位置的感觉会迅速下降，因此若见不到手就很难清楚知道手的位置在哪里。[10]虽然手持设备、触摸屏和街机通过将控制装置和屏幕放在同一个视野中，在很大程度上避免了以手为中心的空间问题（the problem of hand-centered space），但是基于主机的游戏通常将控制器和屏幕分开①。任天堂的工程师在开发 NES 控制器时意识到这个以手为中心的空间问题，最初拒绝使用加号按钮，部分原因是他们认为这依然需要对大拇指进行视觉监控，直到泽野证明事实并非如此。[11]加号按钮提供了一个触觉表面，可以清晰地反馈出大拇指的位置以及它与输入空间中心②的相对距离。大拇指还可以通过感觉相互毗邻的 X 轴和 Y 轴的轮廓来凭直觉进行对角线运动，并可以同时按下它们③。有了十字键，大拇指可以在上面滑动、滚动或环绕着十字键的边缘凸起移动到计划位置，并以最省力的方式获得关于位置和操作的精确反馈，不需要眼睛时刻盯着大拇指或纠正动作。

　　这些观察切实地解释了作为一个直接操纵接口的十字键为何属于一款不寻常的天才作品。然而，若希望对电子游戏美学进行研究并分析控制器在塑造玩乐体验中发挥的核心作用，那么就不能把目光仅聚焦于控制器的实际效用。虽然通过推断控制器在游戏互动的美学追求中所占据的"份额"并不能总结出一个令众人满意的说明，但我们可以研究游戏设计师和游戏学者在考虑到接口的情况下是如何对待交互艺术的。例如，游戏设计师史蒂夫·斯温克建议采用一种综合方案来制作具备他称为"游戏感"的游戏。[12]斯温克鼓励游戏制作者从控制器开始设计。只有了解了控制器的独特性、包容性和局限性，设计师才能开始阐述游戏的核心机制。换句话说，斯温

---

① 控制器通过有线或者无线的方式与主机连接，但是控制器与屏幕是分离的。——译者注
② 即十字键的中心。——译者注
③ 例如，玩家可以不用观察留意大拇指的动作就能顺利完成十字坐标中第一象限内的对角线运动，将大拇指的重心从十字键的上方顶端移动到右方顶端。玩家也可同时按住它们（上方与右方），游戏中的化身可能会做出一边向上方跳跃一边向右方前进的动作。——译者注

克的方法呼应了宫本提倡的"人体工程学"概念："创造一个游戏的首要环节应该是创造交互接口。玩起来有趣的游戏才是好游戏。"[13]

　　有趣与否似乎是主流电子游戏及其人机交互接口在美学上的最终评判标准，但游戏设计和控制器的使用表明，玩家对游戏互动有着更深刻、更复杂、更多样的心理和情绪反应，而不仅仅接受任天堂在20世纪80年代所宣传的"用力玩"①。例如，学者戴维·萨德诺在20世纪70年代末关于玩电子游戏的"田野笔记"中记录了使用双手穿行于玩乐空间时发自肺腑的兴奋："我们的上半身笔直地落在专门为此设计的屁股上，将手垂在大腿旁边最舒服的平衡点上。这些能够奇妙地相互交叉的手指拥有了一个动作空间，借助电子设备，手指动作会映射到游戏中，但是画面呈现出来的角色动作的可能性与丰富性大为增强，超越了人类最疯狂的梦想。"[14]在《超级马力欧兄弟》中，通过按下十字键推动马力欧前进，按下跳跃键马力欧便会跳到栗宝宝（Goomba）和诺库龟（Koopa Troopa）的头上，这无疑能够让玩家以惊人的程度融入游戏空间与对象。

　　但是，在任天堂以控制器为中心的游戏设计中，杰出的天才产品也在另一个层面上诱骗了我们，玩家的投入让马力欧的命运退居二线：拯救了碧姬公主的不再是马力欧，而是说"我打赢了游戏"的玩家。学者鲍勃·雷哈克研究了角色化身和接口如何常常坍缩为一种人机关系，这种关系既是思想上的，又是话语上的，还是心理上的。同时，它也是令人愉悦的："用户从计算机中寻求的部分内容是对他们自己行为的持续回应，这些回应是出现在屏幕上作为额外的乐趣被再次享用的个人能动性的反映。"[15]那么，在游戏互动的过程中，控制器不仅有可能从体验的角度消隐为屏幕上的对象和动作，而且有可能使玩家形成一种认同感，将化身看作强化的甚至是带有超能力的自我的延伸（关于化身的分析，参阅本文集中哈里森·吉什撰写的第4章）。

①　这句主要面向欧美消费者的广告语"playing with power"并没有官方的中文翻译，民间将其翻译为"原力与你同在"、"和纯粹的力量游戏"、"游戏的力量"（这是一部同名纪录片的民间翻译）等。结合上下文，译者将其翻译为"用力玩"，突出玩家在游戏过程中主要感受到的控制感或支配感。——译者注

设计师布伦达·劳雷尔将基于接口的操作所实现的认同感描述为"第一人称性"（first-personness），建设性地将作为一种美学形式的游戏互动理论化，它避开了流行但模糊的关于存在和沉浸的概念。[16] 相比在游戏中把"真实世界"的行为以高保真建模的方式呈现出来，更重要的是，抽象但设计精良的接口能够给玩家带来的关键的主人翁感受。这是一种戏剧性、积极的体验，玩家既能感受到强化的、令人愉悦的能动性（"是我正在做这件事情"），又能感受到自己是人机交互的接受者（"这件事情正在为我而做"）。尽管为了帮助玩家获得精通游戏或收获成就的诱人体验，主流的电子游戏和相应的接口提供或约束了玩家的第一人称能动性，但许多独立的设计师和艺术家尝试开发涉及个人喜好、政治议题以及具有争议性内容的电子游戏来探索新的美学领域。市面上也涌现出全新的非营利性的交互接口，因为围绕硬件定制的障碍越来越少，艺术家可以考虑把设计新颖的控制器作为游戏制作必需的一部分。多亏了十字键，它成功地展示了游戏中的互动过程是极度复杂、反应敏捷、激动人心甚至充满艺术感的文化活动，我们如今才能感受到电子游戏的多样性。

在游戏互动方面，由于十字键在功能上的特性与美学上的可能性，它消除了游戏主机和手持式控制器之间的隔阂，并且规范了除街机以外的电子游戏接口的布局和尺寸。十字键无与伦比的成功使它从 8 位游戏主机时代一直流行到 16 位游戏主机时代。在此期间，十字键出现在每一个主流控制器上，并且只是稍做修改。尽管拥有这种主导地位，任天堂仍在尝试开发不同的控制器，这些控制器也预示着大拇指摇杆（thumbstick）、虚拟现实、手势动作、主机掌机二合一以及其他更多接口形态的到来。虽然为了实现三维导航功能，双模拟大拇指摇杆① 在任天堂的控制权器中取代了十字键，但是横井设计的这个加号按钮仍然在其他许多品牌的控制器中占有重要位置，对于任天堂来说，它仍然是一个品牌能指② （尽管它没有出现在任天堂的最新主机 Switch 上）。鉴于十字键在电子游戏接口历史上

---

① 一般情况下，左摇杆负责控制移动，右摇杆负责调整视角。——译者注
② 即任天堂品牌的独特标志物。——译者注

独一无二的影响力，距其首次亮相约 25 年之后，它在 2007 年被美国正式授予技术及工程艾美奖。尽管 1995 年 NES 在全球售出约 6200 万台后停产，但由它推广的十字键所留下的遗产仍然在我们的大拇指之下被我们使用——我们使用的这个"手指的"①接口也许比以往任何时候都更能理解我们的现实世界和虚拟世界。

注释

1 Kyle Hilliard, "Ranking the First-Party Controllers," *Game Informer* (November 2016): 92.

2 Brenda Laurel, "Introduction," *The Art of Human-Computer Interface Design*, edited by Brenda Laurel (Reading, MA: Addison-Wesley, 1990), p.xii.

3 Ben Shneiderman, Catherine Plaissant, Maxine Cohen, and Steve M. Jacobs, *Designing the User Interface: Strategies for Effective Human-Computer Interaction*, 5th ed. (New York: Pearson Education, 2010), p.214.

4 Alan Kay and Adele Goldberg, "Personal Dynamic Media," *The New Media Reader*, edited by Noah Wardrip-Fruin and Nick Montfort (Cambridge, MA: MIT Press, 2003), pp.393‑404, originally published in *Computer* 10, no. 3 (March 1977): 31‑41.

5 这一理论说明了计算机与电子游戏接口的主流设计和使用。然而，独立游戏和艺术类游戏却采用其他做法，它们经常将接口作为一个契机来干扰或破坏游戏互动中的人机交互关系，以达到另类的美学效果。那么，与文中所述相反，当用户、玩家和艺术家舍弃交互惯例，设计出新的应用、接口和使用方法时，接口可能会重新宣告它们的存在。

6 Adam Ghahramani, "Nintendo's Little-Known Product Philosophy: Lateral Thinking with Withered（"Weathered"）Technology," *Medium*, September 2, 2015, https://www.medium.com.

---

① 作者使用的是"digital"，同时也有"数字的"含义。——译者注

7 Ghahramani, "Nintendo's Little-Known Product Philosophy."

8 Ghahramani, "Nintendo's Little-Known Product Philosophy."

9 围绕作为演化工具的手的使用，灵长类动物学家和人类学家研究表明，若将大拇指放在一个用具的顶部，手的其他部分放在这个用具的下方来提供支持，这种手部姿势能够促进更加精确的操控。See John Napier, *Hands* (Princeton, NJ: Princeton University Press, 1980); and Mary W. Marzke, "Evolutionary Development of the Human Thumb," *Hand Clinics* 8, no. 1 (February 1992): 1–8.

10 See Nicholas P. Holmes, "Hand-Centered Space, Hand-Centered Attention, and the Control of Movement," in *The Hand, an Organ of the Mind: What the Manual Tells the Mental*, edited by Zdravko Radman (Cambridge, MA: MIT Press 2013), p.61.

11 Masaharu Takano, "How the Famicom Was Born—Part 8: A System Synonymous with the Domestic Game Console," *Nikkei Electronics*, October 6, 2008, originally published January 16, 1995, trans. Aria Tanner, *GlitterBerri's Game Translations*.

12 Steve Swink, *Game Feel: A Game Designer's Guide to Virtual Sensation* (Burlington, MA: Morgan Kaufman Publishers, 2009). 中文版本《游戏感：游戏操控感和体验设计指南》已由电子工业出版社于 2020 年 4 月出版。——译者注

13 Chris Kohler, *Power-Up: How Japanese Video Games Gave the World an Extra Life* (New York: Dover Publications, 2016), p.258. 这句话想表达的是，拥有优秀接口的游戏玩起来才会有趣，这样的游戏才是一个好的游戏。——译者注

14 David Sudnow, *Pilgrim in the Microworld* (New York: Warner Books, 1983), p.25.

15 Bob Rehak, "Playing at Being," in *The Video Game Theory Reader*, edited by Bernard Perron and Mark J. P. Wolf (New York: Routledge, 2003), p.111, emphasis included.

16 Howard Rheingold, *Tools for Thought: The History and Future of Mind-*

275

Expanding Technology (Cambridge, MA: MIT Press, 2000), p.267.

延伸阅读

Gallagher, Shaun and Dan Zahavi. *The Phenomenological Mind*, 2nd ed. New York: Routledge, 2012.

Keogh, Brendan. *A Play of Bodies: How We Perceive Videogames*. Cambridge, MA: MIT Press, 2018.

Kirkpatrick, Graeme. "Controller, Hand, Screen: Aesthetic Form in the Computer Game." *Games and Culture* 4, no. 2 (April 2009): 127－143.

Reynolds, Daniel. "The Vitruvian Thumb: Embodied Branding and Lateral Thinking with the Nintendo Game Boy." *Game Studies: The International Journal of Computer Game Research* 16, no. 1 (October 2016). http://gamestudies.org.　276

31 《我的世界》：用户生成内容

詹姆斯·纽曼（James Newman）

编者语： 本章探讨《我的世界》作为平台和引擎如何以多种方式支持用户生成的各种内容。詹姆斯·纽曼认为，理解《我的世界》意味着需要了解玩乐和制作为何是不可分割的，同时他也认为用户的创造力既表现为游戏中的物品，也表现为可以分享到社交媒体上的文本外内容[①]，用户的创作行为推动了游戏社群成长，并扩展了"游戏"的含义。

讨论《我的世界》的一大挑战是如何对它进行准确定义。这似乎是一个不成问题的问题，因为从表面上看，这应该是件简单的事情。正如魔赞（Mojang）的网站所指出的："《我的世界》是一款摆放方块并不断冒险的游戏。"[1]然而，接下来网站上又介绍，在不同的游戏模式下，游戏的潜在重心根据单人玩乐或合作玩乐、创造或破坏会发生转移，玩家很快就会发现游戏中蕴含着更多层次的复杂性和可变性。

"探索随机生成的世界，从最简单的房屋到最宏伟的城堡，建造令人惊叹的事物。在创造模式中利用无限的资源，或在生存模式中深入挖掘，合成武器和护甲来抵御危险的怪物。可以一个人完成所有任务，也可以与朋友一同参与。"[2]

作为一款游戏，《我的世界》的可变性意味着玩家的体验几乎完全取决于其自身的行动和创造力。简单地说，《我的世界》就是玩家创造的。最宏伟的城堡或最简单的庇护所都是玩家的创造力、雄心和劳动的直接成果。当然，还有其他许多游戏也可以由玩家修改和扩展，《我的世界》并不是第一款以玩家的创造力为核心来打造自己的游戏。事实上，正如赫克托·波

[①] 即副文本，超脱于游戏本身的内容。——译者注

斯蒂戈和其他人所指出的，用户生成内容（user-generated content）——由玩家而非开发者创造的游戏素材和资源——早已成为电子游戏的一部分。[3]　277 诸如《军团要塞》和《反恐精英》等热门游戏从现有游戏的所谓用户模组发展而来[4]，诸如《赛车毁灭套件》等游戏则为玩家提供了关卡设计工具，以扩建由开发者最初创造的赛道。因此，尽管《我的世界》绝非第一款允许玩家重制、混搭和改造建筑方块的游戏，但它也许比其他任何一款游戏都更依赖于各式各样的用户生成内容并因此取得成功。《我的世界》与其说是被用户生成内容改造的，不如说是由用户的创造力构成的。玩《我的世界》就相当于成为一名内容生产者。

此外，《我的世界》的用户生成内容并不局限于其像素化游戏世界中的创作。无数在线视频频道提供了高级建筑教程、导览和专家级创作内容的说明。同时，还有一些视频系列舍弃了对搭建技巧的讨论，而是将《我的世界》作为一个虚拟舞台来表演持续展开的故事。这就是用户生成内容对于《我的世界》存在的核心意义，因此我们不应该把它看作一个"摆放方块"的游戏，而应该把它作为一个讲述故事和制作游戏的平台（尽管它是一个高度依赖于玩家且充满变化的平台）。

《我的世界》的"变化无常"对其作为平台和研究对象的身份至关重要。[5]虽然《我的世界》最初在 PC 上发布，但现在它已经跨越多个平台，包括连接电视的游戏主机、手机、平板电脑和虚拟现实。《我的世界》的每个版本都有特定的功能，在每个平台也都有独特的示能以及在界面与操纵方式上的变化。由于众多版本提供了显著不同的玩乐潜力，《我的世界》也许就是费德里科·乔达诺（Federico Giordano）所说的电子游戏"极端碎片化"的完美例子。[6]考虑到自发布以来的移植和更新数量，我们可以认为，《我的世界》并非一款单独的游戏，更适合将其看作随着时间推移而扩展的相互关联的游戏网络。

《我的世界》由马库斯·"诺奇"·佩尔松（Markus "Notch" Persson）开发，最初于 2009 年 5 月 17 日在独立游戏源（TIGSource）论坛上发布。在更新了无数次之后，该游戏于 2010 年 6 月 28 日进入了阿尔法测试阶段，并于 2010 年 12 月 20 日进入贝塔测试阶段（通常情况下，开发过程中的阿尔法测试和贝塔测试是在开发工作室内部进行的，公测版有时会在开发周期即将结束时发布给玩家进行游戏测试）。然而,《我的世界》在整个开发过程中，甚至在 2011 年 11 月 18 日"正式发布"之后都是公开的，2014 年被微软以 25 亿美元收购之后，这种公开性也延续下去。

278　　　当代硬核玩家大都了解，一款游戏发布之后可能仍会有新的重大修补或可下载的额外内容，但持续的更新换代和扩展以意义深远的方式改变了《我的世界》这款游戏，也超越了玩家对电子游戏的认知。新的特性和玩乐模式增强了这款游戏具有创意的复杂性、扩展了其核心互动方式。在某些情况下，更新内容从根本上改变了《我的世界》"是什么"的定义，或者更准确地说，更新内容扩大了《我的世界》能够"成为什么"的范畴。

　　在最初版本中,《我的世界》仅提供了创造模式，后来又增加了生存模式和冒险模式（事实上，创造模式曾被暂时取消，之后在 1.8 贝塔版中又被恢复了）。在创造模式中（正如在撰写本文时的版本和最初版本中所存在的那样），资源是无限的，玩家从一开始就可以不受限制地使用所有的方块类型，就好像拥有了世界上所有的乐高套装。尽管在创造模式中有怪物存在，但它们不会攻击玩家（即使受到挑衅）。即便在其他游戏模式中令人感到恐惧的强大的末影龙（Ender Dragon），在创造模式中也是人畜无害的。通过移除昼夜循环生成的怪物带来的危险，并提供一个完全解锁的物品栏，创造模式明确地将沙盒式"玩乐"与"内容生成"等同起来。

　　准确定义"游戏开发"和"游戏互动"的重合之处并不简单。《我的世界》可能会让人想起《小小大星球》或《超级马力欧制造》等游戏，它们提供了强大的设计工具，并且显著地将玩游戏与设计游戏、玩乐与劳动结合在一起，但这些游戏之间也存在一些重要的区别。《超级马力欧制造》和《小小大星球》都有预制的关卡和挑战，重要的是，玩家可以尽情享受游戏而不用制作任何原创内容。此外，虽然《超级马力欧制造》和《小小大星球》将制作模式和玩乐模式紧密联系在一起，但《我的世界》并未做这样的区分。《我的世界》不是一个关卡设计工具。如果没有制作内容的创造性劳动，它就是一个没有什么可玩的游戏。玩游戏的过程就是制作内容的过程。玩游戏就是内容生成。

一些创作因其规模和雄心而引人注目，而一些创作则因创造性、精确性以及革新性地运用了方块的功能与特性以及游戏内行为①的功能与特性而令人印象深刻。维斯特洛世界（WesterosCraft）负责建筑部分的成员做了不可思议的工作，即重新创造乔治·R. R. 马丁（George R. R. Martin）的《权力的游戏》（*Game of Thrones*）宇宙，他们为主题角色扮演搭建游戏场景，欧姆象头神（ohmganesha）和科迪·利特里（Cody Littley）分别制作了一台 16 位计算机和一个功能完备的硬盘。针对这台电脑，欧姆象头神解释说："它的随机存取存储器（RAM）容量是 32 字节，只读存储器（ROM）容量是 256 字节。它在一个变速时钟上运行，需要消耗 28 个刻（tick）来处理数据指令，消耗 45 个刻来处理计算指令，平均为 250 毫赫兹（每 4 秒处理 1 条指令）。"[7]在《我的世界》中搭建的建筑类型十分广泛，难怪在 2012 年麻省理工学院媒体实验室的科迪·森普特（Cody Sumpter）半开玩笑但颇有见地地指出："诺奇不只是创作了一款游戏，他实际上哄骗了 4000 万人学习使用计算机辅助设计（Computer-Aided Design，CAD）程序。"[8]

279

尽管浏览在线新闻网站和《我的世界》论坛可以较为容易地找到包含最好、最大或最酷作品的列表，但无穷无尽的日常创作、建造与合作行为不应被这些奢华的建筑所掩盖。当玩家为了度过第一个夜晚建造庇护所时，共同照料花园时，仿照《塞尔达传说》创造像素艺术时（如图 31-1），或者制作障碍物来设计跑酷挑战，测试创造者的创造力和虚拟自由奔跑者的灵活性时，玩家每时每刻都在进行着日常作业。

游戏特定的玩乐时段中玩家或独自一人或与其他玩家合作搭建一些小规模的建筑，由玩家社群创造、管理的更加正式的全新游戏模式也会建造小规模建筑。与众多服务器类似，Hypixel 服务器和 Mineplex 服务器能够将玩家的创意固定下来，并将用户生成内容转变为明确的可以争夺输赢的互动机制。Hypixel 的"建造大赛"（Build Battle）游戏就是一个典型的例

---

① 游戏内行为既包括玩家行为，又包括非玩家角色、环境、游戏内物品的行为，例如怪物的攻击、天气变化、方块受到重力影响而下落等。——译者注

子。在《我的世界》中设计的这个游戏要求玩家在严格的时间限制内根据设定的主题搭建一个原创建筑。

图 31-1 玩家在《我的世界》中创作《塞尔达传说》
系列中的林克、库克鸡和小精灵娜薇

资料来源：图片来自 iShadowCat。

搭建才能不仅能使玩家玩好《我的世界》，对于从创造性挑战（谁能在 5 分钟内使用提供的方块搭建出最好的建筑）的玩家回应中诞生的全新游戏互动而言也是一个至关重要的组成部分。在《我的世界》里创造的其他游戏也提供了不同的挑战。Hypixel 服务器的"疯狂战墙"（Crazy Walls）邀请 4 支队伍，每支队伍由 4 名玩家组成，让他们进行挖矿、交易和制定战略，以最大限度地提高他们的进攻和防守能力，准备工作完成后，将他们隔离开的战墙就会倒塌，一场 16 人的混战随之展开。Mineplex 服务器的"逃离末影龙"（Dragon Escape）将《我的世界》重构为一个三维平台跳跃游戏，玩家在复杂的环境中躲避末影龙并竞速，因此更注重玩家是否具备高超的表演与控制能力。

用户创建的模组进一步添加了《我的世界》中核心互动方式的机制与特性，并提高了精确定义"游戏"的难度。例如，弗朗（Flan）创建的模组增加了枪支、坦克和手榴弹以便于战斗，像素宝可梦（Pixelmon）则混合了任天堂《精灵宝可梦》系列游戏的角色和互动机制（当然这是非正式的借用）。在这里，正如苏·莫里斯在谈到第一人称射击游戏时指出的那样，无论是《权力的游戏》中的布景，还是同样由用户创建和分享而使用一定工具就能启动模组并增强游戏用户界面的计算机外设，都具有显著的创造性，但《我的世界》中的用户生成内容和粉丝劳动的创造性水平更胜一筹。[9]

　　若希望寻找一些具有创意的例子，利用《我的世界》数字空间内的用户生成内容可以说是最直接的策略。除了论坛和用户组中的讨论以外，学者与玩家也一定能在 YouTube 中较为轻松地找到创意内容。在 YouTube 上呈现的《我的世界》远不止游戏内的技艺。重要的是，人们需要认识到《我的世界》作为一个供玩家使用的虚拟空间，其中可能呈现并发展出全新形式的叙事和名人。

　　"让我们一起玩"也许算得上最著名的游戏视频制作形式。"让我们一起玩"在 2005 年前后出现在 Something Awful 网站的论坛上，时间比《我的世界》早。这类视频最简单的形式中包含录制好的实战画面，还有与游戏的音乐和音效融合在一起的玩家解说。[10] 在一些形式下，打开"让我们一起玩"，屏幕上会出现一个覆盖在游戏画面上的画中画窗口，里面是玩家解说员，这使玩家解说员、他们在游戏中的角色化身以及游戏实战中的表演三者紧密地捆绑在一起。

　　尽管"让我们一起玩"视频对游戏销售甚至游戏设计的影响已经受到关注[11]，但它们并不是典型的游戏评论。它们既可以作为指南向玩家展示游戏互动的机制与特性，或许更有趣的是，也可以作为生产原创叙事的场所。在后一种情况下，《我的世界》被重构为一个虚拟的电影摄制场，其中包括由方块构成的舞台和道具以及由玩家配音并操纵的角色。使用游戏引擎进行叙事创作并不是《我的世界》的专利。公鸡牙制作公司（Rooster Teeth）的《红蓝大作战》（*Red vs Blue*）系列也许是最著名的引擎电影例子。[12] 然而，尽管《红蓝大作战》对《光环》系列所提供的角色模型和场景进行了富有想象力、创造性和颠覆性的使用，但《我的世界》的可塑性鼓励玩家尝试更高水平的场景设计和角色化身定制。因此，斯坦皮长鼻

（Stampylongnose）、我弹道乌贼（iBallisticsquid）、丹TDM（DanTDM）
等利用《我的世界》、YouTube和其他社交媒体平台的表演示能和传播示能
创造了"可消费的人物设定"（consumable persona）[13]，他们都是大写的微
名人（microcelebrity）①。[14]

　　这些制作"让我们一起玩"视频的用户也会因为使用明显"业余"的
制作手段来表现其真实性而引人注目［例如，他们会将自己定位为满腔热
情的卧室制作人（bedroom producers）］[15]。例如，斯坦皮长鼻的视频中
几乎抑制不住地兴奋说明了这种劳动的"激情"本质：既收获了经济回报
与个人成就，又实现了职业上的独立。[16]重要的是，这些玩家频道的存在
和受欢迎程度也使用户生成内容的概念合理化——它不仅是一种玩乐方式，
也是一条通往付费内容制作的途径。

　　我们可能会把这些围绕同一主题但每集包含独立叙事的视频视
为对《我的世界》的正常运行只起到支持与维护作用的副文本世界
（paratextual world）的一部分。然而，"玩"《我的世界》的大部分乐趣可
能也来自观看他人玩这款游戏。事实上，《我的世界》通过提供旁观模式直
接支持了这个想法，玩家可以毫不费力地四处穿梭，查看游戏世界的内容
和其他玩家的行动。因此，《我的世界》不仅鼓励内容的生产，而且鼓励对
其他玩家的创作进行审视，将这些数字手工作品提升至消费景观的地位，
为随后"让我们一起玩"视频的流行创造了条件。

　　极其丰富的游戏平台、游戏模式和游戏模组使《我的世界》很难归
类。此外，持续的开发增加了新的功能和特性，通过开辟新的玩乐方式、
更新玩家需要巧妙利用的规则与示能来不断打造游戏体验的潜在可能性。
然而，《我的世界》最重要的特性是用户生成内容的数量和多样性，它魔术
般地使游戏得以存在，并以重要、常常出乎意料的方式重构人们对游戏的
理解。

　　可以用不同的方式看待这种玩乐和劳动的结合或尤里安·库克里奇所

---

①　作者想指出的是，这些玩家不再是小众领域中的昙花一现式的微名人，而是被更多
　　人熟知，并且能够产生一定影响力的人物。——译者注

称的"游戏玩工"（playbour）[17]。许多玩家将其创造力视为玩乐的延伸，因为由他们制作的新关卡和插件可以提高玩家的忠诚度、推动创新，并提高游戏销售量，对游戏制造商、发行商和开发商具有明显的价值，但人们更容易将用户生成内容创作者视为被剥削的免费劳动力。然而，正如索塔马[18]和其他人所指出的，许多创作者自愿甚至充满策略地在这种环境下劳动，因为他们也发现了非常多的个人好处，例如可能会被慧眼看中而成为游戏开发者或成为下一个YouTube名人。

无论我们如何看待《我的世界》，都必须认识到，它的玩家社群所创造和消费的用户生成内容的广度和深度既体现在虚拟世界的数字方块之中，又体现在散布于社交媒体与流媒体视频网站（如YouTube）上的录制内容之中。通过这种方式，复杂、连续的元叙事得以展示，《我的世界》被塑造成一个灵活的工具包、具有高度定制性的虚拟舞台以及深度连接的传播平台。认识到这种由用户创造的，并在游戏玩乐过程以及在跨媒介互动过程中被消费、评注和不断丰富的内容的多样性，这个关于摆放方块的"游戏"就会呈现为一个沙盒式、由社群驱动、生成多媒体内容的平台。

282

注释

1 Mojang, "Games," Mojang Official Website, https://mojang.com.

2 Mojang, "Games."

3 Hector Postigo, "Of Mods and Modders: Chasing down the Value of Fan-Based Digital Game Modifications," *Games and Culture* 2, no. 4 (2007): 300–313.

4 John Dovey and Helen W. Kennedy, *Game Cultures: Computer Games as New Media* (Maidenhead: Open University Press, 2006).

5 James Newman, *Best Before: Videogames, Supersession and Obsolescence* (Abingdon, UK: Routledge, 2012).

6 上文引用官方网站对生存模式和创造模式的描述介绍了在撰写本章时《我的世界》的情况，但必须注意的是，这些模式并非一直存在。迭代式开发过程是《我的世界》的一个显著特征，这对其作为一个用户生成内容创造性平台的兴起具有实质性影响。Bruce Sterling, "Dead Media Beat: Federico Giordano: Almost the Same Game," *Wired*, April, 21, 2011, https://www. wired.com.

7 ohmganesha, "My ALU/CPU/Computer Progress Thread (+ Video and Worldsave)," *Minecraft Forum*, July 16, 2011, https://www.minecraftforum.net.

8 Tom Cheshire, "Want to Learn Computer-Aided Design (CAD)? Play Minecraft," *Wired*, November 22, 2012, https://www.wired.co.uk.

9 Sue Morris, "WADs, Bots and Mods: Multiplayer: FPS Games as Co-creative Media," in *DiGRA '03—Proceedings of the 2003 DiGRA International Conference: Level up*, 2003, vol. 2, University of Utrecht, the Netherlands, https://www.digra.org.

10 Patrick Klepek, "Who Invented Let's Play Videos?," *Kotaku*, May 6, 2015, https://kotaku.com.

11 Chris Kohler, "Nintendo's YouTube Ad-Grab Is Playing with Fire," *Wired*, May 16, 2013, https://www.wired.com; Emanuel Maiberg, "Why Horror Games Are More Fun to Watch than Play," *Motherboard*, May 30, 2015, https://motherboard. vice.com; and Brendan Sinclair, "Play Matters More than Video Games—Octodad Dev.," *GamesIndustry.biz*, March 27, 2014, https://www.gamesindustry.biz.

12 Henry Lowood and Michael Nitsche, eds., *The Machinima Reader* (Cambridge, MA: MIT Press, 2011).

13 Alice Marwick and Dana Boyd, "To See and be Seen: Celebrity Practice on Twitter," *Convergence: The International Journal of Research into New Media Technologies* 17, no. 2 (2011): 139 - 158.

14 Theresa Senft, *Camgirls: Celebrity and Community in the Age of Social Networks* (New York: Peter Lang, 2008).

15 Alice Marwick, *Status Update: Celebrity, Publicity, and Branding in the Social Media Age* (New Haven, CT: Yale University Press, 2013).

16 Hector Postigo, "Playing for Work: Independence as Promise in Gameplay Commentary on YouTube," in *Media Independence: Working with Freedom or Working for Free?*, edited by J. Bennett and N. Strange (Abingdon, UK: Routledge,

2015), pp.202－220.

17 Julian Küchlich, "Precarious Playbour: Modders and the Digital Games Industry," *The Fibreculture Journal* 5, no. 25 (2005), http://five.fibreculturejournal.org.

18 Olli Sotamaa, "On Modder Labour, Commodification of Play, and Mod Competitions," *First Monday* 12, no. 9 (2007), http://firstmonday.org.

延伸阅读

Garrelts, Nate, ed. *Understanding Minecraft: Essays on Play, Community and Possibilities*. Jefferson, NC: McFarland, 2014.

Jones, Steven E. *The Meaning of Video Games: Gaming and Textual Strategies*. New York: Routledge, 2008.

Newman, James. *Playing with Videogames*. Abingdon, UK: Routledge, 2008.

32 《雷神之锤》：影片

亨利·洛伍德（Henry Lowood）

编者语： 如何观看电子游戏？亨利·洛伍德从"《雷神之锤》影片"的历史角度提出了这个问题，"《雷神之锤》影片"在"引擎电影"一词被创造出来前常用于指代基于游戏制作的视频。《雷神之锤》影片不仅展现了游戏如何被玩家观看，而且表明了游戏技术如何被创造性地应用于其他目的，这也大力支持了如下观点：游戏不仅仅是玩乐。

如果说这本关于玩游戏的书借鉴了汤普森和米特尔《如何看电视》一书，那么这个章节也许就是一篇关于"看游戏"的文章。的确如此。也许很明显，引擎电影——基于游戏的影片制作——需要我们放下游戏控制器来观看。线性媒介和互动媒介以不同的方式吸引我们，但本章并不对比观众和玩家，而是关注那些将游戏作为平台的玩家，他们除了"仅"玩游戏，还做了一些其他事情。具体来说，我指的是游戏《雷神之锤》成为影片制作平台的那个历史时刻。《雷神之锤》在用途上的这种转变是其开发者始料未及的，它产生了一种观看游戏和参与游戏或观看和行动之间的全新关系，这种关系后来深深地嵌入了玩家文化。

之所以简要介绍《雷神之锤》影片，是因为还要提出本章的第二个基本主题，即游戏的历史研究价值。游戏技术、游戏开发和玩家文化在历史上的互动值得游戏研究给予比目前更多的关注。本章希望从历史角度探究玩家对于一款游戏软件的全新使用方式，这种新的使用方式是由约翰·卡马克（John Carmack）和约翰·罗梅罗（John Romero）所领导的 id 软件团队开创的，这个团队开发了《雷神之锤》。他们的技术是"游戏引擎"，id 公司在 1993 年底发布上一款游戏《毁灭战士》时向全世界宣告了这项技术。游戏引擎不仅是一种特殊的软件，它还定义了游戏软件组装的普遍结构，将游戏引擎本身负责的游戏核心功能的运行与定义一款游戏的玩乐空间或"内容"的"资源"（地图、音频、模型等）分隔开。在 1993 年初发布的新闻报道中，id 公司预测"《毁灭战士》引擎"将"打破人们头脑中的界限"，并创造出一个全新种类的"开放游戏"。[1]《毁灭战士》最终实现了这些目标，这一惊人的成功改变了计算机游戏的市场形势，并成为游戏技术发展的里程碑。

从 id 公司成立到 1996 年 6 月 22 日推出《雷神之锤》的 6 年里，卡马克作为首席程序员取得了一系列改变电脑游戏设计和玩乐方式的技术成就，从实现个人电脑上游戏界面的横向卷轴滚动[①]效果（这个突破也促成了公司的成立），到三维（3D）图形再现的逐步发展。《雷神之锤》作为 id 公司制作的第一人称射击游戏，成为建立在其技术创新基础上的一种新游戏类型。在开发《雷神之锤》的过程中，id 公司的团队注意到玩家对改变原有游戏或添加新元素的急切需求，让卡马克和罗梅罗感到惊讶的是，玩家把《德军总部 3D》，尤其是《毁灭战士》视为一个软件平台。玩家采用了给 id 公司的首席设计师留下深刻印象的方式修改了资源，如角色的外观（"皮肤"）或游戏地图，并理顺了软件的复杂设计，如卡马克设计的数据压缩方案。玩家热衷于改进游戏，就像他们热爱玩游戏一样。罗梅罗后来说："我们从未想过人们会修改我们的游戏。既然我们从来没有修改过别人的游戏，我们怎么会想到别人会修改我们的游戏呢？"[2]卡马克和罗梅罗希望玩家探索《雷神之锤》的内部，弄清游戏引擎的工作原理，最后有效运用这些知识。他们决定放宽对游戏资源的访问权限并提供修改工具，以此来鼓励玩家的探索行为。《雷神之锤》将不仅仅是一个游戏，更将成为一套打包好的游戏技术，供玩家使用以实现自己的目的。id 公司因此改变了玩家通过电脑游戏想做的以及能做的事情。

尽管卡马克和罗梅罗尽可能鼓励玩家修改游戏，但他们并没有预见

---

① 卷轴滚动是指在玩家控制角色移动的过程中，场景跟随角色的移动而改变。这意味着伴随角色的每一次移动，计算机都需要重新计算生成所有的场景，这对当时计算机的性能来说是不可能的。然而，卡马克编写的滚动算法解决了 DOS 系统中游戏动作不流畅和全屏擦除的问题。——译者注

到《雷神之锤》为玩家提供的全部创造性选项。利用这款游戏的场景、互动方式和渲染能力来制作动画影片是玩家基于游戏引擎发明的一个实际应用。游骑兵（Rangers）的《露营者日记》（*Diary of a Camper*）是第一部《雷神之锤》影片，揭示并证明了《雷神之锤》的影片制作潜力。

游骑兵属于《雷神之锤》的一个战队。战队是由关联玩家组成的有组织的团体，这些玩家首次出现在 1996 年 2 月，当时 id 公司允许他们对《雷神之锤》的预览版本进行测试。虽然这个预览版本只用作技术测试或演示，但玩家在等待游戏完整版本期间迫不及待地下载并体验了预览版本。预览版本只能在多人的"死亡竞赛"（death-match）模式下玩，因此自然而然地促成了多个玩家一起参与线上游戏。与《毁灭战士》相比，《雷神之锤》的一个改善是内置的客户端 - 服务器架构，因此玩家可以通过互联网更轻松地进行多人游戏。一起参与线上游戏就意味着每个人都处于在线状态。很难确定玩家群体究竟何时开始自我组织并自称"战队"，但"战队"的概念在《雷神之锤》发行之前就已经存在，因此他们也准备好成为《雷神之锤》在线社群的骨干力量。诸如"残忍的混蛋"（The Ruthless Bastards）、"邪恶天才"（Evil Geniuses）或"木偶帮派"（The Muppet Clan）战队，他们从自己建立的网站上获得的声誉与从队员的游戏技能上获得的声誉同样多。这些网站提供了关于《雷神之锤》技术的信息，也是分享游戏修改版本与游戏修改工具的地方。

游骑兵参与了一个普通战队会做的所有事情，但他们与 1996 年活跃的其他战队不同，他们认为自己是影片制作人。《露营者日记》不是普通的影片，而是一部《雷神之锤》影片。游骑兵并没有把《露营者日记》制作成静止图像序列，也没有捕获计算机生成的屏幕输出，编辑视频片段，或将最后的剪辑作为视频文件分发。这部《雷神之锤》影片既不会在 YouTube 这样的网站上发布，也不能通过当下的视频播放器"视频局域网 VLC"[①]等播放程序进行流媒体式播放。没有运用这些方案并非受到当时计算机游戏技术的限制，而且无论如何，那些方案也根本不存在。如今习以

---

① 现在这款程序叫作 VLC 媒体播放器。——译者注

为常的网络带宽和速度、流媒体技术和人们对在线视频的无限热情在那时还没有融会在一起而促使这样的影片产生。《露营者日记》是在《雷神之锤》中制作的，并只能在《雷神之锤》中观看。

游骑兵的影片以一个名为"演示"（demo）的小数据文件的形式存在。id 公司曾为《毁灭战士》开发了一个演示格式。当游戏软件启动时，以这种简单的回放格式存储的提前录制好的游戏实战会自动加载，随后这个演示文件就会演示这段实战画面（在其中，录制下来的角色是由约翰·罗梅罗操纵的）。一方面，《毁灭战士》的演示文件是由 id 公司的引擎激活并执行的资源。另一方面，它的功能类似于街机在"吸引模式"（attract mode）①中演示的片段，展示这款游戏的玩法，并吸引玩家参与进来。因此，录制演示将 id 公司的新游戏技术与现有吸引观众的手段结合在一起，以激发潜在玩家的兴趣。对于一些《毁灭战士》和《雷神之锤》的玩家来说，这种"开场"的片段会让人想起自 20 世纪 70 年代末以来被黑客在已被破解的游戏软件中植入的"破解片头"[cracktro，即 crack intro，有时也被称为"加载器"（loader）]。最初，破解片头只会在屏幕上显示一些简单的介绍性内容，到 20 世纪 90 年代初，破解片头会显示眼花缭乱的多媒体内容，以此证明在片头的字幕动画中提到的黑客编程技能和声誉。作为一款独立运行的演示程序，视听效果的呈现促进了全球范围内包括计算机游戏玩家在内的"演景"（demoscene）文化的形成。

287

id 公司将游戏引擎与《毁灭战士》或《雷神之锤》中的演示文件等资源区分开，这使玩家能够更轻松地将开发者制作的回放录像替换为他们创作的影片。这种替换的前提是玩家需要学会制作和编辑"影片"，并将其保存为演示格式，这样其他玩家就可以在自己的游戏中加载和执行这个演示文件。《露营者日记》提出了一个新的想法，不是仅仅回放画面，而是利用演示格式来讲述一个简单的故事。游骑兵并不是唯一利用 id 公司电脑游戏技术的玩家战队，但他们通过重新设想这一成果可以为他们做些什么而"引领潮流"（这也是该战队的座右铭）。

---

① 即在无玩家投币时机器会自动播放的宣传画面。——译者注

《雷神之锤》影片是一个由玩家驱动的创新。游戏引擎架构使玩家能够轻松地修改游戏，从而促进了游戏文化的发展。卡马克和罗梅罗明白，制造游戏引擎的公司在不控制游戏资源的前提下可以取得惊人的成功。玩家可以在游戏引擎的框架之上创建和更改游戏资源，而不需要侵入核心的引擎代码。玩家就是这样做的。一旦他们理解了游戏引擎是如何与基于引擎的资源协力工作的，交换资源以在另一个玩家的同一游戏引擎上运行就比以前容易多了。许多玩家制作了角色皮肤或新地图，游骑兵则把《雷神之锤》作为制作和回放影片的平台。《雷神之锤》影片成为 id 公司技术的一种创新式应用，也是玩家参与游戏文化经济的一种形式。

但为什么要用游戏来制作影片呢？《毁灭战士》把同他人分享录制好的演示文件的行为打造为记录游戏成就和向其他玩家学习技能的方法。《毁灭战士》演示格式运作的原理是，先将指定时间间隔内在控制器上捕获的输入信息保存下来，然后将这些输入信息转换为原始指令序列，以此来构建回放画面。就像自动钢琴卷轴一样，当演示文件的数据和元数据被加载到《毁灭战士》中，游戏引擎将忠实地重新执行与最初游戏时段内相同的操作次序，该时段的画面在屏幕上得以回放。《毁灭战士》演示文件并不是一个提前录制好的视频，而是一个重新激活游戏系统的脚本，并由机器对捕获到的人类表演进行完美的渲染再现。尽管这种格式非常简单，或许恰恰是因为简单，画面回放的方式被证明是相当稳健的。演示文件是可读的（从文本上看的确是这样，因为指令序列可以用文本格式显示），它激活了游戏引擎以产生精确的、版本明确的回放片段，而且无须考虑可用带宽，由它生成的小文件很容易交换。

《毁灭战士》建立了一个围绕回放的观影文化。在此之前，面对玩家渴望修改早期游戏中资源的热情，卡马克和罗梅罗已经做出了回应，他们设计了《毁灭战士》引擎来为游戏资源的改动提供便利。当 id 团队成员准备开发《雷神之锤》时，他们意识到玩家希望更加全面地使用他们的游戏技术，因此 id 公司制作了程序说明文档和工具，并开放了《雷神之锤》的一些计算机代码。已有的回放文化也从《雷神之锤》的技术改善中受益。例如，id 公司为录制演示开发了一种新的格式，恰到好处地将它命名为

".dem"文件（代表"演示"），使用这种格式可以比《毁灭战士》中相对简单的".lmp"［数据的"块"（lump）］文件捕获更多的信息。

没有实际证据表明id公司改善演示格式是为了进一步邀请玩家制作影片。尽管如此，新的格式满足了《毁灭战士》玩家已经展示出来的对竞技比赛和由玩家发明的其他玩乐模式（如竞速通关）进行回放的强烈愿望。《毁灭战士》的回放录像已经成为玩家文化的一个重要组成部分。有了新的录制格式，分享回放录像和制作影片之间的大门就打开了。玩家能够自由跨越这扇门。由于id公司的开放性，这些玩家能够详尽地探索新的演示格式。例如，尤韦·吉利希制作了《毁灭战士》的演示文件，并成为".lmp"格式的首席专家，为其编写了一套规范。他潜心研究《雷神之锤》格式，并在7月初——游戏发布的两个星期后——就制作出"非官方DEM格式描述"的第一个版本。吉利希意识到，"对于拥有很多业余时间的人来说，《雷神之锤》可以取代一个完整的用于制作卡通或类似东西的3D建模系统"。[3]换句话说，他们可以通过游戏制作影片。《雷神之锤》还在开发时，像吉利希这样的玩家对id公司游戏技术的探索，以及他们学习、改进和分享的意愿，让人想起埃里克·冯希佩尔对一项技术的"领先用户"（lead users）的界定。领先用户是指在使用新产品或技术时提出"强烈需求"的人，这些需求后来"在市场上成为常见功能"。领先用户不仅提供"需求预测"，还经常通过提供"新的概念和设计数据"给制造商来实现他们所感受到的需求。[4]吉利希是《雷神之锤》领先用户的典范。

《毁灭战士》和《雷神之锤》的玩家很少作为id公司游戏技术的"爱好者"被游戏研究关注，从这个角度来看，他们只是使用者。然而，人们对于技术的热情由来已久，尤其是在美国。史蒂夫·瓦克斯曼在写到电吉他发展过程中的"改进工作"时认为，出于对技术的热情，"个人不仅使用技术，而且还从中获得乐趣，并全身投入，将其作为一种娱乐方式"。[5]在《雷神之锤》的漫长酝酿期，市场的期盼和营销激发了人们的热情。到20世纪90年代初，随着技术的发展，特别是围绕计算机和互联网相关产品的预发布、预览版和开发现状报告，粉丝社群开始出现。《雷神之锤》既是id公司的游戏设计，又是id公司的技术，其玩家对id公司技术的每一

289　条信息的无限关注与其他技术领域的消费者对最新事物的关注非常近似。《雷神之锤》的爱好者致力于理解和改进一种新形式的娱乐技术——游戏软件，这成为一种与他们享受游戏本身非常类似的"娱乐形式"。吉利希、游骑兵和其他人在对演示格式的改进中获得了乐趣。

　　回到《露营者日记》。正如《雷神之锤》从一开始就支持客户端-服务器网络并能在互联网上进行竞技玩乐一样，玩家也聚集在线上，他们访问战队网站或游戏主题的新闻网站，如专注于 id 公司游戏的蓝色新闻网（Blue's News）。1996 年 10 月底，在 GT 互动（GT Interactive）发布完整零售版《雷神之锤》约 2 个月后，玩家访问其中一个网站，会发现一个名为"CAMPER3.DEM"的演示文件。玩家将包含该文件的文件夹下载到计算机后，可能会读到文件夹中有一个创建日期为 1996 年 10 月 30 日（在创建 CAMPER3.DEM 的两天后）的文本文件，该文件显示制作团队为"联合游骑兵影业"（United Rangers Films）——著名的游骑兵战队的一个下属分支。文件中的短文解释了如何在《雷神之锤》中加载和运行演示文件，"在你的计算机可以处理的最佳视频模式下享受观看乐趣"。播放演示文件会出现一个类似于回放的动画影片，其中包含人物瞬时的疯狂举动，这也许并不会令人感到惊奇。一眼就能看出这些内容来自 id 公司制作的第一人称射击游戏。然而，《露营者日记》在两个重要方面突破了《毁灭战士》以往的演示回放。首先，观众的视角不是游戏中的任何玩家或参与者的视角。吉利希发现，在新的演示格式中，"玩家的坐标和摄像机的位置可以是不同的"。换句话说，摄像机视角可以被"编辑"，以改变回放演示中的视角。这一发现使他对《雷神之锤》影片制作的潜力赞赏不已。游骑兵将捕获的游戏互动数据以《雷神之锤》的演示格式保存，就像《毁灭战士》的演示文件一样，这些数据由游戏引擎回放以生成影片。然而，正如上文所述，新格式的示能之一是，独立的摄像机视角可以拍下玩家动作，取代了预期的第一人称射击视角。《露营者日记》是从"不同于玩家视角的摄像机角度拍摄的"。游骑兵（以及一些竞速通关玩家）已经知道了如何在《雷神之锤》中移动摄像机，并制作了工具，从而在与游戏互动的同时展示了他们的编程技能。变换摄像机角度拍摄是一项创新，源于玩

家的技能、《雷神之锤》的稳健技术以及吉利希等领先用户的指导（如图
32-1）。

图 32-1 从不同于玩家视角的摄像机视角看《雷神之锤》的速通过程
资料来源：画面来源于"快速打通《雷神之锤》"（Quake Done Quick，1997）项目。

其次，《露营者日记》不是回放。与之前的《毁灭战士》或《雷神之
锤》的演示画面不同，影片中可观察到的角色行为遵循一个简单的叙事
弧线，而不是单纯重复某个游戏时段的内容。剧本在画面上没有参考太
多《雷神之锤》的故事情节，只有一小段内部笑料——游骑兵向"露营者"
（通过占据主要位置获得游戏优势的玩家）进行报复。瞄准头部的枪击果
然将这个露营者打得只剩下了一个脑袋，画面上显示这个露营者不是别
人，正是约翰·罗梅罗。《毁灭战士》启动时官方演示中的明星就这样在
第一部《雷神之锤》影片中被玩家击败。

《露营者日记》是一部制作质量一般的影片，但《雷神之锤》玩家
却从中受到启发。它激起了一些有电视或电影制作经验的玩家的好奇
心，他们想知道利用游戏技术来制作动画的可能性。保罗·马里诺（Paul
Marino）就是这样一位玩家。马里诺和他的朋友——其中一些拥有电视
或即兴喜剧从业背景——也是在 1996 年看到《露营者日记》的《雷神

290

之锤》的玩家。⁶他们组建了 Ill 战队。Ill 战队和其他初次涉足《雷神之锤》影片的个人和团队一起，将基于游戏的影片制作扩展到《雷神之锤》和演示文件之外。他们纳入了一系列更多样化的方式来创作依赖游戏场景和技术的动画电影。几年后，休·汉考克（Hugh Hancock）和安东尼·贝利（Anthony Bailey）——他们也是制作《雷神之锤》影片的老手——为"基于游戏的影片制作"这个更加普遍的概念创造了"引擎电影"（machinima）一词，这是一个机器（machine）和电影（cinema）的混成词①。时至今日，引擎电影仍是数字游戏文化的一个重要组成部分。

我们不能错误地认为人们在观看《雷神之锤》影片之后就会产生制作《雷神之锤》影片的念头。观看《雷神之锤》影片不仅仅涉及消费或观看行为。从知道如何操作《雷神之锤》来回放演示文件，到理解游骑兵表演中的玩乐技巧和质量一般的剧本中的圈内笑料，观看影片实际上就假定玩家对这款制作出影片的游戏非常精通。使用《雷神之锤》技术制作动画短片既需要技术热情，又需要游戏互动的过程，还需要加上一些玩家向其他玩家分享表演的意愿。游戏互动、游戏技术与表演三者结合在一起可以生成一种强大而有效的"灵丹妙药"。的确，每一项活动都涵盖了不同形式的观看②。看游戏原来不仅仅是看游戏，玩游戏也不仅仅是按照固定的互动方式参与游戏。

注释

1 id Software Press Release, "Id Software to Unleash DOOM on the PC" (Dallas, TX: id Software, 1993).

2 John A. Romero, *Oral History of Alfonso John Romero* (Mountain View, CA:

---

① 也可翻译为"机械电影"或者"机造电影"。——译者注
② 例如，若只关注《雷神之锤》影片中的游戏互动，则只是普通的被动观看，同时可能会学习一些游戏策略；若将注意力放在游戏技术上，则可能会一边观看一边动手操作；若希望欣赏其他玩家在影片中的表演，则需要提前对该游戏的方方面面都有所了解，这样才能理解影片中的内部笑料。——译者注

Computer History Museum, 2012), part ii, p.43.

3 Uwe Girlich, "The Unofficial DEM Format Description" Version 1.02 (30 July 1996): 3.2 and 3.4, https://www.gamers.org.

4 Eric von Hippel, "Lead Users: A Source of Novel Product Concepts," *Management Science* 32 (1986): 791–806.

5 Steve Waksman, "California Noise: Tinkering with Hardcore and Heavy Metal in Southern California," *Social Studies of Science* 34 (October 2004): 675–670.

6 Adam Penenberg, "Deus ex Machinima," *Economist*, April 4, 2004.

延伸阅读

Lowood, Henry. "Found Technology: Players as Innovators in the Making of Machinima. In *Digital Youth, Innovation, and the Unexpected*, ed. Tara McPherson. Cambridge, MA: MIT Press, 2007.

Lowood, Henry, and Michael Nitsche, eds. *The Machinima Reader*. Cambridge, MA: MIT Press, 2011.

Marino, Paul. *3D Game-based Filmmaking: The Art of Machinima*. Scottsdale, AZ: Paraglyph Press, 2004.

Ng, Jenna. *Understanding Machinima: Essays on Filmmaking in Virtual Worlds*. New York: Bloomsbury Academic, 2013.

292

33 《反恐精英》: 赛事观看

埃马·维特科夫斯基（Emma Witkowski）

编者语：作为一项成熟健全的电竞运动,《反恐精英》的地位凸显了在将竞技性游戏转变为一项观赏性运动的过程中，玩家型观众、线上播放、媒介体育包装和名人所起到的至关重要的作用。埃马·维特科夫斯基研究了围绕《反恐精英》丰富的社会技术系统（socio-technical system），这些系统推动了作为媒介体育娱乐的电竞的发展。

2005 年，达拉斯一家酒店的会场内挤满了准备参加《反恐精英》（以下简称《CS》）比赛的队伍。《CS》是由维尔福集团发行的一款流行电脑游戏。该游戏系列包含多个版本。从 1999 年最初以玩家制作的模组形式面世开始（《CS》1.0），到最近的版本《反恐精英：全球攻势》，这款游戏所有产品的迭代都基于同样的主要互动方式：玩家加入"恐怖分子"或"反恐怖分子"的团队，努力消灭对手，或在一定时间内完成目标（如引爆炸弹或拆除炸弹）。随着参赛队伍涌入达拉斯的酒店,《CS》的全球影响力也随之彰显。参赛队伍来自巴西、美国和韩国，代表着如今在全世界依然活跃的电子竞技队伍。作为北美主要联赛的职业电子竞技联盟（Cyber Professional League, CPL）设有 6 万美元的奖金，共有 21 支队伍来到达拉斯参赛。那天，成立于 1997 年的爆破突击队（SK Gaming）在大约 100 名玩家型观众面前赢得了冠军赛，这同时也标志着电竞行业取得了胜利。游戏画面播放的观看人数达到了千万级别，这表明竞技性计算机游戏拥有潜在的观众，可以组织为一项观赏性运动。[1]

在欧洲各地,《CS》的圈子也在发生积极的变化。低廉的上网费用使参与网络游戏成为丹麦最实惠的团队活动之一。电竞联赛蓬勃发展，在互联网上或是常规的局域网中都曾开展有组织的比赛。在中欧，波兰城市华沙和凯尔采的网咖促进了《CS》专业圈子的形成与发展。当地网咖以较低的价格（2.5 兹罗提 / 小时）为玩家提供了高性能的 CPU、高速的网速、局域网，这里还有技能娴熟的游戏伙伴或对手，这为发展专业性训练提供了必要的基础条件。米卡尔·"卡尔马克"·布利恰兹（Michał "Carmac" Blicharz）是电子竞技联盟（Electronic Sports League，ESL）负责职业游戏的副总裁，回忆波兰喜欢网咖的群体的主要活动围绕三个方面展开，即在网咖消磨时间、支持当地的选手以及观看最好的"战队"与跨城对手对抗。这些网咖发挥着"人才孵化器"的作用，技艺高超的选手也会享有观众的力量（audience power）。[2] 也就是说，选手可以吸引新的观众来观看他们争夺现金奖励的比赛，获得适度的赞助，同时他们通过分享专业技能和游戏知识来驾驭他们不断增长的"游戏资本"（关于游戏资本的更多信息，请参阅本文集中米娅·孔萨尔沃撰写的第 21 章）。[3] 这些区域性做法表明，在丰富的社会物质基础上，职业或业余[4]的《CS》文化已经从地方性的社群文化发展为国际化、职业化的观赏性体育文化。

　　虽然电竞的定义不断变化，但这个术语通常指制度化和规范化的精英级数字游戏竞技联赛。本章从社会技术手段的视角，探讨电竞作为一项商业上可行的观赏性运动的发展。我们可以看到，作为一个仍朝着职业化发展的行业，通过对传统、系统、人类与技术关系的聚焦和发散，电竞是如何被塑造为实况媒体景观并维持的。下文特别关注玩家型观众、电竞播放传统，以及通过《CS》的大量宣传而产生的名人所起到的作用。

　　自 20 世纪 70 年代，有组织的计算机游戏竞技活动的规模一直较小。例如，《雅达利橄榄球》这样的街机游戏在 1978 年 11 月的雅达利《硬币连接》（Coin Connection）①上就被宣传为可用于组织联赛的游戏。正如《硬币连接》的头版所吹嘘的那样："任何喜欢橄榄球运动的运动员或观众都会喜欢玩《雅达利橄榄球》。"将来自传统体育市场中的运动员与观众和来

---

①　该报纸主要面向对街机游戏的运营商，提供有关新游戏、软硬件更新以及商品促销等信息。该报纸也鼓励人们使用街机游戏参与竞技性比赛。——译者注

自现代体育市场中的玩家与观众整合起来 ①，在游戏行业中属于常规做法。虽然电竞中的玩家型观众——在参与游戏和观看比赛之间切换的积极参与者——在街机游戏中就能够找到历史先例，但《CS》的早期测试版本也进一步针对玩家型观众进行了联网式设计，提供了观众视角的可能性以及游戏内置的画面播放功能。40 年过去了，电竞在线播放和周期性大型活动意味着复杂性大幅提高以及通信技术、游戏社群和不同的媒体行业之间进一步融合，这与独立运作的非联网的地方性街机游戏联赛大相径庭。现代电竞是从这些历史上重要且稍显复杂的运作中培养出来的，而赛事观看则被公认为永远是竞技性玩乐的一部分。

294

2011 年，直播平台 Twitch.tv（现名为 Twitch）推出，一个十分值得注意的功能诞生了：内容制作者能够与海量的电竞观众持续互动。Twitch 将内容制作者或"主播"与观众聚集到一个专门分享游戏实战视频和存档的空间。到 2013 年，每个月有 4500 万个视频观看者，到 2016 年，超过 170 万个用户直播游戏画面 ②。5 观看人数和内容生产的规模表明人们参与游戏的方式发生了重大的社会技术上的变化。随着网络平台 Twitch 的发展，观看电竞直播也获得了极大的普及。Twitch 上的观众不仅在观看，他们也被鼓励通过内置的直播聊天窗口参与进来，与他们喜欢的主播互动。观众可以"关注"、"订阅"或直接向主播打赏，构成了不同程度的赞助和支持。6

《反恐精英》作为一项媒介体育的发展要归功于众多参与者，无论是技术方面还是社会方面，无论是业余的还是职业的。例如，维尔福的知识产权协议允许第三方个人或机构从《CS》的游戏播放中盈利。YouTube 的用户页面被选手或组织用作资料库，存放他们录制的赛事。在直播之前，借助推文（Tweet），赛事能够吸引大量的注意力，Facebook 和

---

① 传统体育市场指围绕真实运动的体育市场，无论是专业的还是业余的，现代体育市场指围绕运动游戏的消费群体，整合的目的是建立一个玩家与观众共存的竞技性游戏体育市场。——译者注

② 原文如此，经过译者查询相关报道，2015 年每月平均有 170 万个用户参与游戏直播。——译者注

Instagram 上的帖子也起到了异步（asynchronous）的社群参与[①]和履历建设的作用，然而这些仅突出了建立和维持观众关系时涉及的跨平台的部分劳动和系统。发展"自我品牌"（self-as-brand）是电竞领域的日常线上劳动。在行业关系[②]的支持下，选手通过社群参与来提升形象并将自我品牌成功变现，这种品牌建设对于理解《CS》作为一项观赏性运动的发展轨迹也至关重要。[7]

电竞选手通过在多个平台上建立玩家型观众社群，激活了《CS》作为高知名度的主流电竞运动的形象。维尔福也对游戏的流行做出了回应，制定了一个支持性体系，其中包括通过各种财务承诺促使电竞行业实现职业化发展（包括提供给 2016 年所有主要联赛的 100 万美元奖金），以及通过软件模组来提高电竞在当前和潜在的玩家型观众中的吸引力与声望。维尔福还创造了装饰性的虚拟道具（称为"贴纸"[③]），供玩家在游戏中购买并在游戏中的武器上展示，而这只是众多方法中的一种[8]。玩家以 1 美元的价格购买这些贴纸。作为游戏中的内购，这些贴纸能够使玩家表达对其关注的电竞团队的忠诚与热爱。这一举措被证明是维尔福和主要《CS》电竞团队（在贴纸销售中会获得一半的分成）一个重要的新收入来源。 具体来说，2015 年，一个仅在某个周末举办的联赛中，维尔福在贴纸销售方面就赚取了 420 万美元。[9]因此，如果我们想要理解《CS》的受欢迎程度，就必须关注它作为游戏的设计，以及它作为媒介生产的构造方式，这种媒介生产融合了社群支持型的游戏互动以及企业在产品设计上的策略与行动。

295

传统的大型体育赛事影响了以观众为导向的电竞的结构和呈现。北美的联赛，如职业电子竞技联盟和 E 联赛（ELEAGUE，一个有线电视上的《CS》联赛）很轻松地、某种程度上不加批判地就从北美的职业体育生产

---

① 这里指电子竞技选手无法同步地将自己最新的赛况转发在社交媒体上，但为了提升人气，只能滞后一段时间发布。——译者注

② 这里指围绕电子竞技的各个推动者与投资者之间非正式合作的关系，例如维尔福集团、各电子竞技联盟、社交媒体与流媒体等之间的关系。——译者注

③ 也被称为"印花"。——译者注

模式中吸取了一些东西。传统的媒介体育，如美国职业篮球联赛（NBA），已经被许多电竞行业用作其商业可行性的蓝图，大型赛事活动依赖传统形式的媒体投资（例如，媒体以此获得播放权）以及顶级赞助所带来的利润最大化。[10] 然而，正如 T.L. 泰勒（T. L. Taylor）正确认识到的那样，大型电竞赛事活动利用音乐节、现场演出和科技展会吸引观众参与的方式，正在远离以体育为中心的市场战略，而扩展为"媒介娱乐产品"。[11]

在扩大娱乐机会的同时，主要的电竞联盟也在强化其作用于观众的手段。尼古拉斯·泰勒对北美最大的电竞联盟"职业游戏大联盟"（Major League Gaming）的研究详细说明了通过战略性的"营销策略、数据收集方法、公共关系和科技性媒介"，观众如何被定位为特定的消费者主体。[12] 在过去，玩家型观众与电竞选手混杂在一起，但现在主要赛事活动则通过设置签名的摊位、升高的舞台和个性化装备将选手与观众分开，强调了观众与消费者和明星与商品之间的区别。这是一种更正式的以名人为导向的表演形式，提供了一种传统的以娱乐为驱动力的赛事活动，一种为了在屏幕上展示而量身定做的赛事活动。

文化研究知名学者雷蒙德·威廉斯 1989 年对电视体育的评论与当前电竞生产的转变产生了深刻的共振。他指出："电视在呈现真实事件时过于出色，以致它获得了一种权力，然后滥用这种权力：表面上，无论正在发生的事件是预算会议、决赛、选举，还是赛马，电视都在所有事件的旁边设立了一个候见室。但实际上，电视使候见室成为表演场地，对事件做出的回应成为众人关注的事件，电视评论员成为真正的施动者。"[13] 电竞的候见室包括从传统媒介体育借鉴的众多要素，从光鲜的舞台到专业制作团队。电竞幕后工作人员包括专业的游戏观察员（为观众视角选择镜头内的画面）、主持人（采访选手）和解说员（现场技术分析师和解说嘉宾），他们遵循播放体育赛事时的传统，以夸张和情绪化的表达来展现游戏过程的实时变化。[14] 增强的屏幕显示以及解说员与观察员日益专业的工作有助于在线观众的接受 [15]，单独赛事的观众人数可与传统的体育景观相媲美（如图 33-1）。[16]

图 33-1 《反恐精英》已经发展为主流的观赏性电竞项目

但并非所有人都对候见室受到的关注感到高兴。在 Twitter 上，围绕作为实况体育生产的电竞，卡尔马克对于它的这一特殊发展阶段表达了不满："解说员成为比选手名气更大的明星了。"[17] 这一抱怨暗示了在健全的草根电竞圈迅速职业化的情况下，人们对于选手的估值也在发生变化。对于电竞行业和电竞选手而言，为《CS》这个电竞项目争取一个理想、可持续的模式需要持续的努力。但围绕电竞的可持续性与影响力，更复杂的讨论话题是电竞名人的状况以及如何在"网络化公众"中建立并维持粉丝对于自己的喜爱。[18]

对于电竞实况主播来说，成为 Twitch 的"合作伙伴"是实现盈利和维持可持续性电竞事业不可或缺的基础。平台合作是实现电竞长久发展的一种手段，同时对于少数人来说，也是成为微名人的途径。[19] 对于选手而言，围绕游戏所形成的具有可及性、深层次的社会技术网络非常适合将他们自己打造成电竞明星。正如特里萨·森夫特提醒我们的那样，微名人是通过"一种新的在线表演风格来实现的。人们通过视频、博客和社交网站等技术在网络上表演以'提高'自己的知名度"。[20] 电竞选手与 Twitch 的合作开启了培养电竞粉丝对自己的喜爱之情的新方式，从沟通管理（通过画面和文字）到观众互动，最终通过一系列植入的支付选项来实现盈利。

对于许多电竞明星来说，每周在 Twitch 上完成 3 次游戏直播是一种常规做法。但电竞微名人往往会参与持续的跨平台表演，不断优化其受欢迎的 "人设"。[21] 因此，电竞微名人是通过一套 "组合拳" 打造出来的，如参加主要联赛、进行独立播放、营销团队品牌、成为 Twitter 名人、鼓励粉丝关注和坚持专业性训练。[22] 随着电竞实况主播不断接受四位数甚至五位数的打赏（货币通过第三方网站直接捐赠给这些主播选手），将他们的活动和影响力集中于一款游戏、一个团队或一个社交媒体平台显然是不明智的。

职业玩家雅罗斯瓦夫·"帕夏肱二头肌"·雅尔扎佐夫斯基（Jarosław "pashaBiceps" Jarząbkowski）是电竞微名人中的一个典范。他赚取了不同水平的收益和工资：从签订传统的团队合同 [与 2003 年成立的俄罗斯电竞职业运动队威劈（Virtus.pro）签订合同] 到获得技术型赞助① 和获取贴纸销售的分红（在游戏中以他为主题的贴纸销售额位居前列）。但 "帕夏肱二头肌" 也从他独立的 Twitter 直播中获得了更稳定的可以自己掌控的收益。Twitter 上粉丝对职业玩家的打赏大多是象征性的金额，但这一收入建立在多个平台的稳健订阅量和可靠的收视率之上（这也会产生广告收入），相当于为具有趣味性的自我品牌营销工作提供了一份稳定的薪水。[23] 即使在他的游戏能力下降（通过越来越糟糕的游戏统计数据可以看出）的时候，能够带来可观利润的线上微名人身份依旧使他成为电竞组织的重要团队成员。在不断发展的体育行业中，个人线上的明星身份使得在比赛中全力以赴获取胜利不再是一件纯粹的事情，而是变得异常复杂。电竞微名人的表演只有得到观众的支持，他们才能持续表演下去，由此形成一个循环。这个循环对于普通玩家或粉丝参与电竞也是不可或缺的，他们既会在自己的游戏时段中模仿 "威劈" 战队的游戏战术，也会通过购买贴纸与其他实体和虚拟周边产品来进一步提升自己喜欢的名人的知名度。"帕夏肱二头肌" 的多层次职业生涯表明，电竞能够为赛事观看和粉丝参

---

① 与传统型赞助——例如在横幅或胸卡上印赞助商的公司标识——不同，技术型赞助通过移动设备和应用程序能够更好地量化投资回报率，例如，在用户使用手机登录 Wi-Fi 之前展示赞助商的广告和链接等。——译者注

与提供无数新式的支援保障。社会学家拉里·温纳对电竞的现状做出了巨大的学术贡献，他将媒介体育视为娱乐产品，认为我们看到的"新"不是表现出来的专业技能，不是精湛的玩乐，而是将作为景观的玩乐生产出来的方式。[24] 名人玩家从线上电竞品牌中产生，并与它们交织在一起，其电竞明星的职业生涯是通过无数人的工作实现的，其中最重要的是粉丝的劳动。

迈克尔·凯恩记录了2005年他在北美《CS》电竞圈度过的时光，他评论道："《CS》已经是一项专门的观赏性运动，它的影响力通过网络空间远远超越了这家酒店的围墙限制。外面也有人在观看。谁知道全世界有多少万人在看呢？"[25] 如今，我们对观看的人有了更清楚的认识，观看者数以百万。选手与粉丝对直播和电竞赛事的接受程度使《CS》进入一个线上可见度大为提高的时期，并与各媒体平台深度融合。但媒介体育的定位也让《CS》转变为一种游戏文化，游戏的专业技能被有意识地面向线上人群而不是本地人群表演和构建。作为一种媒介体育生产，电竞赛事观看群体包括粉丝，他们属于此类大型景观的一个关键部分。的确，这个群体需要为自己也被商品化的结局买单，但这并不是一件单方面的事情。同时，观看赛事的人也获得了一些深刻的私人感受：他们会回想起自己在激烈对抗中展现出来的激情，他们心中最优秀队伍的东山再起与一败涂地，以及自己在参与游戏的休闲时光中收获的多样乐趣。作为一款游戏、一个电竞项目以及最近作为一个深度网络化的市场，《CS》在历史上的转变揭示了线上玩乐、参与、资本和赛事观看如何改变人们在游戏中参与专业级玩乐的方式。

298

注释

1 Michael Kane, *Game Boys* (New York: Viking, 2008), pp.6‑17.

2 Michał Blicharz, "The Paradox of Polish eSports" (paper presented at the 2008 eSports Europe Conference, Köln, Germany, May 28, 2008).

3 Mia Consalvo, *Cheating: Gaining Advantage in Videogames* (Cambridge, MA:

MIT Press, 2007), p.18.

4 职业选手和业余选手同时参加的赛事活动。

5 YouTube（谷歌旗下的流媒体平台）在 2015 年完善了其平台，推出了"YouTube 游戏"（YouTube Gaming），专门涵盖游戏领域的不同品牌。此时，Twitch 已经签约了游戏主播并建立了观众社群，每月游戏内容的直播数量达到 170 万次 ①，参见 Twitch Retrospective, https://www.twitch.tv/year/2015。

6 关注者会将一个频道添加到 Twitch 个人页面里最喜欢的直播列表。订阅者在注册后须向与 Twitch 合作的主播每月支付一次费用（主播和 Twitch 将进行分成）。打赏是通过第三方账户直接向主播捐款。

7 Theresa Senft, *Camgirls: Celebrity and Community in the Age of Social Networks* (New York: Peter Lang, 2008).

8 作为虚拟道具，贴纸代表了不同的电竞队伍，可以贴在购买者自己在《CS》中的武器上。

9 Counter-Strike Blog, "Milestones," August 25, 2015, http://blog.counter-strike.net.

10 Jo Maguire, Grant Jarvie, Louise Mansfield, and Joe Bradley, *Sport Worlds: A Sociological Perspective* (Champaign, IL: Human Kinetics, 2002), pp.52 – 55.

11 Brett Hutchins, "T.L. Taylor: The Rise and Significance of Esports," *The Media Sport Podcast Series*, October 31, 2016, https://soundcloud.com.

12 Nicholas Taylor, "Now You're Playing with Audience Power: The Work of Watching Games," *Critical Studies in Media Communication*, published ahead of print, July 18, 2016, https://doi.org/10.1080/15295036.2016.1215481.

13 Raymond Williams, *Raymond Williams on Television: Selected Writings* (New York: Routledge, 1989), p.97.

14 Henry Stenhouse, "What It Takes to Be a *Counter-Strike: Global Offensive*

---

① 原文如此，但经过译者查询相关报道，Twitch 只透露每月直播游戏的用户达到 170 万人，平均有 55 万名观众同时在线观看。——译者注

Observer," *PC Gamer*, February 8, 2017, https://www.pcgamer.com.

15 游戏互动的可视化发展经历了对媒介体育持续的细微调整。观众的平视显示信息不断改进，例如，所有出现在屏幕上的选手照片四周都添加了 X 射线辉光般的效果，并且化身的头上也添加了血条。平视显示信息的这些改进不仅为现场和线上观众扩展了视角，还为解说员的工作带来了更多的手头信息，同时也使人们更易理解观察员拍摄到的游戏画面。以上这些共同致力于推动作为媒介体育的电竞的职业化发展。

16 Deloitte Report, "Technology, Media, and Telecommunications Predictions 2016," https://www.deloitte.com.

17 Michał Blicharz (@mbCARMAC), "SC2 as a spectator spoort [sic] is too focused on commentators. Casters are bigger stars than players," Twitter post, November 5, 2011, https://twitter.com/mbCARMAC/status/132835802261618689?s=19.

18 Danah Boyd, "Social Network Sites as Networked Publics: Affordances, Dynamics and Implications," in *A Networked Self: Identity, Community and Culture on Social Network Sites*, edited by Zizi Papacharissi (New York: Routledge, 2010), p.50.

19 Twitch, "Twitch Partner Program," 2017, https://www.twitch.tv.

20 Senft, *Camgirls*, p.25.

21 Ellis Cashmore and Andrew Parker, "One David Beckham? Celebrity, Masculinity, and the Soccerati," *Sociology of Sport Journal* 20, no. 3 (2003): 214 - 231.

22 电竞微名人需要做的事情包括积累大量的线上关注者，并在多个线上或线下空间与关注者或粉丝互动，同时通过在其平台或表演中推荐商品，利用关注者实现盈利。参见 Crystal Abidin, "#In\$tagLam: Instagram as a Repository of Taste, a Brimming Marketplace, a War of Eyeballs," in *Mobile Media Making in the Age of Smartphones*, edited by Marsha Berry and Max Schleser (New York: Palgrave Pivot, 2014), pp.119 - 128。

23 Jay Egger, "How Exactly Do Twitch Streamers Make a Living? Destiny Breaks it Down," *Dot Esports*, April 21, 2015, https://dotesports.com.

24 Lawrence Wenner, "On the Limits of the New and the Lasting Power of the

299

Mediasport Interpellation," *Television & New Media* 15, no. 8 (2014): 732－740.

25 Kane, *Game Boys*, p.17.

延伸阅读

Jin, Dal Young. *Korea's Online Gaming Empire*. Cambridge, MA: MIT Press, 2010.

Kane, Michael. *Game Boys*. New York: Viking, 2008.

Taylor, T. L. *Raising the Stakes: The Professionalization of Computer Gaming*. Cambridge, MA: MIT Press, 2012.

Taylor, T. L. *Watch Me Play: Twitch and the Rise of Game Live Streaming*. Princeton, NJ: Princeton University Press, 2018.

300

34 《星战前夜》：作弊

凯莉·伯格斯特龙（Kelly Bergstrom）

编者语：作弊——不公平地获得优势的行为——一直存在于实体游戏的互动以及数字游戏的互动之中。凯莉·伯格斯特龙以《星战前夜》为案例，说明游戏的玩家社群如何决定作弊的定义。在玩家社群，被一些人认为不正当的行为却会被其他人视为游戏体验中的一个重要组成部分。

字典倾向于把"作弊"定义为一种对于他人来说不公平地获得优势的行为。然而，在玩电子游戏时，对于哪些具体行为构成了"不公平的优势"，人们还未达成一致意见。当游戏学者米娅·孔萨尔沃采访玩家希望了解他们对作弊的定义时，她发现受访者对于在游戏中——无论是在线游戏还是单机游戏，也无论是单人游戏还是多人游戏——什么构成了不道德的行为这个问题的回答存在分歧。[1]孔萨尔沃的工作给我们提供了一个重要的提示，给电子游戏中的某个具体行为贴上作弊的标签是很困难的，因为做出这样的判断在很大程度上取决于游戏环境。更复杂的是，即使在同一个游戏社群里，对于游戏行为的对与错也可能存在分歧，玩家会对被察觉到的违规行为的严重程度存在不同意见。在游戏世界里，准则被扭曲了还是被破坏了？

本章并没有提出发生于电子游戏中的作弊的普遍定义，相反，本章说明了让众人对某一事物达成任何共识的难度所在。尽管存在困难，我认为游戏玩家的作弊现象能够提供一种手段来研究道德规范和预期行为在特定社群内是如何不断演变的。我首先调查了在单机游戏中经常被贴上作弊标签的行为（例如使用作弊码、第三方硬件和阅读攻略），对这些做法如何为玩家提供不公平的优势进行简要描述。随后我会讨论游戏开发商制定的行为准则和社群规范如何影响多人在线游戏中被认为作弊的行为。这些作弊的例子很有意思，因为它们提供了观察玩家参与"不道德"行为的机会，这些行为侵犯了魔术圈，但通常不会引发对"现实世界"造成影响的后果。最后，本章将讨论《星战前夜》，一个以太空为主题的大型多人在线游戏。这款游戏所托管的玩家社群突破了可能被视为作弊行为的界限，使作弊行为只是侵犯了魔术圈的想法变得更加复杂。综合来看，这些讨论，特别是《星战前夜》的例子，提供了一个机会来观察玩家在作弊边缘的行为。

通过输入作弊码，玩家可以在数字单机游戏中获得优势。作弊码是可以解锁游戏中的一些优势（如无限的角色生命或无限的弹药）的一连串字母、数字或手柄按钮。代弊代码被写入软件，或者作为开发过程的余料而存在，或者被故意隐藏起来，以奖励特别勤勉的玩家。这些作弊码也被称为"复活节彩蛋"。

最著名的作弊码可以说是"科乐美代码"，即"↑↑↑↓↓←→←→ＢＡ"。这个包含 10 个字符的序列首次出现在任天堂娱乐系统（NES）的《宇宙巡航机》中。当被问及这个代码的来源时，科乐美的游戏开发者桥本和久（Hashimoto Kazuhisa）解释说，他负责为其开发的流行街机游戏制作NES 版本，但他发现这些游戏很难通关，游戏测试对他而言成为一个不小的挑战。为了使他的工作容易一些，他置入了可以为他的游戏角色提升装备水平的代码。[2] 游戏发行后，这段代码被保留在软件中。代码被玩家发现后，《宇宙巡航舰》存在作弊码的消息就迅速传开了。此后，科乐美代码出现在许多游戏中，并成为各种网站上的一种互动功能，这也演变为引人注目的文化现象。[3] 或许科乐美代码的流行减少了能够助长不道德玩乐行为的作弊码的污名。然而，由于输入科乐美代码或其他代码可以使玩家获得他们本来没有赢得的额外生命或装备，因此，使用这种代码的行为通常被认为是一种轻微的作弊。

玩家可以获取优势的另一种方式是购买第三方硬件，如游戏精灵或游戏鲨鱼（GameShark）。与隐藏在软件中的作弊码不同，第三方工具可以暂时覆盖游戏代码，给予用户自主修改的机会。更确切地说，由于游戏本身包含了作弊码，所以开发商对其持或隐晦或明确的认同态度，但他们一直努力阻止第三方产品到消费者手上。例如，1992 年，任天堂起诉了游戏精灵卡带盒的制造商刘易斯·加洛布玩具公司。[4] 在这起诉讼中，任天堂声称游戏精灵使用了任天堂的专利信息，因此侵犯了其版权。最终刘易斯·加洛布玩具公司胜诉，游戏精灵的发行也取得了不大不小的商业成功。

随着电子游戏行业的壮大，第三方作弊工具也不断地演化。例如，马库斯·卡特和斯塔凡·比约克采访了在移动游戏《糖果传奇》中使用第三方软件而不再付费购买强化道具和更多生命的玩家。[5] 值得注意的是，对于一部分受访者来说，作为游戏中核心盈利模式的付费购买强化道具被视为一种作弊形式（即"花钱就能赢"），使用特殊软件反而不是作弊。但是，考虑到《糖果传奇》的第三方软件或游戏精灵这样的工具割裂了人们所认为的生产者与消费者之间正常的社会关系，更多人将使用这些工具视为作弊。

考虑到粉丝制作的"攻略"是为玩家提供一步步正确打通游戏的指引，在被认为恰当的游戏互动里，攻略属于一个十分模棱两可的范畴。对一些玩家来说，攻略是一种作弊形式，省去了自己在游戏中探索事物的必要，带来了不劳而获的胜利；但对另一部分人来说，攻略是更大的游戏生态系统中的一部分，编写攻略只是一种促进社群建设和增加自己社会资本①的方式（另见本文集中米娅·孔萨尔沃撰写的第 21 章）。[6]

在目前所讨论的例子中，作弊主要是一种手段，用于创造一条通往游戏终点的捷径或降低参与游戏的难度。在单人或单机游戏中，玩家获得的"优势"通常只是通过不正当途径获得的可以向他人炫耀的资格或排行榜上虚假提升的分数。相比之下，在线多人游戏中的作弊行为往往与第三方卡带盒或作弊码无关。相反，什么会被认为是作弊或者什么不会被认为是作弊通常根据游戏开发商制定的准则或根据玩家的行为如何违反社群规范来衡量。通常情况下，开发商在行动守则或服务协议条款中规定了这些行

---

① "社会资本"指的是置身某种社会关系网络中的个人通过种种方式获取的能够提高其社会经济地位的各种资源。——译者注

为的预期后果，违反这些条款的玩家将被暂时禁止或永久禁止参与游戏。玩家也经常通过游戏内的聊天频道或游戏外的讨论区无休止地争论这些界限是否合理。

　　大型多人在线游戏中的辅助工具是不错的例子，它们能够帮助我们了解开发商和玩家对作弊的看法有何不同，以及一个玩家社群内部对作弊的看法有何分歧。我先简要地介绍一下这些工具的使用方法。一些大型多人在线游戏开发商允许玩家在游戏客户端创建扩展程序——俗称"模组"或"外挂"的组件。这些组件可能是一些以更容易理解的格式来解读大量数据的工具，例如《魔兽世界》中的"伤害统计"（damage meters）通过创建同一区域内玩家的可视化排序来量化玩家的伤害输出或治疗输出的效果，能够在队伍成员之间或团队副本成员之间进行简单的比较。其他模组更类似于前面讨论过的攻略，通过将一个元素叠加在游戏画面之上，指示玩家接下来去哪里或接下来需要做什么来完成任务。一个更极端的例子是"滑翔机"（Glider）外挂，它使游戏角色的移动自动化。玩家不需要坐在电脑前就能够完成乏味的任务，例如收集原材料或杀死怪物获得经验值。[7]社群论坛就哪些外挂对特定的游戏活动是必不可少的展开了热烈的讨论（例如，在游戏末期的团队副本活动中，伤害统计对于所有公会成员来说都是必不可少的），但一些玩家坚持一种强硬的立场，他们认为使用任何模组——即使像伤害统计这样只是将现有信息重新包装成更容易阅读的格式——与那些没玩模组版本的游戏玩家相比，都会带来不公平的优势。[8]

　　对于使用伤害统计或攻略式模组的玩家，社群通常批评他们是在"简单模式"下玩网络游戏，而使用自动化模组则通常被视为作弊，因为根本不需要玩家本人参与游戏，在这种情况下，玩家将收集到的道具出售给其他玩家，就会被完全视为不道德的玩乐行为。现实金钱交易（Real Money Trading，RMT）——使用现实世界的货币购买或出售游戏中的货币或道具——通常被视为提供给希望"花钱就能赢"的玩家的不公平优势。这个批评与针对《糖果传奇》部分玩家的批评类似。在这款游戏中，人们对那些从灰市或黑市供应商那里购买的道具感到忧虑，因为那些供应商可能正在剥削整日进行"职业打金"（goldfarming）的低薪工人。但是，在一个将现实金钱交易作为开发商认可的经济形式之一的大型多人在线游戏中，作弊又是如何呈现的？为了探讨这个问题，我把注意力转向了《星战前夜》，这款大型多人在线游戏不仅为玩家提供了参与现实金钱交易的途径，而且还因其严酷的玩乐机制和冷血的玩家社群而闻名。[9]

《星战前夜》在鼎盛时期拥有 50 万名付费用户。在写这篇文章时，这个数量已经下降了。[10] 这款游戏因其陡峭的学习曲线、对新人的敌意和复杂的用户界面而著称（如图 34-1）。[11] 考虑到《星战前夜》将大型多人在线游戏中各个关键的传统设定予以颠覆的种种方式，它经常被描述为大型多人在线游戏中的一个异类。首先，玩家不通过人形化身与其他角色进行互动，而是扮演根据玩家目标而变动的舰船。其次，死亡会带来严重的后果。在其他大型多人在线游戏中，死亡只是一件有点儿麻烦的事情（例如，在《魔兽世界》中死亡后灵魂会回到尸体附近）。而《星战前夜》则不同，在游戏中死亡后，舰船和上面的货物会被永久地摧毁。而《星战前夜》又包括现实金钱交易，这意味着任何被摧毁的游戏道具都表示现实世界中时间和金钱的损失。CCP 游戏公司设立的现实金钱交易可以计算出游戏内货币与现实美元之间的价值转换，这就为计算损失的游戏物品在"现实世界"中的价值提供了一个准确的方法，一场惨烈的战斗甚至会导致数以万计的美元净损失。最后，CCP 游戏公司在游戏玩乐的监管方面仍然采取明显的放任态度。该公司很少干预玩家的行为，除非出现试图修改游戏代码这种最极端的情况。与大多数大型多人在线游戏不同，CCP 游戏公司允许玩家之间进行诈骗和"恶意破坏"。例如，如果其他玩家欺骗你并盗取你的游戏道具或货币，CCP 游戏公司将不会归还你的损失。同样的，CCP 游戏公司也不会阻止玩家故意反复破坏他人的舰船和逃生舱，或者为了追求自己的目标而妨碍他人享受游戏的任何行为。

作为一款沙盒类游戏，CCP 游戏公司宣传《星战前夜》是一款玩家可以自由开拓游戏路线的大型多人在线游戏。玩家可以选择开采原材料，制造道具并向其他玩家出售，或者建立一个帝国来积累大量游戏中的货币 ISK。玩家也可以参与玩家对玩家（PVP）的战斗。由于在游戏中死亡的后果非常严重，参加战斗是特别危险的尝试。《星战前夜》宇宙的新伊

304

甸星系被划分为不同的区域，在这些区域中，玩家可以得到不同程度的保护，免受玩家对玩家战斗的影响。在"高安全区"一端，如果有人发现自己受到另一个玩家的攻击，被称为"统合部"（CONCORD）的非玩家角色太空警察会进行干预；另一个极端则是"零安全区"——一个无法无天的地带，除了可能前来的玩家盟友，没有人会来保护你。

305

图 34-1 《星战前夜》的界面不是通过教程系统逐步显示的，
这进一步提高了游戏出了名的上手难度

在《星战前夜》发行初期较长时间里，高安全区是想要采矿的玩家或希望避免玩家对玩家战斗的所有用户的安全之地。这种情况在 2009 年随着玩家发起的游戏事件"霍克级末日之战"（Hulkageddon）而改变。此次事件是对高安全区采矿船的一次协同攻击，事件中的团体并不代表某个特定的军团或联盟，相反，玩家可以自愿选择是否加入活动，至少对攻击者来说是这样的。作为这次事件的受害者，操作霍克级（Hulks）舰船（当时游戏中效率最高的采矿船）的飞行员对他们的舰船被无端攻击显然不大高兴。霍克级舰船之所以成为攻击目标，不仅因为它们工作效率高，还因为霍克级舰船是那些在离开电脑时将舰船设置为自动采矿的玩家的首选舰船。这种做法被称为"afk 采矿"[12]。在"霍克级末日之战"之前，afk 采矿是一种安全的活动，因为在玩家离开电脑的时候，如果有人攻击他们的舰船，《星战前夜》服务器控制的统合部会介入并摧毁攻击者。尽管 afk 采矿并不违反 CCP 游戏公司的服务条款，但一群玩家认为这有违游戏精神。参加"霍克级末日之战"活动的玩家会攻击无人看管的采矿船。由于设立高安全区的目的就是排除玩家对玩家战斗的威胁，玩家几乎不会为他们的霍克级舰船配备很多防御装备，而是会努力优化他们的舰船来完成采矿相关工作。这些防御不足的舰船和它们的珍贵货物在统合部救援它们之前就被迅速摧毁了。但是，由于攻击者并没有试图躲避统合部，而是允许自己的舰船被摧毁［"自杀式偷袭"（suicide ganking）］，所以他们的攻击性行动并没有违反 CCP 游戏公司的准则。同时，开发商也没有做任何事情来防止未来再次发生类似"霍克级末日之战"的事件。"自杀式偷袭"并不是 CCP 游戏公司所预料的行为，它是涌现式互动的一个例子，游戏开发公司认为这可以成为其大型多人在线游戏的一个显著特色。

在另一个被称为"燃烧吉他"（Burn Jita）的著名事件中，玩家封锁了游戏中最大的贸易枢纽之一，阻止其他人出售货物。这一特殊事件在 CCP 游戏公司官方博客上赢得了赞誉："作为开发商，我们充满敬畏地观察到我们的玩家为我们创造的宇宙带来的另一个神奇事物。"[13] 这样的声明带有一种认可，在开发商眼中，通过敌对行为阻止大量玩家与游戏中的 PVE 元素互动（如采矿、交易等）显然不是作弊。

游戏公司并没有正式地认可"自杀式偷袭"等可疑的玩家活动，但这些做法也不违反其游戏世界的准则，而且 CCP 游戏公司将这些行为视为其希望在沙盒游戏中培养的"涌现式行为"来加以赞美。回到字典中对作弊的定义"获得不公平的优势"并将其应用到《星战前夜》的例子中，CCP 游戏公司毫不干涉的做法会不会使最为好斗的 PVP 玩家获得不公平的优势？这个问题并没有一个简单的答案。事实上，可能没有单一的答案，因为它只会带来更多问题，比如准则和道德之间的联系是什么？如何清晰划分公平竞争和作弊之间的模糊界限？

然而，这些问题清楚地表明，我们迫切需要认识到游戏社群在公平和正义方面并不存在共同的道德观念。即使在像《星战前夜》这样一款单一的大型多人在线游戏中，大多数玩家有类似的人口学特征——《星战前

306

夜》玩家往往是自我认同为 30 岁和 40 岁左右的白人异性恋男性[14]，他们
也不会从一个统一的角度来看待这款游戏。对于喜欢安安稳稳采矿的玩家
来说，什么构成了"作弊"可能与一个在新伊甸星系寻找容易的 PVP 目标
的玩家的看法大相径庭。在《星战前夜》中的作弊，就像在所有游戏中一
样，最终取决于游戏环境，其判断也不能脱离现有的社群规范。就像本书
中讨论的不同电子游戏分析路径，在本章中，作弊也说明了密切关注玩乐
环境的重要性，这样我们就可以更好地评估硬核玩家以他们的方式参与游
戏的原因以及评估他们为自己的行为展开辩护的方式。

注释

1 Mia Consalvo, "There Is No Magic Circle," *Games and Culture* 4, no. 4 (2009): 409－410.

2 Laura Hudson, "Unlocking the Gaming Magic of the Konami Code," *Wired*, January 31, 2012, https://www.wired.com.

3 目前，维基百科上保留了科乐美代码的历史和使用该代码的全部游戏列表：https://en.wikipedia.org/wiki/Konami_Code。使用科乐美代码来解锁"复活节彩蛋"的网站列表被保存在 http://konamicodesites.com。

4 See *Lewis Galoob Toys, Inc. v. Nintendo of America, Inc.* (9th circuit 1992), https://law.justica.com.

5 Marcus Carter and Staffan Björk, "Cheating in Candy Crush Saga," in *Social, Casual and Mobile Games: The Changing Gaming Landscape*, edited by Michele Wilson and Tana Leaver (New York: Bloomsbury, 2016), pp.261－274.

6 Mia Consalvo, "Zelda 64 and Video Game Fans: A Walkthrough of Games, Intertextuality, and Narrative," *Television & New Media* 4, no. 3 (2003): 321－334.

7 Consalvo, "There Is No Magic Circle," p.412.

8 Mark Chen, *Leet Noobs: The Life and Death of an Expert Player Group in World of Warcraft* (New York: Peter Lang, 2011).

9 Marcus Carter, "Treacherous Play in EVE Online" (PhD diss., University of

Melbourne, 2015).

10 Bree Royce, "CCP's 2015 Finances Included Year-over-Year Revenue Decline for *EVE Online*," *Massively Overpowered*, April 12, 2016.

11 Christopher Paul, "Don't Play Me: *EVE Online*, New Players and Rhetoric," in *Proceedings of the 6th International Conference on Foundations of Digital Games* (New York: ACM Press, 2011), pp.262－264.

12 "afk 采矿"的名字来自"away from keyboard"（离开键盘）的首字母缩写。也就是说，玩家不在电脑旁边，他们的飞船在长时间无人看管的情况下进行采矿，玩家回来后再腾空满载矿产的货舱。

13 CCP Explorer, "Observing the 'Burn Jita' Player Event," *EVE Community*, May 2, 2012, https://www.eveonline.com.

14 Kelly Bergstrom, "Imagined Capsuleers: Reframing Discussion about Gender and EVE Online," in *Internet Spaceships Are Serious Business: An EVE Online Reader*, edited by Marcus Carter, Kelly Bergstrom, and Darryl Woodford (Minneapolis: University of Minnesota Press, 2016), pp.148－163.

延伸阅读

Carter, Marcus, Kelly Bergstrom, and Darryl Woodford, eds. *Internet Spaceships Are Serious Business: An EVE Online Reader*. Minneapolis: University of Minnesota Press, 2016.

Consalvo, Mia. *Cheating*: *Gaining Advantage in Videogames*. Cambridge, MA: MIT Press, 2009.

Kücklich, Julian. "Homo Deludens: Cheating as a Methodological Tool in Digital Games Research." *Convergence* 13, no. 4 (2007): 355－367.

35 《午夜陷阱》：道德恐慌

卡莉·A. 科楚雷克（Carly A. Kocurek）

编者语： 各种各样的文化监察者——家长团体、非营利组织、宗教领袖和政治领袖以及其他个人或团体——经常谴责电子游戏中的暴力内容，但是他们的批评意见通常只针对所谓的暴力游戏，而割裂了更广泛的文化背景。卡莉·A. 科楚雷克通过将《午夜陷阱》置于历史、政治和文化背景之中，展示了人们如何仅仅将其视为异端，而未看到它是当时社会普遍趋势的缩影。

长期以来，暴力一直是人们考虑和评估电子游戏的一个关键视角。在美国，围绕游戏的道德恐慌①在很大程度上是基于公众对游戏中暴力的厌恶，可以追溯到 1976 年《死亡飞车》的发行。在人们表达出的厌恶游戏的举动中，批评人士常常对屏幕上的违法行为进行刺激性的描述。专栏作家用笔生动描绘了《死亡飞车》中像素化的汽车撞击行人的画面、《真人快打》中肌肉发达的格斗人员相互痛打的场景或者《毁灭战士》中残杀人形外星生物的体验。愤怒的道德卫士在电视采访中谴责如下内容对于个人与文化的潜在影响：《侠盗猎车手 5》允许玩家在游戏中雇用并杀害性工作者，在《疯狂的麦克斯》的过场动画中能够看到堆积的尸体、割开的喉咙和大量的毒品。暴力游戏之所以能吸引媒体的极大关注，部分原因在于它们具有争议性，同时密切的关注也提高了游戏的知名度，通常也提高了销售数量。这种将游戏作为靶子进行谴责的社会倾向产生了复杂的影响，有时甚至会产生矛盾的结果。叫喊着"看看这个！这难道还不恶劣吗？"可

---

① 道德恐慌指的是普通民众基于误解，打压不了解或不合社会主流价值的个人或团体。媒体炒作在这场大众运动中通常起到推波助澜的作用。——译者注

能确实标志着某些事物是恶劣的，但这种声音同时也吸引了公众对于"恶　309
劣"事物的关注，继而可能会引发新闻报道和吸引消费者购买。近年来，
由娱乐软件分级委员会（Entertainment Software Review Board，ESRB）[1]
评定的绝大多数商业游戏为"E级"（老少咸宜），然而，最畅销的那批游
戏仍然因包含血腥暴力、药物滥用和成人主题等内容而成为头条新闻[2]。

　　围绕暴力游戏的公共话语似乎常常充斥着针对游戏中引人反感的主题
和再现的描述。然而，批评人士和核心玩家往往无法给出暴力的具体定
义，不屑于对暴力在游戏中呈现或融入的种种方式做出区分，也懒得对暴
力在游戏叙事上的种种合理性做出区分。过去几十年的重要研究表明，屏
幕上的暴力，包括电子游戏中的暴力，对大多数玩家的影响是微乎其微
的，甚至没有影响。[3] 但研究还表明，暴力行为的游戏语境非常重要。例
如，白人主角与另一种族的对手相互斗殴的种族化暴力已被证明会强化玩
家的种族主义信念。此外，若在一款游戏中，暴力被正当化并且使用暴力
的角色获得了奖励，玩家更容易被蛊惑进而接受这样的想法——暴力是解
决问题的有效手段。这些研究结果并不表明暴力游戏从根本上是有害的，
虽然研究认为暴力游戏的整体潜在影响相对较低，但为了解这种相对的潜
在危害，认真关注游戏语境是至关重要的。然而，当前行业的分级系统和
关于游戏暴力的公共话语都经常回避这些微妙的问题。

　　作为对新一波道德恐慌的回应，娱乐软件协会（Entertainment Software
Association，ESA）在20世纪90年代初首次成立了娱乐软件分级委员会。
与以前的事件不同，这次事件获得了国家政策制定者的极大关注，并在
1993年12月9日由美国参议院政府事务和司法小组委员会举行的听证会
上达到了顶峰。游戏业界各类人士以及不同领域专家在听证会上围绕电子
游戏提出证词，他们谈到了与游戏暴力有关的问题以及表面上与性内容有
关的问题，尽管很少有证词侧重于后者。在听证会上，电子游戏内容是通
过提前录制好的游戏画面呈现的。在场的人仅通过视频了解游戏内容，几
乎没有参议员亲自玩过游戏。听证会涵盖多个游戏，包括上文提到的《真
人快打》和《毁灭战士》，这两款游戏都推出了长期的系列产品，并且20
多年后仍在制作新的游戏。听证会还促成了围绕《午夜陷阱》的臭名昭著

310　的传说，这款游戏在历史上占据了一个奇怪的位置，也是一款特别有价值的作品，通过它可以思考文化话语中没有考虑到的关于暴力游戏的复杂性。

与参议院听证会关注的其他游戏不同，《午夜陷阱》并没有在随后的电子游戏发展中成为一款有影响力的作品而获得显著的地位；相反，在过去几十年中，它一直处于一种既声名狼藉又默默无闻的奇怪的混合状态，经常被提及但很少有人去玩。并非仅有《午夜陷阱》处于矛盾状态，在数量上又非常稀少难以留存。《死亡飞车》是一种极其罕见的街机游戏，可供公众尝试的屈指可数；《卡斯特的复仇》虽然经常被提及，但同样也难以找到。一个游戏的恶名并不足以保护它，因此这些游戏更多的是作为幽灵而不是实质存在，其中所谓的淫秽细节就像鬼故事一样被讲述着。

在听证会上，参议员约瑟夫·利伯曼（Joseph Lieberman）介绍了《午夜陷阱》："这个游戏的场景是女生聚会的别墅，游戏目标是防止戴着头罩的男人把年轻女人吊在钩子上，或者把一种专门抽血的工具扎进她们的脖子。"[4]游戏创作中使用的特定技术无疑引起了政策制定者的注意。利伯曼接下来指出："《午夜陷阱》使用了真实的演员，现实主义达到了前所未有的水平。"利伯曼是1994年《反针对女性暴力法》的最初发起人之一，他强调自己特别厌恶游戏中对女性性暴力的描绘。

虽然人们可以并应该通过联邦听证会以及那些证词来了解《午夜陷阱》，但更应该在其历史和文化背景中来认识它。从20世纪80年代中期到90年代初，包括激光光盘（LD）和CD-ROM在内的新媒体技术大大增加了游戏的潜在体量，游戏公司看到了互动电影的巨大潜力。1983年影电公司（Cinematronics）的《龙穴历险记》大获成功后，互动电影形式在游戏开发商中流行起来。互动电影形式从具有动画效果的街机游戏演化而来，许多高预算的互动电影项目有意模仿好莱坞电影的画面和观赏体验。[5]《午夜陷阱》是这一短暂的互动电影和全动态影像（Full-Motion Video，FMV）实景真人游戏浪潮的一部分，它运用了传统的电影拍摄方式和真人演员。

虽然《午夜陷阱》最终于1992年发行，但游戏画面的首次拍摄是在1987年，当时是为孩之宝公司开发的基于家用录像系统（Video Home

System，VHS）的电子游戏系统的一部分。该游戏系统最终被称为"控制－视觉"（Control-Vision），由艾西克斯公司（Isix）开发。艾西克斯是雅达利公司创始人诺兰·布什内尔（Nolan Bushnell）在孩之宝公司与他当时的公司亚克萨隆（Axalon）接洽并商讨开发基于 VHS 的游戏系统后创立的一家新公司。当孩之宝公司暂停该项目时，艾西克斯公司的几个团队成员，包括 1991 年创建数字图像公司（Digital Pictures）的汤姆·齐托（Tom Zito），购买了被搁置项目中的软件资产。购买的内容包括《午夜陷阱》和《下水道鲨鱼》的镜头片段。从根本上说，面向世嘉 CD（Sega CD）和其他游戏平台发行的《午夜陷阱》是早期被搁置的名为《犯罪现场》（*Scene of the Crime*）游戏的移植。

对于游戏中有争议的内容，游戏制作的时代背景是一个重要考虑因素。道德卫士和政策制定者对游戏中的暴力描写和类似 B 级电影的色情内容感到惊悚。然而，当游戏被理解为向 20 世纪 80 年代和 90 年代的青少年砍杀电影①致敬的作品时，这些主题和风格的选择就变得有道理了。事实上，可以把《午夜陷阱》视为一个致敬作品。随着游戏的展开，它对《舞会惊魂》（*Prom Night*，1980）、《电钻狂魔》（*The Slumber Party Massacre*，1982）和《血腥死亡营》（*Sleepaway Camp*，1983）等电影的借鉴是显而易见的。

玩家通过一个控制面板查看房屋，该面板允许他们调用不同的可以显示房屋视图的摄像机镜头（如图 35-1）。游戏开始于一对不祥的人影从前门进入一个中上层阶级的家中。玩家可以控制整个别墅里的暗门。这些门一旦打开，入侵者就会被推进并被困在一团蒸汽中。游戏的基本机制包括对陷阱的操作以及一张能够帮助玩家在整个别墅不同房间穿行玩乐的地图。游戏的机制尤其是玩家的视角（实际上是监控着安全摄像头的人的视角），既使玩家直接置身游戏，同时又让他们在远离游戏场景的地方操作。不论是从字面上考虑还是从象征角度考虑，玩家都不在这个别墅里②，他们

311

---

① 砍杀电影是恐怖片的一种类型，主要特征是片中往往有一个疯狂的精神不正常的反派角色手持利器追踪并杀死一系列人物。——译者注
② 作者想表达的是，不仅玩家本人不在别墅里，玩家的化身也不在别墅里。——译者注

的参与仅限于远程操作陷阱和选择查看哪个摄像头。从叙事上看，游戏情

312　节围绕在马丁（Martin）夫妇的别墅里举行的睡衣派对展开。虽然马丁夫
妇与他们的两个孩子萨拉（Sarah）和杰夫（Jeff）表面上是一个正常的家
庭，但奇怪的事情一直在发生。不祥的是，这个别墅曾经发生过住在这里
的 5 个女孩失踪的事件。

图 35–1　在厄运发生之前，摄像机拍下了
别墅厨房里的客人，右二是普拉托

　　玩家作为"世嘉控制与攻击小组"的成员，与卧底小组成员凯莉
（Kelly）[由达纳·普拉托（Dana Plato）扮演，以主演电视剧《细路仔》
（Diff'rent Strokes）而闻名的童星] 合作，负责保护萨拉·马丁的新客人，
并调查之前的事件。在故事中加入玩家操作的设计可能很新颖，但在恐怖
电影中，情节围绕一群吵吵闹闹的少女展开则是一个常见套路。在不同的
场景中，女孩们身着露脐上衣和缎面睡衣。在游戏的镜头片段中，我们可
以看到起初她们还在打扮自己和闲谈八卦，随后她们的行为就像恐怖电影
中典型的尖叫女王，被吸血鬼反派追赶，被主人出卖，有时以令人毛骨悚
然的方式被一个个杀死。角色会落入陷阱而死亡，或被吸血鬼咬伤，或被
可以伸出钻头的装置扎伤而流干血液。屏幕上的血迹极少，但隐含的血腥

味有时足以让玩家感到毛骨悚然。

　　这款游戏存在于历史背景、技术背景和文化背景的交汇处，在这样的背景下，它并不是某种可怕的反常事物。那些被搁置的计划在"控制－视觉"系统上运行的游戏似乎清楚地表明，孩之宝公司和艾西克斯公司本来打算以该游戏系统来吸引青年受众，在当时，一个砍杀主题的游戏显然是个不错的选择。20 世纪 80 年代至今，青少年恐怖片一直都是可靠的赚钱利器。游戏的机制和玩乐方式借鉴了恐怖电影的惯例，并暗示了一个布满秘密通道和暗门的鬼屋的概念。对于控制别墅内精密的安全系统的玩家来说，暗门本身就是一种防御性武器。回过头来看，陷阱机制似乎是一种巧妙的手段，它允许玩家进行干预，而不会让他们卷入任何特别暴力的事情。

　　然而，重要的是，《午夜陷阱》看起来不像一款游戏，更像一部电影。它作为一款被定位为互动电影的游戏，最初打算使用一种新颖的视频播放技术来吸引玩家参与游戏，这样来看，它在制作过程中大量借鉴好莱坞电影制作的传统方式是有道理的。互动电影形式是游戏在图形再现方面的一次飞跃，但对玩家输入方式的限制（尽管《午夜陷阱》采用了创造性的解决方案）意味着开发者需要从电子游戏之外寻找灵感。

　　尽管《午夜陷阱》在当时的历史背景下是说得通的，但 1993 年针对这款游戏召开的国会听证会也是可以理解的。首先，在文化上，美国通常将游戏与玩乐和童年联系在一起。然而，被道德卫士谴责的游戏往往不是为儿童准备的，《午夜陷阱》在很大程度上也不属于儿童游戏。游戏中的角色年龄是十几岁或二十几岁，情节和主题显然是为年龄相仿的消费者量身定做的。然而，反对意见认为，所有的游戏都有可能以某种方式对儿童构成威胁，这样就忽视或抹杀了青少年或成年玩家作为游戏受众参与游戏的可能性。1993 年的听证会就是如此。在转播这一事件时，电视频道CSPAN 将会议内容总结为"电子游戏暴力及其对儿童的影响"。[6]的确，在那时各类游戏都会通过一些针对儿童的渠道进行广泛销售，并没有考虑目标受众的划分。例如，在分发给玩具反斗城（Toys "R" Us）和 KB 玩具（KB Toys）等零售商的广告传单上通常会介绍各类游戏，包括《真人快打》和听证会上提到的其他游戏。形象地讲，在这场道德恐慌中，诸如《午夜陷阱》或《真人快打》的暴力游戏成为所有游戏的替身。替身与听证会上的证词、证据就这样一起为游戏下了定义：通过电视呈现的一系列没有前因后果的暴力威胁。

其次，当时美国社会发生了一系列引人注目的犯罪事件，那场听证会就是在这样的时代背景下举行的。利伯曼在开场白中特别提到了波莉·克拉斯（Polly Klaas）被绑架和杀害的事件：克拉斯在她妈妈家的睡衣派对上被持刀绑架。令人毛骨悚然的是，犯罪细节复制了许多青少年恐怖电影中的设定，当然也包括《午夜陷阱》。利伯曼认为暴力和暴力图像已经渗透到更广泛的文化中，他也提及家长要求政府为普通电子游戏与暴力电子游戏之间划定界线。20 世纪 90 年代初，美国的暴力犯罪达到了高峰，1991~1993 年的犯罪率最高，具体的时间点取决于不同的衡量标准。[7] 利伯曼的评论暗示了暴力游戏和暴力行为之间的某种因果关系。尽管限制青少年接触暴力游戏的努力似乎无助于防止像波莉·克拉斯谋杀案那样针对青少年的成年人犯罪，但屏幕上的暴力尤其是简单归咎于少数不良媒体对象的暴力，与在美国各地频发的谋杀事件和其他暴力犯罪以及同样造成恶劣影响的复杂社会问题相比，肯定更容易解决。

最后，美国电影协会（Motion Picture Association of America，MPAA）在 1968 年首次推出了自愿分级制度。在这个制度下，制作完成的电影需接受审查和分级。虽然这个制度可能存在问题，但它允许行业保留对自己的分级系统的控制权，并且不受政府的直接干预。家长音乐资源中心（Parents Music Resource Center）曾在 20 世纪 80 年代中期倡导为流行音乐的发行建立类似的分级制度，这一公开讨论在美国参议院商业、科学和交通委员会的听证会上达到顶峰。这场争论最终以一种折中的方式解决，受到影响的音乐制品被贴上了"露骨歌词：家长指导"（Explicit Lyrics: Parental Advisory）的标签，或者歌词只能附在包装的背面。在 1990 年才开始进行规范化的由美国唱片工业协会提出的制度甚至还没有美国电影协会的自愿分级制度那么详细，但自始至终都实行类似的行业自我管理（自 2002 年，一些唱片公司开始提供更详细的信息来解释为唱片粘贴警示标签的原因）。这些由行业领导的努力为随后的仍由行业领导的分级和标签制度开创了明确的先例。

《午夜陷阱》也需要在这个背景下予以解读。那时，暴力犯罪在全国范围内处于或接近高峰；儿童似乎容易受到暴力攻击，并且得不到保护；那时，其他形式的媒体在行业倡导下被贴上了明确的标签，向父母提供信息。此外，美国的文化将玩具、游戏与童年联系在一起的事实也值得思考。同时，青少年砍杀电影在数量上的激增以及孩之宝公司开发互动视频系统的失败尝试也属于时代背景而不容忽视。在关于游戏暴力的全国性辩论中，《午夜陷阱》等游戏经常被挑选出来作为证据来证明游戏中存在邪恶的道德观并且能够带来负面影响，但人们只有认真思考了游戏更广阔的文化背景、历史背景、社会背景、经济背景和政治背景之后，才能真正解读这些游戏。就像在许多引起恐慌的情况下一样，在这场道德恐慌下，立法者也寻求简单、"一刀切"的解决方案来处理这个复杂的问题，并将一个游戏变成了文化妖魔。

在政策制定者和游戏行业领导者认真思考作为一种暴力形式的电子游戏会带来多少负面影响的听证会上，游戏行业处于岌岌可危的位置。监管（或缺乏监管）会深刻地影响到产品的生产和分销。例如，几十年来，大多数主要连锁影院拒绝播放 NC-17 级别的电影①，这使得该级别的电影很难发行，也很难从中获利。这种做法已经反映到游戏上，很少有零售商愿意销售 AO（Adults Only，仅限成年人）级别的游戏。然而，正如那些主持听证会的人士希望人们知道的那样，更广泛的社会也面临着许多利害攸关的问题：我们如何解读和错误解读自身对暴力文化的助长，我们将社会崩溃的责任和错误归咎于何处以及何人？《午夜陷阱》成为电子游戏行业历史上一个关键时刻的关键文本，参议院小组委员会举办的听证会为该游戏打下了臭名昭著的烙印，同时也促使由娱乐软件协会制定的娱乐软件分级制度在主流游戏的发行中无处不在。这些都是毋庸置疑的重大事件，而

---

① NC-17 代表 17 岁及以下人士不得观赏。此类影片中常有清楚的性爱场面，大量吸毒或暴力镜头以及脏话等，因此仅适合成人观看。——译者注

《午夜陷阱》毋庸置疑也是一款重要的游戏，既因为其前所未有的现实主义让政策制定者感到不安，也因为它在当代电子游戏监管规范建立中发挥的关键作用。

注释

1 今天的娱乐软件分级委员会是一个对电子游戏进行分级的自我管理组织。它最初是由娱乐软件协会（以前的互动数字软件协会，Interactive Digital Software Association）为回应本章所讨论的听证会而成立的。

2 例如，2015年游戏基地（Gamespot）列出的10款最畅销盒装游戏包括《使命召唤：黑色行动3》《麦登橄榄球16》《辐射4》《星球大战：前线》《侠盗猎车手5》《NBA 2K16》《我的世界》《真人快打10》《FIFA 16》和《使命召唤：高级战争》。其中的5款（50%,《使命召唤：黑色行动3》《辐射4》《侠盗猎车手5》《真人快打10》《使命召唤：高级战争》）被评为M级，即成熟级。此外，尽管《星球大战：前线》被评为T级（青少年）,《我的世界》被评为E级（老少咸宜），但这两款游戏都允许玩家在更大的社群里参与线上玩乐，而线上社群监管已被证明是游戏行业的一个棘手问题。虽然《我的世界》中的游戏内容对8岁儿童来说可能没有问题，但开发商对玩家在游戏中的聊天内容以及他们的行为方式的控制是有限的，这意味着儿童可能在游戏中接触到一些不确定的内容。See Gamespot, "Top Ten Best-Selling US Games of 2015 and December Revealed," *Gamespot*, January, 14, 2016, https://www.gamestop.com.

3 尽管许多单独研究表明暴力游戏与暴力行为之间存在联系，但元分析经常显示两者之间并无关联，批评人士认为许多单独的研究存在缺陷，结果很难重现或根本不可能重现。

4 US Senate Governmental Affairs and Judiciary Subcommittees, "Video Game Violence," C-SPAN video, 2:49:41, December 9, 1993.

5 这些游戏的制作成本可能很高。例如，全动态影像游戏《心魔：加百利骑士之谜》的制作经费非常紧张，以至于导演很少允许一个场景拍摄两次以上。

6 US Senate Governmental Affairs and Judiciary Subcommittees, "Video Game Violence," C-SPAN video, 2:49:41, December 9, 1993.

7 D'Vera Cohn, Paul Taylor, Mark Hugo Lopez, Catherine A. Gallagher, Kim Parker, and Kevin T. Maas, "Gun Homicide Rate Down 49% Since 1993 Peak; Public Unaware," Pew Research Center Social and Demographic Trends, May 7, 2013; and Federal Bureau of Investigation, "Uniform Crime Reporting Statistics," Lauren-Brooke "L.B." Eisen and Oliver Roeder, "America's Fault Perception of Crime Rate," Brennan Center for Justice, March 16, 2015.

延伸阅读

Bowman, Nicholas D. "The Rise (and Refinement) of Moral Panic," in *The Video Game Debate: Unraveling the Physical, Social, and Psychological Effects of Digital Games*, ed. Rachel Kowert and Thorsten Quandt, Thorsten. London: Routledge, 2016.

Kocurek, Carly A., "The Agony and the Exidy: A History of Video Game Violence and the Legacy of Death Race." *Game Studies* 12, no. 1 (September 2012), http://gamestudies.org. 316

36 《铲子骑士》：怀旧

约翰·范德霍夫（John Vanderhoef）

编者语： 我们已经从各种批判性的角度，特别是从行业和粉丝社群为了掌控游戏的集体历史而斗争的方式的角度对怀旧在电子游戏生产和消费文化中的地位进行了探讨。然而，人们很少关注怀旧在独立游戏制作背景中所起到的作用。通过对独立游戏《铲子骑士》的设计、美学和用典的研究，约翰·范德霍夫认为，《铲子骑士》作为一款模仿作品，不仅歌颂了过去的技术局限，还挑战了当今赋予主流电子游戏行业活力的技术的崇高霸权。

由于媒介与我们的文化体验有着密切的联系，因此媒介历来与人们强烈的怀旧情绪相关联。[1] 对于游戏社群来说尤其如此，游戏社群的成年成员从小就玩游戏，现在，他们则浪漫地把特定的游戏时代和童年的快乐联系起来。尽管"怀旧"一词在其希腊语起源中意为对回到家乡的深切渴望，但对于游戏玩家来说，这种回归通常不是指回到世界上的某个特定地点，而是指返回到能够代表特定时空的一系列具体的情境化的技术局限，这些局限表现为独特的视觉风格、互动机制和关卡设计。这些元素共同为玩家定义了每一世代的电子游戏技术，并常常引发强烈的怀旧情绪。

参与复古游戏（retrogaming）指的是玩家习惯性地玩年代悠久的老游戏，而不选择玩新游戏的行为。有上述行为的玩家可以称作复古游戏玩家，这个群体偏好在早期 PC 和游戏主机（如 8 位和 16 位时代的主机）上运行的电子游戏。詹姆斯·纽曼（本文集中也包含他撰写的章节）将复古游戏称为我们这个时代重要的游戏趋势之一。亚科·索米宁认为，包括电子游戏在内的数字文化推动了怀旧媒介文化（如复古游戏玩家文化）的同步发展。[2] 2017 年，复古游戏玩家主要是"任天堂一代"，20 世纪 80 年代中后期任天堂娱乐系统（NES）伴随着他们长大，带给他们人生中第一次难忘的游戏体验。[3]

认识到这个明显的盈利机会，出于商业目的，电子游戏行业迎合了游戏玩家的集体怀旧情绪。他们通过多种策略来满足游戏文化中的怀旧情绪，比如直接在巨额预算的热卖游戏中向之前的游戏致敬，或对经典老游戏进行重制和高清复刻。除此之外，他们还通过如下方式真正实现了对经典游戏的二次销售：将游戏安装文件上架应用商店，或将这些内容放在近似于 20 世纪 80 年代末和 90 年代初经典硬件的"即插即用"式复刻版游戏主机套装里面。

出于反对主流行业，类似于 MAME（Multiple-Arcade Machine Emulator，多机种街机模拟器）社群[4]和复古自制开发者（retro homebrew developer）[5]的亚文化已经出现，他们挑战了主流行业对老游戏的追封、经销和归档的自上而下的多级控制。MAME 社群积极制作与主流不一致的另类游戏档案，而复古自制开发者则制作原创的 8 位游戏，如《战地小子：危机四伏》。他们从头开始设计，最终这些游戏可以在最初的任天堂娱乐系统硬件上运行。然而，在主流行业和自制复古游戏的另类影子经济①之间，商业化的独立游戏行业已经崛起，他们同样拥抱怀旧情绪，把游戏文化的集体记忆融入其美学、游戏设计和营销方案。

随着宽带互联网接入的普及、电子游戏市场里数字发行的兴起，以及免费或廉价的专业游戏开发引擎如 Unity 的广泛推出，任天堂一代也开始长大成人。到 21 世纪 10 年代末，文化和技术的融合使小型独立游戏创作者的数量呈现出爆炸式增长。摆脱了推动主流游戏行业发展的要求，许多独立开发者不需要制作极其逼真和夸张华丽的作品，而将他们的童年游戏作为开发工作的灵感来源。《洞窟物语》、《时空幻境》和《超级食肉男孩》等独立游戏都借鉴了 8 位电子游戏的结构、视角、艺术特色和游戏机制。[6]此外，每款游戏都含有引自如《超级马力欧兄弟》和《恶魔城》等

---

① 影子经济一般指市场主体不向政府申报登记，不向政府纳税，且不受政府法律法规约束的经济活动。——译者注

经典 NES 游戏的典故。其中，2014 年游艇俱乐部游戏公司（Yacht Club Games）开发并发行的独立游戏《铲子骑士》是一个经典案例，说明了在电子游戏文化经济中，怀旧情绪是如何被战略性部署的。

克兰等人提出了"交互三环理论"（the three circuits of interactivity）模型，用来评估在技术、经济和文化问题动态重叠下的复杂全球化环境中的数字玩乐。[7] 透过这个模型来观察《铲子骑士》及其与怀旧（或者本文背景下的"NES 怀旧"）的关系，揭示了游艇俱乐部游戏公司为何坚持使用几十年前充满局限的技术、为何只想实现老式的文本效果与设计效果，以及为何策划特别的营销活动专门强调《铲子骑士》与 NES 游戏目录中经典作品的密切联系。技术、文本和营销这三个环路结合起来，使《铲子骑士》成为一款独特的怀旧模仿作品，它歌颂了过去的极简主义和技术局限，更重要的是，效果逼真的 3A 游戏类型使电子游戏行业充满活力，而它却挑战了这类游戏所建立的以迷恋技术为特点的霸权。

斯维特兰娜·博伊姆指出了两种目的不同的相互竞争的怀旧形式。[8] 恢复性怀旧（restorative nostalgia）希望恢复并在当下重新建立曾经失去的天堂。这种怀旧类型充满热忱的努力中，不对过去的错误或失败加以批判，而是依靠浪漫想象与重新创造，一点一滴地将随着时光逝去的不朽作品与辉煌时刻带到当下。与这种苛刻的方式相比，反思性怀旧（reflective nostalgia）并不寻求在现在重建过去，这是一种沉浸于渴望行为本身的怀旧，一种沉溺于无法恢复的废墟，反思与揭示有益于现在和未来的经验教训的怀旧。《铲子骑士》包含了这两种形式的怀旧，在重建过去的游戏文本和机制细节的同时，也清楚意识到回到过去是不可能的（并且也能够感受到这种挫败感）。

从最早的原型样品开始，游艇俱乐部游戏公司就将《铲子骑士》定位为诸如《唐老鸭历险记》、《洛克人》和《塞尔达 2：林克的冒险》等一系列深受喜爱的 NES 游戏的精神续作。《铲子骑士》与 NES 时代的品位和主流游戏类型保持一致，也属于 2D 动作平台跳跃游戏，这种类型的游戏会突出一个标志性的英雄角色，他（或她）必须通过跳跃和战斗在多个横向卷轴关卡中努力前行。就像游戏名称《铲子骑士》一样，玩家主要以一把铲子为武器，必须在越来越复杂的 2D 关卡中穿行，与敌人战斗，避开障碍和陷阱，收集战利品，购买技能来升级，并最终击败几个作为敌手的骑士，解救朋友和潜在的恋爱对象，并把这片土地从邪恶势力中拯救出来。

游艇俱乐部游戏公司承诺为玩家提供熟悉的游戏传统和一目了然的复古视觉风格，他们在创意融资平台 Kickstarter 网站上发起了众筹，希望得到复古游戏社群的支持，为《铲子骑士》的开发筹集资金。在筹集了超过 30 万美元后，游艇俱乐部游戏公司于 2014 年在 PC 和 Wii U 上发布了《铲子骑士》，后来又将游戏移植到 PlayStation 4、Xbox One 和任天堂 Switch 上。《铲子骑士》在 Wii U 上的发行尤其值得注意，这是一款过去未能吸引大量用户的游戏主机。尽管 Wii U 的销量不佳，但《铲子骑士》的开发者仍致力于在这款任天堂家用游戏主机上向 NES 致敬，无疑是为了让其试图（重新）创造的怀旧体验更加真实。游戏一经发布，评论家就称赞其"经典""传统""复古"的风格非常具有吸引力，并承认《铲子骑士》与 NES 时代的许多流行游戏有着惊人的相似之处。

然而，《铲子骑士》并不仅仅着眼于复古、像素化的视觉效果和设计元素，游艇俱乐部游戏公司不遗余力地研究 NES 原始硬件的局限。这一额外的努力体现出《铲子骑士》的开发采取了恢复性怀旧的做法。许多独立游戏只是模仿 8 位游戏的像素化图形，但游艇俱乐部游戏公司强迫自己——至少在精神上——将 NES 硬件的局限作为指导理念去塑造角色精灵的大小、颜色和创作游戏的背景音乐。从不同角度评价，《铲子骑士》都很成功。中世纪风格的角色是一眼可辨的矮胖和像素化的形象，游戏环境中也布满了位图背景精灵。不幸的是，NES 游戏主机采用的 8 位微处理器使其能力非常有限。它只能生成 54 种颜色，每行只允许呈现 8 个不会闪烁的精灵，最大分辨率为 256×240 像素。不过幸运的是，对于游艇俱乐部游戏公司来说，任何特定的 NES 游戏的图形能力都是由其发布时间和游戏卡带使用的具体芯片组所决定的。在 NES 产品生命周期的后期阶段，开发者可以在游戏中采用更稳妥的方案来提高视听保真度①。

---

① 在 NES 产品末期，任天堂在游戏卡带中提供了更好的芯片组，有了更大的内存与更强的处理能力。——译者注

在开发《铲子骑士》时，游艇俱乐部游戏公司设想了一个情景：NES
卡带里的芯片组变得更加先进了，独立开发者在必要时能够稍微摆脱 NES
的硬件限制。与 NES 游戏不同，《铲子骑士》突出了宽屏显示、视差滚动、
精灵不再闪烁等特点，并添加了 NES 的 54 色限制之外的颜色。[9]这些技
术上的进步使《铲子骑士》不再代表一种纯粹的恢复性怀旧体验。事实
上，尽管《铲子骑士》与 NES 游戏的图形表现惊人地相似，但它提供了
一种反思性怀旧体验，这说明开发者对过去的传统进行了反思，并发现了
它们在当今时代略微不足之处。

　　《铲子骑士》借用了 NES 游戏库中知名作品的核心设计原则和机制。
例如，玩家可以在矮胖的蓝色铲子骑士下落时将其铲子向下推，使他们既
能攻击敌人又能从敌人身上弹起，这个动作机制与孩子玩的弹簧单高跷的
运作原理非常近似。在受粉丝喜爱的经典游戏《唐老鸭历险记》中，玩家
扮演的史高治·麦克达克（Scrooge McDuck）会使用拐杖做出这个动作
（如图 36-1），游艇俱乐部游戏公司就直接从这款游戏中提取了这一机制。

320

图 36-1 《铲子骑士》表达了自己对
《唐老鸭历险记》中拐杖弹跳机制的直接敬意

　　这种有意识的致敬也能够在《铲子骑士》的关卡、城镇区域以及游戏
世界地图的设计上看到。《铲子骑士》的关卡类似于《洛克人》的关卡，
设置了水下主题或冰山主题场景，每个场景再划分为数个小节，并以一场

惊心动魄的头目战结束，而对手的名字和外观的设计是为了衬托主角。就像洛克人会与高温人作战，铲子骑士也必须与极地骑士对抗。同样，游戏的世界地图设计也借鉴了《超级马力欧兄弟3》。在《超级马力欧兄弟3》中，玩家可以在由不同关卡组成的大地图里沿着预定线路移动。《铲子骑士》中玩家可以在城镇区域购买强化道具和四处探索的设定是向《塞尔达2：林克的冒险》中的村庄致敬，村庄里随机出现的村民会滔滔不绝地说一些带有调侃意味的知识和意见。通过这些混搭的设计，《铲子骑士》不仅使人们回想起曾经参与 NES 游戏的特定时刻，而且将众多时刻汇集起来，展现出玩家对于 NES 游戏的集体记忆，而不是他们在某个特定时刻参与某个特定游戏的体验。《铲子骑士》中的恢复性怀旧特性和反思性怀旧特性之间的张力就这样再次浮现出来。

若不受过去现实情况的挑战，恢复性怀旧的效果能够达到最好。真正回到过去则会摧毁恢复性怀旧的幻想，揭示虽然怀旧的过程予以缓和但有时令人感到痛苦的真相。恢复性怀旧会积极地想尽办法避免这种痛苦。相比之下，反思性怀旧则会接纳这种痛苦，能够在不适中识别出并收获智慧。尽管《铲子骑士》在遵守 NES 的限制方面比大多数独立游戏更加严格，但它并没有用老游戏的缺陷来困扰玩家。例如，受到 20 世纪 80 年代街机框体从玩家口袋里榨取硬币的启发，许多 NES 游戏具有"生命"系统，玩家仅有几次机会打通游戏，输掉游戏重玩则需要再次投币。一些玩家喜欢这种挑战，但大多数人认为这种专横的系统非常令人扫兴。《铲子骑士》与其他大多数现代游戏一样，几乎完全避免了使用这一机制。在《铲子骑士》中，玩家有无数次机会来克服挑战。《铲子骑士》还提供了充足的存档点，如果玩家在游戏中真的死了，游戏重新开始后他们也会被送回原地，不需要再次挑战那些不必要、乏味的早期关卡。这些现代游戏拥有的特点都被微妙地实现了，从而使玩家能够更专注于从 NES 游戏库中借鉴的怀旧元素。

《铲子骑士》与"盲目重现历史"或"批判性地反思历史产品的特殊性与失败"这两个观点的关系都较为复杂，但这款游戏也表现出怀旧在游戏行业的文化经济中的强大地位。无论《铲子骑士》这款独立游戏的起源在哪里，就其可能唤起的所有温馨舒适的感觉而言，它在普遍的怀旧行业尤其在复古游戏行业都是以一种文化产品的形式来运作。凭借怀旧魅力吸引了忠实的玩家之后，游艇俱乐部游戏公司在游戏发布之前就不失时机地通过独立工作室频繁运用的数种营销策略来充分利用品牌资源，包括与任天堂等平台的持有者合作、独立游戏之间的交叉推广以及周边产品的销售。

作为"任天堂独立游戏"（Nindies）推广计划的一部分，任天堂在《铲子骑士》的开发过程中与游艇俱乐部游戏公司开展合作。这无疑是因为任天堂认识到它们的知识产权和品牌之间的协同效应。毕竟，《铲子骑士》是一封写给任天堂 8 位 NES 游戏主机的情书。通过这种战略伙伴关系，游艇俱乐部游戏公司得到了任天堂的开发和营销支持，其中包括在独立游戏节"独立游戏队列"（IndieCade）等活动中的赞助和推广。在这些活动上，人们可以在任天堂搭建的帐篷里玩《铲子骑士》。通过这样的合作，两家公司都获得了富有成效的曝光。《铲子骑士》在 2014 年面市之前就获得了良好势头与关注，它参考了如今仍被任天堂视为文化形象根基的经典作品，任天堂也能够通过这款备受期待的游戏来推广"任天堂独立游戏"计划。

周边产品销售已经成为独立游戏开发商的另一个重要收入来源。游艇俱乐部游戏公司扩大了与任天堂的合作，成为任天堂之外第一家制造和分销 amiibo 玩偶的开发商，这些小玩具可以通过近场通信技术（Near Field Communication，NFC）与任天堂游戏平台交互。就在任天堂的 Wii U 游戏主机在财务上失败的时候，游艇俱乐部游戏公司在 2014 年推出了利润丰厚的 amiibo 玩具系列，每个玩具都是根据任天堂的经典角色制作的。尽管许多粉丝和评论家对 amiibo 的实际功能表示不满，但怀旧情绪使消费者渴望拥有这些标志性角色的小玩偶，它们在发布的第一年就频繁售罄。值得注意的是，任天堂批准了《铲子骑士》amiibo 的发行，这款游戏中的角色便同马力欧和林克等角色一起出现在零售店的展示橱窗里和复古游戏玩家的家中。这说明游艇俱乐部游戏公司对怀旧策略的运用是成功的，建立了一个与过去的那些经典角色形象非常协调的当代形象。通过这些努力，游艇俱乐部游戏公司已经成功销售了超过 150 万套《铲子骑士》，这不仅是一个独立开发商里程碑式的成功，也展现出制作一款与复古游戏的健康怀旧经济完美契合的作品所能带来的收益。

　　怀旧不一定总是恢复性的还原操作。事实上，反思性怀旧可以成为对社会中占据主导地位的政治和经济结构的有力挑战。《铲子骑士》无法准确对应于这两种怀旧形式的任何一种。当然，游戏赞扬了 NES 的美学局限，并直接引用了那个时代经典游戏的设计原则。游艇俱乐部游戏公司显然充分利用了这些特征的怀旧吸引力，以将《铲子骑士》作为任天堂一代的集体回忆之旅来进行精准销售，同时利用其游戏角色几乎瞬间赢得的标志性地位以及产权成为一家成功企业。这些因素不容忽视，《铲子骑士》在复古游戏的怀旧经济中的突出地位也不容忽视。然而，在当今时代，《侠盗猎车手 5》等价值 1 亿美元的游戏将图形保真度推向了极限，虚拟现实也有望将我们带到更加逼真的场景之中，继续坚持与珍视在几十年前的游戏主机上建立起来的视觉和互动原则会面临一些固有的挑战。像《铲子骑士》这样的复古电子游戏越来越成为独立游戏开发的核心类型，要求我们不断评估个体和集体与历史的关系，审视个体和行业的怀旧形式，并思考上述两者在围绕电子游戏开发与消费的复杂和动态的文化经济中的位置。

注释

1 Katharina Neimeyer, ed., *Media and Nostalgia: Yearning for the Past*, Present and Future (New York: Palgrave, 2014).

2 James Newman, *Videogames* (New York: Routledge, 2004); and Jakko Suominen, "The Past as the Future? Nostalgia and Retrogaming in Digital Culture," *Fibreculture* 1, no. 11 (2008), http://eleven.fibreculturejournal.org.

3 Stephen Kline, Nick Dyer-Witheford, and Greig de Peuter, *Digital Play: The Interaction of Technology, Culture, and Marketing* (Montréal: McGill-Queen's University Press, 2003).

4 Matthew Thomas Payne, "Playing the Déjà-New: 'Plug It in and Play TV Games' and the Cultural Politics of Classic Gaming," in *Playing the Past: History and Nostalgia in Video Games*, edited by Zach Whalen and Laurie N. Taylor (Nashville:

TN: Vanderbilt University Press, 2008), pp.51‑68.

5 John Vanderhoef, "NES Homebrew and the Margins of the Retrogaming Industry," in *Fans and Videogames: Histories, Fandom, Archives*, edited by Melanie Swelwall, Angela Ndalianis, and Helen Stuckey (New York: Routledge, 2017), pp.111‑127.

6 Jesper Juul, "High-Tech Low-Tech Authenticity: The Creation of Independent Style at the Independent Games Festival," in *Proceedings of the 9th International Conference on the Foundations of Digital Games*, edited by Tiffany Barnes and Ian Bogost (Santa Cruz, CA: Society for the Advancement of the Science of Digital Games, 2014).

7 Kline et al., *Digital Play*, 2003.

8 Svetlana Boym, *The Future of Nostalgia* (New York: Basic Books, 2001).

9 D. D'Angelo, "Breaking the NES for Shovel Knight," *Gamasutra*, June 25, 2014, https://www.gamasutra.com.

延伸阅读

Altice, Nathan. *I Am Error: The Nintendo Family Computer/Entertainment System Platform*. Cambridge, MA: MIT Press, 2015.

Heineman, D. S. "Public Memory and Gamer Identity: Retrogaming as Nostalgia." *Journal of Games Criticism* 1, no. 1 (2014), http://gamescriticism.org.

Lizardi, Ryan. *Mediated Nostalgia: Individual Memory and Contemporary Mass Media*. Lanham, MD: Lexington Books, 2015.

Whalen, Zach, and Laurie N. Taylor, eds. *Playing the Past: History and Nostalgia in Video Games*. Nashville, TN: Vanderbilt University Press, 2008.

37 《暴风射击》：档案

贾德·伊桑·鲁吉尔（Judd Ethan Ruggill）

肯·S.麦卡利斯特（Ken S. McAllister）

编者语： 电子游戏经常被当作用于讲述故事的"文本"和用于玩乐的互动技术来研究，但也运用档案研究法（archival method）把它们作为手工艺品（artifact）来研究。在这一章中，贾德·伊桑·鲁吉尔和肯·S.麦卡利斯特概述了应用于游戏分析的档案研究法，并特别以1981年雅达利的经典街机游戏《暴风射击》为例，说明游戏不仅是各个单独组件的汇总，还是推动游戏开发过程的多种文化、美学和行业做法的汇总。

研究电子游戏的路径有很多，人们可以通过有趣并带有目的性的方式思考游戏媒介及其文化。例如，我们可以思考游戏是如何吸引玩家接纳所讲述的故事并帮助游戏讲好这个故事的。即使是一个简单的游戏，为了能够推动故事演进，也会要求玩家做出决定并采取行动。游戏互动及它所带动的故事是玩家和游戏的各种元素之间的一种对话，这些元素包括游戏规则、关卡设计、美学等。

对于像《导弹指令》这样的游戏来说，这种对话非常直接。《导弹指令》的即将开始状态下，即投入适当的游戏币后街机进入的状态，仅要求玩家"保卫城市"。这里没有其他的玩乐选项，面对游戏的邀请，玩家会直接进入战斗而无须其他回应（也许除了离开这台街机）。游戏的主要目标也就是它的基本前提非常明确：玩家通过努力保卫城市帮助讲好《导弹指令》的故事。

并非所有游戏的目标都传达得如此直接。例如，《行尸走肉》为玩家提供了一些不明确的选择，或者说这些选择在游戏后期会产生意想不到的后果。此外，《行尸走肉》会根据玩家的选择提供模棱两可的反馈（例如，游戏通过显示文字"克莱曼婷会记住你的选择"来回应玩家的决定）。那时，玩家还不清楚年轻的克莱曼婷（游戏第一季的主要配角）究竟如何记住某个特定的决定。她会深情地回忆玩家的选择吗？还是带着愤怒、厌恶或失望的情绪？玩家只能等到叙事进一步展开之后，才会发现他们过去行为的后果。与《导弹指令》相比，《行尸走肉》在沟通上故意含糊其词，这一设计决策促进了玩家对游戏世界的投入，这反过来又推动了在玩家的帮助下更深层次的故事呈现。

　　无论游戏的目标是明确的还是模糊的、是简单的还是复杂的，探索游戏如何说服玩家做出决定从而帮助展开叙事，可以揭示游戏以这样的方式讲故事的众多原因（参阅本文集中阿纳斯塔西娅·索尔特关于叙事和《国王密使》的章节以及特雷安德烈亚·M.拉斯沃姆关于种族和《NBA 2K16》的章节）。从这个角度来看，游戏是在多个层面都能讲好故事的手工艺品：游戏本身向玩家呈现引人入胜、互动的故事，游戏的开发过程则向学者讲述关于游戏创作环境的故事。

　　两种模式之间存在不同，但后一种故事讲述的模式至少与玩家直接沉浸的第一种模式一样具有互动性①的内容。除了提供娱乐功能，游戏也是工业产品，是开发商付出的劳动与发行商投入的金钱的共同结果。调查游戏的生产条件可以阐明为什么它的外观、声音和游戏方式是这样的。这种调查还可以解释游戏在市场上的表现。例如，《黑色洛城》的开发时间长达7年，即使对顶尖游戏来说，这也是相当长的时间。《黑色洛城》的开发期如此漫长，意味着人们有机会对它进行改进和完善，因此，这款游戏取得叫好又叫座的结果也就不足为奇了。[1] 与此同时，据报道，开发商邦迪团队的工作条件相当艰苦，工作室在《黑色洛城》发布几个月后就关闭了。[2] 因此，尽管市场条件似乎非常适合扩展《黑色洛城》的故事，但生产条件并不理想，续作也就未能制作出来。因此，与所有游戏一样，《黑色洛城》既是通过玩家参与玩乐而得到的手工艺品，也是通过游戏生产流程而得到

---

　　① 这种互动性体现在游戏开发与外部环境（市场环境以及工作环境）之间的相互影响。——译者注

的手工艺品。类似的关于游戏传闻的故事值得讲述，但在撰写这些故事之前需要进行一种研究，即将游戏看作与赋予它们意义的世界永远交织在一起的复杂的文化性手工艺品，而不是离散的事物。

将游戏视为"手工艺品"的理念推动了游戏档案工作者的研究。从字面上看，"手工艺品"（artifact）是通过技能制造的东西（arte 意为"通过技能"，factum 意为"制造的东西"），是带有目的性的精心制作的事物。电子游戏通过多种途径获得其手工艺品的地位：它们的故事内容和工业生产过程显然是由技能驱动的，也是游戏最常被研究的领域之一。然而，一些学者认为游戏是从错综复杂的法律协议中产生的手工艺品，一些学者将其视为重塑涉及社会性别、种族和性取向的主流社会文化观念的手工艺品，还有一些人将电子游戏视为标志人类与玩乐关系不断变化的手工艺品。这些将游戏理解为"手工艺品"的不同分析路径都汇聚在档案研究法之中。

一般来说，应用于游戏研究的档案研究法促进了许多其他类型的游戏研究，如叙事研究、行业研究、艺术研究、技术研究等。电子游戏被认为与其他所有类型的游戏（无论是数字游戏还是其他类型的游戏）以及支持电子游戏媒介的各种材料相关联。换句话说，档案研究法认为所有游戏都是独一无二但又相互联系的，在互动方式上与既往风格和发展历程也存在关联。档案研究法的符号网络还包括与游戏有关的大量副文本，即非游戏本身的基于电子游戏的材料，如粉丝绘图、辅助设备、局域网设备、大学游戏史课程的教学大纲、电影大片、以游戏为主题的食品和服装等。这些材料与它们的起源游戏本体一样都值得研究，因为它们也对游戏如何具备意义做出了贡献，它们也是围绕游戏的手工艺品。

档案研究法坚持认为，只有认真关注手工艺品（包括数字手工艺品）的真实构成，研究者才会加深对单独游戏、游戏副文本以及特定的游戏手工艺品集合［如多款日本网球游戏、任天堂周边产品、雅达利部队（Atari Force）系列漫画］的理解。档案研究法通过识别游戏的生产方式及与其他手工艺品的联系，提供关于游戏及其文化的历史背景更加明确、地理分布更加广泛、背后的意识形态剖析更加深入的知识。在这个意义上，档案

326

研究法会让人想起行动者网络理论（actor-network theory）的观点，该理
论将非人类行动者（object）视为社会关系中不可或缺的一部分。档案研
究法还会使人想起结构化理论（structuration theory），该理论认为结构与
施动者（agent）是相互构成和相互影响的。简言之，比起被连接的事物，
档案研究法更加重视连接的过程。

　　在本章的余下部分，我们会概述应用于游戏分析的档案研究法。为了
说明如何使用这种方法来得到不同的重要结论，我们把 1981 年雅达利的
经典街机游戏《暴风射击》作为案例。档案研究法的优势之一在于，它揭
示了游戏为何始终是难以估量的众多文化、美学和行业做法的汇总，它们
共同推动了游戏的开发过程以及玩乐时游戏的具体表现。可以说，只有应
用档案研究法才有可能对游戏和游戏文化有如此广泛的理解。电子游戏研
究中的档案研究法以三个相互关联的假设为基础：游戏是网状化的现象，
327　游戏只是其网状系统中众多节点之一，研究游戏网状系统需要妥善保存这
些系统。

　　电子游戏是网状化的现象。游戏是连接了材料、人员、想法和流程的
众多庞大系统的一部分，这些连接起来的内容共同构成了游戏的含义以及
游戏具备意义的方式。尽管在某些情况下有可能（有时这也是可取的）将
游戏作为一个本身就能够生成意义的离散事物来研究，但档案研究法认
为，把游戏从其网状系统中分离出来通常会产生误导性的结论。孤立地研
究游戏与在更广泛的背景下研究游戏截然不同。根据研究者对手工艺品所
提出的研究要求，这种差异会导致对于游戏的理解从过于简单（人们大致
了解了这个手工艺品，但是难以对其下定义，也看不到其中的微妙之处）
到完全错误（想象一下当你试图向他人描述一座建筑时，你能看到的只是
它的正门）。

　　这里有个例子。从表面上看，《暴风射击》是一款包含几何图案的、三
维的、以太空为主题的射击游戏，玩家必须消灭在固定游戏区域中出现的
一波波敌人（如图 37-1）。一旦一个关卡的敌人被全部消灭，玩家就会进
入不同的游戏区域，迎战一群新的敌人。然而，重要的是，《暴风射击》的
灵感来自设计师戴夫·托伊雷尔（Dave Theurer）做的噩梦——怪物从地

洞里爬出来，这个起源故事出现在各种与游戏有关的采访和出版物中（它们属于档案之中的其他手工艺品）。因此，将《暴风射击》理解为以太空为主题的游戏是不准确的（或至少是不完整的）。这款游戏中既有陆地又有太空的影子，但只有不将《暴风射击》视为单独游戏，而是转换观念，将其视为事件、施动者和其他手工艺品聚集在一起而形成的网状系统之中的手工艺品时，其中的一个影子才会变得更加清晰。

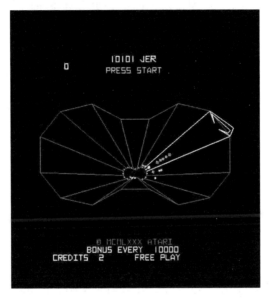

图 37-1 《暴风射击》的游戏区域布满了色彩斑斓但抽象晦涩的矢量图形

再一次强调，游戏是一种复杂的现象，档案研究法试图强调和接受这种复杂性，以便更充分地分析手工艺品的影响以及潜在影响。《暴风射击》源头的潜在影响非常明显：这个游戏既是一个星际射击游戏，也是一个令人感到不适的关于追击和地下恐怖（subterranean terror）的惊骇故事[1]。如果没有运用档案研究法，如果没有认识到《暴风射击》是一个与其他手工艺品相联系的手工艺品（在本例中，人们在与此款游戏相关的其他手工

—————

① 经与主编沟通，虽然作者没有提及，但这款游戏源头的潜在影响是人们或许能够了解当时的社会观念。——译者注

艺品中发现了多个起源故事），与地洞怪物有关的游戏主题仍会不为人知，最终《暴风射击》重要的开发历史片段、围绕游戏主题的部分关键构成元素以及一些解释游戏的角度都会鲜为人知。

328　　　尽管游戏通常是这个网状系统中最显眼的节点，但它并不总是理解某一特定现象的最佳途径。以《暴风射击》中不寻常的图形为例，游戏本身很少解释为什么它看起来是这样的，为什么它的设计以几何形状和大量的负空间（negative space）[①]为特点，而不是更多具象派的事物。游戏是用来看的，而不是用来解释的，或者至少不能从非直接有助于玩乐的方面去解释。然而，《暴风射击》的服务手册专门解释了游戏技术的工作原理以及这些技术发生故障时该如何解决问题。[3] 换句话说，虽然游戏的目的是让玩家参与进来，但服务手册的目的是让机器正常运行、解释游戏机制，并提供技术支持。

　　　服务手册以多种方式实现上述目标，从揭示街机的盈利前景到描述游戏机制中的各个选项。例如，《〈暴风射击〉操作、维护和服务手册》描述了游戏软件本身并没有介绍的游戏中的敌人，并解释了技能步骤（Skill-Step）[②]玩乐系统及其附带的点数奖励。此外，该手册还描述了如何调整机器，使其能够接收不同的海外货币，并揭示了如何修改机器设置以鼓励消费者参与玩乐。最终的结果是，与游戏本身相比，服务手册针对《暴风射击》的美学和机制提供了更丰富、更精确的说明，因此相比从实际的游戏参与中得出的经验，这是理解与分析游戏中的玩乐选项和其他特点的更有价值的节点。换句话说，手册也是档案之中相互关联的节点，可以回答游戏本身无法回答的关于《暴风射击》的问题。

　　　游戏以不同方式创造意义，一些学者渴望了解这些方式的复杂性。将
329　档案研究法作为一种游戏研究方法，这些学者会感到受益匪浅。档案研究法对游戏研究的效用不仅体现在它作为一套分析工具方面，还体现在它明确了一系列涉及保存与共享资源以供自己和他人未来使用的研究方法及收

---

① 物体周围的空白或开放空间。——译者注
② 这种游戏机制允许玩家在游戏开始前自由选择起始关卡，同时游戏也会根据玩家选择的关卡及其表现逐渐调整难度。——译者注

集方法。对构成游戏网状化与节点化现象的材料和进程加以利用及描述也是为了让它们公开，为其他研究者提供原本丢失、遗忘或忽略的细节，让他们在自己的工作中使用。档案研究法本来就要求使用者公布他们的发现，从而对档案本身做出贡献。这样一来，通过增加新的材料和信息，档案研究法为游戏相关知识的公共储备做出了贡献。

这种有意识的共享就是档案文件与收藏品的区别，前者倾向于为公共利益创造、普及和保存知识，后者则通常是出于个人目的或乐趣而保存物品。研究者之间的合作促成了知识的产生——无论是关于游戏的知识还是参与游戏之后获得的知识。档案文件与收藏品的差异反映在档案研究法之中：在强调事物、思想和行为之间的联系时，档案研究法产生了新的知识、新的研究机会，以及向世界展示这些知识的全新方式。

雅达利工程师杰德·马戈林和肯·麦卡利斯特之间的电子邮件通信就是一个很好的例子。[4] 一些信源认为是马戈林最初开发了《暴风射击》的数学盒（mathbox）微码，即驱动游戏矢量图形的程序。然而，在写给麦卡利斯特的电子邮件中，马戈林纠正了这一说法，指出是另一位雅达利工程师迈克·阿尔博（Mike Albaugh）完成了这项工作。尽管许多得到认可的说法与此相反，但马戈林坚称自己与《暴风射击》没有任何关系。考虑到本章节提及的以及出现在其他地方的马戈林的否认[5]，我们将其纳入了公共知识库，并因此改造了《暴风射击》的网状系统。这款游戏曾经拥有的与其他节点的连接方式不复存在：它的一部分作者已经改变。这导致了游戏整体意义的改变以及该意义带来的潜在影响。档案研究法已经改变了这个研究对象，现在可以针对这个对象进行新的知识探索。

在游戏研究中，这种贡献尤其重要，因为该领域的手工艺品往往是从促销货架和垃圾堆中抢救出来的。与官方文件、精美的首发版本和其他公认的收藏品不同，游戏及其附属材料很少被期望保存下来，甚至制作它们的人和公司也不会保存。那么，当研究人员依靠档案研究法时，他们会自动地将自己置于一个注重保存的思维方式中，这种思维方式不仅会为档案提供新的学术成果，也会贡献出在研究过程中新发现的实物。例如，一个研究《暴风射击》街机框体艺术的档案研究项目可能会在《玩乐仪表》

（*Play Meter*）杂志的过刊中发现促销传单，或在雅达利公司的首个仓库中发现提货单，之后再将其添加到档案中。

因此，一款游戏的意义是从代码到影响其设计的当时事件的所有内容的汇总。考虑到这种分析范围的广度，应用档案研究法的研究人员无法避免如下认知：其一，所有关于《暴风射击》的信息总是片面的（因此，从这些信息中得出的任何结论也是如此）；其二，档案本身永远都是不完整的但同时又具备独特性。在实践中，应用档案研究法的学者要尽可能简明扼要地界定他们的项目，因为他们知道，即使最明确的项目也会连接到无限多的其他节点。尽管这些节点也存在于游戏的意义网状系统之中，但必须忽略它们。

值得注意的是，由于学者将电子游戏作为相互关联的手工艺品来关注，一个下游的研究机会就会浮出水面，也就是满足人们对于元研究（meta-study）——针对某一事物如何被研究的研究——的需求。虽然并非只有应用档案研究法的学者会关注元研究，但元研究的确在学者大量应用档案研究的领域较为常见。例如，当学者关注他们的同事如何分析游戏叙事时，他们就在进行元叙事研究（meta-narrative study）；当他们关注其他学者如何分析玩家行为时，他们就在做元玩家研究（meta-player study）。这样的项目尤其可以揭示研究本身的偏好。比如，阅读两份关于《暴风射击》视觉美学的分析报告，能够帮助我们了解两位研究者对于游戏界面外观的不同思考方式。但对《暴风射击》视觉美学的元研究会帮助我们思考众多学者是如何分析游戏的这个方面的，从而得出研究者在分析上的倾向。所以，游戏元研究能够更多地揭示学者的趋向，而不是开发人员、营销人员或玩家的趋向。因此，游戏元研究能够开辟重要的全新研究途径。

研究电子游戏的挑战之一是如何选择适当的分析工具以完成这项工作。值得注意的是，档案研究法具有关联性，因此它不适用于批判性的独立性分析，例如专注于确定《伊卡勒斯·普劳德博顿与巧克力喷泉的诅咒》的叙事逻辑或对俄罗斯手持式西比科（Cybiko）电脑进行销售统计的分析。当主要调查目的是获得定量结论的时候，档案研究法也会被证明无效。档案研究法主要应用于定性研究，热衷于解释文化如何随时间发展变

330

化、风格如何因地区而异、广告如何反映社会价值等问题。在档案中很可能找到公司记录、行业分析和生产时间表等形式的定量数据，这些定量数据有助于分析一系列项目，但档案研究法要求这些记录和数据与档案记录中的其他材料相互联系，无论是日记、概念艺术、设计历史，还是其他相关的短时效物品。因此，档案研究法与其说是一种数据模型，不如说是一种解释学，并且在含混不清的情况下最有优势。

电子游戏媒介以及从它那里生成并围绕它的文化是多种多样的，融合了来自历史、地理和智识传统中的技术、思想意识与行为方式。因此，即使是最强大的批判方法也无法探究游戏的复杂程度。档案研究法为识别和解释这种复杂性迈出了令人满意的第一步。它提供了一个机会，我们可以先对手工艺品的全貌进行调研，之后再做我们在上文中所解释的那些具体分析。这样一来，档案研究法深化了研究者的项目分析潜力，也许更重要的是，它强调了这样一个事实：游戏是人类境况中一个充满活力同时也以令人困惑的方式与其交织在一起的组成部分。

注释

1 拖长的生产周期在业内被称为"开发地狱"，这并不一定能保证游戏质量。《异形：殖民军》与《永远的毁灭公爵》的开发时间都超过了 10 年，但在发行时也遭受了广泛批评。

2 Adam Rosenberg, "L.A. Noire Developer Team Bondi Officially Closing Down," *G4TV.com*, October 5, 2011, https://www.g4tv.com.

3 Atari, *Tempest Operation, Maintenance and Service Manual* (Sunnyvale, CA: Atari, 1981); Atari, *Wells-Gardner Color X-Y Monitor: Service Manual* (Sunnyvale, CA: Atari, 1981); and Atari, *Drawing Package Supplement to Tempest: Operation, Maintenance and Service Manual* (Sunnyvale, CA: Atari, 1981).

4 Jed Margolin, email message to Ken McAllister, August 11, 2012.

5 Judd Ethan Ruggill and Ken S. McAllister, *Tempest: Geometries of Play* (Ann Arbor: University of Michigan Press, 2015).

延伸阅读

Gaillet, Lynee Lewis, Helen Diana Eidson, and Don Gammill Jr., eds. *Landmark Essays on Archival Research*. New York: Routledge, 2015.

Guins, Raiford. *Game After: A Cultural Study of Video Game Afterlife*. Cambridge, MA: MIT Press, 2014.

Newman, James. *Best Before: Videogames, Supersession and Obsolescence*. New York: Routledge, 2012.

Swalwell, Melanie. "Moving on from the Original Experience: Games History, Preservation and Presentation." In *Proceedings of DiGRA 2013: DeFragging Game Studies*, vol. 7 (Aug. 2014), Atlanta, GA. https://www.digra.com.

332

38 《瓦尔登湖》：反思

特蕾西·富勒顿（Tracy Fullerton）

编者语： 游戏作为一种美学形式，通常被理解为动作的媒介（medium of action），其特征在于交互性。然而在交互形式上，游戏已经被固定在已有的设计之中。在本章，游戏设计师特蕾西·富勒顿谈到了实验性游戏的设计，这些游戏在本质上具有反思性，其主题要求玩家进行情绪上的内省，并通过玩家与游戏之间复杂的相互作用来实现设计师设计这类游戏的目标。

将游戏视为一个系统，玩家在其中自愿接受一系列约束，这既是对游戏的正式构成的描述，也可能是无意中对这类产品的标准修辞界限同样准确的描述。[①]"依照规则玩游戏"既可以指游戏设计师坚持老套的场景和角色，也可以指玩家遵循游戏规定的流程和活动。在今天的商业游戏领域中，我们在玩乐类型的匮乏情况下看到了人们对熟悉事物的坚持，并且在已有的游戏类型里，人们仍会重复游戏风格、基调和完整的体验设计。具体来说，我们发现多数游戏专注于快节奏情境中的直接暴力冲突，但游戏没有留出空间让玩家质疑这种冲突的意义，只在机制允许的活动范围内让玩家对其做出回应。这种游戏体验的基调也抑制了玩家对玩乐活动的批判性解读，使玩家只能体验到战斗或者疾驰时的感官刺激，在纯粹的玩乐节奏中也不能进行更加深入的思考。

---

① 游戏的正式构成（formal composition）指的是游戏中的各种元素（例如机制、规则、画面和声音等）；"标准修辞界限"（standard rhetorical boundary）一般是指在一个特定的环境中关于交流的隐性社会规则、规范和期望。在这里，游戏的"标准修辞界限"指的是围绕游戏的隐性社会规范，也就是人们对于游戏体验的期望。上文提到的各种游戏元素都会被纳入人们的期望。这些期望反过来也会影响游戏设计并最终影响游戏体验。——译者注

333 　然而，十多年来，我一直在探索与这种主流游戏形式截然相反的玩乐理念。也许是因为我天生内向，我总是关注自己不断发展的内在思维过程，并着迷于我所深度卷入的媒介对于上述徐徐展开的个人叙事所能产生的效果。但是，经过多年的讨论和深度参与我在其他地方定义的"以玩乐为中心的"游戏系统的设计之后，我很自然地变换了思路，认为无论是玩乐过程中的外在活动还是内心世界，都需要更加专注于玩家的体验，我们可以将其称为"以玩家为中心的"游戏体验的设计。[1]因此，对于在玩乐中能否进行反思的探索让我开始对允许玩家产生甚至依赖于玩家内心情绪变化过程的玩乐产生了兴趣，这种兴趣推动我设计了一个比市面上大多数游戏系统节奏更慢的系统。

　这种对慢节奏玩乐的兴趣并不是因为缓慢本身就等同于意义，而是因为通过反思来创造意义的过程确实需要以常人的节奏来进行，并且需要对游戏体验的回应、解读和剖析进行循环处理。因此可以说慢节奏是游戏中用于反思性体验的示能之一。在我参与的项目中，例如游戏《瓦尔登湖》或《夜之旅》（这是一款与媒体艺术家比尔·维奥拉合作开发的游戏），我提供了一些例子来说明这种新颖的美学方法，即强调慢速或常人思考节奏的设计观念对于开发能让玩家进行反思的数字游戏至关重要。

　这并不是说在传统游戏系统中玩家没有内在思维过程，而是说这些系统的设计对于玩家投入的认可程度非常低，就好像那些投入对于系统正常运作的影响程度一样低。玩家被认为是众所周知的斯金纳箱里的小白鼠，按压杠杆直到它们获得胜利、报酬、奖品和食物颗粒。作为游戏设计师，我们要"证明"一个伟大设计的成功，那就是它能够激励小白鼠不断按压杠杆，不断追逐奖品。[2]但是，小白鼠的自身体验是好是坏只能通过奖品是否送出来衡量，而不是从它们对于状况的解读、情绪状态、按压杠杆的意义、对于结果的预期、等待过程中的感受或交互过程的奇妙程度等方面来理解。

　相比之下，我的游戏项目《瓦尔登湖》可以作为反思性和慢节奏玩乐的例子，它将亨利·戴维·梭罗（Henry David Thoreau）的散文集《瓦尔登湖》转化为一种可玩乐式体验。玩家可以在一个基于梭罗的生活实验模拟的第一人称游戏中接手这个实验。游戏开始于 1845 年夏天，在瓦尔登湖周围的森林中，玩家必须找到方法来获得梭罗描述的"生活必需品"，包括食物、燃料、住所和衣服。顾及这些必需品需要时间和精力，玩家可能会发现自己在埋头苦干以满足这些基本需求的同时陷入一种平庸的生活，除非他们花时间去寻找森林中的美丽和灵感（inspiration）[①]，这也是梭罗所寻找的崇高。在平庸和崇高这两者之间找到平衡是梭罗的实验目标。这款游戏的目标是让玩家自己探索并感受这种平衡存在于何处，并反思我们为了追求这种平衡所做出的选择如何影响我们的生活质量。

334

梭罗的实验可以说是对"慢生活"的最初呼吁。了解我们的基本需求，并且在生活中只维持这些需求，然后在剩下的时间里不是建造更豪华的房子或吃更精致的饭菜，而是在大自然中寻找灵感。"慢"的观念在现代生活中已升华为一种美德。慢食、慢游、慢城等"慢"运动的核心是我们相信在吃饭、旅游、生活、阅读书籍汲取思想等体验中将节奏降下来可以增强这些体验对我们个人生活和集体生活的影响。当烹饪社会活动家和作家爱丽丝·沃特斯谈到慢食时，我总是感到震惊，因为她对于可持续饮食（sustainable eating）价值的论述方式和我自己对玩乐的想法有太多相似之处。她说："我们吃的是伴随食物而来的价值。"[3] 在这里，她指的是食物的生产、分配、销售、加工和消费的价值，而不仅仅是它本身的营养价值，当然所有这些都促成了食物的营养价值。我也可以对玩乐涉及的方方面面做出同样的划分。

2007 年，我与玩乐合作社（Ludica Collective）共同写了一篇文章，讲述了我们对新游戏运动（new game movement）的兴趣。该运动的思想在于，无论是设计师制作一款游戏还是玩家参与一款游戏，都应该注入合作或宽容等价值观，而不是纯粹的竞争意识和利己主义。[4] 我被这场运动的核心理念所吸引，即我们的玩乐方式意味着我们在这个世界上的存在方式。但更为重要的是，我认为更深入的思考是值得的，而非仅仅表明游戏

---

① 灵感是玩家在游戏中通过阅读、享受独处或与访客互动等方式提升的一个角色属性。这项指标越高，游戏中的画面就越鲜艳，并且玩家会有机会遇到更多的箭镞。——译者注

是我们在这个世界上存在的一部分，比如我们如何创造玩乐，玩乐被嵌入什么样的社会和商业结构，我们如何玩乐，我们如何反思，如何让玩乐来定义我们。

新游戏运动核心的首席思想家之一斯图尔特·布兰德（Stewart Brand）曾说："你不能通过赢得游戏、输掉游戏或裁决输赢来改变游戏，而只能通过创作一个新的游戏来改变游戏。"[5]10 年前，当我第一次思考新游戏运动如何与我们的数字游戏相联系时，我感觉这个建议十分可取。随着独立游戏社群的崛起，在某种程度上，我们已经做到了。然而，我觉得我们正急于前往那个新的领域，但是还没有充分考虑那些围绕游戏制作的生产方式、分配方式和销售方式也是构成游戏"营养价值"的要素。如今我们仍然需要开辟一个全新的领域，去制作一款和以往完全不同的游戏，即一款能够治愈我们的身体、灵魂与社会的慢游戏，就像慢食运动以对人类个体和生活世界有益的方式来努力喂养我们的身体一样。

图 38-1　游戏《瓦尔登湖》中的场景：这些森林不能再有更好的背景，也不能更美丽了，因为森林已经反映在湖水中

注：中文翻译摘自上海译文出版社 1982 年第 1 版《瓦尔登湖》，徐迟译，第 172 页。——译者注

设计反思性玩乐，关键是要先构想出一个能够为玩家提供这种机会的体验目标。对于游戏《瓦尔登湖》来说，它的体验目标是具体呈现梭罗的生活实验，也就是把生活降到最低限度，看看它是"简陋的"还是"崇高

的"。在设计一个系统来实现这个体验目标时，如前所述，重要的是强调玩家的情绪体验，而不仅仅是系统本身的输入和输出。因此，我们需要同等重视使游戏世界的开发和自然环境的模拟保持均衡的游戏规则与活动。

如果向玩家提出的挑战是参与梭罗的简单生活实验，同时他们还会受到自然界的美景和奢华生活的吸引，需要承担社会责任，那么这些方面就需要在游戏设计中占有同等分量。此外，由于游戏的目标实际上不是简单地呈现梭罗为他的追求找到的解决方案，而是让玩家对这些问题进行反思并得出自己的理解，因此游戏设计需要提供足够大的可能性空间，让玩家能够反驳梭罗的答案，并找到属于他们自己的答案。因此，从一开始我们就很清楚，这个设计需要有如下元素：①一个丰富、动态的世界，玩家可以在其中探索主题；②一个允许玩家尝试和反对游戏主题的活动系统；③一个允许玩家对他们参与的活动进行反思的玩乐节奏。同时，如果需要的话，随着时间的推移玩家可以改变他们的游戏方式而不会受到严厉的惩罚。

设计团队运用梭罗本人的作品定义了一个丰富、动态的世界，玩家可以在其中探索梭罗的想法。我们仔细阅读原著，创建了一个包括植物、动物和物品的索引，这些内容构成了梭罗在书中所描述的世界。之后，以这个索引为指导，我们开发了一个虚拟的瓦尔登，它由那些梭罗认为与之联系最为紧密的事物组成，无论有没有生命。游戏中的树是他在书中描写的黑松、白松、黑桦、红枫等。游戏中的植物和动物是与他有长时间联系 336 的，比如他精心照料的豆类植物或他的小屋附近繁忙的野兔和松鼠。游戏中湖的大小直接取自他的测量，而我们创造的世界以西边的菲奇堡铁路（Fitchburg Railroad）、东边的康科德路（Concord Road）和想象中的南北地界线为边界，构成了一个可供玩乐的约 70 英亩的森林区域。

与游戏世界中的自然层面一样，无论是森林中的动物、树木，还是其他植物，社会层面也有需要探索的地方，例如梭罗周围的人以及和有关历史议题。因此，玩家可以关注梭罗与家庭成员之间的关系，如姐姐索菲娅（Sophia）；他与朋友之间的关系，如导师爱默生（Emerson）；他与一些专业人士的联系，如编辑霍勒斯·格里利（Horace Greeley）和自然学家路易斯·阿加西斯（Louis Agassiz）教授；或关注他曾经涉足的历史议题，如反奴隶制运动和地下铁路运动。

玩家会在 8 个"季节"的玩乐过程中体验整个世界。游戏开始于初夏，那时的生活很简单，可以很容易从森林中觅取食物和燃料。在温暖的新英格兰天气中，住所和衣服也不那么重要。这些在游戏初期很容易满足的基本需求会随着秋季和冬季的到来变得更具挑战性。

为了理解时间和反思对这个游戏系统的重要性，我们有必要更加深入地挖掘作为其基础的活动系统的设计。如前所述，这是一个本身就允许玩家尝试或反对作品主题的模拟游戏，因此这也是一个可以对作品主题进行反思的模拟游戏。

梭罗认为，在我们的内心深处，有一种他称之为"生命的体温"（the vital heat）的能量。为了生存，我们需要维持这种能量。食物、燃料、住所和衣服有助于维持"生命的体温"，但我们为了满足上述这些需求而付出的努力也会消耗一些能量。在游戏中，玩家通过寻找、种植或购买资源来满足这些基本需求。如果他们中途不再关注这些需求，这些必需品的缺失将导致他们的能量被消耗。梭罗不仅要生存下去，他还喜欢阅读、聆听森林中和地平线上文明世界的声音、独处以及与森林中的"邻居"——无论是他偶然遇到的动物还是访客——互动等，通过这些活动来寻求崇高的境界。

平衡基本需求和崇高需求这两类需求是游戏互动的核心，而处于游戏体验核心的时间既是兴奋剂，又是抑制剂。一方面，如果我们为满足基本需求工作得过于辛苦，就需要花费时间来休息和恢复自己的状态。另一方面，时间的推移又会使灵感的火花转瞬即逝，所以我们需要不断地去寻找和培育它们。实现一次平衡并不是一个"胜利局面"，因为时间在不断流逝，我们必须时刻留意这种平衡，即使是在追求其他利益的时候。我们可能会被诱惑到城里去工作，以使我们的生活更加轻松；我们也可能会被吸引将购买必需品的钱花在买奢侈品上，例如更豪华的房子和高级的工具等。我们还可能会被森林中的简单生活以外的活动所吸引，比如追求写作事业，成为社会活动家并帮助地下铁路运动中的奴隶，或者成为一名自然学家或测量员。我们可以在游戏中花费时间完成上述所有事情，每件都有相应的回报和影响，以实现我们所寻求的那种难以达到的平衡感。

因此，考虑到前面介绍的允许玩家探寻游戏主题的活动系统与丰富而动态的游戏世界这两种示能的作用范围，设计反思性游戏所需的最后一个示能是提供一种游戏节奏，在这种节奏下，上述两个相互关联的示能才能够得到适当探索。游戏《瓦尔登湖》相对缓慢的节奏允许进行这样的探索和反思。寻求梭罗如何解决他本人提出的问题的玩家可以在整个森林中找到一个个"箭镞"。在游戏中，这些箭镞并非以前的居民遗留下来的，而是梭罗本人遗留下来的线索。

玩家在游戏《瓦尔登湖》中找到的每个箭镞都代表着散文集《瓦尔登湖》中梭罗的某个想法或者特定时刻，而它们也会被记录在玩家日志中，为我们的虚拟实验构建一个程序化叙事（procedural narrative）①。在游戏中的一天结束时，玩家可以阅读这本日志，据此玩家可以反思自己在这个实验中找到的想法和选择的道路。人们可能会将游戏中的日志视为一种在整个游戏互动过程中为玩家提供引导式反思的机会。

玩家可能从游戏中获得的意义介于他们必须做什么和他们可以做什么之间，他们渴望什么和他们发现什么之间。在游戏《瓦尔登湖》中，这种对立形成了一种涌现性叙事的可能性。玩家在倾听与阅读梭罗的文字时会提出问题、发表见解、进行反思，这种涌现性叙事来自玩家基于这些经历所产生的思考之间的碰撞。这种相互作用使玩家能够找到自己对于梭罗所提出问题的答案，找到他们自己与梭罗的思想主题之间的关系。

我们度过了梭罗 200 周年诞辰的纪念日，以一种对于当今公众来说更加生动的方式重新审视他所提出的问题看上去更加重要。我们到底需要多少钱来生活？我们为什么工作以及如何工作？进步的本质是什么？通过观察自然界中的例子，我们可以从生命中学到什么？最后，为了更好地生活下去我们应该怎样选择，是集体生活还是单独生活？

---

① 电子游戏中的程序化叙事是指通过程序生成的方式，在游戏中呈现出一个动态变化的故事。与传统的叙事游戏不同，程序化叙事的故事不是由游戏设计者预先编写的剧本来决定的，而是由游戏中的规则和算法生成的。——译者注

　　我们生活在一个相互联系、生活便利的世界，为此却放弃了简单质朴和自力更生。梭罗将生活的加速定义为"铁路时间"，当下也可以称为"互联网时间"。在这样一个时代，设计者和玩家或许都会渴望一种玩乐节奏，能够体现出与当前的生活方式完全相反的步调，这似乎是合理的。带着可在玩乐中进行反思的示能，游戏《瓦尔登湖》为来自各行各业不同年龄的玩家提供了一个机会，让他们以极为逼真的方式进入森林，从容不迫地生活和玩乐，认真思考梭罗关于生命、自然和社会的问题，找到他们自己对于梭罗提出的那些经久不衰的问题的最佳答案。

338

　　在我过去 10 年的工作中，除了游戏《瓦尔登湖》的设计之外，我还看到了一些好兆头，显示出人们对于慢节奏反思性玩乐的渴望。市面上存在一种通常被称为"步行模拟器"的游戏类型，是一种需要思考和基于环境叙事的探索性游戏（2007 年首次发布的《夜之旅》是最初的步行模拟器之一）。人们对基于文本的游戏的兴趣也开始复苏，这主要是因为 Twine 的出现，这款低门槛软件可以用来创作此类游戏。还有一些广受好评的游戏，如《风之旅人》和《艾迪芬奇的记忆》，它们侧重于提供情绪互动而不是行为操作。这类游戏在更大的玩乐版图中的出现以及事实上的成功，表明我们对整个美学形式的期望发生了重大的转变。作为一名设计师，我希望可以将类似《瓦尔登湖》这样的游戏——包括一个能够带来更加深切感受的情绪调色板，为人们提供机会参与充满意义的反思——纳入为设计师与玩家另辟的全新疆土。

注释

1 Tracy Fullerton, *Game Design Workshop: A Playcentric Approach to Creating Innovative Games*, 3rd ed. (Boca Raton: CRC Press/Taylor & Francis, 2014).

2 Nick Yee, *The Proteus Paradox: How Online Games and Virtual Worlds Change Us—and How They Don't* (New Haven, CT: Yale University Press, 2014).

3 Alice Waters, "Farming the Earth, Cultivating Humanity," Panel, Human / Ties: NEH@50, Charlottesville, VA, September 16, 2016.

4 Celia Pearce, T. Fullerton, J. Fron, and J. F. Morie, "Sustainable Play: Toward a New Games Movement for the Digital Age," *Games and Culture* 2, no. 3 (July 1, 2007): 261−278, doi:10.1177/1555412007304420.

5 New Games Foundation, and Andrew Fluegelman, eds., *The New Games Book* (Garden City, NY: Dolphin Books, 1976).

延伸阅读

DeKoven, Bernie. *The Well-Played Game: A Player's Philosophy*. Cambridge, MA: MIT Press, 2013.

Flanagan, Mary. *Critical Play: Radical Game Design*. Cambridge, MA: MIT Press, 2009.

Suits, Bernard. *The Grasshopper: Games, Life, and Utopia*. Toronto: University of Toronto Press, 1978.

Thoreau, Henry David. *Walden, or, Life in the Woods*. New York: Knopf: Distributed by Random House, 1992.

致　谢

　　尽管我们曾经编辑过文集，有时是我们两个人，有时是与其他合作者共事，但我们从未尝试过如此雄心勃勃的事情。非常高兴您翻开本书，但是我们首先要向众多的章节作者表示感谢。他们所呈现的细致工作不仅贯穿全书，而且在多轮编辑的过程中，为了本书预期的学生读者，他们每个人都坚定不移地付出了巨大的努力，不断打磨他们的文字。《如何打游戏》或许以众多围绕不同游戏和关键词的评论性文章为特色，但它们全部是由尽心尽力的教师型学者撰写而成的。作为编者，我们认为这种为学生写作的集体想法和强烈意愿是本书最为突出的优势之一。

　　我们还要感谢埃里克·津纳（Eric Zinner）、艾丽西娅·纳德卡尼（Alicia Nadkarni）、朵玛·奥姆巴迪科夫（Dolma Ombadykow）、马丁·科尔曼（Martin Coleman）以及纽约大学出版社团队的其他成员，感谢他们对这个项目的奉献，以及匿名读者提供的建设性反馈。最后，我们还要感谢《如何看电视》的联合编者伊桑·汤普森与贾森·米特尔允许我们在他们编辑出版的电视研究文集的基础上继续进行游戏研究。他们的文集为我们的工作提供了结构上的蓝图。我们也很感谢他们为本书撰写序言。

　　我们还要感谢摩根·布卢（Morgan Blue）精湛的索引编制工作。部分索引工作也是在圣母大学艺术与人文学院文理学者研究所的支持下完成的。

马修

　　我非常感谢尼娜同意和我在这个新的项目上再次合作。她作为共同编者和朋友的支持是非常宝贵且无法估量的。从项目最初作为在会议后交流中一个"如果"的构思，到多年后的最后校对阶段，我一直被尼娜孜孜不倦的工作态度和积极进取的精神所打动。我还要感谢我在圣母大学电影、电视和戏剧系的同事们，感谢他们在这个项目上对我的鼓励。

最后，要特别感谢我的伴侣乔安娜·杰斐逊（Joanna Jefferson），感谢她在这本书和其他学术事务上对我的无尽支持。我还要感谢我们的孩子，索菲（Sophie）和杰克逊（Jackson）。虽然孩子们通常不会在工作方面帮助到我，但他们总能教会我一些关于玩乐的事情。

尼娜

学术生涯往往是一个单人游戏，它会对个人成就而非团队合作给予奖励。然而，十多年来，马修一直是一位意志坚定、善于鼓励他人、全力提供支持和充满热情的合作者。与他一起工作使我成为一个更强大、更敏锐的思考者、作家和编者。我对我们的长期合作和友谊深表感谢，并为我们共同设计并完成的一系列项目感到非常自豪，尤其是这个项目。

我参与这本文集的工作得益于我的伴侣约书亚·格林（Joshua Green）的爱与支持。像往常一样，在我为这项工作投入时间与精力的深夜、清晨和周末，他对我和我们的家庭给予了十分周到并充满爱意的照顾。谢谢你。

附表：游戏索引

游戏名称	设计方	发行方与发行年份	平台
《海底两万里之尼摩船长》（20,000 Leagues under the Sea: Captain Nemo）	M 地区工作室（Mzone Studio）	阿努曼互动 SA（Anuman Interactive SA），2009	个人电脑
《高级龙与地下城》（Advanced Dungeons & Dragons）	加里·吉盖克斯（Gary Gygax）、戴夫·阿尼森（Dave Arneson）	TSR 公司，威世智公司（Wizards of the Coast），1977	桌上游戏
《帝国时代》（Age of Empires）	全效工作室（Ensemble Studios）	微软（Microsoft），1997	个人电脑
《帝国时代 2》（Age of Empires II）	全效工作室	微软，1999	个人电脑
《帝国时代 3》（Age of Empires III）	全效工作室	微软游戏工作室（Microsoft Game Studios），2005	个人电脑
《异形：隔离》（Alien: Isolation）	创意集合（Creative Assembly）	世嘉（Sega），2014	多平台
《异形：殖民军》（Aliens: Colonial Marines）	变速箱软件（Gearbox Software）	世嘉，2013	多平台
《美国卡车模拟》（American Truck Simulator）	SCS 软件（SCS Software）	SCS 软件，2016	个人电脑
《美国陆军》（America's Army）	美国陆军	美国陆军，2002	个人电脑
《愤怒的小鸟》（Angry Birds）	罗维奥移动（Rovio Mobile）	麒麟狗（Chillingo），2009	苹果 iOS

续表

游戏名称	设计方	发行方与发行年份	平台
《愤怒的小鸟卡丁车》（Angry Birds Go!）	罗维奥娱乐（Rovio Entertainment）	罗维奥娱乐，2013	多平台
《南极大冒险》（Antarctic Adventure）	科乐美（Konami）	科乐美，1983	MSX 家用电脑
《雅达利橄榄球》（Atari Football）	雅达利股份有限公司（Atari, inc.）	雅达利股份有限公司（Atari, inc.），1978	街机
《博德之门》（Baldur's Gate）	生软（BioWare）	互动娱乐（Interplay Entertainment），1998	个人电脑
《蝙蝠侠：秘密系谱》（Batman: The Telltale Series）	诉说游戏（Telltale Games）	诉说游戏，2016	个人电脑
《战地小子：危机四伏》（Battle Kid: Fortress of Peril）	西瓦克游戏（Sivak Games）	怀旧地带（Retrozone），2010	任天堂娱乐系统（NES）
《狩魔猎人 2：心魔》（The Beast Within: A Gabriel Knight Mystery）	雪乐山在线（Sierra On-Line）	雪乐山在线，1995	个人电脑
《节拍神偷》（Beat Sneak Bandit）	西莫戈（Simogo）	西莫戈，2012	苹果 iOS
《生化奇兵》（BioShock）	2K 波士顿（2K Boston）	2K 波士顿，2007	多平台
《生化奇兵：无限》（BioShock Infinite）	无理性游戏（Irrational Games）	2K 游戏（2K Games），2013	多平台
《无主之地》（Borderlands）	变速箱软件（Gearbox Software）	2K 游戏，2009	多平台
《无主之地 2》（Borderlands 2）	变速箱软件	2K 游戏，2012	多平台
《无主之地：前传》（Borderlands: The Pre-Sequel）	2K 澳大利亚（2K Australia）	2K 游戏，2014	多平台

续表

游戏名称	设计方	发行方与发行年份	平台
《时空幻境》（Braid）	编号无（Number None）	微软游戏工作室，2008	多平台
《打砖块》（Breakout）	雅达利股份有限公司	雅达利股份有限公司，1976	街机
《使命召唤：高级战争》（Call of Duty: Advanced Warfare）	大锤游戏（Sledgehammer Games）	动视（Activision），2014	多平台
《使命召唤：黑色行动 3》（Call of Duty: Black Ops 3）	特雷亚奇（Treyarch）	动视，2015	多平台
《糖果传奇》（Candy Crush Saga）	国王（King）	国王，2012	移动设备
《城堡猫咪》（Castle Cats）	波克程序工作室 AB（PocApp Studios AB）	波克程序工作室 AB，2017	移动设备
《恶魔城》（Castlevania）	科乐美	科乐美，1986	任天堂娱乐系统
《洞窟物语》（Cave Story）	像素工作室（Studio Pixel）	像素工作室，2004	多平台
《冠军足球》（Championship Soccer）	雅达利股份有限公司	雅达利股份有限公司，1980	雅达利 VCS/2600
《文明：权倾天下》（Civilization: Call to Power）	动视	动视，1999	个人电脑
《部落冲突》（Clash of Clans）	超级细胞（Supercell）	超级细胞，2012	苹果 iOS
《部落冲突：皇室战争》（Clash Royale）	超级细胞	超级细胞，2016	移动设备
《命令与征服》（Command & Conquer）	西木工作室（Westwood Studios）	维珍互动（Virgin Interactive），1995	多平台

续表

游戏名称	设计方	发行方与发行年份	平台
《无尽的饼干》（Cookie Clicker）	朱利恩·蒂埃诺（Julien Thiennot）	朱利恩·蒂埃诺，2013	个人电脑
《反恐精英》（Counter-Strike）	维尔福集团（Valve Corporation）	维尔福集团，2000	微软 Windows 操作系统
《反恐精英：全球攻势》（Counter-Strike: Global Offensive）	密道娱乐（Hidden Path Entertainment）	维尔福集团，2012	多平台
《点击奶牛》（Cow Clicker）	伊恩·博格斯特（Ian Bogost）	伊恩·博格斯特，2010	个人电脑
《天天过马路》（Crossy Road）	嬉皮士鲸鱼（Hipster Whale）	嬉皮士鲸鱼，2014	移动设备
《卡斯特的复仇》（Custer's Revenge）	神秘（Mystique）	神秘，1982	雅达利 VCS/2600
《死亡飞车》（Death Race）	埃克西迪（Exidy）	埃克西迪，1976	街机
《刀塔2》（Defense of the Ancients 2）	维尔福集团	维尔福集团，2013	个人电脑
《美女餐厅》（Diner Dash）	游戏实验室（Gamelab）	玩乐至上（PlayFirst），2004	个人电脑
《迪士尼：无限》（Disney Infinity）	雪崩软件（Avalanche Software）	迪士尼互动工作室（Disney Interactive Studios），2013	多平台
《迪士尼无限：漫威超级英雄（2.0版本）》[Disney Infinity: Marvel Super Heroes（2.0 Edition）]	雪崩软件	迪士尼互动工作室，2014	多平台
《咚奇刚》（Donkey Kong）	任天堂开发第一部（Nintendo R&D1）	任天堂，1981	街机

续表

游戏名称	设计方	发行方与发行年份	平台
《咚奇刚（游戏手表版本）》[（Donkey Kong（Game & Watch）]	任天堂	任天堂，1982	手持游戏机
《饥荒》（Don's Starve）	科雷娱乐（Klei Entertainment）	505 游戏（505 Games），2013	个人电脑
《毁灭战士》（DOOM）	id 软件（id Software）	GT 互动（GT Interactive），1993	MS-DOS
《龙穴历险记》（Dragon's Lair）	里克·戴尔（Rick Dyer）与唐·布鲁斯（Don Bluth）	影电（Cinematronics），1983	游光光盘
《唐老鸭历险记》（DuckTales）	喀普康（Capcom）	喀普康，1989	任天堂娱乐系统
《永远的毁灭公爵》（Duke Nukem Forever）	3D 领域（3D Realms）、三联画游戏（Triptych Games）、变速箱软件、食人鱼游戏（Piranha Games）	2K 游戏，2011	多平台
《龙与地下城》（Dungeons & Dragons）	加里·吉盖克斯、戴夫·阿尼森	TSR 公司，威世智公司，1974	桌上游戏
《焦虑》（Dys4ia）	安娜·安托罗比（Anna Anthropy）	新场地（Newgrounds），2012	个人电脑
《上古卷轴 5：天际》（The Elder Scrolls V: Skyrim）	贝塞斯达游戏工作室（Bethesda Game Studios）	贝塞斯达软件（Bethesda Softworks），2011	多平台
《帝国》（Empire）	沃尔特·布莱特（Walter Bright）	沃尔特·布莱特，1977	个人电脑
《星战前夜》（EVE Online）	CCP 游戏（CCP Games）	西蒙与舒斯特公司（Simon & Schuster），2003	个人电脑
《无尽的任务》（EverQuest）	索尼在线娱乐（Sony Online Entertainment）	索尼在线娱乐，1999	个人电脑

续表

游戏名称	设计方	发行方与发行年份	平台
《神鬼寓言》(Fable)	狮头工作室 (Lionhead Studios)	微软工作室 (Microsoft Studios), 2004	Xbox
《辐射》(Fallout)	黑岛工作室 (Black Isle Studios)	互动娱乐 (Interplay Entertainment), 1997	个人电脑
《辐射4》(Fallout 4)	贝塞斯达游戏工作室	贝塞斯达软件, 2015	多平台
《辐射：避难所》(Fallout Shelter)	贝塞斯达游戏工作室	贝塞斯达软件, 2015	多平台
《模拟农场》(Farming Simulator 2016)	巨人软件 (Giants Software)	聚焦家庭互动 (Focus Home Interactive), 2016	多平台
《乡村度假》(FarmVille)	星佳 (Zynga)	星佳, 2009	移动设备
《菲斯》(FEZ)	波利创公司 (Polytron Corporation)	暗门 (Trapdoor), 2012	Xbox 360
《FIFA》(FIFA)	延长乐制作 (Extended Play Productions)	艺电体育 (EA Sports), 1993	多平台
《FIFA16》(FIFA 16)	艺电加拿大 (EA Canada)	艺电体育, 2015	多平台
《飞扬的小鸟》(Flappy Bird)	齿轮 (dotGears)	齿轮, 2013	移动设备
《堡垒之夜》(Fortnite)	艺铂游戏 (Epic Games)	艺铂游戏, 2017	多平台
《游戏开发物语》(Game Dev Story)	开罗游戏 (Kairsoft)	开罗游戏, 1997	移动设备
《游戏开发大亨》(Game Dev Tycoon)	绿心游戏 (Greenheart Games)	绿心游戏, 2012	移动设备，个人电脑

续表

游戏名称	设计方	发行方与发行年份	平台
《权力的游戏》(Game of Thrones)	诉说游戏	诉说游戏，2014	多平台
《战争机器》(Gears of War)	艺铂游戏	微软工作室，2006	Xbox 360
《模拟山羊》(Goat Simulator)	咖啡渍工作室 (Coffee Stain Studios)	咖啡渍工作室，2014	个人电脑
《宇宙巡航机》(Gradius)	科乐美	科乐美，1986	任天堂娱乐系统
《侠盗猎车手4》(Grand Theft Auto IV)	摇滚之星北方工作室 (Rockstar North)	摇滚之星游戏 (Rockstar Games)，2008	多平台
《侠盗猎车手5》(Grand Theft Auto V)	摇滚之星北方工作室	摇滚之星游戏，2013	Xbox 360, Xbox One
《侠盗猎车手：圣安地列斯》(Grand Theft Auto: San Andreas)	摇滚之星北方工作室	摇滚之星游戏，2004	PlayStation 2
《吉他英雄》(Guitar Hero)	和谐 (Harmonix)	红辛烷 (RedOctane)，2005	PlayStation 2
《光环》(Halo)	邦吉 (Bungie)	微软工作室，2001	Xbox
《冰球》(Hockey)	米罗华 (Magnavox)	米罗华，1972	奥德赛 (Odyssey) 游戏机
《伊卡勒斯·普劳德博顿与巧克力喷泉的诅咒》(Icarus Proudbottom & The Curse of the Chocolate Fountain)	我的天啊工作室 (Holy Wow Studios)	我的天啊工作室，2010	个人电脑
《冰核任务》(Ice Core Quest，《无冬之夜》的模组)	加拿大安大略省渥太华市卡尔顿大学 (Carleton University)	无商业性发行方，无正式发行日期	个人电脑

续表

游戏名称	设计方	发行方与发行年份	平台
《虚拟人口》（Ingress）	耐安提克（Niantic）	耐安提克，2013	安卓系统
《铁血联盟 2》（Jagged Alliance 2）	技术爵士加拿大（Sir-Tech Canada）	爪软（TalonSoft），1999	个人电脑
《威廉闯关》（Jet Set Willy）	软件项目（Software Projects）	软件项目，1984	ZX 光谱（ZX Spetrum）个人电脑
《风之旅人》（Journey）	那家游戏公司（Thatgamecompany）	索尼电脑娱乐（Sony Computer Entertainment），2012	PlayStation 3
《杀人盒子》（Killbox）	约瑟夫·德拉普（Joseph DeLappe）与拜欧米创意工作室（Biome Collective）	约瑟夫·德拉普与拜欧米创意工作室，2016	个人电脑
《金·卡戴珊：好莱坞》（Kim Kardashian: Hollywood）	格融移动（Glu Mobile）	格融移动，2014	移动设备
《国王密使》（King's Quest）	雪乐山在线	雪乐山在线，1984	个人电脑
《国王密使：永恒的面具》（King's Quest: Mask of Eternity）	雪乐山在线	雪乐山在线，1998	个人电脑
《国王密使：皇冠探求》（King's Quest: Quest for the Crown）	雪乐山在线	IBM，雪乐山在线，1987	个人电脑
《国王密使第一章：骑士须知》（King's Quest Chapter 1: A Knight to Remember）	奇怪绅士（The Odd Gentlemen）	动视，2015	多平台

续表

游戏名称	设计方	发行方与发行年份	平台
《国王密使第二章：无故崩塌》(King's Quest Chapter 2: Rubble Without a Cause)	奇怪绅士	动视，2015	多平台
《国王密使6：希望之旅》(King's Quest VI: Heir Today, Gone Tomorrow)	雪乐山在线	雪乐山在线，1992	个人电脑
《黑色洛城》(L.A. Noire)	邦迪团队 (Team Bondi)	摇滚之星游戏，2011	多平台
《最后生还者》(The Last of Us)	顽皮狗 (Naughty Dog)	索尼电脑娱乐，2013	PlayStation 3
《最后生还者高清复刻版》(The Last of Us Remastered)	顽皮狗	索尼电脑娱乐，2014	PlayStation 4
《英雄联盟》(League of Legends)	拳头游戏 (Riot Games)	拳头游戏，2009	个人电脑
《火卫一皮革女神》(Leather Goddesses of Phobos)	信息通信 (Infocom)	信息通信，1986	个人电脑
《塞尔达传说》(The Legend of Zelda)	任天堂开发第四部	任天堂，1986	任天堂娱乐系统
《塞尔达传说：时光之笛》(The Legend of Zelda: Ocarina of Time)	任天堂情报开发本部 (Nintendo EAD)	任天堂，1998	任天堂64
《塞尔达传说：黄昏公主》(The Legend of Zelda: Twilight Princess)	任天堂情报开发本部	任天堂，2006	任天堂游戏立方 (GameCube)
《乐高蝙蝠侠：电子游戏》(LEGO Batman: The Videogame)	旅行者故事	华纳兄弟互动娱乐 (Warner Bros. Interactive Entertainment)，2008	多平台

续表

游戏名称	设计方	发行方与发行年份	平台
《乐高次元》（LEGO Dimensions）	旅行者故事	华纳兄弟互动娱乐，2015	多平台
《乐高哈利波特：1~4 年》（LEGO Harry Potter: Years 1 - 4）	旅行者故事	华纳兄弟互动娱乐，2010	多平台
《乐高印第安纳琼斯：最初的冒险》（LEGO Indiana Jones: The Original Adventures）	旅行者故事	华纳兄弟互动娱乐，2008	多平台
《乐高侏罗纪世界》（LEGO Jurassic World）	TT 融合（TT Fusion）	华纳兄弟互动娱乐，2015	多平台
《乐高漫威超级英雄》（LEGO Marvel Super Heroes）	旅行者故事	华纳兄弟互动娱乐，2013	多平台
《乐高旋风忍者大电影》（The LEGO Ninjago Movie Video Game）	TT 融合	华纳兄弟互动娱乐，2017	多平台
《乐高星球大战：电子游戏》（LEGO Star Wars: The Video Game）	旅行者故事	艺夺互动（Eidos Interactive），2005	多平台
《乐高超人总动员》（LEGO The Incredibles）	TT 融合	华纳兄弟互动娱乐，2018	多平台
《乐高宇宙》（LEGO Universe）	网魔（NetDevil）	乐高集团（The LEGO Group），2010	个人电脑
《情圣拉瑞：拉瑞在花花公子岛》（Leisure Suit Larry in the Land of the Lounge Lizards）	雪乐山在线	雪乐山在线，1987	个人电脑
《情圣拉瑞：票房危机》（Leisure Suit Larry: Box Office Bust）	团队 17（Team17）	丰斯塔（Funsta），2009	多平台

续表

游戏名称	设计方	发行方与发行年份	平台
《情圣拉瑞：优等生》(Leisure Suit Larry: Magna Cum Laude)	高压软件 (High Voltage Software)	维旺迪环球游戏 (Vivendi Universal Games)，2004	多平台
《情圣拉瑞 5：热情的帕蒂做了一个小小的卧底工作》(Leisure Suit Larry 5: Passionate Patti Does a Little Undercover Work)	雪乐山在线	雪乐山在线，1991	个人电脑
《情圣拉瑞 6：挺进或开溜》(Leisure Suit Larry 6: Shape up or Slip out!)	雪乐山在线	雪乐山在线，1993	个人电脑
《地狱边境》(Limbo)	玩死 (Playdead)	微软游戏工作室，2010	Xbox 360
《小小大星球》(LittleBigPlanet)	媒体分子 (Media Molecule)	索尼电脑娱乐，2008	PlayStation 3
《麦登橄榄球 16》(Madden NFL 16)	艺电蒂布龙 (EA Tiburon)	艺电体育，2015	多平台
《黑手党 3》(Mafia III)	机库 13 (Hangar 13)	2K 游戏，2016	多平台
《疯狂矿工》(Manic Miner)	马修·史密斯 (Matthew Smith)	错误－字节 (Bug-Byte)，1983	ZX 光谱个人电脑
《马力欧冒险》(Mario Adventure)	任天堂开发第四部	任天堂，1986	任天堂娱乐系统
《马力欧赛车 8》(Mario Kart 8)	任天堂情报开发本部	任天堂，2014	任天堂 Wii U
《漫威复仇者学院》(Marvel Avengers Academy)	小公司 (TinyCo)	小公司，2016	移动设备

续表

游戏名称	设计方	发行方与发行年份	平台
《质量效应》（Mass Effect）	生软	微软游戏工作室，2007	Xbox 360
《马克思·佩恩》（Max Payne）	绿美迪娱乐（Remedy Entertainment）	开发者聚会（Gathering of Developers），2001	微软 Windows 操作系统
《荣誉勋章》（Medal of Honor）	危险距离游戏与艺电戴斯（Danger Close Games and EA DICE）	艺电，2010	多平台
《洛克人》（Mega Man）	喀普康	喀普康，1987	任天堂娱乐系统
《合金装备》（Metal Gear）	科乐美	科乐美，1987	MSX2 家用电脑
《合金装备索利德》（Metal Gear Solid）	科乐美	科乐美，1998	PlayStation
《中土世界：暗影魔多》（Middle-earth: Shadow of Mordor）	巨石制造（Monolith Productions）	华纳兄弟互动娱乐，2014	多平台
《我的世界》（Minecraft）	魔赞（Mojang）	魔赞，2011	个人电脑
《导弹指令》（Missile Command）	雅达利股份有限公司	雅达利股份有限公司，1980	街机
《真人快打》（Mortal Kombat）	中途游戏（Midway Games）	中途游戏，1992	街机
《真人快打 10》（重启）[Mortal Kombat (reboot)]	地狱界工作室（NetherRealm Studios）	华纳兄弟互动娱乐，2011	多平台
《真人快打 10》（Mortal Kombat X）	地狱界工作室	华纳兄弟互动娱乐，2015	多平台
《NBA 2K16》（NBA 2K16）	视觉概念（Visual Concepts）	2K 体育，2015	多平台

续表

游戏名称	设计方	发行方与发行年份	平台
《无冬之夜》(Neverwinter Nights)	生软	英宝格(Infogrames), 2002	个人电脑
《夜之旅》(The Night Journey)	比尔·维奥拉与游戏创新实验室(Bill Viola and the Game Innovation Lab)	南加州大学游戏(USC Games), 2007	多平台
《午夜陷阱》(Night Trap)	数字图像(Digital Pictures)	世嘉, 1992	世嘉CD
《任天狗》(Nintendogs)	任天堂情报开发本部	任天堂, 2005	任天堂DS
《户外大飙车》(Out Run)	世嘉AM2	世嘉, 1986	街机
《吃豆人》(Pac-Man)	南梦宫(Namco)	中途(Midway), 1980	街机
《请出示文件》(Papers, Please)	3909有限责任公司(3909 LLC)	3909有限责任公司, 2013	个人电脑
《啪啦啪啦啪》(PaRappa the Rapper)	七音社(NanaOn-Sha)	索尼电脑娱乐, 1996	PlayStation
《贝利的足球》(Pelé's Soccer)	雅达利股份有限公司	雅达利股份有限公司, 1980	雅达利VCS/2600
《企鹅大冒险》(Penguin Adventure)	科乐美	科乐美, 1986	MSX家用电脑
《皮克敏》(Pikmin)	任天堂情报开发本部	任天堂, 2001	任天堂游戏立方
《异域》(Planescape)	戴维·"泽布"·库克(David "Zeb" Cook)	TSR股份有限公司、威世智公司, 1994	桌上游戏
《异域镇魂曲》(Planescape: Torment)	黑岛工作室(Black Isle Studios)	互动娱乐, 1999	个人电脑

续表

续表

游戏名称	设计方	发行方与发行年份	平台
《节奏天国》(Rhythm Heaven)	任天堂企划开发本部 (Nintendo SPD)	任天堂, 2008	任天堂 DS
《古墓丽影：崛起》(Rise of the Tomb Raider)	水晶动力 (Crystal Dynamics)	史克威尔·艾尼克斯 (Square Enix), 2015	多平台
《摇滚乐队》(Rock Band)	和谐 (Harmonix)	MTV 游戏 (MTV Games), 2007	多平台
《侠盗》(Rogue)	迈克尔·托伊 (Michael Toy)、格伦·威克曼 (Glen Wichman)、肯·阿诺德 (Ken Arnold)	埃皮克斯 (Epyx), 1980	个人电脑
《过山车大亨》(Roller Coaster Tycoon)	克里斯·索耶制作公司 (Chris Sawyer Productions)	孩之宝互动 (Hasbro Interactive), 1999	个人电脑
《侍魂64》(Samurai Shodown 64)	SNK	SNK, 1997	街机
《猴岛小英雄》(The Secret of Monkey Island)	卢卡斯影业游戏公司 (Lucasfilm Games)	卢卡斯影业游戏公司, 1990	个人电脑
《下水道鲨鱼》(Sewer Shark)	数字图像 (Digital Pictures)	索尼图像软件 (Sony Imagesoft), 1992	世嘉 CD
《铲子骑士》(Shovel Knight)	游艇俱乐部游戏公司 (Yacht Club Games)	游艇俱乐部游戏公司 (Yacht Club Games), 2014	多平台
《席德·梅尔的文明》(Sid Meier's Civilization)	MPS 实验室 (MPS Labs)	微文, 1991	个人电脑
《席德·梅尔的文明：太空》(Sid Meier's Civilization: Beyond Earth)	火爆轴心游戏 (Firaxis Games)	2K 游戏, 2014	个人电脑

游戏名称	设计方	发行方与发行年份	平台
《席德·梅尔的文明2》(Sid Meier's Civilization II)	微文	微文，1996	个人电脑
《席德·梅尔的文明3》(Sid Meier's Civilization III)	火爆轴心游戏	英宝格，2001	个人电脑
《席德·梅尔的文明4》(Sid Meier's Civilization IV)	火爆轴心游戏	2K游戏，2005	个人电脑
《席德·梅尔的文明5》(Sid Meier's Civilization V)	火爆轴心游戏	2K游戏，2010	个人电脑
《席德·梅尔的文明6》(Sid Meier's Civilization VI)	火爆轴心游戏	2K游戏，2016	个人电脑
《席德·梅尔的殖民帝国》(Sid Meier's Colonization)	微文	微文，1994	个人电脑
《寂静岭》(Silent Hill)	科乐美	科乐美，1999	PlayStation
《模拟城市》(SimCity)	马西斯(Maxis)	马西斯，1989	个人电脑
《模拟人生》(The Sims)	马西斯	艺电，2000	个人电脑
《小龙斯派罗：斯派罗的大冒险》(Skylanders: Spyro's Adventure)	鲍勃玩具(Toys for Bob)	动视，2011	多平台
《狙击精英3》(Sniper Elite III)	反叛开发(Rebellion Developments)	505游戏，2014	多平台

续表

游戏名称	设计方	发行方与发行年份	平台
《狙击精英 4》（Sniper Elite 4）	反叛开发	售罄（Sold Out），2017	多平台
《狙击精英 V2》（Sniper Elite V2）	反叛开发	505 游戏，2012	多平台
《软色情探险记》（Softporn Adventure）	蓝天软件（Blue Sky Software）	在线系统（On Line Systems），1981	个人电脑
《刺猬索尼克》（Sonic the Hedgehog）	索尼克团队（Sonic Team）	世嘉，1991	世嘉创世纪（Sega Genesis）
《太空侵略者》（Space Invaders）	大东（Taito）	中途，1978	街机
《孢子》（Spore）	马克西斯	艺电，2008	个人电脑
《跳楼英雄》（Stair Dismount）	杰特罗·劳哈（Jetro Lauha）	tAAt，2002	个人电脑
《星球大战》（Star Wars Battlefront）	艺电戴斯（EA DICE）	艺电，2015	多平台
《星球大战：前线 II——西斯尊主》（Star Wars: Knights of the Old Republic II: The Sith Lords）	黑曜石娱乐（Obsidian Entertainment）	卢卡斯艺术，2004	多平台
《超级明星：一线巨星》（Stardom: The A-List）	布拉莫游戏（Blammo Games）	格融移动，2011	移动设备
《超级打砖块》（Super Breakout）	雅达利股份有限公司	雅达利股份有限公司，1978	雅达利 VCS/ 2600
《超级马力欧兄弟》（Super Mario Bros）	任天堂开发第四部	任天堂，1985	任天堂娱乐系统
《超级马力欧兄弟 3》（Super Mario Bros 3）	任天堂开发第四部	任天堂，1988	任天堂娱乐系统

续表

游戏名称	设计方	发行方与发行年份	平台
《超级马力欧制造》(Super Mario Maker)	任天堂情报开发本部	任天堂，2015	任天堂 Wii U
《超级食肉男孩》(Super Meat Boy)	肉肉团队 (Team Meat)	肉肉团队，2010	多平台
《任天堂明星大乱斗》(Super Smash Bros)	HAL 研究所 (HAL Laboratory)	任天堂，1999	任天堂 64
《无主之地传说》(Tales from the Borderlands)	诉说游戏	诉说游戏，2014	多平台
《坦克》(Tank)	基游戏 (Kee Games)	基游戏，1974	街机
《军团要塞》(Team Fortress)	维尔福集团	维尔福集团，1999	个人电脑
《暴风射击》(Tempest)	雅达利股份有限公司	雅达利股份有限公司，1981	街机
《网球》(Tennis)	米罗华	米罗华，1972	奥德赛游戏机
《双人网球》(Tennis for Two)	威廉·希金博特姆 (William Higinbotham)	布鲁克海文国家实验室 (Brookhaven National Laboratory)，1958	唐纳 30 型模拟计算机 (Donner Model 30)
《俄罗斯方块》(Tetris)	阿列克谢·帕基特诺夫 (Alexey Pajitnov)	莫斯科苏维埃科学院计算机中心 (Soviet Academy of Sciences at Computer Center in Moscow)，1984	电子 60 (Elektronika 60)（大型计算机）
《没有暂停按钮!》(There is No Pause Button!)	斯科特·考森 (Scott Cawthon)	斯科特·考森，2014	移动设备
《化解危机》(Time Crisis)	南梦宫	南梦宫，1995	街机
《古墓丽影》(Tomb Raider)	核心设计 (Core Design)	艺夺互动 (Eidos Interactive)，1996	多平台

续表

游戏名称	设计方	发行方与发行年份	平台
《古墓丽影（重启）》[（Tomb Raider（reboot)]	水晶动力（Crystal Dynamics）	史克威尔·艾尼克斯（Square Enix），2013	多平台
《古墓丽影：最后的启示》（Tomb Raider: The Last Revelation）	核心设计	艺夺互动，1999	多平台
《古墓丽影：地下世界》（Tomb Raider: Underworld）	水晶动力	艺夺互动，2008	多平台
《创世纪4：圣者传奇》（Ultima IV: Quest of the Avatar）	起源系统（Origin Systems）	起源系统，1985	个人电脑
《神秘海域：德雷克的宝藏》（Uncharted: Drake's Fortune）	顽皮狗	索尼电脑娱乐，2007	PlayStation 3
《传说之下》（Undertale）	托比·福克斯（Toby Fox）	托比·福克斯，2015	个人电脑
《弹弹跳跳闪避人》（VVVVVV）	特里·卡瓦诺（Terry Cavanaugh）	尼卡利斯（Nicalis），2010	个人电脑
《瓦尔登湖》（Walden）	南加州大学游戏创新实验室（USC Game Innovation Lab）	南加州大学游戏（USC Games），2017	个人电脑
《看门狗》（Watch Dogs）	育碧蒙特利润工作室（Ubisoft Montreal）	育碧（Ubisoft），2014	多平台
《看门狗2》（Watch Dogs 2）	育碧蒙特利润工作室	育碧，2016	多平台
《艾迪芬奇的记忆》（What Remains of Edith Finch）	大麻雀（Giant Sparrow）	安纳布尔纳互动（Annapurna Interactive），2017	多平台

续表

章节作者简介

杰茜卡·奥尔德雷德（Jessica Aldred）是一位独立学者、作家和媒体制作人。她关于电影和数字游戏的作品发表在《动画：一本跨界学刊》（*Animation, An Interdisciplinary Journal*）、《游戏和文化》（*Games and Culture*）、《牛津数字媒体声音和图像手册》（*The Oxford Handbook for Sound and Image in Digital Media*）和《环球邮报》（*The Globe and Mail*）上。杰茜卡·奥尔德雷德与费兰·帕克（Felan Parker）联合编辑了《飞越海洋：穿行〈生化奇兵〉》（*Beyond the Sea: Navigating Bioshock*）一书。

杰里米·巴恩斯（Jeremy Barnes）于 2015 年从狄金森学院获得英语学士学位，在那里他完成了一篇关于军事射击类电子游戏中的暴力道德的论文。他对电子游戏的叙事和互动之间的关系特别感兴趣，同时也关注自己与游戏《DJ 英雄》（*DJ Hero*）之间的关系。

凯莉·伯格斯特龙（Kelly Bergstrom）是夏威夷大学马诺阿分校的传播学助理教授。她的研究探讨了用户在数字文化尤其是在数字游戏中的退出和脱离。她是《互联网宇宙飞船是严肃的事业：星战前夜读本》（*Internet Spaceships are Serious Business: An EVE Online Reader*）的联合编者。在此之前，她是约克大学数字化学习研究所的博士后研究员，曾获得加拿大信息技术与综合系统数学组织（MITACS）的博士后基金，并使用该资助在大维京游戏公司（Big Viking Games）实习。

伊恩·博格斯特（Ian Bogost）是乔治亚理工学院伊万·艾伦文理学院的媒体研究杰出讲席教授与这所学校的交互计算专业教授，《大西洋月刊》（*The Atlantic*）杂志的特约编辑，以及"说服性游戏"公司的联合创始人。他的最新著作是《玩的就是规则》（*Play Anything*）。①

　　希拉·切斯（Shira Chess）是佐治亚大学的娱乐和媒体研究助理教授。她关于女性和电子游戏的作品发表于数本期刊上以及收录于著作《二号玩家就位：女性硬核玩家和被设计的身份》（*Ready Player Two: Women Gamers and Designed Identity*）。

　　米娅·孔萨尔沃（Mia Consalvo）是康考迪亚大学的传播学教授和游戏研究与设计领域的加拿大首席科学家。她在近期出版了《从雅达利到塞尔达：全球背景下的日本电子游戏》（*Atari to Zelda: Japan's Videogames in Global Context*）一书，该书论述了日本对电子游戏行业和游戏文化的影响。她还是《玩家和他们的宠物》（*Players and Their Pets*）的共同作者，《体育电子游戏》（*Sports Videogames*）的联合编者，以及《作弊：在电子游戏中获得优势》（*Cheating: Gaining Advantage in Videogames*）的作者。

　　史蒂文·康韦（Steven Conway）是斯威本科技大学游戏和交互学位的课程主任。他的研究兴趣集中于玩乐、游戏与体育的哲学和美学。史蒂文在《体育、伦理和哲学》（*Sport, Ethics and Philosophy*）、《游戏与虚拟世界期刊》（*Journal of Gaming & Virtual Worlds*）和《玩乐：计算机游戏文化期刊》（*Eludamos: Journal for Computer Game Culture*）等期刊上围绕这些主题发表了一系列文章。史蒂文还是第一本关于电子游戏政策和数字游戏的书《电子游戏政策：生产、分销和消费》（*Video Game Policy: Production, Distribution and Consumption*）的共同作者。

　　塞巴斯蒂安·德特丁（Sebastian Deterding）是一名设计师和研究者，致力于为人类的繁荣进行有趣、具有游戏性和激励性的设计。他

---

① 中文版已于2018年4月由中信出版社出版。——译者注

是英国约克大学数字创意实验室的审稿人，也是设计机构"编程行为"（Coding Conduct）的创始人。他是游戏化研究网络的组织者，也是《游戏世界》（*The Gameful World*）一书的联合编者，该书的主题是文化的游戏化。他的个人主页是 http://codingconduct.cc。

　　珍妮弗·德温特（Jennifer deWinter）是伍斯特理工学院的修辞学副教授和互动媒体与游戏开发项目主任。她曾撰文讨论日本的电脑游戏、游戏政策以及游戏与技术写作。她是"有影响力的游戏设计师"（Influential Game Designers）系列的联合编者，并撰写了有关宫本茂的章节。

　　迈克尔·弗莱施（Michael Fleisch）是 Dpict 公司的管理成员，也是"价值网络"（The Value Web）的成员，他还是一名设计师、电影制片人和作家。他为世界各地的客户——包括世界经济论坛和全球环境基金——提供图形辅助和协作设计服务，并越来越注重支持保护全球公共资源的运动。2010 年，他在俄亥俄州辛辛那提市成立了"追逐公众"（Chase Public）组织。他与人合著了数篇关于电子游戏的论文，并一直为网站 Hilobrow.com 撰写文化主题的文章。迈克尔毕业于圣母大学，希望他的妻子和三个儿子能够与他一起旅行。

　　特蕾西·富勒顿（Tracy Fullerton）是一名游戏设计师，也是南加利福尼亚大学电影艺术学院教授，并为该院游戏创新实验室——一个游戏和玩乐研究中心——提供指导。她也是《游戏设计梦工厂》（*Game Design Workshop: A Playcentric Approach to Creating Innovative Games*）[①] 的作者。

　　哈里森·吉什（Harrison Gish）是加利福尼亚大学洛杉矶分校电影和媒体研究项目的博士候选人。他的作品发表于《玩乐：计算机游戏文化

---

　　① 中文版已于 2016 年 4 月由电子工业出版社出版。——译者注

期刊》、《媒体景观》（*Mediascape*）、《电子游戏百科全书：游戏的文化、技术和艺术》（*Encyclopedia of Video Games：The Culture, Technology, and Art of Gaming*）、《电影动作》（*CineAction*）。他是电影和媒体研究学会电子游戏研究学术兴趣小组的成员，2014～2017年，他担任该小组的联合主席。

丹·戈尔丁（Dan Golding）是斯威本大学的媒体和传播学讲师，也是一位作家，发表过200多篇新闻性质的文章并曾获奖。他与人合著了《游戏规则改变者》（*Game Changers*），制作了《你推我拉》（*Push Me Pull You*）的原声音乐，并在2014～2017年担任澳大利亚最为悠久的独立游戏节"自由玩乐独立游戏节"的总监。

克里斯托弗·汉森（Christopher Hanson）是雪城大学英语系副教授，教授游戏研究、数字媒体、电视和电影等课程。他的著作《游戏时间：理解电子游戏中的时间性》（*Game Time: Understanding Temporality in Video Games*）于2018年出版。他还在撰写一本关于电子游戏设计师罗伯塔·威廉斯的书。他的作品发表和收录于《电影和视频评论季刊》（*Quarterly Review of Film and Video*）、《电影季刊》（*Film Quarterly*）、《罗德里奇电子游戏研究指南》（*The Routledge Companion to Video Game Studies*）和《乐高研究：调查跨媒体现象的基石》（*LEGO Studies: Examining the Building Blocks of a Transmedial Phenomenon*）。

尼娜·B.洪特曼（Nina B. Huntemann）是教育技术公司切格公司（Chegg, Inc.）的首席学术官。她是《手柄士兵：军事电子游戏中的玩乐政治》（*Joystick Soldiers: The Politics of Play in Military Video Games*）和《全球游戏：生产、玩乐和场所》（*Gaming Globally: Production, Play and Place*）的主编之一。

凯瑟琳·伊斯比斯特（Katherine Isbister）是加利福尼亚大学圣克鲁

兹分校计算媒体系的正教授、游戏和可玩媒体中心的主任。她的研究重点
是设计能够增强社会联系和情绪联系的游戏与互动体验，以及设计理论和
技术实践的创新发展。伊斯比斯特近期出版的著作是《游戏情感设计：如
何触动玩家的心灵》（*How Games Move Us: Emotion by Design*）。她的
研究被《连线》（*Wired*）、《科学美国人》（*Scientific American*）和其他许
多媒体报道。她是《麻省理工科技评论》（*MIT Technology Review*）青
年创新奖的获得者，也是洪堡基金会高级研究员。

　　德里克·约翰逊（Derek Johnson）是威斯康星大学麦迪逊分校
的媒体和文化研究副教授。他是《媒体许可：文化行业中的创意性许可
及协作》（*Media Franchising: Creative License and Collaboration in the
Culture Industries*）的作者、《从电视网到网飞：改变频道的指南》（*From
Networks to Netflix: A Guide to Changing Channels*）的编者，也是《媒
体作者指南》（*A Companion to Media Authorship*）和《让媒体运作：娱
乐行业中的管理文化》（*Making Media Work: Cultures of Management in
the Entertainment Industries*）的联合编者。

　　杰斯珀·尤尔（Jesper Juul）自20世纪90年代末以来一直从事电
子游戏研究。他是丹麦皇家艺术学院设计学院副教授。他的著作包括《半
真实》（*Half-Real*）、《一场休闲革命》（*A Casual Revolution*）和《失败的
艺术》（*The Art of Failure*）。他也是"有趣思维系列"（Playful Thinking
Series）的联合编者。他持续在博客"游戏学者"（The Ludologist）上更
新关于"电子游戏和其他重要事物"的文章（www.jesperjuul.net）。

　　卡莉·A. 科楚雷克（Carly A. Kocurek）是伊利诺伊理工大学的数
字人文和媒体研究副教授。她是《投币式美国人：在电子游戏厅重启男性
童年时代》（*Coin-Operated Americans: Rebooting Boyhood at the Video
Game Arcade*）与《布伦达·劳雷尔：针对女孩的先锋性游戏》（*Brenda
Laurel: Pioneering Games for Girls*）的作者。

　　彼得·克拉普（Peter Krapp）是加利福尼亚大学尔湾分校的电影和媒体研究教授，他也是该校信息学系的成员，并帮助建立了计算机游戏科学学位。他是《似曾相识：文化记忆的畸变》（*Deja Vu: Aberrations of Cultural Memory*）、《噪声通道：数字文化中的故障和错误》（*Noise Channels: Glitch and Error in Digital Culture*）的作者，也是《语言－文化－传播手册》（*Handbook Language-Culture-Communication*）与《媒介酷》（*Medium Cool*）的编者。

　　亨利·洛伍德（Henry Lowood）是斯坦福大学科学与技术史馆藏以及电影与媒体馆藏的负责人。他与雷福德·奎恩（Raiford Guins）联合编辑了"游戏历史"（Game Histories）系列丛书以及该丛书中的一本文集《调试游戏历史：一本关键的词典》（*Debugging Game History: A Critical Lexicon*）。

　　肯·S. 麦卡利斯特（Ken S. McAllister）是亚利桑那大学人文学院的公共和应用人文教授，也是该学院负责研究和项目创新的副院长。麦卡利斯特是游戏学术档案馆的联合创始人和联合主任，也是很多图书和文章的作者或共同作者，其研究涉及游戏相关制品的保存和关键技术研究。

　　贾森·米特尔（Jason Mittell）是明德学院的电影与媒体文化以及美国研究教授。他是《类型与电视：从美国文化中的警匪剧到卡通片》（*Genre & Television: From Cop Shows to Cartoons in American Culture*）、《电视与美国文化》（*Television & American Culture*）、《复杂电视：当代电视故事讲述的诗意》（*Complex TV: The Poetics of Contemporary Television Storytelling*）的作者，以及《如何看电视》（*How to Watch Television*）的联合编者。

　　苏维克·慕克吉（Souvik Mukherjee）是印度加尔各答总统大学的英语助理教授。他是《电子游戏和故事讲述：读游戏和玩书本》（*Videogames* and Storytelling: Reading Games and Playing Books）与《电子游戏与后殖民主义：帝国重现》（Videogames and Postcolonialism: Empire Plays Back）的作者。

苏拉娅·默里（Soraya Murray）是一位跨学科的视觉研究学者，尤其对文化研究、艺术、电影和电子游戏感兴趣。默里也是加利福尼亚大学圣克鲁兹分校电影和数字媒体系副教授，是《论电子游戏：种族、社会性别和空间的视觉政治》（On Video Games: The Visual Politics of Race, Gender and Space）的作者。

詹姆斯·纽曼（James Newman）是巴斯斯巴大学的数字媒体教授。他撰写了许多关于电子游戏和游戏文化的图书，包括《电子游戏》、（Videogames）、《玩转电子游戏》（Playing with Videogames）、《最好在此之前：电子游戏、废弃和过时》（Best Before: Videogames, Supersession and Obsolescence）、《100 款电子游戏》（100 Videogames）、《讲授电子游戏》（Teaching Videogames）。詹姆斯是与科学博物馆合作的英国国家电子游戏档案馆的联合创始人，也是国家电子游戏厅的馆长。

迈克尔·Z. 纽曼（Michael Z. Newman）是威斯康星大学密尔沃基分校新闻、广告和媒体研究系的教授和主任。他是《独立：一种美国电影文化》（Indie: An American Film Culture）、《视频革命：关于媒介的历史》（Video Revolutions: On the History of a Medium）、《雅达利时代：美国电子游戏的兴起》（Atari Age: The Emergence of Video Games in America）的作者，并与埃拉娜·莱文（Elana Levine）共同撰写了《合法化电视：媒体融合和文化地位》（Legitimating Television: Media Convergence and Cultural Status）。

兰迪·尼科尔斯（Randy Nichols）是华盛顿大学塔科马校区跨学科艺术与科学学院的助理教授。他是《电子游戏商业》（The Video

Game Business）的作者、《电子游戏商业内部》（*Inside the Video Game Business*）的共同作者，并参与撰写了许多关于电子游戏行业政治经济学的图书章节和文章。

罗尔夫·F. 诺尔（Rolf F. Nohr）是布伦瑞克艺术学院的媒体美学和媒体文化教授。他是《玩乐的自然性》（*Die Natürlichkeit des Spielens*）、《有用的图像：图片、话语、证据》（*Nützliche Bilder: Bild, Diskurs, Evidenz*）、《使战争表象变得性感》（*Die Auftritte des Krieges Sinnlich Machen*）的作者，也是文集《蛋糕是一个谎言！以传送门为例的电脑游戏的多视角思考》（*The Cake is a Lie! Polyperspektivische Betrachtungen des Computerspiels am Beispiel von ›Portal‹*）、《游戏策略》（*Strategie Spielen*）的联合编者。

凯西·奥唐奈（Casey O'Donnell）是密歇根州立大学媒体和信息系的副教授。他的研究探讨了电子游戏设计和开发的创造性协同工作。他的第一本书《开发者的困境》（*Developer's Dilemma*）于 2014 年出版。他的作品得到了美国国家科学基金会和美国国立卫生研究院的资助。

戴维·奥格雷迪（David O'Grady）是加利福尼亚大学洛杉矶分校电影和媒体研究项目的博士候选人。他曾为《电子游戏百科全书：游戏的文化、技术和艺术》、《游戏文化读本》（*The Game Culture Reader*）、《电影电视研究新评》（*New Review of Film and Television Studies*）撰写关于视觉媒体的文章。他也是加利福尼亚大学洛杉矶分校游戏实验室的研究员和加利福尼亚州立大学长滩分校的讲师。

马修·托马斯·佩恩（Matthew Thomas Payne）是圣母大学电影、电视和戏剧系副教授。他是《游戏战争：9·11 后的军事视频游戏》（*Playing War: Military Video Games after 9/11*）[1]的作者，也是文集《流

---

① 　中文版已于 2020 年 9 月由民主与建设出版社出版。——译者注

量电视：媒体融合时代的电视》（*Flow TV: Television in the Age of Media Convergence*）、《手柄战士：军事电子游戏中的玩乐政治》的联合编者。

阿曼达·菲利普斯（Amanda Phillips）是乔治敦大学的英语助理教授。她在电子游戏和数字人文领域中撰写关于种族、酷儿性和社会正义的文章。你可以在《游戏和文化》（*Games and Culture*）、《数字创意》（*Digital Creativity*）和《数字人文辩论》（*Debates in the Digital Humanities*）中找到她的作品。

贾德·伊桑·鲁吉尔（Judd Ethan Ruggill）是亚利桑那大学公共和应用人文系的副教授与系主任。他也是游戏学术档案馆的联合创始人和联合主任。他研究电子游戏技术、玩乐和文化，并围绕这些主题出版了图书或发表了文章。

特雷安德烈亚·M. 拉斯沃姆（TreaAndrea M. Russworm）是马萨诸塞大学阿默斯特分校的英语副教授，她教授电子游戏、数字文化和非裔美国人流行文化课程。她是《游戏再现：电子游戏中的种族、社会性别和性取向》（*Gaming Representation: Race, Gender, and Sexuality in Video Games*）、《从黑疯婆子到媒体大亨：理论化泰勒·派瑞》（*From Madea to Media Mogul: Theorizing Tyler Perry*）的联合编者，《黑暗在燃烧：民权流行文化与认知问题》（*Blackness is Burning: Civil Rights Popular Culture and the Problem of Recognition*）的作者。

阿纳斯塔西娅·索尔特（Anastasia Salter）是中佛罗里达大学的游戏和互动媒体副教授。她是《你的任务是什么？：从冒险游戏到互动书籍》（*What is Your Quest?: From Adventure Games to Interactive Books*）、《简·詹森：狩魔猎人、冒险游戏和隐藏物品》（*Jane Jensen: Gabriel Knight, Adventure Games, Hidden Objects*）的作者，以及《媒体中有毒的极客男性气质》（*Toxic Geek Masculinity in Media*）、《Flash：搭建交互式网络》（*Flash: Building the Interactive Web*）的共同作者。

阿德里安娜·肖（Adrienne Shaw）是天普大学媒体研究和制作系副教授。她是《边缘游戏：硬核玩家文化边缘的性取向与社会性别》（*Gaming at the Edge: Sexuality and Gender at the Margins of Gamer Culture*）的作者，也是《酷儿游戏研究》（*Queer Game Studies*）、《酷儿技术》（*Queer Technologies*）、《干预：传播研究与实践》（*Interventions: Communication Research and Practice*）的联合编者。

米格尔·西卡尔（Miguel Sicart）是哥本哈根信息技术大学的副教授。他是《电脑游戏的伦理》（*The Ethics of Computer Games*）、《超越选择：伦理性游戏互动的设计》（*Beyond Choices: The Design of Ethical Gameplay*）、《玩乐很重要》（*Play Matters*）的作者。

格雷戈里·施泰雷尔（Gregory Steirer）是狄金森学院的英语助理教授。他关于媒体行业、数字文化与美学的作品发表和收录于各种期刊及文集，包括《电视与新媒体》（*Television & New Media*）、《图像小说和漫画期刊》（*The Journal of Graphic Novels & Comics*）、《融合》（*Convergence*）和《后现代文化》（*Postmodern Culture*）。他与阿莉莎·佩伦（Alisa Perren）合著的关于美国漫画书行业和好莱坞的著作于 2019 年由英国电影协会（BFI）与布鲁姆斯伯里出版社（Bloomsbury）联合出版。

伊桑·汤普森（Ethan Thompson）是得克萨斯农工大学科珀斯克里斯蒂分校的媒体艺术教授。他是纪录片《电视家庭》（*TV Family*）的导演，《战后美国电视文化中的戏仿与品味》（*Parody and Taste in Postwar American Television Culture*）的作者，以及《如何看电视》和《讽刺电视：后电视网时代的政治与喜剧》（*Satire TV: Politics and Comedy in the Post-Network Era*）等书的联合编者。

埃文·托尔纳（Evan Torner）是辛辛那提大学德国研究和电影与媒体研究助理教授。他是《沉浸式游戏互动》（*Immersive Gameplay*）的联合编者，负责编辑《实体游戏研究》（*Analog Game Studies*），并且是一位活跃的关注角色扮演类型游戏的学者。

约翰·范德霍夫（John Vanderhoef）是加利福尼亚州立大学多明格斯山分校的新兴媒体助理教授。他的研究探讨了业余和独立数字游戏制作、媒体行业、残留媒介（residual media）①，以及围绕媒体生产和消费文化中的社会性别、性取向和种族的话语。他的作品发表和收录于《电视与新媒体》（*Television and New Media*）、《埃达：社会性别、新媒体与技术期刊》（*Ada: A Journal of Gender, New Media, and Technology*）、《制作研究续篇》（*Production Studies the Sequel*）、《罗德里奇电子游戏研究指南》。

埃马·维特科夫斯基（Emma Witkowski）是皇家墨尔本理工大学的高级讲师。她的研究探讨了电子竞技、媒体体育和高效能团队玩乐的社会现象学表达。她是澳大利亚电竞协会理事会的成员。

马克·J.P.沃尔夫（Mark J.P.Wolf）是威斯康星康考迪亚大学传播系教授。他写了大量关于电子游戏的内容，出版了十几本书。他最近关于电子游戏的作品包括《罗德里奇电子游戏研究指南》（*The Routledge Companion to Video Game Studies*）、《乐高研究》（*LEGO Studies*）、《世界各地的电子游戏》（*Video Games Around the World*）、四卷本的《电子游戏和游戏文化》（*Video Games and Gaming Culture*）以及《电子游戏常见问题》（*Video Games FAQ*）。

---

① 指不属于新媒介，但在社会中仍然普遍存在的媒介。避免使用"旧媒介"，因为其带有"被淘汰"或者"已死去"的含义。——译者注

译后记

从 2000 年 5 月发表在《光明日报》上的名为《电脑游戏：瞄准孩子的"电子海洛因"》的新闻稿件开始，至 2023 年 8 月发表在新华网上的《中国品牌成为 2023 年科隆游戏展一大亮点》视频报道，已经过去了 20 余年。其间，无数围绕电子游戏的新闻热点事件在国内轮番上映。游戏行业从业者、专家学者、教育工作者以及家长也与游戏玩家一起卷入其中，在不同媒介上分享着各自的喜怒哀乐。

在绪论中，两位主编马修·托马斯·佩恩与尼娜·B.洪特曼鼓励读者读完本书之后继续思考更多的游戏与关键词的组合。事实上，在我翻译的过程中，脑海中已经浮现了多种可能，例如严肃游戏与教育、VR 游戏与玩家能动性、游戏创作与生成式人工智能等。我衷心希望本书能够帮助读者对电子游戏祛魅，以一种更加冷静客观的态度审视市面上流行的游戏产品，形成正确的"游戏观"或"游戏素养"，同时帮助读者扩展视野，在更广泛的跨学科背景下发展批判性思维，更加深刻地了解电子游戏，探索其历史发展、叙事、文化、产业、治理等内容。当读者在高校或研究所做学术研究的时候，在企业做产品开发的时候，在政府部门制定政策的时候，在媒体做新闻报道的时候，在教育行业培养学生的时候，当游戏进入读者的工作议程成为一个研究对象、赚钱利器或者批判靶子的时候，能够回忆起本书围绕游戏的方方面面，理解游戏并不只是一个单纯的娱乐项目。只有这样，游戏才能够发挥出最大的社会价值。

无论在工作还是生活中，我一直对电子游戏抱有极大的兴趣。围绕此领域，我发表了数篇学术论文，参加了几次学术会议，也在任职的高校为本科生与研究生分别开设了相关课程——"电子游戏与社会"以及"互动媒介研究"。然而，在我正式开始翻译此书，仔细阅读每一篇来自业界、学界的专业人员撰写的章节时，才意识到自己的知识短板。万幸的是，我的同事、学生、朋友毫不吝啬地与我分享他们的真知灼见。在此，我向他们表示诚挚的感谢：中国社会科学院大学新闻传播学院教师李青藜、张薇薇，中国社会科学院大学计算机教研部教师盖赟，中国社会科学院新闻与传播研究所段铁铮；中国社会科学院大学新闻传播学院硕士研究生陈杰杰、陈海妍、高宇，新闻传播学院本科生刘弋瑄、徐琳迪、郑雪、惠鑫仪、柳王星，马克思主义学院本科生吴芃霏，文学院本科生陈心月，政府管理学院本科生严优优；华中科技大学新闻与信息传播学院教师熊硕、旅美影视配乐师陈思懿、北京大学艺术学院博士研究生王一楠、游戏媒介实验室"落日间"创始人叶梓涛、北京明易达科技股份有限公司产品经理李达宽、北京联德威软件科技有限公司开发经理毛威、未来优秀的社会工作者刘丹杨、机械电子工程师侯先生，以及新能源产业投资人老蔡。同时，我也想向我的家人表示感谢，她们在我焦头烂额之时带给我许多安慰。我的太太会时不时敦促长时间伏案工作的我离开书桌抱抱女儿，而这个牙牙学语的"嘤嘤怪"已经对数码设备产生好奇。我希望她能够尽快拿起一只手柄，与我一同享受游戏。

此外，本书的两位主编也在百忙之中通过电子邮件不厌其烦地解答了我的诸多困惑，我也要向他们表达特别的谢意。然而由于本人水平有限，译文中依旧存在不少缺点和错误，敬请读者批评指正，可通过电子邮件（wuyue87@live.com）与我联系。最后，祝你在阅读本书并按图索骥尝试书中提及的各款游戏时，能够学得痛快，玩得痛快！

吴 玥

2023 年 11 月 1 日

图书在版编目（CIP）数据

如何打游戏：大众文化中的游戏世界 /（美）马修
·托马斯·佩恩 (Matthew Thomas Payne)，（美）尼娜
·B. 洪特曼 (Nina B. Huntemann) 主编；吴玥译 . --
北京：社会科学文献出版社，2023.12
（中国社会科学院大学文库 . 数字媒体前沿译丛）
书名原文：How To Play Video Games
ISBN 978-7-5228-2871-8

Ⅰ.①如… Ⅱ.①马… ②尼… ③吴… Ⅲ.①电子游
戏 - 研究 Ⅳ.① G898.3

中国国家版本馆 CIP 数据核字（2023）第 225382 号

中国社会科学院大学文库 · 数字媒体前沿译丛

如何打游戏
——大众文化中的游戏世界

主　　编 /〔美〕马修·托马斯·佩恩（Matthew Thomas Payne）
　　　　　〔美〕尼娜·B. 洪特曼（Nina B.Huntemann）
译　　者 / 吴　玥

出 版 人 / 冀祥德
组稿编辑 / 王晓卿
责任编辑 / 郭红婷
责任印制 / 王京美

出　　版 / 社会科学文献出版社·当代世界出版分社（010）59367004
　　　　　地址：北京市北三环中路甲 29 号院华龙大厦　邮编：100029
　　　　　网址：www.ssap.com.cn
发　　行 / 社会科学文献出版社（010）59367028
印　　装 / 三河市东方印刷有限公司

规　　格 / 开本：787mm×1092mm　1/16
　　　　　印张：28.5　字数：431 千字
版　　次 / 2023 年 12 月第 1 版　2023 年 12 月第 1 次印刷
书　　号 / ISBN 978-7-5228-2871-8
著作权合同
登 记 号 / 图字 01-2021-4474 号
定　　价 / 138.00 元

读者服务电话：4008918866